U0111558

大展好書　好書大展
品嘗好書　冠群可期

大展好書　好書大展
品嘗好書　冠群可期

武學釋典 42

揭示真相　彰顯傳承

太極拳研究之匡正源流〈下〉

李萬斌、羅名花｜著

大展出版社有限公司

揭示真相 彰顯傳承 │ 太極拳研究之匡正源流〈下〉

作者簡介

李萬斌簡介

　　李萬斌 男 1959 年 1 月生，陝西永壽人，武術家、太極拳研究專家。1981 年畢業於西安體育學院運動系武術專業班，國家武術套路、散打一級裁判，武術六段。

　　師從著名武術家王繼武、馬賢達、劉會峙先生，長期從事體育教學和武術科研工作，高級教師，曾被評為長安大學雙十佳體育工作者。

　　1989 年以來，先後在《中華武術》、《武當》、《武術健身》、《武林》、《精武》、《搏擊》、《中國太極拳》、《武魂》、《少林與太極》、《太極》等雜誌發表論文 50 多篇，其《武術概念之研究》、《陳氏「新架」與「趙堡架」太極拳源流研究》、《太極拳史研究的最新突破——明代山西王宗岳家族譜系被發現》都是很有影響的論文。著作有《太極拳技擊實踐》、《武當張三豐承架太極拳》、《太極拳技擊研究》、《武當趙堡太極拳技擊秘訣》、《武當趙堡承架太極拳闡秘》、《太極拳研究之匡正源流》及與他人合著《武術》、《太極拳源流與發展研究》、陝西省高級中學課本《體育》、《體育與健康》多部。2013 年 8 月 29 日被中國（武漢）刊博會評聘為「中華武當內家拳史論專家」。

羅名花簡介

　　羅名花 女 1960 年 9 月生，河南滑縣人。武術家、太極拳研究專家。師從著名武術家張桐和馬賢達先生。

　　現任長安大學體育部副教授，陝西省及西安市武術協會委員、國家武術一級裁判，六段。多次榮獲長安大學教學優秀獎，多次被評為優秀教師，曾任西安神州武術院常務副院長，2006 年 5 月被世界武林聯盟授予教授團教授稱號。其事蹟被收錄於《中國當代武林人物誌》一書。曾長期擔任長安大學武術俱樂部主任、被陝西省及河南省多家武術名校聘為客座教練。

　　1967 年入西安市體育場武術隊開始訓練，1968 年正式拜著名武術家張桐為師，從事系統的專業武術學習，先後獲得 1974-1976 年西安市武術比賽全能冠軍，1974-1978 年陝西省武術比賽全能亞軍、季軍及單項冠軍。1978 年 2 月考入西安體育學院運動系武術班，1981 年 12 月以優秀的成績畢業，獲體育教學學士學位。

　　曾先後發表論文 30 多篇，著作 7 部，著有專著《太極拳技擊實踐》、《武當趙堡承架太極拳闡秘》、《太極拳研究之匡正源流》。主編出版長安大學《武術》精品課程及教材一部。其「探究特徵 定義武術」一文，在 2005 年 5 月榮獲北京大學首屆「中華武術國際論壇優秀論文

獎」。她的武術課，被評為校級精品課程。

2010 年 11 月，被教育部直屬綜合大學體育協會授予「高等學校體育教育工作突出貢獻獎」。

目　錄〈下〉

卷十三　陳家溝拳術研究 ·········009

全面梳理陳家溝拳術之一：

季牲抄本會説話　炮捶通背是一家 ·········010
——與太極拳無涉

全面梳理陳家溝拳術之二：

陳鑫原著被發現　長短句造拳未見 ·········046
——説明陳氏後人編輯的《圖説》被強行塞進了「私貨」！

全面梳理陳家溝拳術之三：

子明績甫陳鑫傳　為何説教不一般 ·········095
——「長短句詞」出自陳子明

全面梳理陳家溝拳術之四：

並非太極代名詞　實則多拳顯陳溝 ·········163
——陳譜抄本顯示「炮捶陳家」名不虛傳

全面梳理陳家溝拳術之五：

盜名欺世套功名　剽竊拳經裝門面 ·········186
——虛榮心作祟！

卷十四　此是紅拳　源自太祖 ·········223

戚氏《拳經》美名傳　古老紅拳是本源 ·········224
——紅拳與陳溝、洪洞拳術關係研究

卷十五 **唐豪及其太極拳研究**·····················307

全面梳理唐豪及其太極拳源流之説：

糾正錯誤 還原真實 學習精神 多做貢獻·····················308

——唐豪研究

卷十六 **主要流派太極拳的傳承**·····················505

趙堡太極拳傳遞表·····················506

陳氏太極拳傳遞表·····················509

楊氏太極拳傳遞表·····················511

武氏太極拳傳遞表·····················514

吳氏太極拳傳遞表·····················516

孫氏太極拳傳遞表·····················518

中國傳統太極拳源流參考表·····················519

後記　太極拳源流研究專家誌·····················520

主要參考資料·····················533

卷十三——

陳家溝拳術研究

季甡抄本會說話 炮捶通背是一家

——與太極拳無涉

目前我們能看到的陳家溝拳術抄本的確不少，如：兩儀堂本、文修堂本、陳省三本、陳子明彙編本，以及2003年發現的（見和有祿著《和式太極拳譜》）陳季甡抄本和陳鑫抄本。前四個抄本的原始面目無一得見，後經陳子明或唐豪之手，就變得極不可靠。原因是兩儀堂本和文修堂本我們雖然能看到徐震全文收錄於《太極拳考信錄》，但都是間接來自於陳子明。陳省三本屬唐豪收藏，至今無第二個人見過原件。據我們的研究，陳子明和唐豪很可能對此動過手腳（另著有文，如：陳鑫原著被發現長短句造拳未見——說明陳氏後人編輯的《圖說》被強行塞進了「私貨」；子明續甫陳鑫傳為何說教不一般——「長短句詞」出自陳子明等）謊言和欺騙很明顯。

另外，雖然有人說（見《陳氏家乘補續》）陳季甡次子陳森晚年撰寫陳氏家譜（包括「森批」的旁註）及文修堂拳譜（含陳鑫文一篇，記有「民國十七年九月二十二日，歲貢生縣丞行年八十歲，陳鑫字品三號應五別號安愚謹誌」），可見其也是抄於1928年之後。陳子明、陳省三都是陳鑫的弟子，陳子明在1931年出版第一本陳家太極拳術著作時，即沒有收錄陳鑫抄本和陳季甡抄本（陳省三本原件又被唐豪藏了起來）。

1933 年出版陳鑫《陳氏太極拳圖說》時，陳氏多位後人雖作了精心的編訂，但陳鑫抄本和陳季牲抄本仍舊沒有被收錄，說明了什麼？依我們看，恰恰是陳鑫抄本和陳季牲抄本對考證陳家溝拳術，最為真實可靠！

一 陳季牲抄本和陳鑫抄本的影印原件

二 陳季牲抄本和陳鑫抄本的原件內容

1、陳季牲抄本

（封面）

前任鉅鹿縣正堂陳當堂開拆

陳季牲

＊調直隸順德府正堂黃公堂買至

（封二）

捐馬遞

道光二十三年六月初三日移

內一件

頭套捶

懶扎衣、單鞭、白鵝掠翅、斜行拗步、正拗步、掩手肱捶、披身出手、肘底看拳、倒捻紅、白鵝掠翅、摟膝拗步、閃通背、懶扎衣、單鞭、雲手、高探馬、左右插腳、往後跳一腳、打一捶、回頭二起、左踢一腳、右蹬一跟、卷手擒拿、抱頭推山、懶扎衣、單鞭、前後照、野馬分鬃、懶扎衣、單鞭、玉女穿梭、推山勢、單鞭、雲手、擺腳、一堂蛇、金雞獨立、朝天蹬、倒捻紅、拗步、閃通背、單鞭、雲手、高探馬、十字腳、指襠、黃龍三絞水、單鞭、上步七星、下步跨虎、轉過當頭炮、懶扎衣、單鞭、護心捶、前趨拗步、操手、單鞭、拗步、斜行拗步、倒捻紅、拗步通背、炮錘。

二套捶

單鞭、二起、根子、操手、左插腳、披身、指襠、七星、五子轉還、左右拗步、絞水摻步、單鞭、右插腳、倒捻紅、拗步。

三套捶

懶扎衣、單鞭、跨虎、翻花炮、前趨拗步、騎馬勢、窩弓射虎、左右七星、小紅拳、吊打、斬手、黃龍三絞水、前後衝、玉女穿梭、掩手、腰攔肘、急回頭、左右七星、攢過中單鞭、上插下插、翻花炮、荒手、玉女穿梭、當頭炮。

四套捶

懶扎衣立勢高宏，插口單鞭鬼也驚。出門先使翻花炮，往後簪去呈英雄。反堂壯後帶著掩手肱捶，騎馬勢下連著窩弓射虎兵，左拗步十面埋伏，右拗步誰放爭手，披身捶勢如壓卵，指襠勢高跳底崩，金雞獨立且留情，護心捶八面玲瓏，六封四閉勢難容，轉身臂打且縱橫，上一步二換跟打倒面來，左右七星翻花炮，打一個孤雁出群，下插勢誰放來攻，翻花舞袖如長蛇，分門壯去口才生，轉身一捶打，兩腳跳起不停，舞袖一推前打，回頭當口炮。終。

又四套

懶扎衣、單鞭、雲手、跌腳、上步七星、下步跨虎、左翻花、右舞袖、騎馬勢、窩弓射虎、當頭炮、大卓炮、抽根炮、掩手、上下插、玉女穿梭、披身、指襠、斬手、伏虎、朝陽肘、小擒拿、抱頭推山、穿梭、左拗步、右插腳、右擺腳、一堂蛇、二起、右踢腳、右蹬根、掩手、抱頭推山、穿梭、右拗步、七星、舞袖、玉女穿梭、中單鞭、分門壯、一拳打倒、兩腳不停、倒捻紅、蹬根、舞袖、玉女穿梭、倒騎龍、擺腳、當頭炮。

小四套

太祖立腳勢高強，丟下單鞭鬼也忙。上下堂打朝天蹬，刀對梭認在當場。懶扎衣任裡就持，護心捶蓋世無雙。喝一聲小擒休步，一條鞭打進不忙。滾替腳當面遮過，抓面腳使在胸膛。上山路打一個黃鷹拿勝，下三路抓神沙使在臉上。即便抬腿隨腰環，二龍吸水賽神槍。根子就起忙把頭藏，雀地龍鋪身按下，急三捶打進著慌，上一

步蛟龍出水，下步打正應口口，騎馬勢轉步調虎，推山勢去時難防，要知此拳出何出，名為太祖下南堂。

五套

懶扎衣、單鞭、護心捶、前趙拗步、回頭披身、指襠、七星、大卓炮、抽身炮、鷹窩、腰口口、大紅拳、左右山、前衝後衝、掩手、拗步、單插腳、擺腳、一堂蛇、金雞獨立、朝天蹬、倒捻紅、口步通背、雲手、高探馬、十字腳、猿看果、單鞭七星、跨虎、當頭炮。

三十六勢滾跌法

騰手：一抗二嘆三摺四靠五撒六邀。

白馬臥欄：一臥二靠三坐四撒五掛六爭。

裡鸞手：一撥二拿三肘四拍五按六搭。

外鸞手：一槍二拜三肘四擴五掃六嘆。

裡摺手：一被二靠三探四膝五按六掛。

外摺手：一按二難三被四靠五掃六擴。

短打

裡抱頭推山破抱頭推山，裡順水推舟破順水推舟，裡推山塞海破推山塞海，裡順手穿心肘破順手穿心肘，裡鐵番桿三封打身，拐裡拱手外丟手，騰手裡打，裡丟手斬手，外靠裡打，外童子拜觀音，單風炮，袖裡一點紅，順手搬打破順摺手，倘風閉門鐵扇子，拗摺手倘風破順手搬打，破拗手摺打，破順手倘風，破拗摺倘風，裡丟手，抽樑換柱，裡丟手外壓靠打，順手上肘，率掌，拗手，壓手上肘，率掌，猿猴開領，喜鵲過枝，順手搬打橫壓，拗手搬打橫壓，雁子浮水破順水搬打橫壓，破拗手搬打橫壓，橫攔肘，拗攔肘，面推掌，銅蛇入洞，朝天一炷香，封閉

捉拿，裡靠外靠，十字靠，飛仙掌，搶拳推心掌，推面掌搭掌，推肚跌裡丟手，攔外撒腳跌，提炮，斬手，滾手，壓手推打，掩手拍探打，斬手，滾手，折手撩打，高跳低進，掏擄掤打，低警攻取，閃警巧取，火焰攢心，橫直劈砍，拗摺手，外拴肚，順摺手，裡拴肚，不遮不架，鍾馗抹額，束手解帶，虎頭角，烈女捧金盒，孫真治虎，王屠捆豬，張飛擂鼓，拿雁藤破王屠捆豬，泰山壓頂，扭羊頭，掐指尋，攉指抓拿，小坐搬腿，後坐撩腳法，鉤腿法，撒腿法，順手裡丟手，壓手外靠，裡抓跌，拗手丟手，壓手騰手，裡靠撒腳跌，拄杖靠打，丟手攔手封手搬手，三封打身，黑虎掏心破高跳低進，用壓掌橫攔肘，壓撩手按項掃足望外跌，丟手摺手按項掃足望裡跌，摺手上後手推面，抬手拿手跌，摺手倘風，拍手推打跌，丟手攔手串打，壓手靠打，丟手摺手捧手望前率打，破用千斤墜，下帶膝跌，金蟬脫殼跌，野馬上口乃步場勢。

又短打

迎面飛仙掌，順手飛仙掌，裡丟手斬手，閉門鐵扇子，霸王硬開弓，裹邊炮，單鸞炮，前手順前腳往裡打，沖天炮，左手順左腳，一順往上衝打，單鞭救主打，圪八肚與圪八根。

拳經總歌

縱放屈伸人莫知，情靠纏繞我皆依。劈打推壓得進步，搬摺□□□□□。鉤繃逼攬人人曉，閃警巧取有誰知。佯輸詐走總云敗，引誘回□□□□。滾拴搭刷多微妙，橫直劈砍奇更奇。截進遮攔穿心肘，迎風接進紅□口。二換掃堂掛面腳，應右邊簪莊跟腿。截前掩後無縫

鎖，聲東擊西要口識。上提下籠君須記，進攻退閃莫遲口。藏頭蓋面天下有，攢心剁脅世間稀。教師不識此中理，難將武藝論高低。

拳經總歌

懶扎衣立勢高強，丟下腿出步口口。口口拳手足相顧，探馬勢太祖流傳。當頭炮勢衝人怕，中單鞭誰敢（約少 17 字）。獸頭勢如牌挨進，拋架子短當休延，（約少 16 字）著左右紅拳，玉女穿梭倒騎龍，珠連炮打的是（約少 10 字）鐵橡將軍也難走。高四平乃封腳拳，子小神拳使火焰。攢心（約少 5 字），順鸞藏肘窩裡炮，打一個井攔直入庇身捶。轉身吊打指襠勢，（少 4 字），金雞獨立，朝陽起鼓，護心錘專降快腿，拈走勢逼退英雄。赫一聲小（少 3 字），拿陰捉兔硬開弓，下插勢閃驚巧取。倒插勢誰人敢巧，朝陽手遍身防口，一條鞭打進不忙，懸腳誘敵輕進，騎馬勢衝來敢當，一瞬步往裡就蹉，抹門紅蓋世無雙，下海擒龍上山伏虎，野馬分鬃，張飛擂鼓，雁翅勢穿莊一腿，劈來腳入步連心，雀地龍按下朝天鐙，立起鷂子解胸，白鵝亮翅，黑虎攔路，胡僧托缽，燕子啣泥，二龍戲珠賽神槍，丘劉勢左搬右掌，鬼蹴腳補前掃後，轉上紅拳，霸王舉鼎，韓信埋伏，左山右山，前衝後衝，觀音獻掌，童子拜佛，翻身過海，回頭指路，敬德跳澗，單鞭救主，青龍獻爪，餓馬提鈴，六封四閉，金剛搗錐，下四平秦王拔劍，存孝打虎，鍾馗掌劍，佛頂珠，反堂莊，望門簪，掩手肱捶，下壓手上一步封閉捉拿，往後一收推山二掌，羅漢降龍右轉身紅拳，右騎馬左轉身紅拳，左騎馬，右搭袖，左搭袖，回頭摟膝拗步，托一掌轉身三請

客，掩手肱捶，雙架樑，丹鳳朝陽，回頭高四平，金雞曬膀，托天，左搭肩，右搭肩，天王降妖，上一步口口口口，下一步子胥拖鞭，上一步蒼龍擺尾（缺字若干）。

春秋刀十路（內容略）

雙刀十路（內容略）

花刀六路單刀（內容略）

夾槍棍（內容略）

黑旋風大上西天棍架子（內容略）

十五紅十五炮拳架記

懶扎衣，單鞭，護心捶，前趙拗步，回頭披身，指襠，斬手炮，翻花舞袖，掩手肱捶，拗攔肘，大紅拳，玉女穿梭，倒騎龍，連珠炮，掩手肱捶，上步左右裹鞭炮，獸頭勢，拋架手，掩手肱捶，伏虎勢，回頭抹眉紅拳，上步黃龍左右三攪水，前衝後衝，掩手肱捶，上步轉筋跑，掩手肱捶，全炮錘，掩手肱捶，上步倒插，朵二紅，抹眉紅拳，上步當頭炮，變勢大掉炮，順攔肘，窩裡炮，并攔直入。

長槍總說

夫長槍之法，始於楊氏，謂之曰梨花。天下咸尚之奇妙，在於熟之而已。熟則心能忌手，手能忌槍，圓神而不滯，又莫貴與靜也。靜則心不妄動而處之裕如，變幻莫測，神化無窮。後世鮮有得奇妙者。蓋有之矣，或秘而不傳，傳之而失其真，是以行於世者，卒皆沙家、馬家之法，蓋沙家竿子，馬家長槍，各有其妙。而有長短之異。其用惟楊家之法，有虛實有奇正，有虛虛實實，有奇奇正正。其進銳，其退速，其勢險，其節短。不動如山，動如

雷震。故曰二十年梨花槍，天下無敵手，信其然乎。施之於行陣，則又有不同者。何也？法欲簡立欲練，非簡無以解亂分糾，非練無以騰挪進退。左右必佐以短兵，長短相衛，使彼我有相倚之勢，得以舒其氣，展其能，而不至於奔潰。兵法曰：氣盈則戰，氣奪則避是矣。今將六合之法，並二十四勢繪錄於後，以廣其所傳云。

二十四勢槍（內容略）

2、陳鑫抄本

（封面）

拳經　四套五套　棍槍　小使手　大使手

大中華民國十七年九月初二日　行年八十一歲品三陳鑫抄

眼花勉強抄寫，讀者宜慎

（目錄）

短打　第一段

短打　第二段

神沙方

六六三十六勢滾跌

盤羅棍歌

黑旋風大上西天棍勢歌

短打

五套捶

大戰朴鐮歌

手法 腿法 身法

槍棍字解

四套捶

纏棍總目外有分目

小使手直解外有分目

大使手總目外有分目

拳經總歌一百零八勢

湯於風春手，抽樑換柱，裡手外壓靠打，順手上肘率
（摔）掌抝手，壓手上肘（撐）掌，猿猴開梢，喜鵲過
枝，順手搬打橫樁，雁子浮水破順手搬打橫樁，抝手搬打
橫樁，雁子浮水，橫攔肘，抝攔手抓回推掌，銅蛇入洞，
朝天一炷香，封閉捉拿，裡靠外靠十字靠，飛仙掌，搶拳
推心掌，推面掌，搭掌推肚跌，裡去手，攔外撒腳跌，主
杖撩鉤，提袍軟手，軟手提袍，斬手回手推打，滾手壓手
推打，拿拍拍深打，斬手滾手，斬手掩打，高挑低進，抝
摟掤打，低擎巧取，閉擎巧取，火焰攢心，橫直劈砍，抝
摺手，外拴肚，順摺手，裡拴肚，不遮不架，鍾馗抹額，
束手解帶，虎頭角，烈女捧金盒，孫真治虎，王屠捆豬，
張飛擂鼓，拿雁嗉，破王屠豬，泰山壓頂，扭羊頭，小座
子，搬腿，後座子，膝腿法，鉤腿法，撒腳法，順手裡丟
手，壓手，外靠裡抓鐵抝手，丟手，壓手，騰手，壓手摺
手，丟手摺手，十字腳跌，丟手外壓手，橫攔肘，搬手丟
手，搬手裡靠撒腳跌，桂杖靠打，丟手攔手封手搬手，三
封打耳，黑虎掐心破高挑低進，用壓手橫攔肘，壓手掩手
按頭掃腳往外跌，丟手摺手按頭掃腳往裡跌，摺手後手推
面抬手拿手跌，摺手倘風拍手推打跌，丟手攔手串打壓手
靠跌，丟手摺手捧肘望前摔跌，破用千斤墜，下帶膝跌，
金蟬脫殼跌，野馬上槽及走場，終。

短打

迎面飛仙掌，順手飛仙掌，裡丟手斬手，閉鐵扇子，霸王硬開弓，裹邊炮，單鸞炮，前手順前腳往裡打沖天炮，左手順左腳一順往上衝打，單鞭救主打胳膊肚與胳膊根。終。

拿法破法金剛十八弓

霸王請客燕青肘，蘇秦佩劍，王屠捆豬，倒貼金，金蟬脫殼，千斤墜，銷頂捺法，金絲纏戶，左推醋瓶，右推醋瓶，隔席請客，白馬臥欄，仙人脫衣，呂公解帶，鐵翻桿。

用功七練法

一曰白鵝亮翅，二曰夫子三請客，三曰朝天一炷香，四曰左插花天王舉塔，五曰右插花天下齊塔，六曰（缺字）。

（缺字）扎一掌轉身三請客，掩手蟾肱捶，丹鳳朝陽回頭高四平，金雞曬膀，托天叉，左掃眉右掃眉，天王降妖，上一步鐵翻桿，下一步子胥拖鞭，上一步蒼龍擺尾，雙拍手仙滴乳回頭一炮，拗攔肘躲二紅，仙人捧盤，夜叉探海，劉海捕蟬，玉女捧金盒，拿手，收手，刷掌、搬手、推手，真符送書，回頭閃通背，窩裡炮，掩氣肱捶，回頭左插腳，五子轉還，鬢邊插花，收回去雙龍抹馬，窩裡炮誰敢攻，當一步拗手不叉，摟膝一拳推倒，收回交手可誇，昭上顧下最無家。偷腿一腳踏殺，急三捶打如風快，急回頭智遠看瓜，往後收獅子抱球，展開手一腳踢死，回頭二炮也不差，直攢兩拳轉回身，護膝勢當場按定，收回看肘，並手抓誰敢當吾手，一捉上一步蛟龍出

水，向後打反身情莊，急三捶往前掤打，開弓射虎誰不怕，收回來馬前斬草，上一挑又帶紅砂，刺回按完滿天星，誰敢與我交手，熟習善悟者不差，五撂手一按、二難、三悲、四靠、五掃、六擄手。一搶、二鸞、三爭、四難、五肘、六拍。終。

六六三十六勢滾跌

騰手：一元、二嘆、三撂、四靠、五撒、六邀。白馬臥攔：一臥、二靠、三坐、四撒、五掛、六爭。裡鸞手：一難、二拿、三肘、四拍、五按、六搭。外鸞手：一搶、二拜、三肘、四擄、五掃、六岔。裡撂手：一悲、二靠、三採、四膝、五按、六掛。外撂手：一按、二難、三悲、四靠、五掃、六攄。終。

黑旋風大上西天棍子架

黃龍三攪手，夜叉探海，二郎擔山，童子布扇，單撒手橫打一棍，全花橫打一棍子，半個舞花，急三槍，左旋上滴水，童子布扇，單撒手橫打一棍，全舞花橫打一棍，半個舞花急三槍，右旋下滴水，童子布扇，野馬上槽，上旋單撒手，半回舞花，搭袖翻身扎一棍。

盤羅棒歌

棒遮雲頭世間稀，勢上安排要伶俐。右剎登出少林寺，堂上又有五百僧，百萬紅軍減佛教，悖羅在地顯神通。後邊撒手持神棒。夜叉探海取人心。偷腳進步誰不怕，棒起靈窄多變化。九宮八卦破天門，老祖留下六六勢。三十六勢在中間，前有青山後有泉，天下誰杜軍百萬。要知此棒出處，盤羅留下在邵陵，急三槍上去分鬢棒，轉回身將棍按下。回頭半個舞花，青龍獻爪。回頭挎

劍，半個舞花。纏身棒朝天一炷香。上去蘇秦佩劍，回來二郎擔山。轉身棒上磨旗，鐵門栓，全舞花下滴水，回頭半個舞花。丟神棒，掃堂打一棍。全舞花上去夜探海。搖一棍，隨手偷腳。進步演一槍，倒回來鷂子翻身。隨一步仙手捧盤。推上去掛下來，按下棍扎一個王屠趕豬。往上單撒手演一棍，回頭一棍，轉身當一棍。往上單撒手、掩一棍。掩一掩回頭半個舞花。班一棍、按住出手利赫一聲上一棍子，轉身上一棍子。回頭掛一棍子。半個舞花。秦王磨旗，夜叉探海。按下頭上一棍，回頭挎劍。舞花撩一棍，半個舞花掛一棍子。按下棒謹挪出刀，立下勢。終。

短打

裡抱頭推山，破抱頭推山。裡順水推舟，破順水推舟。裡推山塞海，破推山塞海。裡順手穿心肘，破順手穿心肘。裡鐵翻桿、三封打耳拐裡拱手，外丟手、騰手。裡打裡丟手、斬手、外靠裡打。外童子拜觀音，單鸞炮。袖裡一點紅。順手搬打破拗手搬打。破順摺手倘風。閉門鐵扇子。

五套捶

懶插衣，單鞭，護心拳，前趄拗步，回頭庇身捶。指襠，七星，大卓炮，當頭炮，抽身打一炮。燕窩拗攔肘。大紅拳，左山右山前衝後衝，掩手肱捶。拗步，單插腳。擺腳，一堂蛇。金雞獨立，朝天蹬，倒捲肱。拗步，通背，雲手，高探馬，十字腳，猿猴看果，單鞭，七星，跨虎，拗步，當頭炮。終。

大戰朴鐮歌

未戰先使鐮緣邊，然後一定下群攔。獻攢鉤掛雀地

龍，翻江攪海跨虎先。混江龍空中獻爪，鋪地虎就地生風。一衝一擋上插花，一衝二擋下盤根。鷹奪巢鳳奪窩，出洞門四下聽風。插花緣邊映身勢，鉤摟接拋大閃門。衝風銷，倒收雙埋伏，倒手下披身。背後搜山，群五虎雙手連環戰六兵。終。

槍法自序

槍法微細莫視輕，身手腿法要練精，千回萬遍多多演，功到純熟巧自生。與人比試論高低，虛實變化理須知，小心認勢膽放大，便是臨時制勝機。武藝由來十八門，惟有花槍獨占先，扎打崩纏多妙用，學者莫作等閒看。左手托槍須活動，右手把握休放寬，先仰後合大門手，後仰先合小門邊。一仰一合隨機用，或閃或滾應手傳，虛點實進真妙訣，去送來迎理自然。

腿法

右腿直蹬左腿彎，順步站立勢欲貪。橫打斜扎掉步進，偷步拗步右當先。他槍不發休妄動，迎鋒接刃是真傳。進退腳步惟輕巧，動如流水靜如山。

身法

身童宜正不宜偏，藏脈伏頭勢要端。前鋪後披須活動，左扭右擰手腿連。手腿身法都要有，三者缺一刺人難。更有一著緊要處，臨敵兩眼仔細觀。此是花槍得心法，學者謹守莫輕傳。

槍棍字解

扎者刺也，打者擊也，崩者拷也打也，纏者繞也絞也，捉者捕也擒也，截者反手擊也，釧者合手打也，推者合手逼也，切者反手壓也，坡者收槍伏勢也。採者有大門

採，有小門採，乃兩槍相接力後抽也。滾者閃也，滾手者反手也。閃也或大門閃過，或小門閃過，不令他槍拈著也。提者順槍桿也。湯手者以手推也，欺即湯手之微去也。點刺同扎也，壓者我槍壓他槍上也。閉避同逼也，乃兩槍相交用力推閉，合手仰頭逼為推，反手滴水逼為閉。騰者用臂力上磕也，跨者撩也。攔者擋也。掛者搭也，劈者順棍打也。削與纏相似，纏則繞，削則劈。挑者從下提上也。捺者攤也。撒音擦摩也，撂撩取也。

辨拳論

前明有父女從雲南至山西，住汾州府汾河小王莊，將拳棒傳與王氏。河南溫東劉村蔣姓得其傳，人稱僕夫。此事容或有之。至言陳氏拳法，得於蔣氏非也。陳氏之拳不知仿自何人，自陳氏遷溫帶下就有太極拳。後攻此藝者，代不乏人。如明之奏廷，清之敬柏、季口好手不可勝數。後有趙堡邢西懷、張宗禹，又後陳清平、牛發虎皆稱名手。陳必顯不摸原由，謂學於蔣氏大為背謬。

四套捶

懶插衣立勢高強，刺下單鞭鬼也忙。出門先使翻花炮，望門簪去逞英豪。反趙童後代掩手拳。騎馬勢下連窩弓射虎，左拗步十面埋伏，右拗步誰敢爭鋒。庇身捶勢如壓卵，指襠捶高挑低崩。金雞獨立且留情，護心拳八面靈瓏。六封四閉勢難容，轉身劈打任縱橫。倒回來左右七星拳，翻花炮打孤雁出群，下插勢誰敢來攻。翻花舞袖如長虹，分門幢一推往前攻。急回頭當頭炮。終。

纏捉棍總目

四棍痴，二棍疾，六棍上，鶻子出林，猿猴開鎖，撲

頭上面，野馬取駒，野馬旋撅，搭袖攔路虎，接進槍手，截砍四封滾地手，左搭右搭湯風老，湯風嫩，高路低纏，六處行棍，打一捉一纏，腦後取寶，打一纏槍開眼。

纏捉棍直解

四棍痴解曰：凡與人較手比試，我與他對面一揖進步將棍拿起。他使棍當面扎來，我使低勢促步將手推出，撲打前手。他又小門扎來，我就從小門撲打他前手。他又起棍欲打，我如打手之狀，他棍上越過大門，他又當面扎來，我將左手一合，迎棍撲打進去，再將身法鋪下，使棍纏他棍上，他既不能動，我將棍從他頭越過打下冠來。仰手伏勢拖棍而回。

兩棍疾解曰：他棍欲起打來，我如打手之狀，將棍從他棍上越過小門，他起棍打來。我就從小門滾手纏進按下。

六棍上解曰：他起棍當面扎來，我從大門進步纏他一棍，左步當先高勢扎進。他又起棍從小門扎來。我就小心纏他一棍，右步當先高勢扎進。

鷂子出林

解曰：他棍未起，我大門合手進步，望他臉上一點，他起棍就攔我，我將左手一仰。

猿猴開鎖解曰：我棍從下翻上鍘他一棍。

撲頭上面解曰：指到他耳邊，不可過高。

野馬取駒解曰：他將我棍撲倒，我進步將右手一推，左手一搬，觔斗打到小門。

野馬旋撅解曰：他將我棍往上撩，我進步左手一搬，右手一推，翻觔斗旋過小門伏勢，仰手倩住，待他飛頭打

來我將兩手一滾，左臂用力騰起按勢。

搭袖攔路虎解曰：他使棍當面扎來，我就大門寸步一崩。急進右步扎他手下。他退步還手，復又扎來，我進左步，將他前手打脫，高勢扎進。

接進槍手解曰：他使棍劈面扎來，我就大門寸步崩指到臉上。他見棍就攔，我接進右步仰手棍往下扎。他退步還手，小門扎來，我就從小門用臂力騰開，復變仰手進步按勢。

搶拿截砍解曰：他使四平槍不發，我從大門進步，他使低頭棍扎膝，我進左步用滴水棍仰手一截。他起棍又扎，我加步拿扎進。

四封滾地手解曰：他使四平不發，我從大門順棍進。他使低頭棍扎膝，我也使低頭棍逼住。他又順棍提起，我隨棍滾手伏勢，小門纏開棍進按勢。

左搭解曰：他使低頭棍扎腳，我用攢步擰腰，將棍仰手一截，急又合手提起。他抽棍小門又扎，我就從小門進步，反手提起右搭。他又使低頭棍扎腳，我合手擰腰，將棍一銂，急變仰手進步提起。他抽棍大門又扎，我就從大門加步合手扎進。

湯手風老解曰：他使四平棍扎來，我從大門寸步先一湯。他也先一湯。我將右手一仰，右步偷進，待他發棍扎來，我將身法一擰，迎棍合手而進。

高路低纏解曰：他使高四平棍扎來，我從大門使通袖纏開扎他臉上。他從小門扎來，我就從小門纏開扎他目上。

走順破解曰：前著步眼微斜，此是也。

六處行棍解曰：他又使棍扎來，我從大門纏一棍扎起。他一擋，我將身法低下，仰手棍下一扎。他又一壓，我將身子挺起，棍上扎起。

打一捉打一纏腦後取寶解曰：他使棍當面扎來，我從大門就步纏他一棍落地。他又扎來，我從小門纏他一棍，用撐扛勢扎他左腿，他即撤退。我將兩手一滾，從他頭上打過。待他起棍扎來，我從大門合手一崩而進。

纏捉棍直解。終。

小使手總目

拈打，拈脫，鷂子攢林，井攔倒掛，掛不脫，鶯奪窩，鳳奪巢，緊燕穿簾，是採活順劈，帥打，擒打拿，雙踩足，崩不著纏拿打，夜地偷桃背弓，喜鵲過枝，硬打，挑打，老鷹倒捉，單股槍，十字纏硬打，挑打，劃打，迷纏安鳳迎。

迎風立劈烏龍入洞，鸞轉鳳點頭一單崩。闊手擒一字單崩開，腿擒硬崩摘豆角，撲捉纏拿打。

小使手直解

拈打解曰：他使四平槍不動，我將左手一仰，大門拈住。他順棍加步打來，我迎棍合手加步打進。他又四平棍不動，我將左手一合，小門拈住他棍。他順棍扎來，我迎棍仰手進。

拈脫解曰：他使四平棍不動，我從大門起棍一拈。他從棍下滾到小門扎來，我就從小門將左手一仰，迎棍打進。

推功解曰：他使低頭棍扎腿，我將身低下去仰手推住他棍。他從小門又扎，我將身一鋪切住他棍。他撤棍劈面

扎來，我將左手一合，加步崩開扎進。單頭倩他使四平槍不動，我從大門合手寸步一趟，他也一趟，我即仰手一請，待他扎來，將左手一合加步迎棍扎進。

單頭行他解曰：他使棍四平未發，我從大門削他一棍，扎起。他從棍下滾過小門扎來，我就從小門仰手進步望他手上一打。

扎腳搗眼解曰：他使四平未發，我從大門削他一棍，扎起。他從棍下滾過小門扎來，我就從小門仰手進步望他手上一打。

井攔倒掛解曰：他使四平槍未發，我從大門寸步趟進，小門棍下掛住他棍。他將我棍壓住。我加右步將左手往後一搬，右手推棍向他一搗，我棍撤出。順他棍上一打。

掛不脫解曰：他使四平不動，我從大門合手趟進。小門掛住他棍。他欲起棍，我加步伏頭從他棍下滾到大門扎進。

鴛奪窩鳳奪巢解曰：他棍未發，我從大門纏他一棍，進右步小門提起，望他手上打下。

緊燕穿簾解曰：他使四平棍不動，我從大門削他一棍扎進。他合手一攔，我將左手一仰，順棍勢劈進，伏勢頂他手下。

擒拿解曰：他使棍迎面扎來，我將左手一合，身一促，大門迎棍纏進按勢。

帥打解曰：他使四平棍不動，我從大門輕上一湯。他加力一趟，我將左手一合，右手一仰，將棍推倒他腋下，掉步順棍打他耳根邊。

雙跺足解曰：他起棍扎來，我從大門寸步仰手，將棍往上一跨，復進右步迎面打下，落在他足上。他退步望頭打來，我從小門用膀力往上一騰打下按勢。

崩不著纏拿打解曰：他當面扎來。我從大門合手一崩。他不容崩著，將棍閃到小門扎他一棍，我就從小門纏他一棍進步按勢。

夜地偷桃背吊解曰：他使四平棍未發，我從大門寸進一步仰手向上跨，復進右步望他後手打去。他即丟後手丟棍，我棍落到地下。他雙望頭打來，我合手一趟，他使低頭扎騰，我加左步反手一閉，順棍提手而進。

老鷹倒捉解曰：他使四平棍不動，我從大門加步趟進。他從小門扎來，我加左步用臂力一騰，將棍倒安在騰上。

單股槍解曰：他使四平棍不動。我從大門合手一趟，隨進右步單手扎出，他也進步扎出。

打桃解曰：他當面扎來，我從大門纏他一棍，小門加步挑手打下，棍下而通大門。他又扎來，我從大門崩開棍進。

劃打逆纏解曰：他使棍扎來，我從大門纏他一棍。他從小劃起，他又扎來，我迎棍大門纏進。

安鳳解曰：他棍未起，我將棍安在左膝上。他從大門扎來，我就從大門迎風低勢纏進。

刀對鞘解曰：他起棍當面扎來，我從大門纏他一棍，落在腳上隨即扎起。他又起棍小門扎來，我就小門纏他一棍，落在腳上，隨即扎進。

一提金一窩蜂隨風倒跺解曰：他使棍未發，我從大門

削他一棍，扎到臉上。他一撲，我進右步攔腰。棍下一提。他反手一捉，我進左步棍上一扎。他又一攔，我將身低下，低棍一扎。他又一壓，我將棍從下翻上，大門扎進。

立勢烏龍入洞解曰：我將棍安在小門邊，他使棍迎面打來，我卻從大門纏他一棍。他從小門扎來，我就小門纏他一棍。加上右步從大門又扎，我加左步崩開棍進。

鸞傳鳳點頭解曰：他使四平棍扎來，我從大門削他一棍。從小門跨起，我復從大門劈進扎到臉上。他一攔，我扭腰棍下一點地，仰手一壓，我將棍從下翻上扎進。

一字單手擒解曰：他使四平棍不動，我從大門將他棍尖按住，用手勁一搬加步扎進。

一字單崩腿擒解曰：他使四平棍當面扎來，我從大門崩開棍進。

他又起棍，我將棍在他棍上，合手一踩而進。

硬崩擇豆角解曰：他當面扎來，我從大門崩開他棍。他又從小門扎來，我進右步手迎面一扎，落地伏勢。他起棍又扎，我從大門崩開。

撲捉纏拿打解曰：他當面扎來，我從大門合手一撲，他閃過小門扎，我就小門纏他一棍落地。他又迎面扎來，我合手加步崩開棍進。

大使手總目

「使」字疑是死字。死字是自己秘訣不輕傳人。不知究竟是何字。狸貓捉鼠，猛虎出林，高能打低，低能打高，軟能伏硬，硬能服軟，降纏撲捉逆纏打。二人恢金，硬崩一去箭，惡鬼搜山，白雲滿天雨不漏。

大使手直解

狸貓捉鼠解曰：他起棍扎來，我從大門纏他一棍落地。他飛頭打來，我將身往後一披收槍伏勢，之謂坡。左腳仰起踏住他棍尖，復加右步，小門仰手扎進。

猛虎出林解曰：他當面扎來，我從大門低勢纏打一棍，扎手而進。

高能打低解曰：他先起棍，我從大門削他一棍，復將左手一合，右手一仰，進步指到他目上。他從小門扎來，我加右步仰手望他手上一打。

低能打高解曰：他先起棍，我從大門合手欺他一欺。我把身往後微坡一坡，復迎棍合手加步扎進。

軟能服硬解曰：我拖著棍走，他隨後望頭上打來，我扭項回步，使低勢刺他前手之下。

硬能服軟解曰：他起棍扎來，我從大門崩開棍進。他欲起棍，我從他棍上合一鍘而進。

降纏撲捉迷纏打解曰：他起棍扎來，我從大門纏他一棍，扎到臉上。他一擋，我順棍打到地下。他飛頭打來，我從小門用臂力往上一騰打下，按勢。

二人恢金解曰：他棍未出發，我從大門搪他一棍。他滾過小門扎來，我就從小門纏他一棍，落地扎起。

硬崩一去箭解曰：他使棍當面扎來，我從大門崩他一棍加步扎進。

惡鬼搜山解曰：他使棍扎來，我從大門纏他一棍落地。他又從小門扎來，我就從小門加右步纏他一棍。落地他又從大門扎來，我就從大門纏他一棍加左步扎進。

白雲蓋頂解曰：他起棍未發，我從大門削他一棍指到

臉上。他合手一攔，我加左步仰手棍下一扎。他仰手壓，我加右步棍上一扎。他又一攔。我矮身棍下又扎。他仰手又捉，我從棍下提起扎進。

滿天雨不漏解曰：他使四平棍不動，我從大門削他一棍，合手而進。他欲起棍，我照棍上滾手縮腰一踩，使通袖棍掉步打左耳根邊。大使手直解終。

大中華民國十七年歲次戊辰九月初二日，是年閏二月。

溫邑歲貢生行年八十（眼花）十六世字品三陳鑫抄

三 兩「抄本」告訴我們什麼？

1、陳季甡生於 1809 年，卒於 1865 年。是當時陳家溝的文武全才，與孿生兄長仲甡一樣，威望極高。據《近代史資料》總八十一號收有一篇《太平軍攻懷慶府實錄》（原名《粵匪犯懷實錄》）。作者田桂林，字小山，本地人，是「候選教諭」。清咸豐三年（1853 年）太平天國北伐軍圍攻河南懷慶府期間，他負責「督守西域」防務，事後著有《粵匪犯懷實錄》記述，二十九日載：「賊首大頭羊竄入溫縣陳家溝。此賊甚有勇力，兩腋能挾兩尊大砲飛身上城，到處破城全仗此賊為首。幸陳家溝有陳仲辛（按：應為陳仲甡）、季辛（按：應為季甡）昆仲者，矛桿稱為絕技，用大桿將大頭羊就馬上擄下，將頭割下……賊人大怒，領大隊到趙堡街……放火焚燒……」。

據有人說陳季甡在河北鉅鹿縣當過縣長，因此抄本封面顯示「前任鉅鹿縣正堂陳」字樣。此抄本抄於道光二十三年六月初三日，即公元 1843 年。此時陳季甡 34 歲，正

是精力旺盛、年富力強，思維與武功較好的時期。所以，陳季甡抄本是值得信賴的。

更能說明問題的是，陳季甡時代，陳家溝沒有刻意炫耀自己，為祖先爭光，而爭搶拳術創始人的桂冠，這從陳季甡抄本的內容看，一目了然。

（1）陳季甡抄譜表明沒有任何一個陳家人與此譜有關係，或寫作了其中某段，或做過什麼貢獻。也沒有一個陳家人的姓名出現，說明只是傳抄。

（2）傳抄的這個譜，即沒有出處，也沒有傳遞關係，更沒有拳術傳承的譜系。說明只是喜歡，值得抄下來，保存。

（3）譜中顯示頭套至四套，都叫「捶」，還有個又四套、小四套、五套，實際也前面一樣，都是捶。這些捶是什麼呢？頭套捶的最後一勢落椎了——「炮捶」！

（4）四套捶和小四套，更是明確告訴人們「太祖立腳勢高強」「要知此拳出何出，名為太祖下南堂」，來自宋太祖和戚繼光。

（5）從譜中「短打」「又短打」「滾跌法」「十五紅十五炮拳架記」「長槍總說」「黑旋風大上西天棍架子」，以及兩個「拳經總歌」的眾多勢名和「探馬勢太祖流傳」等等來看，絕對是少林紅拳和戚繼光《拳經》32勢歌訣的流傳。

（6）絕沒有「太極拳」「十三勢」「長拳」「太極長拳」「一百零八勢」，以及「打手」「搨手」和什麼四句啊、六句啊的「打手歌」字樣。說明陳家溝此譜傳習的內容與太極拳以及人和事不沾邊，連個影子都沒有。

（7）如果說陳家溝祖傳的是這樣的拳術譜訣，那只能像陳發科參加「太極拳會議」──「列席」！

2、陳鑫生於 1849 年，卒於 1929 年。是陳家溝清末民初時期的文秀才，聲望也較高。特別是到了晚年，幾乎成了陳氏家族的權威、尊者。他對家族的拳術最清楚，特別是抄本的內容。因此，他費盡心機，耗時 12 年之久撰寫的太極拳著作，對抄本內容絕對不予收錄。用他的話說，就是怕「啟人疑惑」。

因為他曾對別人介紹說過「陳家溝這個村，每年在秋收以後農活幹完了，就在場院裡辦少林會，陳家溝的人會練的都到那裡練，多少年來一直是這個規矩。他們陳家是世傳練炮捶的，屬於少林拳。據說他們家傳習炮捶已有幾百年的歷史，村裡的人管他們叫炮捶陳家。」抄本的內容，也的確證明了這一點，陳鑫此言不虛。

但他又不甘心一輩子無所成就，特別是與自己的兄長相比。他說：「他父親讓他學文，讓他哥哥學武。結果他哥哥當了守備（相當區長）。他因唸書一無所成，只當個私塾的教師。」所以，他要「發憤寫本書」，為先人爭光。並說「太極拳在北京很時興，漸漸地南方也有了，正是好時機。」（參見吳圖南《太極拳之研究・調研》）

這從陳季甡抄譜 85 年後，陳鑫再次抄譜時，與季甡譜又有了一些出入，以及用盡心機加入自己專門寫的「辨拳論」，用以強調要說明什麼來看，從他開始，陳家人就有了私心⋯⋯

與陳季甡抄本比較，陳鑫抄本缺少：頭套錘、二套捶、三套捶、又四套、小四套和兩首拳經總歌，以及十五

紅十五炮拳架記、長槍總說、二十四勢槍。

　　多了：拿法破法金剛十八弓、用功七練法、盤羅棒歌、大戰朴鐮歌、槍法自序、腿法、身法、槍棍字解、辨拳論、纏捉棍總目、纏捉棍直解、鷂子出林、小使手總目、小使手直解、大使手總目、大使手直解、

　　轉抄了：四套捶、五套（陳鑫稱五套捶）、六六三十六勢滾跌、短打（不同的是陳鑫在此短打的一部分另起題目，叫做「拳經總歌一百零八勢」）、又短打（文字較短，陳鑫只稱「短打」）、「黑旋風大上西天棍架子」。

　　此外，陳鑫把陳季甡抄本中第二首「拳經總歌」即「懶扎衣立勢高強，丟下腿出步口口……」的一部分提出，做了「用功七練法」的一部分。

　　除了陳鑫有意加進的「辨拳論」外，同樣可以看出陳鑫抄本：

　　（1）沒有任何一個陳家人與此譜有關，或寫作了其中某段，或做過什麼貢獻。也沒有一個陳家人的姓名出現，說明只是傳抄。

　　（2）傳抄的這個譜，即沒有出處，也沒有傳遞關係，更沒有拳術傳承的譜系。

　　（3）譜中顯示的「捶」，就是「炮捶」！

　　（4）盤羅棒歌：「棒遮雲頭世間稀，勢上安排要伶俐。右剎登出少林寺，堂上又有五百僧。」「要知此棒出處，盤羅留下在邵陵。」說明陳家溝傳習的就是少林拳械！

　　（5）從譜中「短打」「又短打」「滾跌法」「黑旋風大上西天棍架子」來看，也都是少林拳和戚繼光《拳

經》勢法傳承。

（6）亦沒有「太極拳」「十三勢」「長拳」「太極長拳」，以及「打手」「搋手」和什麼四句啊、六句啊的「打手歌」字樣的出現。亦說明陳家溝傳習拳術的人和事與太極拳不沾邊。

陳鑫撰寫「辨拳論」的目的很明確，那就是為「**陳氏爭光**」。有人說，吳圖南先生當年會見陳鑫，帶去的武當山張三豐真人集太極拳之大成的普遍認識和楊氏三代享譽楊無敵盛名的回饋訊息。陳鑫撰寫《家乘》，又於老病之時特意地訓示後輩而寫下《短文》，都是他意識到應當有論爭太極拳出自陳氏先人之必要。

陳鑫 1929 年謝世後，他的學生陳子明遊說唐豪，並陪同其於 1930 年冬和 1931 年春攜帶固定成見走訪陳家溝。接著編著《陳氏世傳太極拳術》，請唐豪塞進「太極拳源流考」，以及奔走於唐豪與徐震之間，以求文宣陳氏等等，都是為了完成其師「遺願」為「**陳氏爭光**」。

四 陳鑫的《辨拳論》和《短文》傳遞給我們的訊息

1、《辨拳論》傳遞給我們的訊息

「前明有父女」指的就是山西王宗岳和他的女兒，明確王宗岳是明朝人；

文中提到「趙堡邢西懷、張宗禹、牛發虎」名字，他們都是著名的太極拳宗師，甚至是趙堡太極拳幾個時代的掌門。他們都與陳家溝沒有一絲一毫的傳承關係，這一點，暨是陳家溝現在的傳承譜系人物（未見）也能證明；

陳敬柏、陳清平的遠祖雖與陳家溝陳氏有關（陳清平的名字更是未見於《陳氏家譜》或「注」），但與傳承趙堡太極拳也毫無關係（可參見杜元化著《太極拳正宗》）。

《辨拳論》表明陳鑫或陳鑫時代，包括陳家溝都是毫無疑問的承認趙堡太極拳源於山西王宗岳的事實。「**劉村蔣姓得其傳**」，證明蔣發得到了傳授，這就是趙堡太極拳的歷史，沒有別的。這一點，陳鑫原著收錄「杜育萬述蔣發受山西師傳歌訣」，就更說明問題。

「陳氏之拳不知仿自何人」，陳奏廷只是「**攻此藝者**」，正是《辨拳論》對陳家溝拳術傳承的真實寫照。更證明陳家根本沒有創什麼拳術的意思。

2、二十天後「短文」的，蔣發被隨意改變

陳鑫抄本中的《辨拳論》寫於 1928 年 9 月 2 日，可能自感還不滿意，或沒有給「陳氏爭光」。儘管此時他已是老病之時，還是急不可耐，又於 20 天後，特意抓緊時間急忙撰寫一短文，強拉蔣發於乾隆，插於陳森「文修堂本」：

我陳氏陳州府陳胡公之後，自敬仲奔齊，陳溝之陳，不知由陳州遷山西，由齊國遷山西，年氏延遠，宗譜失傳。今之陳溝陳氏，相傳由山西洪洞縣遷河內，由河內縣遷溫東常陽古郡，即今陳溝是也。言由洪洞，亦未有據。以陳應雲說：以與盱眙（ㄒㄩ一ˊ，縣名，在江蘇省西部，臨近洪澤湖）姓陳，同到過土城村，余不記屬何縣管，土城陳氏尚能指我始祖陳卜所自出之墓，有碑記可

憑。要之，陳氏之拳，元朝已有大名。我始祖在明初即有大名，非蔣氏所教。至陳奏庭時，前明成手，不可勝數。陳奏庭以後，成手亦不可勝數。要之，陳奏庭明時人，蔣把拾乾隆年間人，何得妄為指說陳氏之拳，傳於蔣氏？此言大為背謬，且蔣氏實不稱與陳奏庭當老夫子，人不同時，道統之深又不如陳奏庭，何得胡言亂語，啟人疑惑？嗣後決不可言陳氏拳法傳於蔣氏。吾所明辯，雖不能與陳氏爭光，亦不至敗先人宗幸。

民國十七年九月二十二日，歲貢生縣丞行年八十歲，陳鑫字品三號應五，別號安愚謹誌。

陳鑫把明朝的蔣發一下子變成了「**乾隆年間人**」，唐豪不解，也說：「陳溝文修堂本，附陳鑫筆記一則，謂蔣發乾隆時人，其九世祖陳奏庭為康熙時人，戒村人不得再言蔣發為奏庭之師。予在陳溝時，見陳氏宗祠有遺像一幅，旁立持偃月刀者，村人云即蔣發，並云蔣為李際遇部將。果如村人所言，蔣為奏庭之師合於畫像；陳鑫言蔣為乾隆時人，反不合於畫像。」（見唐豪 顧留馨著《太極拳研究》載，唐豪著《廉讓堂本太極拳考釋》之「五字訣」唐豪附識。）看來，村人所言極是！

陳奏庭的墓碑立於 1719 年，以人去世一般三年後立碑算，說他活了 80 歲，即生於 1636 年，與明朝不沾邊，何來「**陳奏庭明時人**」？

恰好證明，陳鑫離世前由於私心太重，一心為「**陳氏爭光**」，又怕「**啟人疑惑**」，的確也顧不了許多，連自己都「**胡言亂語**」起來了！

至此，真相已不言自明！

五 陳季甡抄本與洪洞通背拳譜抄寫時間接近，應同出一本，是一個東西。

人民體育出版社 2017 年 12 月出版了一部署名為王隰斌著的《洪洞通背拳概覽》，該書收集並影印了大量的洪洞通背拳古譜抄件等，可以說內容較為豐富、全面。作者在書中說：「本著文史資料收集的原則，幾年來，在槐鄉兩岸，行程 10 餘萬公里，在同事和廣大武術愛好者的幫助下，整理收集流傳於槐鄉兩岸的洪洞通背拳古老拳譜近 30 餘萬字。」「收集資料顯示，早在 1833 年前該拳就已經成為完整理論，吉書升在當年重錄了拳勢，在 1834 年為該拳專門寫了序。當時就有完整的一百單八勢和一百單八招散打，三十六滾跌⋯⋯」。由此可見，洪洞通背拳第二代傳人張秀德的女婿吉書升（子曉林）重錄洪洞通背拳譜，比陳季甡抄錄本還要早 10 年。

透過比較發現，吉書升版本洪洞通背拳《拳經總論》，就是陳季甡抄本中的第一首《拳經總歌》。現輯錄如下（見該書 54 頁）：

洪洞通背拳《拳經總論》

吉書升版本（清道光十四年，1834 年）

縱防曲身人莫知，近靠纏繞我接衣。

劈打推壓得進步，搬捌橫採也難敵。

鉤棚劈打人人曉，閃驚巧取有誰知。

佯輸詐走雖云敗，引誘回衝致勝歸。

滾栓托栓多微妙，橫直遮攬奇更奇。

接近扶攔穿心肘，迎風接近紅炮捶。

二換掃堂掛腳面，左右鞭攢莊跟腿。

截前演後如封鎖，聲東擊西要熟識。

上提下顧須切記，進攻閃退莫遲滯。

藏頭顧面天下有，攢心踩肋世間稀。

教師不識此中理，難將武藝論高低。

洪洞通背拳拳譜一般全套稱九排子，也有稱上三路、中三路、下三路共一百單八勢。這些內容，基本見於陳季姓抄本中的第二首《拳經總歌》（順序都一樣，僅缺第九排子的文字。但仍見於陳鑫抄本的「用功七練法」中無題的一部分，文字稍多一些）。輯錄如下（見該書 44 至 46 頁）：

第一排子

懶扎衣立勢高強，丟下腿出步單陽。七星拳手腳相顧，探馬勢太祖高傳。當頭炮勢衝人怕，中單鞭誰敢當先。跨虎勢挪移發腳，拗步勢手足和便，壽桃勢如牌抵進，拋架子當頭按下，孤身炮，打一個翻花舞袖、拗蘭肘。

第二排子

左右紅拳，玉女穿梭倒騎龍。連珠炮打的猛將雄兵，手揮琵琶，猿猴看果誰敢愉，鐵甲將軍也要走，高四平，扔封腳奪子，小紅拳打一個火焰攢心，斬手炮打一個鳳鸞藏肘。

第三排子

閃通背窩裡炮，打一個井欄直入勢。劈身拳轉身吊打，指襠勢，剪鐮提膝二起腳。金雞獨立，朝陽起鼓，護心拳，專降快腿，拈肘勢逼退英雄。

第四排子

喝一聲小擒拿休走，拿鷹捉兔硬開弓。下扎勢閃驚巧取，倒扎勢誰人敢攻。朝陽手，便防腿，一條鞭打進不忙。懸腳勢誘彼抵進，騎馬勢衝來敢擋，一霎步往裡就踩，抹眉紅蓋世無雙，下海擒龍。

第五排子

上山伏虎，野馬分鬃張飛擂鼓，雁翅勢穿椿一腳，劈來腳，入步連心。雀地龍按下，朝天蹬立起。雞子獻胸，白鶴亮翅，黑虎攔路，胡僧托缽，燕子啣泥，二龍戲珠，賽過神搶，丘挒手左扳右掌，兔蹴腳撲前掃後。

第六排子

霸王舉鼎，韓信埋伏，左山右山，前衝後衝，觀音獻掌，童子拜佛，翻身過海，回頭指路，敬德跳澗，單鞭救主，青龍舞爪，餓馬提鈴。

第七排子

六封四閉，全剛搗碓。下四平，秦王拔劍，存孝打虎，鍾馗伏劍，佛頂珠，反堂椿望門攢，下壓勢，上一步封閉捉拿，下壓勢，推山二掌，羅漢降龍，右轉紅拳左跨馬，左轉紅拳右跨馬。

第八排子

右搭袖，左搭袖，回頭摟膝拗步插一掌，轉身三請客，按手肱拳雙架樑。轉身紅拳，單鳳朝陽，回頭高四平，金雞曬膀，托天叉，右搭眉，左搭眉，天王降妖。上一步鐵翻桿，下一步子胥拖鞭，蒼龍擺尾。

第九排子

雙拍掌仙人摘乳，回頭一炮拗鷺肘，踩子二紅仙人捧

盤，夜叉探海，劉海捕蟾。烈女捧金盒，智法送書，回頭通背窩裡炮，掩手肱拳，回頭五指轉換，鬢邊斜插兩枝花，急回頭雙龍抹馬，上一步智遠看瓜，往前去獅子抱繡球，展手一腳踢煞回頭二換也不差，只轉兩拳護膝，當場按下滿天星，誰敢與吾來比兵。

另外，洪洞通背拳的「二十四勢」和「六六三十六勢滾法」，也基本等同於陳季甡抄本中的《四套捶》和《三十六勢滾跌法》，輯錄如下：

洪洞通背拳的「二十四勢」拳譜（陳國鎖的師傳譜本）

括號內為徐奎生家傳譜本

懶扎衣立勢高強，丟下單鞭鬼也忙，出門先是（使）翻身炮，望門攢去立呈英豪，反堂椿（莊）後（無「後」字）帶著掩（按）手紅拳，騎馬勢（式）上（無「上」字）連著窩（臥）弓射虎，左拗步十面埋伏，右拗步誰敢當先，庇身拳勢如壓卵（旦），指襠勢高挑（跳）低崩，金雞獨立且留情，護心拳八面玲瓏，六封四閉實難容，轉身劈打勢（無「勢」字）縱橫，上一步二換跟打（兩環跌打），到（倒）回來左右七星，翻花拳（翻花炮）打一個孤雁出群，下扎勢誰敢來攻，翻花舞袖妙長城（入取蟲），分門椿（莊）去喪殘生，轉腳一拳打到（打跌倒），兩腳穿椿（多「也」字）難停，舞袖一推往前攻，急回頭當陽炮終（中）。

洪洞通背拳「六六三十六勢滾法」

騰手一捩二跌三捩四靠五撇六跌；

白鳥臥卵一臥二靠三坐四撒五掃六跌；

裡按手一捺二拿三肘四臂五按六跌；

外鷺手一擺二搶三肘四摟五掃六跌；

裡捵手一剪二靠三踩死騰五按六跌；

外捵手一按二撩三剪四靠五掃六跌。

（註：次兩件錄自上海體育學院碩士學位論文 2015 年 2 月 28 日雷季明《洪洞通背拳與陳氏太極拳源流關係考》）

王隰斌在書中還有一些文字：

縣誌記載洪洞縣的武舉第一人是萬曆癸卯年（1606 年）石之玉。從那時起至民國初，洪洞記載的武進士、武舉人、附武官多達 130 餘人這個數字還不包括原趙城縣的武進士、武舉人、附武官。可見在明萬曆朝代之前，平陽大地，汾河兩岸人民群眾就有習拳練武的愛好。

宋太祖三十二式，明代戚繼光在其著作《紀效新書》中的『拳經捷要』的三十二式是洪洞通背拳的重要組成部分，該拳拳譜中引用了許多宋代以前的歷史典故和道家、佛家故事，唯獨沒有元代、明代、清代歷史典故。

有關書籍記載陳式太極拳創始人陳王庭則生於 1600 年，在明萬曆癸卯年他也只有 6 歲。也就是說，早在明萬曆年代以前，宋太祖三十二式、戚繼光的拳經捷要及三十二式早已紮根於槐鄉。

「走進大槐樹（洪洞、趙城），男女老少都知『三進

步、鐵翻桿』。」透過幾年的調查走訪，這個傳言一點也不為過。至於那些膾炙人口的洪洞通背拳順口溜更是數不勝數。「通背拳圈套圈，像娘紡織纏線線，纏來纏去變蛋蛋。小圈變大圈，大圈套小圈，平圓、立圓、有斜圓。娘纏線兒練拳，仿娘學會通背拳，纏來纏去九連環，勤練圓滑更自然。」

民國八年，也就是 1919 年 5 月，洪洞萬安高公村樊一魁在山東第一次出版《忠義拳圖》。1922 年（民國十一年），樊一魁再版《忠義拳圖》，由洪洞同興亨石印行印刷。1936 年，時隔 17 年樊一魁又一次著書立說《忠義拳圖》，這次不是一本，是八卷。這在當時也是一件轟動的新聞，在洪洞通背拳的傳承和發展史上可謂是里程碑。

這套《忠義拳圖》是由洪洞榮儀堂書館石印行印刷的。樊一魁在書中明確：「斯拳名為通背，實為拳藝總出發源。」

六 結 論

上海體育學院雷季明的碩士論文研究結果認為：兩拳種技法中的「滾法」、兩拳種之間雙刀與槍法兩則器械譜的相同，進一步說明兩拳緊密的親緣關係。而相應拳譜亦沒有顯示出圍繞「太極陰陽」核心理論的特徵；《拳經總論/歌》不是太極理論的產物；不屬於當前對「太極拳」定義的範疇；「108 勢長拳」不屬於以太極理論為核心而編創的，並對當前陳氏太極拳對這一套路定性為「太極長

拳」的結論持否定觀點；認為洪洞通背拳不是從陳氏太極拳演變出；都是基本準確的。

陳鑫也曾在《陳氏太極拳圖說》卷首「太極拳著解」中講：「我陳氏自山西遷溫，帶有此藝，雖傳有譜，亦第圖畫，義理亦未之及。」

考證家張唯中在《武壇》發表的「重振國術武藝，發揚中華文化」一文中，引用了河北省高陽縣人傳授長拳的李從吉先生的談話。李說：「我雖原籍河北省，但遠祖與陳氏一族一樣，原來都是山西省洪洞縣大槐樹村的居民。據先祖們說，那個地方每到舊曆正月在廟前舉行武術大會，頗為盛大。另外，把祖傳長拳的技法和姿勢，與陳家溝十三勢長拳和戚繼光《紀效新書・拳經捷要篇》的三十二勢的圖解等一一對照起來看，連名稱都大多相同。因此，可以認為所有這些都是宋太祖長拳流傳下來的。」

同一個東西，在洪洞叫「通背拳」，在陳家溝叫「炮捶」，內容一樣，叫法不同而已。

因此，可以認為無論是陳季甡抄本或陳鑫抄本，或是洪洞通背拳譜，通篇都沒有太極拳或太極長拳的任何內容或字樣，有的只是同出一源的戚氏《拳經》傳流，均與太極拳無涉。

陳鑫原著被發現　長短句造拳未見

——說明陳氏後人編輯的《圖說》被強行塞進了「私貨」！

隨著網絡徐曉東爆料陳家溝拳術大師陳小旺與大力士龍武推手，給了其 5 萬元作假，要龍武輸（所以大家在電視節目中看到的是無論大力士怎麼用力，陳大師都是穩若泰山）。實則被龍武一下子推倒起不來了！而且，這也得到了大力士龍武的確認！這使我下意識的又翻了翻手頭上的有關書籍和資料，果然又有所發現！

首先看兩則訊息：

一是陳子明在其民國二十一年（1932 年）出版的陳家第一本拳術著作《陳氏世傳太極拳術・太極拳要義一》中，開篇即講：「吾師陳品三先生，致力於太極拳者計七十餘年，著《太極拳圖畫講義》四卷，洋洋十餘萬言，立論精詳，世罕其儔。余往日錄其要義，以備研探。今**先生之書流落他處，未見梓行問世**，余取舊篋所藏載諸拙著，以彰先生立言之一斑，並使後學者有所遵循焉。」又在該書的《陳鑫傳》中，再次證明陳鑫著作「**均未梓行**」。

二是陳績甫在其 1935 年著《陳氏太極拳匯宗・自序》裡也講：「余從祖品三公，係清貢生得英義先生親傳，造詣精邃。彙集先世厲傳拳學真詮，詳加稽考，益以己意，編**真詮四卷**，並武術雜技附本，數十年心血畢彈此中。見者賞贊，**惜未梓也**。」

儘管此二人以上的兩本著作，均大量的使用了陳鑫作品《太極拳圖畫講義》（亦曾稱《太極拳真詮》），但都表明陳鑫著作「未見梓行問世」、「流落他處」。特別是陳績甫著《陳氏太極拳匯宗》，通篇與陳鑫原著講拳術始於始祖陳卜相一致。未見有陳王廷「長短句詞」「悶來時造拳」一說！

　　那麼，陳鑫原著是哪一個本子呢！

　　這就是由三秦出版社 1995 年 5 月出版的：《陳氏太極拳圖說》陳鑫原著 肖鵬山點校本。此本提名叫響「陳鑫原著」，第一篇是陳泮嶺題詞，第二篇是陳鑫自序，接著就是內文，其中包括有陳鑫署名的《陳氏家乘》，接著是劉煥東的《後敘》。最後明確「附錄 杜育萬述蔣發受山西師傳歌訣」。

　　特別值得注意的是：《陳氏家乘》一開始，對「陳奏庭」傳只有「名王廷，明庠生，清入武庠，精太極拳。」14 個字，並沒有「長短句詞」的隻言片語；也確定「杜育萬術蔣發受山西師傳歌訣」，是「附錄」；另外，這本書並沒有「編輯者」「參訂者」「訂補者」「校閱者」「助刊者」參與其中，明確是陳鑫原著，沒錯！

　　這說明，1933 年經陳氏後人編輯的陳鑫《陳氏太極拳圖說·陳氏家乘》，是被強行塞進了所謂「長短句詞」「悶來時造拳」的「假貨」「私貨」，才致使其書中說話前後矛盾，使陳鑫受到誤解，背了「黑鍋」。由此看來，應該為陳鑫平反。

　　其次，人常說「有比較才能有鑑別」，那就讓我們比較一下來看看！

這裡，用以比較的就是：由三秦出版社 1995 年 5 月出版的《陳氏太極拳圖說》陳鑫原著 肖鵬山點校本和由上海書店出版社據開明書局 1933 年版複印，1986 年 1 月出版的，經胞侄雪元、春元編輯，孫女 淑貞 孫男 金鰲、紹棟，參訂的陳鑫著《陳氏太極拳圖說》。

　　先看，進行兩書掃瞄有關內容圖片（原始情況）的比較：

圖片展示相關內容

《陳氏太極拳圖說》陳鑫原著 肖鵬山點校 三秦出版社 1995 年 5 月第一版

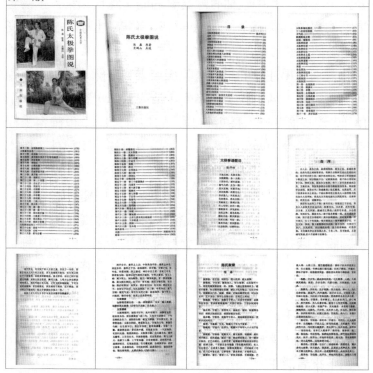

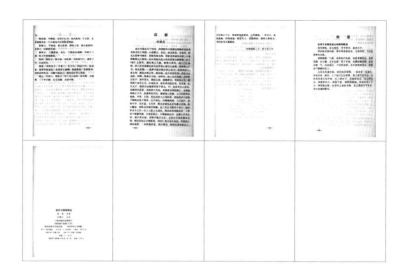

《陳氏太極拳圓説序》陳鑫著據開明書局 1933 年版複印 1986 年 1 月上海書店出版社第一版

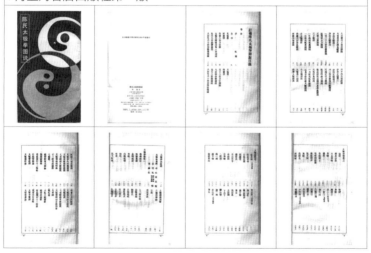

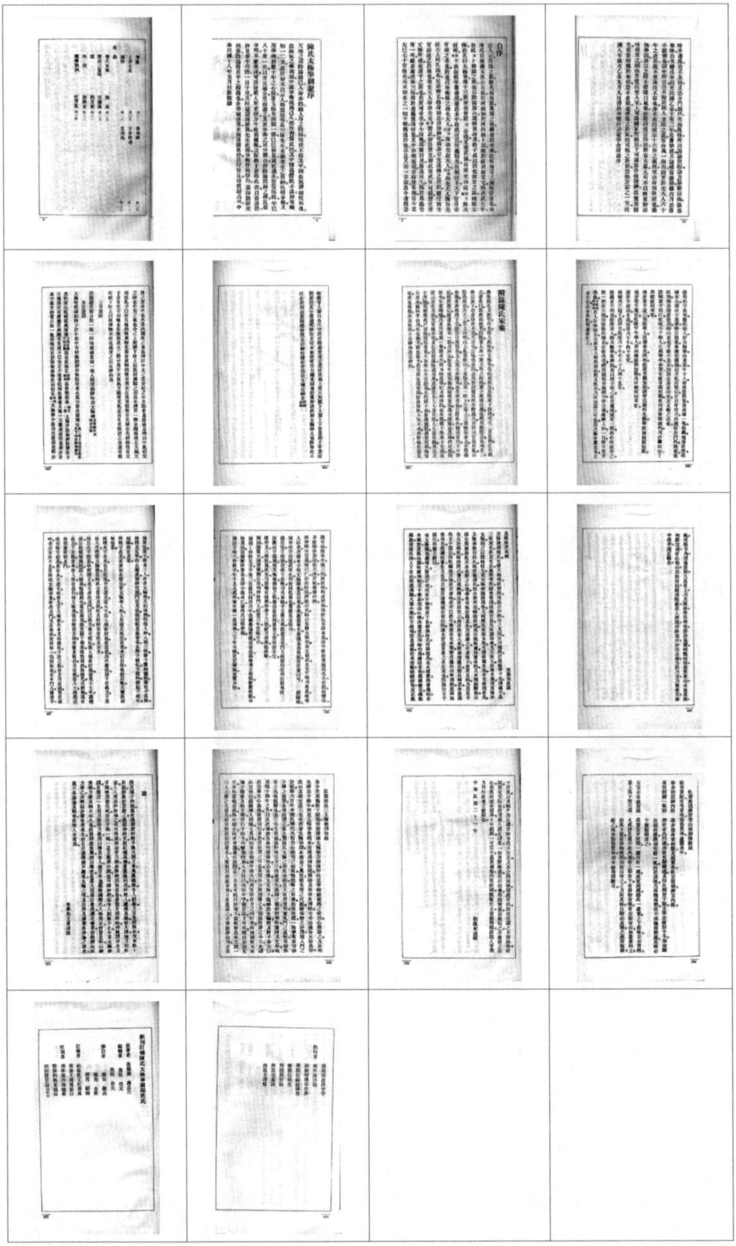

再看，文字展示相關內容：

《陳氏太極拳圖說》陳鑫原著 肖鵬山點校 三秦出版社 1995 年 5 月第一版：

1、太極拳譜題詞　陳泮嶺

天地元始，無極太極；太極賦物，各一太極。人而體天，原本返始；精氣與神，合為一理。至大至剛，可塞天地；其玄莫測，其勇無比。吾宗溫人，天縱英義；實闡拳宗，悉本太極。其嗣昌之，推闡以易；盡人可學，內外一致。愚耽國術，所見多矣；功用之神，莫若此極。潛玩力追，默識厥旨；知其不誣，可標一幟。喜其書成，用識數語；以志欽仰，以勗同志。

（見第 1 頁）

2、《自　序》

古人云：莫為之前，雖美而弗彰；莫為之後，雖盛而弗傳。此傳與受之兩相資者也。我陳氏自陳國支流山左派衍河南，始於河內而卜居，繼於蘇封而定宅。明洪武七年始祖諱卜耕讀之餘，而以陰陽開合、運轉周身者，教子孫以消化飲食之法。理根太極。故名曰太極拳。傳十三世至我曾祖諱公兆，文兼武備；再傳至我祖諱有恆與我叔祖諱有本。我叔祖學業湛深，屢薦未中，終成廩貢；技藝精美，出類拔萃，天下智勇未有尚之者也。於是以拳術傳之我先大人諱仲甡與我先叔大人諱季甡。我先大人與我先叔大人同乳而生，兄弟齊名，終身無怠，詣臻神化。

倘非有先達傳之於前，雖有後生，安能述之於後也。

我先大人命我先兄諱蟲習武，命愚習文。習武者：武有可觀；習文者，文無所就。是誠予之罪也。夫所可幸者：少小侍側，耳聞目見，薰蒸日久，竊於是藝管窺一斑。雖未通法華三昧，而於是藝僅得枝葉；其中妙理循環；亦時覺有趣。迄今老大，已七十有餘矣。苟不即吾之一知半解傳述於後，不且又加一辜哉。愚今者既恐時序遷流，迫不及待；又恐分門別戶，失我真傳。所以課讀餘暇，急力顯微闡幽，纖悉畢陳。自光緒戊申以至民國乙未，十有二年，其書始成。又急繕寫簡冊，雖六月盛暑不敢懈也。

說中所言，吾不知於前人立法之意，有合萬一與否。而要於先大人六十年之攻苦，庶不至淹沒不彰也；亦不至以祖宗十六世家傳，至我身而斷絕也。愚無學問，語言之間不能道以風雅，而第以淺言俗語，聊寫大意。人苟不以齊東野語唾而棄之，則由升堂以至入室。上可為國家禦賊寇，下可為筋骨強精神。庶寶塔圓光，世世相傳於弗替，豈不善哉。是書傳之於家則可，傳之於世恐貽方家之一笑。

　　　　　民國八年九月九日書於木樂店訓蒙學舍陳鑫序

見（第2至3頁）

3、《五言俚語》陳鑫

太極理循環，相傳不計年。此中有精義，動靜皆無愆。收來名為引，放出箭離弦（此二句上句言引進落空，下句言乘機擊打）。虎豹深山踞，蛟龍飛潭淵。開合原無定，屈伸勢相連。太極分陰陽，神龍變無方。天地為父母，摩盪柔與剛。生生原不已，奇正不尋常。乾坤如橐

籥，太極一大囊。盈虛消息故，皆在此中藏。至終復自始，一氣運弛張。有形歸無跡，物我兩相忘。太極拳中路，功夫最為先。循序無躐等，人盡自合天。空談皆漲墨，實運是真詮。鳶飛上戾天，魚躍下入淵。上下皆真趣，主宰貴精研。若問其中意，道理妙而玄。往來如晝夜，日月耀光圓。會得真妙訣，此即太極拳。凡事都如此，不但在肘間。返真歸璞後，就是活神仙。隨在皆得我，太璞自神全（仍歸太極）。

見（第 378 頁）

4、《陳氏家乘》陳鑫

陳奏庭，名王廷，明庠生，清入武庠。精太極拳。

陳敬柏，字長青，隆乾初人。好太極拳。山東盜年十八，將撫憲廄窗摘玻璃一塊，竊驟，飛簷走壁越城而去，捕役不敢拿。時公隨營諭論往捕，賊以刀扎向敬公，公以牙咬刀，將賊扒出門外，賊服，案破。後賊亦隨營效用。時山東名手，藝不及公，因號公為蓋山東，言其藝之高也。

陳毓蕙，字楚汀，乾隆壬子舉人。江蘇華亭奉賢、金匱等縣知縣，常州府督糧通判，川沙廳同知。丁卯鄉試同考官。

陳步萊，字蓬三，癸酉舉人。祿南皮、清河、鉅鹿等縣知縣；調署雲南邱北縣，特授彌勒縣知縣。

陳步蟾，字履青，乾隆甲午舉人。湖南麻陽縣知縣。戊申鄉試同考官。

陳善，字嘉謨，生員。乾隆六十年與千叟宴。

陳毓英，字冠千，邑庠生。乾隆六十年年八十八與千叟宴。

陳繼夏，字炳南，乾隆末人。精太極拳。每磨麵，始以兩手推之，依次遞減，減至一指，則必奔而推之，即一磨亦不閒功。後藝出師右。公善丹青。趙堡鎮關帝廟縣顯功皆公畫，傳神入妙。一日繪古聖寺佛像（寺在陳溝村西）。有人自後捺公，公將其人倒跌，面前問其姓名，乃河南萇三宅也。萇乃藝中著名者。公事母孝，菽水承歡，鄉黨皆化之。

陳秉旺、秉壬、秉奇三人，皆善太極拳，互相琢磨，藝精入神，人稱三傑。秉壬兼精醫術，秉旺子長興盡傳其父學，行止端重，號牌位陳門徒尤盛。長興子耕耘，字霞村，耕耘子延年、延禧能世其業。耕耘嘗從仲甡與粵匪戰，有軍功。

陳鵬，字萬里，嘉慶初名醫也。習太極拳，入妙，人莫測其端倪。家貧，介以自持，氣舒以暢，天懷淡泊，無俗慮。

陳耀兆，字有光，生於乾隆，卒於道光，壽八十。為人樂善好施，家道嚴，內外肅然，訓子有義方。子孫皆入庠。性癖太極拳。當時武士皆沐其教。然其精妙未有出其右者。

陳公兆，字德基，學術醇正，名士多出其門。持己端方，事不循私，為人樂善好施。道光十七年歲饑饉，公設粥場施飯，活人無算。每遇嚴冬，買衣施貧，鄉里艱於婚葬，慷慨賙濟，無德色。子有恆、有本皆入庠，有品行，精太極拳。孫仲甡得其詳。後屢立戰功，另有傳。壽八

十，鄉鄰以品德兼優額其門。

陳有恆，字紹基，弟有本，字道生，均庠生。討太極拳有本，尤得驪珠，子姪之藝，皆其所成就，豐度謙沖，常若有所不及。當時精太極拳者，率出其門。兄友弟恭，始終如一，怡怡如也。有本門人陳清平、陳有綸、陳奉章、陳三德、陳廷棟，均有所得。陳耕耘亦師事焉。清平傳趙堡鎮和兆元、張開、張羅山，有綸傳李景延、張大洪。景延兼師仲甡，嘗從戰粵匪。廷棟兼善刀法。

陳仲甡，字宜篪，號石廠。幼而岐嶷，涉獵經史，嗣以家傳太極拳，棄文就武，得其訣。藝成而上具神武力，皆根本於精太極拳也。及公卒，弔者數郡畢至，眾議易名英義。

陳季甡，字仿隨，武庠生，仲甡同乳弟也。嘗隨兄立戰功。

陳花梅，字鶴齋，從學於長興，功夫甚純。子五常、五典能濫其業，門人陳璽均從仲甡戰粵匪。

陳衡山，字鎮南，精太極拳。柳林之戰，衡山最前列，真勇士。後教授生徒。

陳仲立，三德姪孫，武生。弓箭極有揣摩，學拳於三德，槍刀齊眉棍熟練。

陳同、陳復元、陳豐聚、劉長春，均仲甡門人，咸豐三年，從戰有功。

陳淼、仲甡兄子，字淮三，有義行。同治六年，張總愚、寇覃懷掠溫邑，淼率勇士禦賊，槍斃數匪，身被重創。創猶奮呼督眾，馬蹶中炮身亡，妻冉氏以節入孝標。

陳垚，字坤三，仲甡子。年十九入武庠。每年練一萬

遍拳，二十年不懈，從父擊賊，未嘗少挫。

見（第 379 至 381 頁）

5、《後　敘》劉煥東

余少交溫縣關子紹周，得聞陳溝太極拳宗師陳仲甡昆季殺敵衛鄉之偉烈，心竊慕之。及長，南北奔走，廿餘年，所見太極拳書頗多，而陳溝獨無聞，竊疑其學或失傳歟！

今春晤陳春元於焦作，出示其叔父品三先生所著太極拳譜，本義《易》之奧旨，循生理之穴脈，解勢之妙用，指入門之訣竅，舉六百年來陳氏歷代名哲苦心研究之結果，慨然筆之於書，而無所隱，一洗拳術家守秘不傳之故習。余受而讀之，喜且驚：陳氏太極之學，果未絕，且大有所發明，實孔門之孟軻、荀卿，佛家之馬鳴、龍樹也。

品三先生名鑫，為仲甡公次子，清歲貢生，課讀之餘，研精拳術，盡傳其父學，晚更竭十餘年之力，以成此書。欲及身刊發傳世，志未遂。

先生無子，臨終出全編授其猶子春元，曰：此吾畢生心血也，汝能印行甚善，否則焚之可也。

余聞春元語而痛之，念強寇侵凌之今日，此譜亟宜刊行，藉煉國人體魄。七月間因事走徐海、平津、大同，所至訪有力之同好者，河南國術大家陳子峻峰及張子霽若、白子雨生、均慷慨飲助。八月返汴，而張中孚、關百益、王可亭、韓自步諸先生亦均慕義若渴，熱心釀金，兩次會議遂付剞劂。品三先生可瞑目於地下，國術界自今又開一引人入勝之大道矣。

顧余猶竊竊隘憂者，人情對於秘藏奇畫，日夜思慕之，不憚跋涉山川，走數十百里以求朝，夕錄且讀。舌弊手胝不自足，及其公開流傳隨處可得，則往往讀之不能終卷，何也？則習見生玩也。所望國人讀是譜者，一如異僧傳道，黃石授書，特別寶重而熟玩之，不僅得之於心，更進而實有諸身。十年鍛鍊，一可當千，孟賁遍地，四夷斂跡，恢復失土，發揚國權，則同人等努力，刊行此書之微願也。

中華民國二十一年十月十日

見（第 382 至 383 頁）

6、附　錄　杜育萬述蔣發受山西師傅歌訣

筋骨要鬆，皮毛要攻，節節貫串，虛靈在中。

舉步輕靈神內斂，舉步周身要輕靈，尤須貫串，氣宜鼓盪，神宜內斂。

莫教斷續一氣研。勿使有凸凹處，勿使有斷續處，其根在腳，發於腿，主宰在腰，形於手指，由腳而腿而腰，總須完整一氣，向前退後，乃得機得勢，有不得機得勢處，其病必於腰腿間求之。

左宜右有虛實處，虛實宜分清楚，一處自有一處虛實，處處總此一虛實，上下前後左右皆然，意上寓下後天還。凡此皆是意，不在外面，有上即有下，有前即有後，有左即有右，如意要向上，即寓下意，若將物掀起，而加以挫之之力，則其根自斷，必其壞之速而無疑。總之周身節節貫串，勿令絲毫間斷耳。

見（第 384 頁）

7、版權頁

《陳氏太極拳圖說》陳 鑫 原著 肖鵬山 點校 三秦出版社出版發行（西安湘子廟街 12 號） 陝西省新華書店經銷 西影彩印公司印刷 787×1092 毫米 32 開本 12.25 印張 2 插頁 260 十字 1991 年 5 月第 1 版 1991 年 5 月第 1 次印刷 印數：1—6000 1SBN7-80546-170-8／Z·18 定價：4.85 元

《陳氏太極拳圓說序》陳鑫著據開明書局 1933 年版複印 1986 年 1 月上海書店出版社第一版：

1、陳氏太極拳圖說序　杜嚴

天地之道陰陽而已，人身亦然。顧人身之陰陽，往往不得其平，則血氣滯而疾病生，故煉氣之術尚焉。中國拳術流傳己久，然皆習為武技。其中精義瞢然不講，即有略知二一者，或珍秘不以示人，殊為憾事。品三陳先生，英義先生之哲嗣，夙精拳術，又深學理，積數十年之心得，著太極拳圖說一書。已巳初夏，策杖過余，鬚鬢飄然，年已八十有一矣。以弁言屬余，受而讀之，其於拳術之屈伸開合，即陰陽闔闢之理，反覆申明，不厭求詳，可謂發前人所未發。

方今提倡國術，設館教士若得此書，以資講授，將見事半功倍，一日千里，其裨益豈淺鮮哉。先生此書，拳術骨肉停勻，蓋印動靜交相養，陰陽得其平之精義也。余學植淺薄，未能窺測奧妙，謹杼管見，待質諸高明。

見（第8頁）

2、《自　序》

古人云：莫為之前，雖美而弗彰；莫為之後，雖盛而弗傳。此傳與受之兩相資者也。我陳氏自陳國支流山左派，衍河南始於河內而卜居，繼於蘇封而定宅。明洪武七年，始祖諱卜耕讀之餘，而以陰陽開合、運轉周身者，教子孫以消化飲食之法。理根太極，故名曰太極拳。傳十三世至我曾祖諱公兆，文兼武備；再傳至我祖諱有恆與我叔祖諱有本。我叔祖學業湛深，屢薦未中，終成廩貢；技藝精美，出類拔萃，天下智勇未有尚之者也。於是以拳術傳之我先大人諱仲牲與我先叔大人諱季牲。我先大人與我先叔大人同乳而生，兄弟齊名，終身無怠，詣臻神化。倘非有先達傳之於前，雖有後生安能述之於後也。我先大人命我先兄諱垚習武，命愚習文。習武者武有可觀，習文者文無所就，是誠予之罪也。

夫所可幸者，少小侍側，耳聞目見，薰蒸日久，竊於是藝管窺一斑。雖未通法華三昧，而於是藝僅得枝葉，其中妙理循環，亦時覺有趣。迄今老大，已七十有餘矣。苟不即吾之一知半解，傳述於後，不且又加一辜哉。愚今者既恐時序遷流，迫不及待。又恐分門別戶，失我真傳。所以課讀餘暇，急力顯微闡幽，纖悉畢陳。自光緒戊申，以至民國乙未，十有二年，其書始成。又急繕寫簡冊，雖六月盛暑不敢懈也。說中所言，吾不知於前人立法之意，有合萬一與否，而要於先大人六十年之攻苦，庶不至淹沒不

彰也；亦不至以祖宗十六世家傳，至我身而斷絕也。愚無學問，語言之間不能道以風雅，而第以淺言俗語，聊寫大意。人苟不以齊東野語唾而棄之，則由升堂以至入室。上可為國家禦賊寇，下可為筋骨強精神。庶寶塔圓光，世世相傳於弗替，豈不善哉。是書傳之於家，則可傳之於世，恐貽方家之一笑。

民國八年歲次己未九月九日書於木樂店訓蒙學舍陳鑫序

見（第9至10頁）

3、五言俚語　陳鑫

太極理循環，相傳不計年。此中有精義，動靜皆無愆。收來名為引，放出箭離弦（此二句上句言引進落空下句言乘機擊打）。虎豹深山踞，蛟龍飛潭淵（上句言靜，下句言動）。開合原無定（活潑潑地），屈伸勢相連（卻有一定）。太極分陰陽，神龍變無方。天地為父母，摩盪柔與剛。生生原不已，奇正不尋常。乾坤如橐籥，太極一大囊，盈虛消息故，皆在此中藏。至終復自始，一氣運弛張。有形歸無跡，物我兩相忘（與道為一）。太極拳中路，功夫最為先。循序無躐等，人盡自合天。空談皆漲墨，實運是真詮。鳶飛上戾天，魚躍下入淵。上下皆真趣，主宰貴精研。若問其中意，道理妙而玄。往來如晝夜，日月耀光圓。會得真妙訣，此即太極拳。凡事都如此，不但在肘間。返真歸璞後，就是活神仙。隨在皆得我，太璞自神全（仍歸太極）。

見（第423至424頁）

4、附錄陳氏家乘

陳奏庭，名王廷，明庠生，清入武庠，精太極拳。往山西訪友，見兩童子扳跌，旁有二老叟觀，公亦觀之。老者曰：「客欲扳跌乎？」曰：「然」。老人命一童子之扳跌。童子遂摟公腰，亮起，用膝膝公氣海者三，將公放下，忽老幼皆不見。天亦晚，公悵然而歸。公與登封縣武舉李際遇善，登封因官逼民亂，以際遇為首，公止之。當上山時，山上亂箭如雨，不能傷公。遇一敵手，公追之，三週禦寨未及。李際遇事敗，有蔣姓僕於公，即當日所追者。其人能百步趕兔，亦善拳者也。公際亂世，掃蕩群氛，不可勝記。然皆散亡，祇遺長短句一首。其詞云：「嘆當年披堅執銳，掃蕩群氛，幾次顛險。蒙恩賜，罔徒然。到而今，年老殘喘，只落得《黃庭》一卷隨身伴。悶來時造拳，忙來時耕田。趁餘閒，教下些弟子兒孫，成龍成虎任方便。欠官糧早完，要私憤即還。驕諂勿用，忍讓為先。人人道我憨，人人道我顛。常洗耳，不彈冠。笑殺那萬戶諸侯，兢兢業業，不如俺心中常舒泰，名利總不貪。參透機關，識彼邯鄲。陶情於魚水，盤桓乎山川。興也無干，廢也無干。若得個世境安康，恬淡如常。不忮不求，那管他世態炎涼，成也無關，敗也無關，不是神仙，誰是神仙？」

陳敬柏，字長青，乾隆初人，好太極拳。山東盜，年十八，將撫憲廠窗摘玻璃一塊，竊騾，飛簷走壁越城而去，捕役不敢拿。時公隨營奉諭往捕，賊以刀扎向敬公，公以牙咬刀，將賊扳出門外，賊服，案破。後賊亦隨營效

用。時山東名手，藝不及公，因號公為蓋山東，言其藝之高也。

陳毓蕙，字楚汀，乾隆壬子舉人。江蘇華亭奉賢、金匱等縣知縣，常州府督糧通判，川沙廳同知。丁卯鄉試同考官。

陳步萊，字蓬三，癸酉舉人。直隸南皮、清河、鉅鹿等縣知縣。調署雲南邱北縣，特授彌勒縣知縣。

陳步蟾，字履青，乾隆甲午舉人。湖南麻陽縣知縣。戊申鄉試同考官。

陳善，字嘉謨，生員。乾隆六十年與千叟宴。

陳毓英，字冠千，邑庠生。乾隆六十年年八十八與千叟宴。

陳繼夏，字炳南，乾隆末人，精太極拳。每磨麵，始以兩手推之，依次遞減，減至一指，則必奔而推之，即一磨亦不閒功。後藝出師右。公善丹青。趙堡鎮關帝廟縣顯功皆公畫，傳神入妙。一日繪古聖寺佛像（寺在陳溝村西）。有人自後捺公，公將其人倒跌面前，問其姓名，乃河南萇三宅也。萇乃藝中著名者。公事母孝，菽水承歡，鄉黨皆化之。

陳秉旺、秉壬、秉奇三人，皆善太極拳。互相琢磨，藝精入神，人稱三傑。秉壬兼精醫術。秉旺子長興，盡得其父學，行止端重，號牌位陳，門徒尤盛，楊福魁其最著者。長興於耕耘，字霞村。耕耘子延年、延禧，能世其業。

陳鵬，字萬里，嘉慶初名醫也。習太極拳入妙，人莫測其端倪。家貧，介以自持，氣舒以暢，天懷淡泊，無俗慮。

陳耀兆，字有光，生於乾隆，卒于道光，壽八十。為人樂善好施，家道嚴，內外肅然，訓子有義方。子孫皆入庠。性癖太極拳。當時武士皆沐其教。然其精妙未有出其右者。

陳公兆，字德基，學術醇正，名士多出其門。持己端方，事不循私，為人樂善好施。道光十七年歲饑饉，公設粥場施飯，活人無算。每遇嚴冬，買衣施貧，鄉里艱於婚葬，慷慨賙濟，無德色。式穀貽，謀有義方。子有恆、有本皆入庠，有品行，精太極拳。孫仲甡得其詳。後屢立戰功，另有傳。壽八十，鄉鄰以品德兼優額其門。

陳有恆，字紹基。弟有本。字道生，均庠生。習太極拳，有本尤得驪珠。子侄之藝，皆其所成就。豐度謙沖，常若有所不及．當世精太極拳者，率出其門。兄友弟恭，始終如一，怡怡如也。有本門人陳清平、陳有綸、陳奉章、陳三德、陳廷棟，均有所得。陳耕耘亦師事焉。清平傳趙堡鎮和兆元、張開、張睪山。有綸傳李景延、張大洪。景延兼師仲甡。

陳仲甡，字宜麓，號石廠。幼而岐嶷，涉獵經史。嗣以家傳太極拳，棄文就武。其生平戰功纍纍，嘖嘖人口者，皆根本於精太極拳也。及公卒，吊者數郡畢至。眾議易名英義，吾從眾曰可。劉毓楠。

陳季甡，字仿隨，武庠生。仲甡同乳弟也。嘗隨兄立戰功。

陳花梅，字鶴齋，從學於長興，功夫其純。子五常、五典，能濫其業。門人陳璽均，從仲甡戰粵匪。

陳衡山，字鎮南，精太極拳。柳林之戰，衡山最前

列，真勇士。後教授生徒。

陳仲立，三德侄。孫武生，弓箭極有揣摩，學拳於三德，槍刀眉齊棍熟練。

陳同、陳復元、陳豐聚、劉長春，均仲甡門人，咸豐三年，從戰有功。

陳淼，仲甡兄子，字淮三，有義行。同治六年，張總愚寇覃懷，掠溫邑。淼率勇士禦賊，槍斃數匪，身被重創。創猶奮呼督眾，馬躓中炮身亡，妻舟氏以節孝標。

陳垚，字坤三，仲甡子。年十九入武庠，每年練一萬遍拳，二十年不懈。從父擊賊，未嘗少挫。

見（第 425 至 428 頁）

5、溫縣陳君墓銘南陽張嘉謀

溫縣陳溝陳氏，世傳太極拳。咸豐間，英義公仲甡，治之尤精，有功鄉邦。君英義季子也，諱鑫，字品三廩貢生，承其先志，服膺拳經。綜會羣譜，根極於易，凡河圖洛書，先天後天，卦象爻象，所見無非太極，約之以纏絲精法，成太極拳圖說四卷，又輯陳氏家乘五卷，可謂善繼善述，有光前烈者矣。

太極拳推行既久，雖皆祖陳氏，然各即所得，轉相教授，或口說無書，坊賈牟利，又多剽竊刪節，以迎合畏難速化不求甚解之心理，學者苦無從窺其全。君深憂之，年老無子，食貧且病，乃召兄子春元於湘南，歸而授之，書曰能傳傳焉，否則焚之，勿以與妄人會。

河南修通志，館長韓君，命嘉謀與王子圍白，因杜編修友梅，訪君書時，君卒已數年。將葬春元介覃，劉君瀛

仙以吾請銘。嘉謀既美春元，能讀楹書，世其家學，且慨晉國積弱有漸而病，讀先哲道要者之善失真也，因諏於王子圜白，而系之辭曰。

惟太極圈，包羅地天，繄誰打破，陳家世拳，探原於易，研幾鈎玄，河圖龍馬，木火騰驤，洛書龜蛇，金水藏堅，雷風山澤，坎離坤乾。五十學易，尼山心傳，出震成艮，四時行焉。總括要術，纏絲微言，纏肱纏股，根腰呂間，上下左右，順逆倒顛；大圈小圈，矩方規圓，消息盈虛，往來雷鞭，紐鏢舒捲，反正風帆；扶搖羊角，逍遙遊衍，九萬里上，六月圖南，骨節齊鳴，聲諧鳳鸞，輕飄鴻羽，重墜鰲山；水流花放，峽斷雲連，有心無心，自然而然，龍虎戰罷，真人潛淵，浮游規中，妙得其環，乃武乃文，乃聖希天，拳乎仙乎，道在藝先。

見（第 429 至 430 頁）

6、跋

吾友孫子仲和，為余述陳君仲甡手擒大頭王事。英風義概，令人駭服。又言某封翁家，突來數十巨盜，封翁好言款之，急招仲甡至，則紅燭高燒，賓筵盛列矣。仲甡入，遽滅其燭。盜大譁，抽刀相撲盜，人人喜得仲甡殲之，須臾無聲，則盜皆自殺，而仲甡固無恙也。蓋盜互撲殺時，仲甡固皆在其手側，惟用盜代死，而自手執一碗，一足立筵席中間，也可謂妙絕，益令人駭服不止。

今見太極拳譜，是陳君一生用力而得力者。用以傳其家人，故至今溫縣陳溝陳氏，人無男女，皆習是術。以神勇稱，方懼其秘不示人也。而竟詳悉推闡，梓以傳世，是

真大道為公者矣。

　　讀是書者，若能潛玩而力學之，所稗益於健全者甚大，由是自強強國不難矣。太極之理，其自序及諸賢各序論之詳矣，故不具論論其軼事，使後人有考焉。

後學荊文甫謹跋

　　見（第431頁）

7、溫縣陳品三太極拳譜後敘

　　余少交溫縣關子紹周，得聞陳溝太極拳宗師陳仲牲昆季殺敵衛鄉之偉烈。心竊慕之，及長南北奔走廿餘年，所見太極拳書頗多，而陳溝獨無聞，竊疑其學或失傳歟。今春晤陳春元於焦作，出示其叔父品三先生所著太極拳譜，本義易之奧旨，循生理之穴脈，解每勢之妙用，指入門之訣竅，舉六百年來陳氏歷代名哲苦心研究之結果，慨然筆之於書，而無所隱。一洗拳術家守秘不傳之故習，余受而讀之，喜且驚陳氏太極之學果未絕。且大有所發明，實孔門之孟軻，荀卿佛家之馬鳴龍樹也。

　　品三先生名鑫，為仲牲公次子，清歲貢生，課讀之餘，研精拳術，盡傳其父學，晚更竭十餘年之力，以成此書。欲及身刊發傳世，志未遂。先生無子，臨終出全編，授其猶子春元。曰：此吾畢生心血也，汝能印行，甚善。否則焚之可也。余聞春元語而痛之，念強寇侵凌之今日，此譜亟宜刊行，藉煉國人體魄。

　　七月間，因事走徐海平津大同，所至訪有力之同好者，河南國術大家陳子峻峰及張子霽、若白子雨生、均慷慨飲助。八月返沂，而張中孚、關百益、王可亭、韓自步

諸先生，亦均慕義若渴，熱心釀金。兩次會議，遂付剞劂。品三先生可瞑目於地下，國術界自今又開一引人入勝之大道矣。願余猶竊竊隘憂者，人情對於秘藏奇書，日夜思慕之，不憚跋涉山川，走數十百里，以求朝夕錄且讀。舌弊手胝不自足，及其公開流傳。隨處可得，則往往讀之不能終卷。何則，習見生玩也。

所望國人讀是譜者，一如異僧傳道。黃石授書，特別寶重。而熟玩之，不僅得之於心，更進而實有諸身。十年鍛鍊，一可當千，孟賁遍地，四夷斂跡，恢復失土，發揚國權，則同人等努力刊行此書之微願也。

中華民國二十一年劉煥東謹敘

見（第 432 至 433 頁）

8、杜育萬述蔣發受山西師傅歌訣

筋骨要鬆，皮毛要攻，節節貫串，虛靈在中。

舉步輕靈神內斂　舉步周身要輕靈，尤須貫串，氣宜鼓盪，神宜內斂。

莫教斷續一氣研　勿使有凸凹處，勿使有斷續處，其根在腳，發於腿，主宰在腰，形於手指，由腳而腿而腰，總須完整一氣，向前退後，乃得機得勢，有不得機得勢處，其病必於腰腿間求之。

左宜右有虛實處　虛實宜分清楚，一處自有一處虛實，處處總此一虛實，上下前後左右皆然。

意上寓下後天還　凡此皆是意，不在外面，有上即有下，有前即有後，有左即有右，如意要向上，即寓下意，若將物掀起，而加以挫之之力，則其根自斷，必其壞之

速，而無疑。總之，周身節節貫串，勿令絲毫間斷耳。

見（第 434 頁）

9、新刊訂補陳氏太極拳圖說姓氏

原著者 溫縣陳 鑫品三 編輯者 胞侄 雪元 胞侄 春元 參訂者 孫女 淑貞 孫男 金鰲 孫男 紹棟 訂補者 沁陽杜元化育萬 南陽王諦樞園白 校閱者 西華陳泮嶺峻峰 鞏縣 劉煥東瀛仙 開封關百益以字行 南陽張嘉謀中孚 助刊者 西平陳泮嶺沁陽韓運章自步 鞏縣張鏡銘霽若 鞏縣白雨生 開封關百益 南陽張嘉謀 南陽王諦樞

見（第 435 至 436 頁）

10、《陳氏太極拳圖說》陳鑫著 上海書店出版社出版
1986 年 1 月第一版 版權頁

本書根據開明印刷局 1933 年版複印 陳氏太極拳圖說 陳 鑫著 上海書店出版社出版 上海福州路 424 號 新華書店上海發行所發行 上海顧三印刷廠印刷 上海葉大莊訂廠訂

開本 787×1092 毫米 1／24 印張 18 1／3 插頁 9 1986 年 1 月第一版 1995 年 9 月第四次印刷 印數 26001—36000 ISBN 7-80569-359-5／G.20 定價：16.00 元

兩個版本的相關文字內容，列表詳細比較：

兩個版本《陳氏太極拳圖說》內容的比較表

名稱	太極拳譜題詞　陳泮嶺
肖鵬山點校1991年5月本	天地元始，無極太極；太極賦物，各一太極。人而體天，原本返始；精氣與神，合為一理。 至大至剛，可塞天地；其玄莫測，其勇無比。吾宗溫人，天縱英義；實闢拳宗，悉本太極。 其嗣昌之，推闡以易；盡人可學，內外一致。愚耽國術，所見多矣；功用之神，莫若此極。 潛玩力追，默識厥旨；知其不誣，可標一幟。喜其書成，用識數語；以志欽仰，以勗同志。
1986年複印1933年本	無
備註	1933年多人的編輯本無！
名稱	自序
肖鵬山點校1991年5月本	古人云：莫為之前，雖美而弗彰；莫為之後，雖盛而弗傳。此傳與受之兩相資者也。我陳氏自陳國支流山左派，衍河南始於河內而卜居，繼於蘇封而定宅。明洪武七年，始祖諱卜耕讀之餘，而以陰陽開合、運轉周身者，教子孫以消化飲食之法。 理根太極，故名曰太極拳。傳十三世至我曾祖諱公兆，文兼武備；再傳至我祖諱有恆與我叔祖諱有本。我叔祖學業湛深，屢薦未中，終成廩貢；技藝精美，出類拔萃，天下智勇未有尚之者也。於是以拳術傳之我先大人諱仲甡與我先叔大人諱季甡。我先大人與我先叔大人同乳而生，兄弟齊名，終身無怠，詣臻神化。倘非有先達傳之於前，雖有後生安能述之於後也。我先大人命我先兄諱垚習武，命愚習文。習武者武有可觀，習文者文無所就，是誠予之罪也。夫所可幸者，少小侍側，耳聞目見，薰蒸日久，竊於是藝管窺一斑。

雖未通法華三昧，而於是藝僅得枝葉，其中妙理循環，亦時覺有趣。迄今老大，已七十有餘矣。苟不即吾之一知半解，傳述於後，不且又加一辜哉。愚今者既恐時序遷流，迫不及待。又恐分門別戶，失我真傳。所以課讀餘暇，急力顯微闡幽，纖悉畢陳。自光緒戊申，以至民國乙未，十有二年，其書始成。又急繕寫簡冊，雖六月盛暑不敢懈也。説中所言，吾不知於前人立法之意，有合萬一與否，而要於先大人六十年之攻苦，庶不至淹沒不彰也；亦不至以祖宗十六世家傳，至我身而斷絕也。愚無學問，語言之間不能道以風雅，而第以淺言俗語，聊寫大意。人苟不以齊東野語唾而棄之，則由升堂以至入室。上可為國家禦賊寇，下可為筋骨強精神。庶寶塔圓光，世世相傳於弗替，豈不善哉。是書傳之於家，則可傳之於世，恐貽方家之一笑。

民國八年九月九日書於木欒店訓蒙學舍陳鑫序。

古人云：莫為之前，雖美而弗彰；莫為之後，雖盛而弗傳。此傳與受之兩相資者也。我陳氏自陳國支流山左派，衍河南始於河內而卜居，繼於蘇封而定宅。明洪武七年，始祖諱卜耕讀之餘，而以陰陽開合、運轉周身者，教子孫以消化飲食之法。

理根太極，故名曰太極拳。傳十三世至我曾祖諱公兆，文兼武備；再傳至我祖諱有恆與我叔祖諱有本。我叔祖學業湛深，屢薦未中，終成廩貢；技藝精美，出類拔萃，天下智勇未有尚之者也。於是以拳術傳之我先大人諱仲甡與我先叔大人諱季甡。我先大人與我先叔大人同乳而生，兄弟齊名，終身無怠，詣臻神化。倘非有先達傳之於前，雖有後生安能述之於後也。我先大人命我先兄諱垚習武，命愚習文。習武者武有可觀，習文者文無所就，是誠予之罪也。夫所可幸者，少小侍側，耳聞目見，薰蒸日久，竊於是藝管窺一斑。雖未通法華三昧，而於是藝僅得枝葉，其中妙理循環，亦時覺有趣。迄今老大，已七十有餘矣。苟不即吾之一知半解，傳述於後，不且又加一辜哉。愚今者既恐時序遷流，迫不

1986年
複印
1933年
本

	及待。又恐分門別戶，失我真傳。所以課讀餘暇，急力顯微闡幽，纖悉畢陳。自光緒戊申，以至民國乙未，十有二年，其書始成。又急繕寫簡冊，雖六月盛暑不敢懈也。說中所言，吾不知於前人立法之意，有合萬一與否，而要於先大人六十年之攻苦，庶不至淹沒不彰也；亦不至以祖宗十六世家傳，至我身而斷絕也。愚無學問，語言之間不能道以風雅，而第以淺言俗語，聊寫大意。人苟不以齊東野語唾而棄之，則由升堂以至入室。上可為國家禦賊寇，下可為筋骨強精神。庶寶塔圓光，世世相傳於弗替，豈不善哉。是書傳之於家，則可傳之於世，恐貽方家之一笑。 民國八年九月歲次己未九月九日書於木欒店訓蒙學舍陳鑫序。
備註	兩版本相同。唯不同的是 1933 年多人的編輯本落款多出「歲次己未」四個字。
名稱	**五言俚語陳鑫**
肖鵬山點校1991 年5 月本	太極理循環，相傳不計年。此中有精義，動靜皆無愆。收來名為引，放出箭離弦（此二句上句言引進落空，下句言乘機擊打）。虎豹深山踞，蛟龍飛潭淵。開合原無定，屈伸勢相連。太極分陰陽，神龍變無方。天地為父母，摩盪柔與剛。生生原不已，奇 正不尋常。乾坤如橐籥，太極一大囊。盈虛消息故，皆在此中藏。至終復自始，一氣運弛張。有形歸無跡，物我兩相忘。太極拳中路，功夫最為先。循序無躐等，人盡自合天。空談皆漲墨，實運是真詮。鳶飛上戾天，魚躍下入淵。上下皆真趣，主宰貴精研。若問其中意，道理妙而玄。往來如晝夜，日月耀光圓。會得真妙訣，此即太極拳。凡事都如此，不但在肘間。返真歸璞後，就是活神仙。隨在皆得我，太璞自神全（仍歸太極）。

1986 年複印 1933 年本	太極理循環，相傳不計年。此中有精義，動靜皆無愆。收來名為引，放出箭離弦（此二句上句言引進落空下句言乘機擊打）。虎豹深山踞，蛟龍飛潭淵（上句言靜，下句言動）。開合原無定（活潑潑地），屈伸勢相連（卻有一定）。太極分陰陽，神龍變無方。天地為父母，摩盪柔與剛。生生原不已，奇正不尋常。乾坤如橐籥，太極一大囊，盈虛消息故，皆在此中藏。至終復自始，一氣運弛張。有形歸無跡，物我兩相忘（與道為一）。太極拳中路，功夫最為先。循序無躐等，人盡自合天。空談皆漲墨，實運是真詮。鳶飛上戾天，魚躍下入淵。上下皆真趣，主宰貴精研。若問其中意，道理妙而玄。往來如晝夜，日月耀光圓。會得真妙訣，此即太極拳。凡事都如此，不但在肘間。返真歸璞後，就是活神仙。隨在皆得我，太璞自神全（仍歸太極）。
備註	兩版本相同。唯不同的是 1933 年多人的編輯本落款多出四個括弧、共計 20 個字：（上句言靜，下句言動）、（活潑潑地）、（卻有一定）、（與道為一）。
名稱	**陳氏家乘 陳鑫　　附錄陳氏家乘**
肖鵬山點校 1991 年 5 月本	陳奏庭，名王廷，明庠生，清入武庠。精太極拳。
1986 年複印 1933 年本	陳奏庭，名王廷，明庠生，清入武庠，精太極拳。往山西訪友，見兩童子扳跌，旁有二老叟觀，公亦觀之。老者曰：「客欲扳跌乎？」曰：「然」。老人命一童子之扳跌。童子遂摟公腰，亮起，用膝膝公氣海者三，將公放下，忽老幼皆不見。天亦晚，公悵然而歸。公與登封縣武舉李際遇善，登封因官逼民亂，以際遇為首，公止之。當上山時，山上亂箭如雨，不能傷公。遇一敵手，公追之，三週禦寨未及。李際遇事敗，有蔣姓僕於公，即當日所追者。其人能百步趕兔，亦善拳者也。公際亂世，掃蕩群氛，不可勝記。然皆散亡，祗遺

	長短句一首。其詞云：「嘆當年披堅執銳，掃蕩群氛，幾次顛險。蒙恩賜，罔徒然。到而今，年老殘喘，只落得《黃庭》一卷隨身伴。悶來時造拳，忙來時耕田。趁餘閒，教下些弟子兒孫，成龍成虎任方便。欠官糧早完，要私憤即還。驕諂勿用，忍讓為先。人人道我憨，人人道我顛。常洗耳，不彈冠。笑殺那萬戶諸侯，兢兢業業，不如俺心中常舒泰，名利總不貪。參透機關，識彼邯鄲。陶情於魚水，盤桓乎山川。興也無干，廢也無干。若得個世境安康，恬淡如常。不忮不求，那管他世態炎涼，成也無關，敗也無關，不是神仙，誰是神仙？」
備註	兩版本內容百分之九十九相同，共計 26 人的傳記，25 人的文字幾乎一樣，僅有個別人、個別文字有出入。 唯一不同的是：在肖鵬山點校本「陳奏庭」傳裡，只用了「陳奏庭，名王廷，明庠生，清入武庠。精太極拳。」17 個字。而 1933 年多人的編輯本多出了「往山西訪友……誰是神仙？」一大段，計 369 個字。特別是作為「悶來時造拳」「證據」的「長短句」詞，包含其中！ 另外還有不同的就是：在肖鵬山點校本裡是作為正文編進書中的，且有陳鑫署名，並未見「附錄」二字；作為「附錄」的僅有「杜育萬述蔣發受山西師傅歌訣」一首，這是提名叫響的。而在 1933 年多人的編輯本中，則明確表明「附錄陳氏家乘」，且沒有陳鑫署名（儘管目錄有署名，正文卻不敢提名叫響署名），值得思考！
肖鵬山點校 1991 年 5 月本	陳敬柏，字長青，隆乾初人。好太極拳。山東盜年十八，將撫憲廳窗摘玻璃一塊，竊驟，飛簷走壁越城而去，捕役不敢拿。時公隨營諭論往捕，賊以刀扎向敬公，公以牙咬刀，將賊扳出門外，賊服，案破。後賊亦隨營效用。時山東名手，藝不及公，因號公為蓋山東，言其藝之高也。

1986 年 複印 1933 年 本	陳敬柏,字長青,乾隆初人,好太極拳。山東盜,年十八,將撫憲廒窗摘玻璃一塊,竊騾,飛簷走壁越城而去,捕役不敢拿。時公隨營奉諭往捕,賊以刀扎向敬公,公以牙咬刀,將賊扳出門外,賊服,案破。後賊亦隨營效用。時山東名手,藝不及公,因號公為蓋山東,言其藝之高也。
備註	陳敬柏傳一字不差。
肖鵬山 點校 1991 年 5 月本	陳毓蕙,字楚汀,乾隆壬子舉人。江蘇華亭奉賢、金匱等縣知縣,常州府督糧通判,川沙廳同知。丁卯鄉試同考官。
1986 年 複印 1933 年 本	陳毓蕙,字楚汀,乾隆壬子舉人。江蘇華亭奉賢、金匱等縣知縣,常州府督糧通判,川沙廳同知。丁卯鄉試同考官。
備註	陳毓蕙傳一字不差。
肖鵬山 點校 1991 年 5 月本	陳步萊,字蓬三,癸酉舉人。祿南皮、清河、鉅鹿等縣知縣;調署雲南邱北縣,特授彌勒縣知縣。
1986 年 複印 1933 年 本	陳步萊,字蓬三,癸酉舉人。直隸南皮、清河、鉅鹿等縣知縣。調署雲南邱北縣,特授彌勒縣知縣。
備註	陳步萊傳一字不差。
肖鵬山 點校 1991 年 5 月本	陳步蟾,字履青,乾隆甲午舉人。湖南麻陽縣知縣。戊申鄉試同考官。

1986 年複印 1933 年本	陳步蟾，字履青，乾隆甲午舉人。湖南麻陽縣知縣。戊申鄉試同考官。
備註	陳步蟾傳一字不差。
肖鵬山點校 1991 年 5 月本	陳善，字嘉謨，生員。乾隆六十年與千叟宴。
1986 年複印 1933 年本	陳善，字嘉謨，生員。乾隆六十年與千叟宴。
備註	陳善傳一字不差。
肖鵬山點校 1991 年 5 月本	陳毓英，字冠千，邑庠生。乾隆六十年年八十八與千叟宴。
1986 年複印 1933 年本	陳毓英，字冠千，邑庠生。乾隆六十年年八十八與千叟宴。
備註	陳毓英傳一字不差。
肖鵬山點校 1991 年 5 月本	陳繼夏，字炳南，乾隆末人。精太極拳。每磨麵，始以兩手推之，依次遞減，減至一指，則必奔而推之，即一磨亦不閒功。後藝出師右。公善丹青。趙堡鎮關帝廟縣顯功皆公畫，傳神入妙。一日繪古聖寺佛像（寺在陳溝村西）。有人自後捽公，公將其人倒跌，面前問其姓名，乃河南萇三宅也。萇乃藝中著名者。公事母孝，菽水承歡，鄉黨皆化之。

1986年複印1933年本	陳繼夏，字炳南，乾隆末人，精太極拳。每磨麵，始以兩手推之，依次遞減，減至一指，則必奔而推之，即一磨亦不閒功。後藝出師右。公善丹青。趙堡鎮關帝廟縣顯功皆公畫，傳神入妙。一日繪古聖寺佛像（寺在陳溝村西）。有人自後捺公，公將其人倒跌面前，問其姓名，乃河南萇三宅也。萇乃藝中著名者。公事母孝，菽水承歡，鄉黨皆化之。
備註	陳繼夏傳一字不差。
肖鵬山點校1991年5月本	陳秉旺、秉壬、秉奇三人，皆善太極拳，互相琢磨，藝精入神，人稱三傑。秉壬兼精醫術，秉旺子長興盡傳其父學，行止端重，號牌位陳門徒尤盛。長興子耕耘，字霞村，耕耘子延年、延禧能世其業。耕耘嘗從仲甡與粵匪戰，有軍功。
1986年複印1933年本	陳秉旺、秉壬、秉奇三人，皆善太極拳。互相琢磨，藝精入神，人稱三傑。秉壬兼精醫術。秉旺子長興，盡得其父學，行止端重，號牌位陳，門徒尤盛，楊福魁其最著者。長興子耕耘，字霞村。耕耘子延年、延禧，能世其業。
備註	在「陳秉旺、秉壬、秉奇三人」合傳中：肖鵬山點校本，末尾有「耕耘嘗從仲甡與粵匪戰，有軍功。」13個字，而1933年多人的編輯本卻無。但1933年多人的編輯本在「秉旺子長興，盡得其父學，行止端重，號牌位陳，門徒尤盛，」句後，卻多出「楊福魁其最著者。」七個字。
肖鵬山點校1991年5月本	陳鵬，字萬里，嘉慶初名醫也。習太極拳，入妙，人莫測其端倪。家貧，介以自持，氣舒以暢，天懷淡泊，無俗慮。
1986年複印1933年本	陳鵬，字萬里，嘉慶初名醫也。習太極拳，入妙，人莫測其端倪。家貧，介以自持，氣舒以暢，天懷淡泊，無俗慮。

備註	陳鵬傳一字不差。
肖鵬山 點校 1991年 5月本	陳耀兆，字有光，生於乾隆，卒於道光，壽八十。為人樂善好施，家道嚴，內外肅然，訓子有義方。子孫皆入庠。性癖太極拳。當時武士皆沐其教。然其精妙未有出其右者。
1986年 複印 1933年 本	陳耀兆，字有光，生於乾隆，卒子道光，壽八十。為人樂善好施，家道嚴，內外肅然，訓子有義方。子孫皆入庠。性癖太極拳。當時武士皆沐其教。然其精妙未有出其右者。
備註	陳耀兆傳一字不差。
肖鵬山 點校 1991年 5月本	陳公兆，字德基，學術醇正，名士多出其門。持己端方，事不循私，為人樂善好施。道光十七年歲饑饉，公設粥場施飯，活人無算。每遇嚴冬，買衣施貧，鄉里艱於婚葬，慷慨賙濟，無德色。子有恆、有本皆入庠，有品行，精太極拳。孫仲甡得其詳。後屢立戰功，另有傳。壽八十，鄉鄰以品德兼優額其門。
1986年 複印 1933年 本	陳公兆，字德基，學術醇正，名士多出其門。持己端方，事不循私，為人樂善好施。道光十七年歲饑饉，公設粥場施飯，活人無算。每遇嚴冬，買衣施貧，鄉里艱於婚葬，慷慨賙濟，無德色。式穀貽，謀有義方。子有恆、有本皆入庠，有品行，精太極拳。孫仲甡得其詳。後屢立戰功，另有傳。壽八十，鄉鄰以品德兼優額其門。
備註	在「陳公兆」傳裡，1933年多人的編輯本僅多出「式穀貽，謀有義方。」七個字。
肖鵬山 點校 1991年 5月本	陳有恆，字紹基，弟有本，字道生，均庠生。習太極拳，有本尤得驪珠，子姪之藝，皆其所成就，豐度謙沖，常若有所不及。當時精太極拳者，率出其門。兄友弟恭，始終如一，怡怡如也。有本門人陳清平、陳有綸、陳奉章、陳三德、陳廷棟，均有所得。陳耕耘亦師事焉。清平傳趙堡鎮和兆元、張開、張睪山，有綸傳李

	景延、張大洪。景延兼師仲甡，嘗從戰粵匪。廷棟兼善刀法。
1986 年複印 1933 年本	陳有恆，字紹基。弟有本。字道生，均庠生。習太極拳，有本尤得驪珠。子侄之藝，皆其所成就。豐度謙沖，常若有所不及，當世精太極拳者，率出其門。兄友弟恭，始終如一，怡怡如也。有本門人陳清平、陳有綸、陳奉章、陳三德、陳廷棟，均有所得。陳耕耘亦師事焉。清平傳趙堡鎮和兆元、張開、張睪山。有綸傳李景延、張大洪。景延兼師仲甡。
備註	在「陳有恆」傳裡，肖鵬山點校本，末尾有「嘗從戰粵匪。廷棟兼善刀法。」11 個字，1933 年多人的編輯本則無。
肖鵬山點校 1991 年 5 月本	陳仲甡，字宜篪，號石廠。幼而岐嶷，涉獵經史，嗣以家傳太極拳，棄文就武，得其訣。藝成而上具神武力，皆根本於精太極拳也。及公卒，吊者數郡畢至，眾議易名英義。
1986 年複印 1933 年本	陳仲甡，字宜篪，號石廠。幼而岐嶷，涉獵經史。嗣以家傳太極拳，棄文就武。其生平戰功纍纍，嘖嘖人口者，皆根本於精太極拳也。及公卒，吊者數郡畢至。眾議易名英義，吾從眾曰可。劉毓楠。
備註	在「陳仲甡」傳裡，肖鵬山點校本「得其訣。藝成而上具神武力，」到了 1933 年多人的編輯本成了「其生平戰功纍纍，嘖嘖人口者，」而且在末尾還多出「吾從眾曰可。劉毓楠。」8 個字。
肖鵬山點校 1991 年 5 月本	陳季甡，字仿隨，武庠生，仲甡同乳弟也。嘗隨兄立戰功。

揭示真相 彰顯傳承｜太極拳研究之匡正源流〈下〉

1986 年複印 1933 年本	陳季姓，字仿隨，武庠生。仲姓同乳弟也。嘗隨兄立戰功。
備註	陳季姓傳一字不差。
肖鵬山點校 1991 年 5 月本	陳花梅，字鶴齋，從學於長興，功夫甚純。子五常、五典，能濫其業。門人陳璽均，從仲姓戰粵匪。
1986 年複印 1933 年本	陳花梅，字鶴齋，從學於長興，功夫其純。子五常、五典，能濫其業。門人陳璽均，從仲姓戰粵匪。
備註	陳花梅傳一字不差。
肖鵬山點校 1991 年 5 月本	陳衡山，字鎮南，精太極拳。柳林之戰，衡山最前列，真勇士。後教授生徒。
1986 年複印 1933 年本	陳衡山，字鎮南，精太極拳。柳林之戰，衡山最前列，真勇士。後教授生徒。
備註	陳衡山傳一字不差。
肖鵬山點校 1991 年 5 月本	陳仲立，三德侄孫，武生。弓箭極有揣摩，學拳於三德，槍刀齊眉棍熟練。

1986年複印1933年本	陳仲立，三德侄孫，武生，弓箭極有揣摩，學拳於三德，槍刀眉齊棍熟練。
備註	陳仲立傳一字不差。
肖鵬山點校1991年5月本	陳同、陳復元、陳豐聚、劉長春、均仲甡門人，咸豐三年，從戰有功。
1986年複印1933年本	陳同、陳復元、陳豐聚、劉長春，均仲甡門人，咸豐三年，從戰有功。
備註	陳同、陳復元、陳豐聚、劉長春傳一字不差。
肖鵬山點校1991年5月本	陳淼、仲甡兄子，字淮三，有義行。同治六年，張總愚、寇覃懷掠溫邑，淼率勇士禦賊，槍斃數匪，身被重創。創猶奮呼督眾，馬蹶中炮身亡，妻冉氏以節入孝標。
1986年複印1933年本	陳淼，仲甡兄子，字淮三，有義行。同治六年，張總愚、寇覃懷掠溫邑。淼率勇士禦賊，槍斃數匪，身被重創。創猶奮呼督眾，馬蹶中炮身亡，妻冉氏以節入孝標。
備註	陳淼傳一字不差。
肖鵬山點校1991年5月本	陳垚，字坤三，仲甡子。年十九入武庠。每年練一萬遍拳，二十年不懈，從父擊賊，未嘗少挫。
1986年複印1933年本	陳垚，字坤三，仲甡子。年十九入武庠，每年練一萬遍拳，二十年不懈。從父擊賊，未嘗少挫。

備註	陳垚傳一字不差。
名稱	後敘 劉煥東　　溫縣陳品三太極拳譜後敘
肖鵬山點校1991年5月本	余少交溫縣關子紹周，得聞陳溝太極拳宗師陳仲牲昆季殺敵衛鄉之偉烈，心竊慕之。及長，南北奔走，廿餘年，所見太極拳書頗多，而陳溝獨無聞，竊疑其學或失傳歟！今春晤陳春元於焦作，出示其叔父品三先生所著太極拳譜，本義《易》之奧旨，循生理之穴脈，解每勢之妙用，指入門之訣竅，舉六百年來陳氏歷代名哲苦心研究之結果，慨然筆之於書，而無所隱，一洗拳術家守秘不傳之故習。余受而讀之，喜且驚，陳氏太極之學，果未絕，且大有所發明，實孔門之孟軻、荀卿，佛家之馬鳴、龍樹也。品三先生名鑫，為仲牲公次子，清歲貢生，課讀之餘，研精拳術，盡傳其父學，晚更竭十餘年之力，以成此書。欲及身刊發傳世，志未遂。先生無子，臨終出全編，授其猶子春元，曰：此吾畢生心血也，汝能印行甚善，否則焚之可也。余聞春元語而痛之，念強寇侵凌之今日，此譜亟宜刊行，藉煉國人體魄。七月間，因事走徐海、平津、大同，所至訪有力之同好者，河南國術大家陳子峻峰及張子霽、若白子雨生、均慷慨飲助。八月返汴，而張中孚、關百益、王可亭、韓自步諸先生亦均慕義若渴，熱心釀金，兩次會議，遂付剞劂。品三先生可瞑目於地下，國術界自今又開一引人入勝之大道矣。顧余猶竊竊隘憂者，人情對於秘藏奇書，日夜思慕之，不憚跋涉山川，走數十百里，以求朝夕錄且讀。舌弊手胝不自足，及其公開流傳隨處叼得，則往往讀之不能終卷，何也？則習見生玩也。所望國人讀是譜者，一如異僧傳道，黃石授書，特別寶重。而熟玩之，不僅得之於心，更進而實有諸身。十年鍛鍊，一可當千，孟賁遍地，四夷斂跡，恢復失土，發揚國權，則同人等努力，刊行此書之微願也。 　　　　　　　　　　　　　中華民國二十一年十月十日

1986 年
複印
1933 年
本

余少交溫縣關子紹周，得聞陳溝太極拳宗師陳仲甡昆季殺敵衛鄉之偉烈。心竊慕之，及長，南北奔走廿餘年，所見太極拳書頗多，而陳溝獨無聞，竊疑其學或失傳歟。今春晤陳春元於焦作，出示其叔父品三先生所著太極拳譜，本義易之奧旨，循生理之穴脈，解每勢之妙用，指入門之訣竅，舉六百年來陳氏歷代名哲苦心研究之結果，慨然筆之於書，而無所隱。一洗拳術家守秘不傳之故習，余受而讀之，喜且驚，陳氏太極之學果未絕。且大有所發明，實孔門之孟軻、荀卿佛家之馬鳴、龍樹也。品三先生名鑫，為仲甡公次子，清歲貢生，課讀之餘，研精拳術，盡傳其父學，晚更竭十餘年之力，以成此書。欲及身刊發傳世，志未遂。先生無子，臨終出全編，授其猶子春元。曰：此吾畢生心血也，汝能印行，甚善。否則焚之可也。余聞春元語而痛之，念強寇侵凌之今日，此譜亟宜刊行，藉煉國人體魄。七月間，因事走徐海、平津、大同，所至訪有力之同好者，河南國術大家陳子峻峰及張子霽、若白子雨生、均慷慨飲助。八月返汴，而張中孚、關百益、王可亭、韓自步諸先生，亦均慕義若渴，熱心釀金。兩次會議，遂付剞劂。品三先生可暝目於地下，國術界自今又開一引人入勝之大道矣。願余猶竊竊隘憂者，人情對於秘藏奇書，日夜思慕之，不憚跋涉山川，走數十百里，以求朝夕錄且讀。舌弊手胝不自足，及其公開流傳。隨處可得，則往往讀之不能終卷。何也？則習見生玩也。所望國人讀是譜者，一如異僧傳道。黃石授書，特別寶重。而熟玩之，不僅得之於心，更進而實有諸身。十年鍛鍊，一可當千，孟賁遍地，四夷斂跡，恢復失土，發揚國權，則同人等努力，刊行此書之微願也。

中華民國二十一年劉煥東謹敘

備註	正文一字不差。 唯不同的是在肖鵬山點校本裡題目是「後敘 劉煥東」，落款多出「十月十日」四個字，1933年多人的編輯本卻沒有這麼詳細；而1933年多人的編輯本的題目是「溫縣陳品三太極拳譜後敘」，「劉煥東謹敘」卻到了落款的最後。
名稱	附錄　杜育萬述蔣發受山西師傳歌訣 杜育萬述蔣發受山西師傳歌訣
肖鵬山 點校 1991年 5月本	筋骨要鬆，皮毛要攻，節節貫串，虛靈在中。 舉步輕靈神內斂，舉步周身要輕靈，尤須貫串，氣宜鼓盪，神宜內斂。莫教斷續一氣研。勿使有凸凹處，勿使有斷續處，其根在腳，發於腿，主宰在腰，形於手指，由腳而腿而腰，總須完整一氣，向前退後，乃得機得勢，有不得機得勢處，其病必於腰腿間求之。左宜右有虛實處，虛實宜分清楚，一處自有一處虛實，處處總此一虛實，上下前後左右皆然，意上寓下後天還。凡此皆是意，不在外面，有上即有下，有前即有後，有左即有右，如意要向上，即寓下意，若將物掀起，而加以挫之之力，則其根自斷，必其壞之速而無疑。總之周身節節貫串，勿令絲毫間斷耳。
1986年 複印 1933年 本	筋骨要鬆，皮毛要攻，節節貫串，虛靈在中。 舉步輕靈神內斂，舉步周身要輕靈，尤須貫串，氣宜鼓盪，神宜內斂。莫教斷續一氣研。勿使有凸凹處，勿使有斷續處，其根在腳，發於腿，主宰在腰，形於手指，由腳而腿而腰，總須完整一氣，向前退後，乃得機得勢，有不得機得勢處，其病必於腰腿間求之。左宜右有虛實處，虛實宜分清楚，一處自有一處虛實，處處總此一虛實，上下前後左右皆然。意上寓下後天還凡此皆是意，不在外面，有上即有下，有前即有後，有左即有右，如意要向上，即寓下意，若將物掀起，而加以挫之之力，則其根自斷，必其壞之速而無疑。總之，周身節節貫串，勿令絲毫間斷耳。

備註	正文一字不差，均屬「附錄」。 1933 年多人的編輯本儘管在「杜育萬述蔣發受山西師傳歌訣」的題目前無「附錄」二字，但在本章前是有「附錄」標註的，說明是其中的一個內容，就和其中的「墓銘」「跋」文一樣，都屬於附錄。
名稱	**版權頁（應該是第一次出版）** **本書根據開明印刷局 1933 年版複印**
肖鵬山 點校 1991 年 5 月本	陳氏太極拳圖說 陳 鑫 原著 肖鵬山 點校 三秦出版社出版發行 （西安湘子廟街 12 號） 陝西省新華書店經銷 西影彩印公司印刷 32 開本 787x1092 毫米 12.25 印張 2 插頁 260 十字 1991 年 5 月第一版 199I 年 5 月第 1 次印刷 印數：1 一一 6000 1SBN7—80546—170 — 8／Z · l8 定價：4.85 元
1986 年 複印 1933 年 本	陳氏太極拳圖說 陳鑫著 上海書店出版社出版 上海福州路 424 號 新華書店上海發行所發行 上海顧三印刷廠印刷 上海葉大莊訂廠訂 開本 787x1092 毫米 1／24 印張 18 1／3 插頁 9 1986 年 1 月第一版 1995 年 9 月第四次印刷 數 26001～36000 ISBN 7—80569—359—5／G.20

	定價：16.00 元
備註	都屬於正版，公開發行物。
名稱	陳氏太極拳圖說序　杜嚴
肖鵬山點校1991年5月本	無
1986年複印1933年本	天地之道陰陽而已，人身亦然。顧人身之陰陽，往往不得其平，則血氣滯而疾病生，故煉氣之術尚焉。中國拳術流傳己久，然皆習為武技。其中精義暓然不講，即有略知二一者，或珍秘不以示人，殊為憾事。品三陳先生，英義先生之哲嗣，夙精拳術，又深學理，積數十年之心得，著太極拳圖說一書。己巳初夏，策杖過余，鬚鬢飄然，年已八十有一矣。以弁言屬余，受而讀之，其於拳術之屈伸開合，即陰陽闔闢之理，反覆申明，不厭求詳，可謂發前人所未發。方今提倡國術，設館教士若得此書，以資講授，將見事半功倍，一日千里，其裨益豈淺鮮哉。先生云此書，拳術骨肉停勻，蓋即動靜交相養，陰陽得其平之精義也。余學植淺薄，未能窺測奧妙，謹杼管見，待質諸高明。 　　　　　　　　中華民國十八年五月杜嚴敬識
備註	肖鵬山點校本裡沒有「陳氏太極拳圖說序　杜嚴」，但在1935年版陳績甫著《陳氏太極拳匯宗》一書中，首先看到的就是這篇文字，題目是「太極拳圖畫講義敘」，唯將「著人極拳圖說一書」變成了「著太極拳真詮一書」。由此看來，在《太極拳圖畫講義》之前，還有一個《太極拳真詮》的書名。 從陳績甫著《陳氏太極拳匯宗》一書的內容來看，他出版此書雖晚於陳子明《陳氏世傳太極拳術》（1932年）、陳鑫《陳氏太極拳圖說》（1933年），但著手著述準備出版卻較早，因為書中收錄的名人「序」「贊」

「跋」較多，而且從民國元年到三年、四年、九年、十年、十七年的都有，直到自己寫序的民國二十四年，時間長達 24 年，是陳鑫撰寫《陳氏太極拳圖説》12 年的一倍，可見其確實下了很長時間的工夫。

另外，在陳績甫著《陳氏太極拳匯宗》一書 13 至 14 頁有《太極拳原序》一篇（實則為陳鑫《陳氏太極拳圖説・自序》一文，但落款是：民國八年九月九日書於木欒店訓蒙學舍陳鑫序。），落款是：前清光緒三十四年（即 1908 年）初創太極拳草稿書於孟邑養蒙書館陳鑫謹志，值得一考！

名稱	溫縣陳君墓銘　　　南陽張嘉謀
肖鵬山點校 1991 年 5 月本	無
1986 年複印 1933 年本	溫縣陳溝陳氏，世傳太極拳。咸豐間，英義公仲牲，治之尤精，有功鄉邦。君英義季子也，諱鑫，字品三廩貢生，承其先志，服膺拳經。綜會羣譜，根極於易，凡河圖洛書，先天後天，卦象爻象，所見無非太極，約之以纏絲精法，成太極拳圖説四卷，又輯陳氏家乘五卷，可謂善繼善述，有光前烈者矣。太極拳推行既久，雖皆祖陳氏，然各即所得，轉相教授，或口説無書，坊賈牟利，又多剿竊刪節，以迎合畏難速化不求甚解之心理，學者苦無從窺其全。君深憂之，年老無子，食貧且病，乃召兄子春元於湘南，歸而授之，書曰能傳傳焉，否則焚之，勿以與妄人會。河南修通志，館長韓君，命嘉謀與王子圜白，因杜編修友梅，訪君書時，君卒已數年。將葬春元介韋，劉君瀛仙以吾請銘。嘉謀既美春元，能讀楹書，世其家學，且慨晉國積弱有漸而病，讀先哲道要者之善失真也，因諏於王子圜白，而系之辭曰。 惟太極圈，包羅地天，繫誰打破，陳家世拳，探原於易，研幾鉤玄，河圖龍馬，木火騰驤，洛書龜蛇，金水

	藏堅，雷風山澤，坎離坤乾。五十學易，尼山心傳，出震成艮，四時行焉。總括要術，纏絲微言，纏肱纏股，根腰呂間，上下左右，順逆倒顛；大圈小圈，矩方規圓，消息盈虛，往來雷鞭，紐鱓舒捲，反正風帆；扶搖羊角，逍遙遊衍，九萬里上，六月圖南，骨節齊鳴，聲諧鳳鸞，輕飄鴻羽，重墜鰲山；水流花放，峽斷雲連，有心無心，自然而然，龍虎戰罷，真人潛淵，浮游規中，妙得其環，乃武乃文，乃聖希天，拳乎仙乎，道在藝先。
備註	肖鵬山點校本裡無此篇《墓銘》，説明陳鑫在世。也説明肖鵬山點校本早於 1933 年多人的編輯本。
名稱	跋
肖鵬山點校 1991 年 5 月本	無
1986 年複印 1933 年本	吾友孫子仲和，為余述陳君仲甡手擒大頭王事。英風義概，令人駭服。又言某封翁家，突來數十巨盜，封翁好言款之，急招仲甡至，則紅燭高燒，賓筵盛列矣。仲甡入，遽滅其燭。盜大嘩，抽刀相撲盜，人人喜得仲甡殲之，須臾無聲，則盜皆自殺，而仲甡固無恙也。蓋盜互撲殺時，仲甡固皆在其手側，惟用盜代死，而自手執一碗，一足立筵席中間，也可謂妙絕，益令人駭服不止。今見太極拳譜，是陳君一生用力而得力者。用以傳其家人，故至今溫縣陳溝陳氏，人無男女，皆習是術。以神勇稱，方懼其秘不示人也。而竟詳悉推闡，梓以傳世，是真大道為公者矣。讀是書者，若能潛玩而力學之，所稗益於健全者甚大，由是自強強國不難矣。太極之理，其自序及諸賢各序論之詳矣，故不具論論其軼事，使後人有考焉。 後學荆文甫謹跋

備註	肖鵬山點校本裡無此篇《跋》文，説明肖鵬山點校本早於 1933 年多人的編輯本。
名稱	**新刊訂補陳氏太極拳圖說姓氏**
肖鵬山點校 1991 年 5 月本	無
1986 年複印 1933 年本	原著者 溫縣陳 鑫品三 編輯者 胞侄 雪元 胞侄 春元 參訂者 孫女 淑貞 孫男 金鰲 孫男 紹棟 訂補者沁陽杜元化育萬 南陽王諦樞圜白 校閱者 西華陳泮嶺峻峰 鞏縣劉煥東瀛仙 開封關百益以字行 南陽張嘉謀中孚 助刊者 西平陳泮嶺 泌陽韓運章自步 鞏縣張鏡銘霽若 鞏縣白雨生 開封關百益 南陽張嘉謀 南陽王諦樞
備註	肖鵬山點校本裡無此篇《新刊訂補陳氏太極拳圖說姓氏》，説明肖鵬山點校本早於 1933 年多人的編輯本，是陳鑫在世時的原著。

名稱	結果
肖鵬山點校 1991 年 5 月本	這是陳鑫在世時的原著版本！
1986 年複印 1933 年本	這已是陳鑫去世後，經別人重新編輯的版本！
備註	應該忠實於原著才對，這樣陳鑫著作中的講話前後才符合邏輯，順理成章。如果將「往山西訪友……誰是神仙？」一大段，計 369 個字。特別是作為「悶來時造拳」「證據」的「長短句」詞，強加給陳鑫！那麼，就前後矛盾……，所以只能説，這是別人硬塞進的「私貨」！是偽造的，什麼「長短句」「悶來時造拳」，陳鑫根本就沒聽説過！另外，在幾乎同一時期，即 1935 年版陳績甫著《陳氏太極拳匯宗》一書中，也沒有一絲一毫的所謂「長短句詞」「悶來時造拳」之事，僅遵循陳鑫「始祖陳卜……」的説教，即是很好的證明！

比較結果顯示：

（1）《太極拳譜題詞》陳泮嶺：

1933 年多人的編輯本無！但是，2003 年 1 月山西科學技術出版社版又出現在目錄之後。

（2）《自序》：

兩版本相同。唯不同的是 1933 年多人的編輯本落款多出「歲次已未」四個字。

（3）《五言俚語》陳鑫：

兩版本相同。唯不同的是 1933 年多人的編輯本落款

多出四個括弧、共計 20 個字：（上句言靜，下句言動）、（活潑潑地）、（卻有一定）、（興道為一）。

（4）《陳氏家乘》：

兩版本內容百分之九十九相同，共計 26 人的傳記，25 人的文字幾乎一樣，僅有個別人、個別文字有出入。

唯一不同的是：在肖鵬山點校本「陳奏庭」傳裡，只用了「陳奏庭，名王廷，明庠生，清入武庠。精太極拳。」17 個字。而 1933 年多人的編輯本多出了「往山西訪友……誰是神仙？」一大段，計 369 個字。特別是作為「悶來時造拳」「證據」的「長短句」詞，包含其中：

往山西訪友，見兩童子扳跌，旁有二老叟觀，公亦觀之。老者曰：「客欲扳跌乎？」曰：「然」。老人命一童子之扳跌。童子遂摟公腰，亮起，用膝膝公氣海者三，將公放下，忽老幼皆不見。天亦晚，公悵然而歸。公與登封縣武舉李際遇善，登封因官逼民亂，以際遇為首，公止之。當上山時，山上亂箭如雨，不能傷公。遇一敵手，公追之，三週禦寨未及。李際遇事敗，有蔣姓僕於公，即當日所追者。其人能百步趕兔，亦善拳者也。公際亂世，掃蕩群氛，不可勝記。然皆散亡，袛遺長短句一首。其詞云：「嘆當年披堅執銳，掃蕩群氛，幾次顛險。蒙恩賜，罔徒然。到而今，年老殘喘，只落得《黃庭》一卷隨身伴。悶來時造拳，忙來時耕田。趁餘閒，教下些弟子兒孫，成龍成虎任方便。欠官糧早完，要私憤即還。驕諂勿用，忍讓為先。人人道我憨，人人道我顛。常洗耳，不彈冠。笑殺那萬戶諸侯，兢兢業業，不如俺心中常舒泰，名利總不貪。參透機關，識彼邯鄲。陶情於魚水，盤桓乎山

川。興也無干，廢也無干。若得個世境安康，恬淡如常。不忮不求，那管他世態炎涼，成也無關，敗也無關，不是神仙，誰是神仙？」

另外還有不同的就是：在肖鵬山點校本裡是作為正文編進書中的，且有陳鑫署名，並未見「附錄」二字；作為「附錄」的僅有「杜育萬述蔣發受山西師傳歌訣」一首，這是提名叫響的。而在 1933 年多人的編輯本中，則明確表明「附錄陳氏家乘」，且沒有陳鑫署名（儘管目錄有署名，正文卻不敢提名叫響署名），值得思考！

如：陳敬柏、陳毓蕙、陳步萊、陳步蟾、陳善、陳毓英、陳繼夏、陳鵬、陳耀兆、陳季甡、陳花梅、陳衡山、陳同、陳復元、陳豐聚、劉長春、陳淼、陳垚傳、陳仲立等 19 人的傳記，全都是一字不差。

僅在「陳秉旺、秉壬、秉奇三人」合傳中：肖鵬山點校本，末尾有「耕耘嘗從仲甡與粵匪戰，有軍功。」13 個字，而 1933 年多人的編輯本卻無。但 1933 年多人的編輯本在「秉旺子長興，盡得其父學，行止端重，號牌位陳，門徒尤盛，」句後，卻多出「楊福魁其最著者。」七個字。

在「陳公兆」傳裡，1933 年多人的編輯本僅多出「式穀貽，謀有義方。」十個字。

在「陳有恆」傳裡，肖鵬山點校本，末尾有「嘗從戰粵匪。廷棟兼善刀法。」11 個字，1933 年多人的編輯本則無。

在「陳仲甡」傳裡，肖鵬山點校本「得其訣。藝成而上具神武力，」到了 1933 年多人的編輯本成了「其生平

戰功纍纍，噴噴人口者，」而且在末尾還多出「吾從眾曰可。劉毓楠。」八個字。

（5）《附錄》杜育萬述蔣發受山西師傳歌訣：

正文一字不差，均屬「附錄」。

1933 年多人的編輯本儘管在「杜育萬述蔣發受山西師傳歌訣」的題目前無「附錄」二字，但在本章前是有「附錄」標註的，說明是其中的一個內容，就和其中的「墓銘」「跋」文一樣，都屬於附錄。

（6）版權頁：

都屬於正版，公開發行物。肖鵬山點校本應該是第一次出版，多人的編輯本聲明：本書根據開明印刷局 1933 年版複印。

（7）《陳氏太極拳圖說序》杜嚴：

肖鵬山點校本裡沒有「陳氏太極拳圖說序　杜嚴」，但在 1935 年版陳續甫著《陳氏太極拳匯宗》一書中，首先看到的就是這篇文字，題目是「太極拳圖畫講義敘」，唯將「著太極拳圖說一書」變成了「著太極拳真詮一書」。由此看來，在《太極拳圖畫講義》之前，還有一個《太極拳真詮》的書名。

從陳續甫著《陳氏太極拳匯宗》一書的內容來看，他出版此書雖晚於陳子明《陳氏世傳太極拳術》（1932年）、陳鑫《陳氏太極拳圖說》（1933 年），但著手著述準備出版卻較早，因為書中收錄的名人「序」「贊」「跋」較多，而且從民國元年到三年、四年、九年、十年、十七年的都有，直到自己寫序的民國二十四年，時間長達 24 年，是陳鑫撰寫《陳氏太極拳圖說》12 年的一

倍，可見其確實下了很長時間的工夫。

另外，在陳績甫著《陳氏太極拳匯宗》一書 13 至 14 頁有《太極拳原序》一篇（實則為陳鑫《陳氏太極拳圖說·自序》一文，但落款是：民國八年九月九日書於木欒店訓蒙學舍陳鑫序。）

落款是：前清光緒三十四年（即 1908 年）初創太極拳草稿書於孟邑養蒙書舘陳鑫謹誌，值得一考！

（8）《溫縣陳君墓銘》南陽張嘉謀：

肖鵬山點校本裡無此篇《墓銘》，說明陳鑫在世。也說明肖鵬山點校本早於 1933 年多人的編輯本。

（9）《跋》荊文甫：

肖鵬山點校本裡無此篇《跋》文，亦說明肖鵬山點校本早於 1933 年多人的編輯本。

（10）《新刊訂補陳氏太極拳圖說姓氏》：

肖鵬山點校本裡無此篇《新刊訂補陳氏太極拳圖說姓氏》，再次說明肖鵬山點校本早於 1933 年多人的編輯本，是陳鑫在世時的原著。

比較的結果是：

應該忠實於原著才對，這樣陳鑫著作中的講話前後才符合邏輯，順理成章。如果將「往山西訪友……誰是神仙？」一大段，計 369 個字。

特別是作為「悶來時造拳」「證據」的「長短句」詞，強加給陳鑫！那麼，就前後矛盾……，所以只能說，這是別人硬塞進的「私貨」！是偽造的，什麼「長短句」「悶來時造拳」，陳鑫根本就沒聽說過！

另外，在幾乎同一時期，即 1935 年版陳績甫著《陳氏太極拳匯宗》一書中，也沒有一絲一毫的所謂「長短句詞」「悶來時造拳」之事，僅遵循陳鑫「始祖陳卜……」的說教，即是很好的證明！

子明績甫陳鑫傳 為何說教不一般

——「長短句詞」出自陳子明

　　陳鑫、陳子明、陳績甫可以說是民國初年陳家溝的三大武術權威，文武全才。尤其是已近晚年的陳鑫，不僅是陳子明、陳績甫的老師，而且也是陳家溝說話舉足輕重的人物。陳鑫生於 1849 年，卒於 1929 年；陳子明生於 1878 年，卒於 1951 年；陳績甫生於 1893 年，卒於 1973 年。

　　陳鑫著書始於 1908 年（光緒三十四年），成書於 1919 年（民國八年），歷時 12 年。較早的書名叫《太極拳真詮》，此後叫《太極拳圖畫講義》，1933 年出版時為《陳氏太極拳圖說》；陳子明著《陳氏世傳太極拳術》出版於民國 21 年 12 月（即 1932 年），根據書中曾虞民《序》，落款是：中華民國十九年四月十二日（即 1930 年），此書初稿起碼也在 1930 年完成；陳績甫雖然年輕陳子明 15 歲，但他著書立說，繼承乃師陳鑫衣缽的志向卻不晚。現根據他 1935 年出版的著作《陳氏太極拳匯宗》中，李慶臨為《太極拳入門總解》所作的「弁言」，落款：中華民國十九年八月，可以看出，此書初稿也起碼在 1930 年完成。

　　更為可貴的是，陳績甫著作收錄了當時眾多名人（9位之多）為陳鑫著作所做的《序》《贊》《跋》，以及陳

鑫的《長短句俚語》《讀英義先生傳題句》《太極拳原序》等等，大多在陳鑫、陳子明著作中都是未見到的。

現將這些東西抄錄如下：

太極拳圖畫講義序

天地之道陰陽而已，人身亦然。顧人身之陰陽，往往不得其平，則血氣滯而疾病生，故煉氣之術尚焉。中國拳術流傳己久，然皆習為武技。其中精義菅然不講，即有略知二一者，或珍秘不以示人，殊為憾事。品三陳先生，為英義先生之哲嗣，凤精拳術，又深學理，積數十年之心得，著太極拳真詮一書。己巳初夏，策杖過余，鬚鬢飄然，年已八十有一矣。以弁言屬余，受而讀之，其於拳術之屈伸開合，即陰陽闔闢之理，反覆申明，不厭求詳，可謂發前人所未發。方今提倡國術，設館教士若得此書，以資講授，將見事半功倍，一日千里，其禅益豈淺鮮哉。先生云此書，拳術骨肉停匀，蓋印動靜交相養，陰陽得其平之精義也。余學植淺薄，未能窺測奧妙，謹杼管見，待質諸高明。

中華民國十八年五月　杜嚴敬識

（見陳績甫著《陳氏太極拳匯宗》1935 年版第一頁）

太極拳法序

自來有文事必有武備，而武備之傳，首重拳法。昔之拳法，僉以少林寺為宗，千喙同聲向無異說。熟知拳法之精妙，莫踰於陳家溝乎。少林寺為強硬派，恃其毅力固可衝鋒而禦武，然變化無多，終涉形器之粗若。陳溝則不剛不柔，適得其中。如宜僚之弄丸，敬德之避，公孫大娘

之舞劍器，渾脫習而熟焉。五宮百骸迪體皆靈，譬睡夢中有人以鋒刃加已冥焉，不知躲避，然鋒將及膚之毫毛，而刃自滾焉。一斫一滾，百斫百滾，而鼾睡者若鬧覺焉。此太極拳法之精妙，甲於天下。初咸豐癸丑五月流寇竄溫，賊中渠魁軀偉高六尺許，腰大數圍，如昆陽之巨無霸，嘗狹銅炮攻城，一躍登陴所至，無不破敗。時英義先生誘入溝中，先生以單手出鎗斃之，率子侄族眾等與該匪戰於黃河灘。後奉上憲紮帶鄉勇剿洗白龍王廟餘黨，助軍克復亳州、陳州及蒙城阜陽，又禦長鎗會匪於木樂店，種種戰功不可枚舉。皆太極拳之大用顯著者也。我友陳兄品三，英義先生之哲嗣也。承英義先生之家學，謂先大人六十年汗血辛劬獨闢精詣，而鑫以二十年繼述，心摹手繪訂為四卷，載在陳氏家乘。今特拔出另成一部，誠恐久而掩沒。囑余敘其巔末，余再四翻閱，見所列節解、引蒙、內精、取象及經譜圖論著，為六十四勢，喟然曰此不朽盛業也。夫綴以歌詞得詩之意訓，以儀式符禮之經，至開合運動，悉本全部之易，天下有道，上獻是書，可備額牧程序，時至叔季榛荊塞路出門，可賈餘勇不但此也。

　　朝廷倘設勇爵，則樹幟可立邊功，以拳法誨子弟，永可衛身家鄉里，豈不懿哉。

　　　　中華民國九年庚申仲秋七十五　鄭濟川敬識
（見陳績甫著《陳氏太極拳匯宗》1935 年版第 1-3 頁）

太極拳序

　　拳法者，古兵書之支流，漢書藝文志所謂技巧者是也。志列手搏六篇、蹴鞠廿篇、劍道三十八篇，其書不

傳，未知所言。視今拳法何如，然其習手足、便器械、積機關之勝，安見今必異於古所云耶。溫縣陳氏，世以拳名河南。咸豐癸丑，有草寇數十萬眾，自鞏渡河，巢溫南河於柳林中，李文清率民團禦之，未遇賊即敗走。陳英義先生與弟季甡與賊對壘交鋒，英義先生匹馬單鎗直入萬馬軍中，如入無人之境。單手出鎗取酋首如探囊取物，其弟季甡亦殺偽指揮數人。賊由是奪氣，遂移懷慶，由山西遁。至今父老談英義殺敵事，猶眉飛色舞，口角流沫，津津不置。大河南北諸省，言拳法者，必曰陳溝陳氏，云辛酉哲嗣品三，介吾友王子所述家傳太極拳法圖譜四卷，索序其書以易為經，以禮揣緯，出入乎黃老，而一貫之。以敬內外交養，深有合於儒家身心性命之學，不徒進退擊刺，陽開陰合示，變化無窮之妙。蓋如古兵書所言，蓋技也，進乎道矣。自火器日出，殺人之具，益工匹夫，手持寸鐵，徂擊人於數里之外。當者輒靡拳法與遇頓失功能，淺者遂以為無用輒，棄之其術。至今不振夫拳法，用以禦武、制敵、特其粗跡耳，而因其粗之稍紕，遂廢其精者，於以嘆吾國民輕棄所長，日失其故，步為可傷也。向使我中華人人演習，衛身衛國無在不有其益，我國強勝可立而待，豈不快哉！

中華民國十年小陽月　汲邑敏修李時燦誌
（見陳績甫著《陳氏太極拳匯宗》1935年版第3-4頁）

太極拳序

拳以太極名，古人必有以深明太極之理，而後於全體上下左右前後，以手足旋轉運動發明太極之理，立名立勢

定為成憲，義至精焉，法至密焉。學者事不師古不流於狂即失於妄即不然又涉偏倚，而求一至當卻好者以與太極之相脗合。蓋亦戛戛乎，其難矣，吾思古之神聖，能發明太極之理，莫若苞羲氏夏後氏河圖洛書有明證焉。惜乎余之學識淺，未能窺其蘊奧，且其書最精深，闡發者未能道破一語。吾表弟品三，本易經著太極拳圖畫講義，而又特於羲經所著陰陽錯綜變化與神禹所傳五行之相生相剋者，不少背謬然所取者或以掛名或以爻辭或以五行生剋之理近取諸身遠取諸物，於其近似者以為左證非若，咸同文字徒以氾濫浮淺者取古人糟粕強為附會，雖然古人言語包括宏富，初非為拳而設，亦若為拳而設，隨意拾取無不相宜，此亦足見太極之理精妙，活潑而萬事萬物舉共能升任，天下紛紜繁賾，萬殊胥歸於一本。妙何如也，後之人苟無棄圖譜即委溯源，未始無補於身心性命之學，雖曰拳為小技，而太極之大道存焉。處今之世拳之有關於國家者，甚大宜留心焉。咸豐癸丑五月二十三日事載在中州文獻輯，義行傳中，在在可考此英義先生將太極拳實用於國家者焉。讀是書者，細玩深思，自得其趣，照圖演習，日久功深，又得其理拳之益人，大矣哉。

中華民國十年八月　萬卿徐文藻敬誌

（見陳績甫著《陳氏太極拳匯宗》1935 年版第 4-5 頁）

太極拳序

吾友品三陳鑫，英義先生之哲嗣也。精太極拳法，著有太極拳圖畫講義四卷。嘗聞其言曰天地一大運動也，星辰日月垂象於天霄雨風雲施澤，於地以及春夏秋冬遞運不

已，一畫一夜循環無窮者，此天地之大運動也，聖人亦一大運動也。區畫井田以養民生，興立學校以全民性與夫水旱盜賊治理有方，鰥寡孤獨補助有法此聖人之大運動也，至於入之一身獨無運動乎。秉天地元氣，以生萬物，皆備於我得聖人教化，以立人人，各保其天。因而以陰陽五行，得於有生之初者，為一身運動之本。於是苦心志，勞筋骨使，動靜相生，闔闢互見，以至盈靈消息，極窮其變，此吾身之自有運動也。向使海內同胞，人人簡練揣摩，不惜躬修，萬象森羅，呈形變勢，又能平心靜氣，涵養天性。令太極本體心領神會，豁然貫通，將見理明法，備受益無窮，在我則精神強健，可永天年，在國則盜賊蕩除，可守疆域，內外實用，兩不空虛，熙熙 永慶昇平，豈不快哉。運動之為用，大矣哉。雖然猶有進者，蓋有形之運動未若無形運動之，為愈而無形之運動尤下，若不運動之運動者，之為神運動至此亦神乎運動矣，則其運動之功既與聖人同體，又與天地合德。渾渾穆穆全泯跡象亦以吾身還吾身之太極焉，已耳即以吾心之太極還太極之太極焉，已耳豈復別有他用哉。雖然咸豐癸丑五月英義先生以單手出鎗殲厥渠魁，率子弟生徒數萬人敗巨寇數十萬眾，且殺其指揮數十人。太極拳之實用，不可功銘旗常哉。吾聞友人之言，如此吾即以是為序，余不敢多贅。

中華民國十七年三月三日　同邑郭玉山溫如謹誌

（見陳續甫著《陳氏太極拳匯宗》1935年版第5-6頁）

太極拳序

自古有文事者必有武備，拳之運動，乃武備中之一端

耳，不足尚也。然昔尚文明，今崇武備，故武備與文事皆可並重，何也！蓋自有文字以來，聖賢皆載之經史，獨於武術則略而不言，恐啟天下殺伐之心，即言之不過曰乃武乃文，我武惟揚而已。上溯皇帝戰蚩尤，下述太公作陰符，其詳者不過曰坐作近退步止齊，以及器械鋒利者如兌之伐和之弓垂之竹矢。此外別無他說，四體運動，蓋無聞焉。故拳之藝，不知昉自何時，並昉自何人，或云始傳自達摩老祖，繼述之宋太祖，又其後岳飛學之周侗著有易筋洗髓等經典。八段錦，劍術，傳自南林處女，有據無據不必深考，吾思有天地即有陰陽，有陰陽即有人類，有人類人以天地陰陽運動吾身者，即以為拳，可也。何言乎古有兵器離兵器以手搏擊者。非拳乎古有舞象舞勺手舞足蹈以手足運動周身者。非拳乎由是言之拳之機勢由來久矣。而其理又為各人所自具。故後漢之張頤以長手名宋太祖。以三十六勢傳世明有七十二行拳。清有九十二勢嬌青架。又有大紅拳小紅拳之名，八卦捶，猴拳之號。其最著者又有陳敬伯之靠，陳繼夏之肘，李米天之跌，張千羣之腿，鷹爪王之拿，藝臻絕妙。

歷代皆有大率近乎情理者，皆可護體防身，久傳於世，時至今日，昔之輕棄者今則非重視不可。蓋外強愈多深入內地，我國積弱難保封疆而與列強爭雄，除拳無法夫拳之有用，非空言也其實用，可驗諸咸豐癸丑五月有巨匪率眾數十萬渡河犯溫，陳英義以太極拳先殺寇王又殺指揮數十人大戰黃河灘，三日皆大獲勝。嗣後又平張落行、李占標、長鎗會匪未嘗敗北，此皆太極拳之有功於世者也。英義以是法傳其哲嗣品三，著有太極拳圖畫講義，理精法

密，細膩明透，極深研究，無意不搜實，本太極發其底蘊，演而習之。內可強身，外可強國。非若孟奔烏獲徒以血氣之勇著名又非若荊軻聶政，但以酬恩驚世，且近世列強非昔之以拳術勝阿羅乎。

堂堂中國既有強國之資，又有強國之術，何坐祝腐敗而不一為振作乎！苟能自振，合國演習，他日雄五大洲，莫與爭鋒，豈不快哉。居中華者，宜勉焉。

中華民國十年正月　武陟任廷瑚佩珊敬誌

（見陳續甫著《陳氏太極拳匯宗》1935 年版第 7-8 頁）

序

先生戰事諸名家，述之詳矣。余不再贅，瞻先生遺像與其子品三著拳譜，遂贊並跋。

贊

想公生前，河朔保障，胸羅錦繡，手持鐵杖，縱橫敵營，搴旗斬將，萬夫辟易，四海欽仰，屢辭微辟，尚志不降，今瞻遺像，令我徬徨，三毫惟肖，一點難狀，欲為寫生，擱筆神愴，聊書語以志生平之，企望。

贊

誰施丹青，傳公遺像，面貌衣冠，一模一樣，精神意氣，曲盡形狀，頦上三毫，惟肖惟對，象之愁語，恍吐昂藏，愧我拙等，難寫雄現，願公子孫，時時記在心頭上。

跋

先生拳法，精妙無比，哲嗣品三，圖書講義，前伏後應，始終一氣，潛心揣摩，義理精細，發憤忘貪，不可輕棄，我國強兵，在此一振。

中華民國三年五月五日　大梁劉毓南楠卿誌

（見陳續甫著《陳氏太極拳匯宗》1935 年版第 9-10 頁）

陳英義先生傳

英義陳先生，名仲甡，字志壎，又字宜篪，號石廠。祖居山西澤州府，晉城縣東土河。明洪武遷溫，以耕讀傳家。先生與弟季甡同乳而生，面貌酷似，鄰里不能辨。其叔有本，文武精通，教讀先生厭章句，學萬人敵，韜略技藝無不精妙。然循循儒雅，從未與人角，為鄉黨排難解紛義聲著於世。咸豐三年五月長發林氏大頭王，率二十萬眾巢柳林中殺人放火為害民間，甚至奸幼女比頑童暴虐不可勝言。先生倡義削亂與賊戰黃河灘數日，取巨寇楊氏首級，又殺指揮數十人餘匪不可勝計，賊大敗潛師圍罩懷不勝，從山後遁。諸帥肯敬仰先生遣使聘請，爾時先生一則念母老一則被友人阻攔，未即應聘。事平，蒙奏賞六品頂翎。先生心安侍母不以功名動搖，後母病親視湯藥衣不解帶者數月，母終喪葬。一依古禮弔客數郡畢至，其哲嗣品三亦精拳法，著太極拳圖畫講義，極詳明，不惟有益身心且大有稗益國家，吾願世之慾強國者，皆可急為演習焉。先生沒眾議易名大梁劉毓南先生稱之，曰英義，吾從眾曰可。

中華民國元年二月中浣 如弟岳運昌敬誌

（見陳續甫著《陳氏太極拳匯宗》1935 年版第 8-9 頁）

太極拳跋語

惜乎英義之未竟其用也，當其聚徒眾衛鄉里獻齒發逆之鋌，而纖厥渠魁功亦偉矣若使握兵柄總戎機出其智計濕其英勇以削平僭亂，為國干城不且焜耀寰區震爍古今名垂青史，圖像紫光哉，徒以老母徵舊園終老，而其生平抱負僅如石火電光倏然一見，良可慨矣。雖然忠孝不能兩全，想英義當門思之，爛熟必不忍以功名易天性，彼絕裾之溫嶠遠志之，姜維千古猶有憾，遺山吾聞之急人之急者，必享人之報，易名立傳鄉里，已不忍沒其績。厥嗣品三復勤舉業，蒸蒸日上，他年擢巍科靡顯官為國宣勞，以繼先生忠孝之報，不於其身而於其子。此固理之必然，而事之當然者也，陳生勉乎哉。

中華民國元年二月　大梁張榮戡臣謹跋

（見陳續甫著《陳氏太極拳匯宗》1935 年版第 10-11 頁）

讀英義先生傳題句

英義如公熱與儔，文才獨抱轉風流，林泉自得優游趣，一觸豪情纖團讎。

欲報君恩有老親，逮驅魔魍頓忘身，從來立德立功者，半是蓬廬孝道人。

馳告邑侯奏凱歌，鄉軍聲勢振干戈，搴旗斬將稱無敵，太極神拳湊力多，紅旗捷報入神京，恩賜頭銜翠羽榮，欣有達人綿德澤，笙簧協和鹿鳴聲。

西淮唐縣同澤鮪如侄李式濂拜草濂素不能詩讀

先生傳情莫能禁，用紓鄙懷以志欽，仰詞之工拙所不計也。

陳仲甡傳

陳仲甡，字宜篴，號石廠。明初陳卜精拳道，子孫世習者眾，陳仲甡技稱最。咸豐三年五月，林氏李氏率眾數十萬由鞏渡河，踞溫東河干柳林中勢張甚。仲甡倡義率鄉人逐寇，與弟季甡、耕耘，從子淼，長子垚，並其徒數百鄉勇，萬人助二十一日迎戰。仲甡陷陣殺偽指揮數十人，又追殺數萬人，明日寇大肆焚殺所過皆擄縱其驍騎來薄，仲甡督眾與搏，皆一當百，寇擒易死者相屬斬其二酋首，又敗去寇，連不得志，悉自柳林出約十萬餘人，仲甡命季甡伏溝左，耕耘率眾伏溝右，淼垚為接應，自率眾當敵。一悍賊身長大尺，腰數圍，殊死戰。仲甡奇其貌，誘入溝伏，發以鎗扎其項，賊匿馬腹搏之下，復飛身據鞍，仲甡單手出鎗中其喉，取其元，乃寇中驍將，破武昌時，曾挾銅炮，一躍登城，號大頭王。楊氏賊劃然四潰，比李棠階率鄉勇至，寇已竄柳林，寇自造亂，轉略數省，所至披靡，以鄉勇禦寇，自仲甡始。因此，仲甡名振天下。六年，袁甲三團練大臣，檄仲甡隨營。攻薄州，五戰五克，追至陳州，又三戰三捷，擊殺千餘人。七年隨營，克六安州。八年，張落行犯汜水，仲甡率眾防河。九年，團練大臣毛昶熙檄，隨營攻蒙城、阜陽十餘州縣，皆恢復。同治元年，山東長鎗會匪李占標，率眾十萬掠覃懷至武陟。河營團練大臣，聯檄仲甡禦之於木樂店，賊聞風東竄。同治六年十一月十四日，張總愚率眾百餘萬，由太原省犯懷慶。仲甡率子鑫、猶子淼，及其徒數千禦之，自晨至午斬其將五人，執旗指揮者三四人，寇黨數千人始大敗，淼鎗斃數寇，身被鎗猶死，戰馬蹶忽中炮陣亡。仲甡時年者十

餘未幾卒遠邇惜之私諡曰英義，仲蛙事親純孝教子嚴與朋友交信然風雅宜人，靄然可親，有古名士風。季蛙字仿隨，亦入武庠，傳其學者曰陳花梅，曰陳耕耘，曰陳復元，曰陳峰聚，曰陳同，曰李景延，曰任長春，然皆不及陳仲蛙，此傳列中州文獻輯志義行傳中。

中華民國四年歲次乙卯汲人李時燦敬敘

民國四年歲次乙卯，敏修先生征中州文獻，得溫邑陳氏家乘，採光大人事績，列中州文獻輯，義行傳中。愚因先生作敘，猶推論先大人實錄，故將是傳錄之於前，以便閱者，知太極拳有功於世，可演習也。男鑫謹誌。

（見陳績甫著《陳氏太極拳匯宗》1935 年版第 11-13 頁）

太極拳原序

古人云，莫為之前，雖美而弗彰，莫為之後，雖盛而弗傳，此傳與受之兩相資者也。我陳氏，自陳國支流，山左派衍河南始於河內（民國改為沁陽縣）而卜居。繼於蘇封（周武王司寇於蘇國後改為蘇忿王封溫今屬懷慶府）而定宅。明洪武七年，我始祖諱卜，耕讀之餘，而以陰陽開合運動周身者，教子孫以消磨飲食之法，理本太極，故名太極拳。傳十三世至我曾祖（諱公兆）學業宏富，尤精家傳。及我祖（諱有恆）文武全才，兄弟齊名。於是以其訣傳我先大人（諱仲蛙）與我先叔大人（諱季蛙）。藝臻神化，智勇絕倫，搴旗斬將名振華夷（咸豐三年殺大悍匪大頭王楊氏後徽歸德陳州亳州土匪復清故土）。儻非有先達者，作之於前，安得述之於後，以有功於當世乎。我先大人命我先兄習武，命愚習文。習武者武有成章，習文者文

無所就，是誠予之罪也。夫所可幸者，少小侍側，耳聞日見，薰陶日久，竊於是藝，管窺一斑。雖於法華三昧，未通其妙，而於是藝之一闔一闢，循環無間，細玩亦時覺旨味無窮。迄今老大不能用功，苟不即少壯所聞之一知半解，傳述於後，不又增一辜哉。

愚今者年逾七旬，衰憊日甚，既恐時序遷流，迫不及待，又恐分門別戶，失茲真傳，不得已於課讀餘暇，急力顯微闡幽，以明先人教授精粗。悉陳不敢自秘，自光緒戊申，以至民國庚申，十有三年，而後其書始成。又強振精神，急書於簡，雖六月盛暑，不敢懈也。譜中所言，不知於前人立法之意有合萬一與否，而要於先大人六十年精勤功業與平時誨人不倦有庶不至掩沒不彰也。亦不至以祖宗十六世之家傳，至我身而廢絕。愚無學問，字裡行間，不能道以風雅，而遂以淺言俗論，聊寫大意，未能愜心貴當道出真諦（即所以然之故），而世有與吾同好者，惠而好我不以齊東野語唾而棄之且勉大手筆。悉正背謬，使理精法密不流偏倚，是誠余之師友也。且書成完璧，學者演習，世世相傳於弗替庶寶塔圓光廣為流傳，而使一世之人既有益於已，又有益於人，並有益於天下後世衛身衛國，兩收其美，豈不快哉。而況矩規謹嚴，並有益於理學家身心性命之學，內外交修文武並粹，是又前人立法傳世之苦心也，豈徒為一人已哉。

　　前清光緒三十四年　初創太極拳草稿書於孟邑養蒙書館
　　　　　　　　　　　　　　　　　　　　陳鑫謹誌
（見陳績甫著《陳氏太極拳匯宗》1935 年版第 13-15 頁）

長短句俚語

蓋世無雙一條金鞭，打進去不慌不忙，人乘我左手在腰，並肘屈，因攻我不及抵防，來自左方竊逞剛強，又豈知身未到風先至，吹我耳旁，並其手似挨未挨、著我衣裳。我這裏忽一轉弓弦，一放如箭離弦最難當。打得他頭欲顛、身欲仆、魂飛天上，無處躲藏受災殃。反道我別修異術，終未識全體空、靈應變有方（是法）並無無方（是活的）。太和元氣，運平常運到那（入聲），不柔不剛臨事纔能見短長。此一勢只是個陰（屈肘）中藏陽（伸肘），寓中央諸君返躬細思量，絕妙處不外那一弛一張，欲仰先揚。

（見陳績甫著《陳氏太極拳匯宗》1935 年版《太極拳圖畫講義初集卷二》第 75-76 頁）

弁言

比年國術振興，拳學崛起；競相授受，所至風靡，強國之基，茲或先兆。惟學者須取法上乘，專一簡練，期有心得，崇之力行方可。納於小，以健氣體，用諸大，而資抗禦。否則選擇不慎，誤入歧途：或激於過剛，摧及筋骨；或流於太柔，莫益身軀；是皆昧於學拳之道也。考吾國拳術，有少林，達摩，八卦，行意，大紅，小紅，等名稱：門類繁多，純駁不一，求其能合陰陽變化之理，動靜闔闢之妙，剛柔互濟，虛實錯綜，渾然一圓，而發自號極，瞬焉萬變，而奠窮其極者，當推太極拳；為國術唯一正宗。惜今之精斯拳者蓼罕，雖間有假借斯名，儼樹一幟，不過竊得形似，以偽混真，誘惑一時‧謬學者流耳。

河南溫縣陳家溝，陳氏嫡傳之太極拳，淵源正宗，代著奇績，一脈續紹，愈研愈進；此為當世留心國術者，所概知。其嗣有陳君復生績甫者：早負大小阮拳孿並齊之目，客歲諸友延之來平，宣揚國術，各界人士，往學爭先，凡受其教者，因材力高下，時期長短，雖參差未齊，要已頗能約略有所會悟，窺得一體，而真正之拳學上乘，至斯始見。績甫為便初學，手編太極拳學入門總解一冊，內分七十四節，逐一說明，姿勢及動作，定規氣行竅穴。余閱之，喜其簡明，有裨學者爰弁數語。聊為導言。至於詳細講解此拳真諦，另有專編待刊，他日出而共世。則拳學針航，胥於是在，企余望之。

中華民國十九年八月　古溫敬莊李慶臨識於津門

（見陳績甫著《陳氏太極拳匯宗》1935 年版《太極拳入門總解》第 1-2 頁）

自序

明洪武七年，余始祖卜，由山西洪洞縣大槐樹遷居河南溫縣常陽村。茲因我族生嗣繁衍，遂以陳家溝易名；西距城十里；背負一嶺，名為清風嶺。當時內匿匪類甚多，擾劫村民，官兵莫敢捕。余始祖以夙精太極拳，慨然奮起，率子弟及村中少壯數百人，攻入匪穴，殲之後一方得安。自是以來，學者日眾，因就村內設武學社。廣傳其技焉。清康熙年間。先世奏庭公，係武舉，拳尤高超，曾降服河南登封縣玉岱山巨寇李積玉，隻身入山，眾不能敵，一寨驚拜投焉，後在山收孝子蔣發為弟子，授以真傳，負名當世，奏庭公老年，繪一肖像，以蔣侍立，用示後人至

今像存祠中。

至明末季，天下多故，寇亂蜂起，同邑北平皋村王鈞博者，以多財稱，山東悍匪數百人，欲劫而飽欲焉。王聞耗，求救於先世所樂公，未抵村，中途適遇所樂公之二子，及申如，次恂如，（別號大天神二天神）說明所請，兄弟毅然應之，時兩少年年纔十六，係學生，嫻拳術，王遂邀之往，預為部署一切，及夕，匪果至，一舉殲之，立解危難，邑人美兩少年能殺賊也；編劇為戲，名曰雙英破賊，村社時常演唱，余少年尚及觀之。嘉慶年間，先世敬伯公，拳藝神化。往來山左保鏢數載，卻掠之徒，罔不聞風逃遁；其在青州府打僕。少林寺派著名和尚王定國，尤嘖嘖為遠邇傳美。

余高祖長興公，字雲亭。生於乾隆三十六年八月十六日巳時。終於咸豐三年三月初三日戌時，享壽八十三歲，至道光年間，拳極好，矗立千百人中，無論眾加何推擁擠，腳步絲毫不動，近其身者，如水觸石，不抗自頹。時人稱長興公為牌位大王云，所教名弟子，有廣平府楊福魁字露禪，頗著事蹟，而溯其成名，不過僅得陳氏拳學之一體。

余曾祖耕耘公公拳藝冠常時，繼長興公保鏢山東，時萊州府有糧店掌櫃田爾旺者，擅拳技、徒眾三日餘人，稱霸一方，耕耘公至萊，田聞其名，率眾徒猝圍劫之，耕耘公時僅持一長桿煙袋，隨意向兩傍一撥，笑說：借光！借光！眾即四面紛倒，田大驚服，待以優禮，而締交焉。耕耘公在魯，歷十餘年，所遇匪盜，斂跡，魯人為立碑敘具事志之。

咸豐年餘伯曾祖仲甡季甡公耕耘公率子弟軍及鄉勇，桿禦捻匪、林鳳翔殺大頭王楊甫清諸事，跡載英義先生傳中，茲不贅。

光緒二十六年，袁大總統督魯，見耕耘公碑記，知太極拳為陳氏所專精，因派人來訪，聘余先叔祖延熙公往教其子侄，他各拳師，凡遇延熙公比較，靡不心服，自是由魯而津，授教互六年。後以母老辭歸，以行醫終。

余從祖品三公，係清貢生得英義先生親傳，造詣精邃。彙集先世屬傳拳學真詮，詳加稽考·益以己意，編真詮四卷，並武術雜技附本，數十年心血畢彈此中。見者賞贊，惜未梓也。

余少習拳術。稍競門徑，嗣以遠遊經商、未得專純研練，民十歸里。復續前業，經延熙公品三公及福生季叔指示，略有進境，愧鮮心得。邇年國術振興，館校增設，余同福生季叔先在縣立國術社任教，並助剿鎗匪，保衛桑梓，戊辰秋旅平諸鄉先生友好，謬采虛聲，邀余及福生季叔先後至平授教，十九年供職京市府，承各界同人垂愛，備荷獎助，曾手編拳學入門總解取便初學，若欲要造及高深，非有拳書不足以發其蘊，今春返里，將長興公品三公遺著，攜之來京。打印供世，俾陳氏數百年拳學，免致淹沒失傳耳。

河南溫縣陳家溝績甫陳照丕　於民二十四·五·九謹誌
（見陳績甫著《陳氏太極拳匯宗》1935 年版第 15-18 頁）

▉ 從以上該書所展示的情況，可以看出：

1、陳鑫著書先定《太極拳真詮》，後定《太極拳圖

畫講義》；

2、對陳仲甡、陳季甡、陳鑫讚賞有佳，見不到歌頌陳王廷的隻言片語；

3、「故拳之藝，不知昉自何時，並昉自何人，或云始傳自達摩老祖，繼述之宋太祖，又其後岳飛學之周侗著有易筋洗髓等經典。」未講陳家溝如何如何！

4、「明初陳卜精拳道，子孫世習者眾，陳仲甡技稱最。……中華民國四年歲次乙卯汲人李時燦敬敘……男鑫謹誌。」沒有陳王廷的影子，李時燦（敏修）在列《中州文獻輯》時，僅收錄《義行傳》即「陳仲甡傳」，亦無陳王廷的影子！

5、陳鑫《太極拳原序》（即肖鵬山點校本陳鑫原著《陳氏太極拳圖說》僅有的一篇《自序》），只講「明洪武七年，我始祖諱卜，耕讀之餘，而以陰陽開合運動周身者，教子孫以消磨飲食之法，理本太極，故名太極拳。傳十三世至我曾祖（諱公兆）學業宏富，尤精家傳。及我祖（諱有恆）文武全才，兄弟齊名。於是以其訣傳我先大人（諱仲甡）與我先叔大人（諱季甡）。」也沒有陳王廷的影子。陳鑫此文落款是：「前清光緒三十四年初創太極拳草稿書於孟邑養蒙書館陳鑫謹誌」，看來從「前清光緒三十四年」開始「創」太極拳的，果然是陳鑫。

6、說到《長短句俚語》，陳續甫的書中，就這一則短文，它也來自於陳鑫原著，除此之外，陳鑫原著還有幾篇，分別是：

長短句俚語

蓋世無雙一條鞭，打進不忙。敵因我左手在腰時且屈，乘其不防，來侵西疆，竊逞其剛強。豈知我弓弦一卸，屈而必張，打得他無處躲藏，反受災殃。非是別有奇方，但憑得周身空靈，一縷中氣隨勢揚。哪怕他，求勝反改不自量，洋洋灑灑，當地見短長。此所謂陰是藏陽（肘屈為陰，肱伸為陽）。

（見《陳氏太極拳圖說》陳鑫原著　肖鵬山點校　三秦出版社 1995 年 5 月第一版 144 頁）

長短句俚語

拳勢本無方，不必大開大合，與下勢斜行拗步一樣樁。右手在西北，左手在東南，左足在西南，右足在東北，中間大開，襠肱伸展，拗一步方才停當。我也曾仔細折量，兩手平分齊摟膝，右手側櫓落胸膛，左手背後藏，兩足整齊向西方，旗飄整整，陣列堂堂。即此勢亦見自他，有耀放祥光，何必泥古式遵今式才能稱強？曾聽說舞劍妙術數孫娘（謂公孫大娘），玄妙豈有常？惟善是從皆無妨。此所謂變化無方得中行，是為津樑。

（見《陳氏太極拳圖說》陳鑫原著　肖鵬山點校　三秦出版社 1995 年 5 月第一版 158 頁）

長短句俚語

一縷心血，運吾浩然之氣。前後相稱，無不如意。任他四面來攻，怎當我手足橫擊。左右前後，事皆濟。

（見《陳氏太極拳圖說》陳鑫原著　肖鵬山點校　三秦出版

社 1995 年 5 月第一版 311 頁）

詠倒捲紅長短句俚語

簾看珍珠倒捲，正氣貫住中間。陰陽來回更換，隨機左顧右盼，退行有正無偏。一氣相貫，似兩個車輪旋轉。莫仰首遙瞻，莫顛腿高懸，仔細看看兩面，左右手真信得太和元氣，倒轉十分圓。

（見《陳氏太極拳圖說》陳鑫原著　肖鵬山點校　三秦出版社 1995 年 5 月第一版 198 頁）

右插腳長短句俚語

右手從左脅掏出繞一圈，手與心平，展開肱，左腳立定，右足踢起，不在頷下即襠中，　能使人一時喪命凶。得不用且不用，未可以妄舉亂動。

（見《陳氏太極拳圖說》陳鑫原著　肖鵬山點校　三秦出版社 1995 年 5 月第一版 231 頁）

左擦腳長短句俚語

右腳向北立定，左手也是從右脅轉回，手與心平，展開肱，左手合掌向下打，左腳踢上快如風，不偏不倚又踢在敵人襠中（敵非一人），當面見英雄。

（見《陳氏太極拳圖說》陳鑫原著　肖鵬山點校　三秦出版社 1995 年 5 月第一版 231 頁）

左右擦腳合詠長短句俚語

先將部位心記清，從北轉南兩足橫。左足先立定。右

手從左繞一圈，然後右足踢起，右手向右足面打正打平。右足踢罷向北橫，左足而往前跟定。右足先踏正，左手從右脅順繞一圈，展開手，舒開肱，向左足面再打一聲。頂精領起，襠精下去，一勢一腳立分明。四面侵無驚，虎嘯風生手足迎，太和元氣練得精靈明如轉睛動。靜合輕重，心存恭敬，實體力行，循序漸進，十年乃成。到爾時氣息紛爭，意無滿盈，方知道拳家有權衡。

（見《陳氏太極拳圖說》陳鑫原著 肖鵬山點校 三秦出版社 1995 年 5 月第一版 232 頁）

長短句俚語多達八篇之多，就是沒有所謂的陳王廷「長短句詞」，說明陳鑫活著的時候就不知道，也沒有陳王廷「長短句詞」。

7、儘管陳續甫著作出版晚於陳子明和陳鑫，但在《自序》中，仍然堅持和繼承陳鑫的說法，即拳術來自於始祖陳卜，並進一步明確「余始祖以夙精太極拳」。同時還說：「清康熙年間。先世奏庭公，係武舉，拳尤高超，曾降服河南登封縣玉岱山巨寇李積玉，隻身入山，眾不能敵，一寨驚拜投焉，後在山收孝子蔣發為弟子，授以真傳，負名當世，奏庭公老年，繪一肖像，以蔣侍立，用示後人至今像存祠中。」（陳鑫原著無此段陳奏庭文字），但仍然還是沒有所謂陳王廷「長短句詞」「悶來時造拳」的影子。

以上種種跡象，足以說明陳續甫所著《陳氏太極拳匯宗》，繼承了陳鑫觀點，也完全可以說他所掌握的資料和出版的書稿，基本都是陳鑫的原著。這進一步肯定：陳王廷「長短句詞」「悶來時造拳」，肯定是別有用心的人，

強加給陳鑫的「私貨」。以駕陳鑫之名，達到不可告人的目的。

陳績甫所著《陳氏太極拳匯宗》，是揭露以陳王廷造假最為有力的證據。

最近，筆者在書店看到一部由陳東山、陳曉龍、陳向武校注，北京科學技術出版社有限公司 2017 年 5 月出版的全四冊本《陳鑫陳氏太極拳圖說》（定價 358 元，印數 5000 冊），書中除了繼續給陳王廷名下塞進所謂的「長短句詞」外，又大篇幅的在書中加進了《陳氏家乘補續》。此補續人物如：陳淼、陳垚、陳森、陳鑫、陳椿元、陳子明、陳省三、陳發科、陳鴻烈、陳金鰲、陳紹棟、嚴立湘、陳克弟、陳克忠、陳立清、陳伯先、陳玉琦等十七人之多，唯獨大名鼎鼎，非常著名的人物——陳績甫（照丕）先生卻不在之列？

筆者查閱過許多大型武術工具書，如：1990 年 9 月馬賢達主編的《中國武術大辭典》；1993 年 12 月昌滄、周荔裳主編的《中國武術人名辭典》；1994 年 11 月張山、裴錫榮主編的《中華武術大辭典》；2005 年 9 月楊麗主編的《太極拳辭典》。都有陳績甫或陳照丕先生的傳記（找不到陳子明的），說他：「河南溫縣趙堡鄉陳家溝人。陳氏太極拳第十八世傳人。全國武術協會委員。出身於太極拳世家，自幼在陳延熙、陳鑫、陳登科、陳發科等前輩的指導下習武，二十歲左右開始進入教拳傳藝生涯。」「1928 年應北京同仁堂東家樂氏弟兄之邀，到北京傳拳，其間曾在宣武樓設雷比武。」「1930 年應南京市長魏道明之邀到南京教拳，直至 1937 年，期間曾任中

央國術館名譽教授。並任第二屆國術國考評判委員會委員。」「1958 年自創陳家溝業餘體校，任校長，培養了一批高水準的太極拳人才，其中代表人物有陳小旺、陳正雷等。」「先後編著了《太極拳入門》、《陳氏太極拳匯宗》、《太極拳引蒙》、《陳氏太極拳須知》等書，對發展陳氏太極拳技術與理論體系做出了貢獻。」被稱為陳家溝四大金剛的著名拳師陳小旺、陳正雷、王西安、朱天才，都出自他的門下，他們個個不但拳藝高超，而且都有著作問世，這是人盡皆知的，他們對當今陳家溝武術的發展，有不可磨滅的貢獻，也可以說起到了「擎天柱」的作用。四大金剛不見有傳也就罷了，其師「陳績甫（照丕）」先生不在《陳氏家乘補續》中作傳，實在是說不過去！

　　究其原因，只有一個。那就是：陳績甫先生尊重師承，絕沒有樹立陳王廷！他的著作反而是揭露陳王廷造假的最有力證據！為此，想極力抹去。這就跟刪除「杜育萬述蔣發受山西師傳歌訣」（見 2003 年 1 月山西科學技術出版社出版《陳氏太極拳圖說》）；改變「張炎」為「得意」（原文是「陳清萍為陳有本張炎門徒」，見陳子明原著《陳氏世傳太極拳術・陳氏太極拳家列傳》第四頁）；都是一樣的手法，因為這些東西是其造假的絆腳石，無法踰越的障礙，被視為眼中釘、肉中刺！

　　接下來我們再來看看陳子明的《陳氏世傳太極拳術》，首先抄錄其中的 9 個「序」（與陳績甫書中不同，都是為陳子明而作，已出現了「陳奏庭先生所發明」的字

樣）：

曾　序

　　吾國武術流行於社會者，太極拳尤為世所稱道。近年來國人皆知孱弱不振之恥，於是競以肄習技擊為風尚。顧真傳既不易得有之，而知者復鮮，同人等留心此道不憚研尋。考太極拳所由來，始於河南懷慶府溫縣陳溝村，陳氏親授諸門人，流傳漸遠。斯拳為陳奏庭先生所發明，代有聞人，如陳敬柏、陳繼夏、陳丹書、陳仲甡、陳季甡、陳清萍、陳耕耘、陳淼、陳復元、陳鑫、陳鑫、陳延熙諸先生皆著稱於世為人所共知，可謂盛矣。奏庭先生既以太極傳世後人，祖述至今無替。其裔孫子明先生尤長此道，向在河南懷慶等處成立國術團體，熱心提倡，從學者日多。近為江君子誠、黃君金榮發起組織太極拳學社，專聘陳君為教授。同人過從·既稔知子明先生抱負絕學而不倦於教誨。今陳先生復不私其家傳之秘，特將太極拳大要架式名義詳加解釋，編印成冊，俾未習者可以窺見門徑，已習者更可循序精進，凡有志於斯者不可不及時請益。子明先生樂育為心·有問必答，無不詳加指導，聞者豁然。誠今日難遇之機會，故不辭覼縷敘其源流，以告我同志。陳君家藏奏庭先生自讚遺像一幀，圖中坐者即奏庭先生，為陳子明先生之九世祖。又一人執刀旁立者，則蔣發焉。

　　　　　　中華民國十九年四月十二日　曾虞民

黃序

　　太極拳風行南北盛極一時，其方法在沾連黏隨，其要旨在以圓圈攻人亦以圓圈避人；功淺者圈大而力緩，功深

者圈小而力速。寥寥數語易學而難精，非竭數十年之精力不能窺見堂奧也。

其源流據名師楊君澄甫云：乃祖露禪先生學自河南溫縣陳家溝。今閱此書知在陳氏家傳已久，想當年傳之楊氏者，殆即陳氏先祖歟。陳君子明秉家學淵源，近受海上黃、江諸君之聘，設帳滬瀆好學諸子日夕請益，並請將拳譜刊行於世。學此拳者必以先睹為快，他日紙貴洛陽定可預卜。今將付梓，聊附數語以志涯略。

　　　　中華民國二十年春　三月七日虎林黃元秀

岑序

今之習太極拳者莫不遠宗河南陳氏，雖楊吳兩家變化不同，然其意可通也。陳君子明來自陳家溝，秉承家學，卓然有以自立，乃追求世德撰為是編·說理詳明，圖解清晰。蓋所以紹前修而興絕學者，其有功於國術不其偉歟！

　　　　中華民國二十一年一月一日　西林岑德彰序

劉序

余曩與李霽青及子明創中州粹武學會於懷慶，倡導武術，獨開風氣之先。然以環境關係，辦理煞費精神，而子明始終不懈尤足多焉。民十九滬上江君子誠聘子明至滬行教。江君尊人嘗官懷慶府太守，知時行之太極拳已失陳溝面目，不遠千里而為其子弟擇師，蓋亦抱取法乎上之意耳。子明居滬兩載，推行斯術不遺餘力，可謂不負家學。今春，忽偕吳人唐范生先生同至陳溝，考研其先人所創太極拳源流，道經汴梁相與來訪，舊知新雨歡然道慕。子明

出示所著《陳氏世傳太極拳術》初稿，索余一言，兼述返鄉之意。余喟然曰：「今人朝脫一稿夕成一編，儼然自許為名山事業，子乃不憚其煩如斯，可謂契於道者矣。取其稿讀之，覺其立言不流於誇誕，求之今日不可謂非傳世之作也。因書數言以歸之。

中華民國二十一年一月二十日　劉丕顯序於河南省國術館

李序

青幼聞長者云：咸豐三年洪楊犯懷。途經溫邑陳溝。有號大頭王者率眾與陳氏昆仲戰，旋即潰敗，王遂為陳氏所殺，遂解懷慶之難。青每聞此談，輒欽羨陳氏昆季之豪。民十六有張文潤者肄業培元中校，介紹國術教員陳氏後裔子明先生至舍談甚洽。其惡國術界門戶之見、派別之分、神祕而不肯公開也，殆與青同十七年乃邀同志組織中州粹武會。陳君循循善誘，生眾獲益匪淺。十八年冬，駐軍占會址，陳君乃至滬行教，特編《陳氏太極拳術》一書，並將太極拳之創始者奏庭先生遺像刊印書端，又邀唐范生先生親抵陳溝查閱族譜、碑記、遺跡，更繪明初學入門手、眼、身、法，俾有志斯學者由淺入深得覓真實途徑，不致有所貽誤。青喜其肯以國術公於世也，爰為之序。

中華民國二十一年二月　李霽青敘於覃懷中州粹武會

自序

自吾九世祖奏庭公創太極拳術，下逮子明已及八世，其間名手輩出，遺緒勿墜，不特陳氏一族世守其術，即他姓問技以去者亦俱能發揚光大，使斯技見重於社會。子明

秉承父師指授，對於太極粗窺門徑，十餘年來每欲貢獻於社會，徒以奔走四方風塵，栗六卒，鮮暇晷完成斯願。今者小憩滬上，除教學而外，明窗淨几之間，頗便捉筆構思，爰自忘其固陋，草成《陳氏世傳太極拳術》一書。書名陳氏且標世傳者，非欲自炫，亦猶程沖斗之《少林棍法闡宗》必明所自出，子明之得此，實食惠於先人而已。按陳溝太極有新老架之分，新架係由老架神明變化而來，法均以柔為主，斯作即係紹述新架，將來倘有餘暇，當更取老架編成一冊，俾世之學者知新舊遞嬗之跡暨其異同之點，而後曉然於太極衍變之所由，則子明不但可以略慰先人用心之苦，亦可稍盡提倡太極拳之責矣，是為序。

中華民國二十一年三月三日　陳子明

朱序

國福嘗謂派別之分乃形態上的傾向，門戶之見乃思想上的退化，故技術之分派不足為害，門戶之私見庶足阻武術之進步也。國福雖專於形意，然於各家之長每虛心融會，以求補吾所短。

今春遇陳君於滬，見其太極拳術有異乎時尚，詢其出處，方知陳溝世傳。因與探討比研，獲益良多，歸語於子姜館長，延致來京，使館中同人又可多一新知，以為攻錯之助。最近陳君將以其著述問世，丐序於國福，國福不文，乃書所感以應之。

中華民國二十一年四月五日　朱國福序於首都中央國術館教務處

張序

　　余提倡國術有年矣。士之抱其所學以來歸者，余敬禮其人，未敢稍衰，獨於門戶宗派之說辭而闢之不遺餘力。蓋國術之幽接於深山窮谷而不得早與世人相見者，皆此門戶宗派之一念，以自戕其生。故余整理國術以打破門戶宗派為始基。唯其淵源所從出，則不能不搜索探討，與古人揖讓於千數百年以前，而後始能識其變遷蛻化之跡，從而融會貫通之，亦非難事矣。今之太極拳派別歧出，大河以北尤盛稱楊氏，而不知楊氏之拳實淵源於中州溫縣陳氏，特變換其姿勢耳。今陳氏後裔子明同志以其所藏《陳氏世傳太極拳術》一書相示，余從事瀏覽乃嘆一藝之成使世人欣賞而寶用之者，僅其藝之形跡與輪廓耳，若其精意之所存、神明之所寄非深造而有得者不能知也。學太極拳者能得其動靜開合、起落旋轉諸法，已為人所難能，而陳氏書中獨於理、氣、意、志諸學說長言之不足又申言之，豈不以一藝之微苟離乎道不能立也！陳氏又懼世人震驚其學說為不可幾及，或將踟躕顧慮以自廢於半途，乃又詔之曰：「學而能思，思而能恆，則終必有成。」嗚呼！此其所言又豈今之自私自秘者所能與語哉！夫孔子之所以成為聖，其得力即在學而不厭思，即致知格物之理而天地之所以無所不包、無所不載，亦恆而已矣！能明乎此，雖謂為已聞聖賢之道，亦豈不可與今之自矜門戶宗派者蓋不可同日語矣。余於陳氏之書，既識其淵源所出，而又重其言之合於大道，故樂為之序以歸之。

　　　　　　中華民國二十一年　五月　日　鹽山張之江

姜序

竊以強國之道端賴強民，強民之方還資武術。處今日科學競勝時代，世界文明日新月異，格致萬物變化神奇，采海岳之菁華，淺天地之玄秘，絕跡飛行瞬息千里。我國人士夔夔焉，欣欣焉，及時思興國，不競尚技巧欲有所為焉？雖然苟無聰穎之智能，勇邁之體魄，欲求國強民盛則戛戛乎其難矣，此國術之所以亟待提倡者也。嘗考吾國拳技，互數千年綿綿不斷，歷代文人墨客、理學名儒動輒佩劍自隨，古之學校有行鄉射之禮，蓋將射以觀德，且所以崇武備習體育也。故尼父六藝列入射、御、禮，於未成童者誦詩舞勺，成童舞象，繼後舞劍，文武兼備所從來久矣。邇者世風頹微，禮教衰落，民族日益柔弱，道德日益淪喪，全民族幾呈奄奄不振之勢，以貽病夫之羞。今當列強虎視於外，帝國主義者侵略於內（指淞滬東三省之役），天災人禍，遍地萑苻。我民族再不矍然憬悟，臥薪嘗膽，力自振作，勢必受天演淘汰，更何大同平等之可言？此更普及國術刻不容緩者也。

普及全民之法，不外創設專館，搜求人才。然欲使之通國普遍，則非宣傳之力不為功。宣傳，則國術書籍尚矣！顧國術書籍豈易言哉？雖近年來坊間國術著作如雨後春筍應運而生，然求一理法兼備者則又鳳毛麟角。有之則為今日習一技，明日著之於書；或拳師攝影，文士撰說，方枘圓鑿如風馬牛，各不相及，則其書之價值有若於無，可勝嘆哉！

吾友陳君子明係出河南‧祖籍陳家溝，精太極拳術，耗數年之心血著有河南《陳氏世傳太極拳術》一書，於月

前丐余校對並索序焉。余以兩星期之時間細讀一遍，不禁拍案驚奇，緣太極拳術實通乎道，非尋常拳技可比，苟不得個中三昧，烏能道其要竅？按，斯術近世所傳約分三派：一河南陳氏太極是為嫡系；二郝為真傳與孫祿堂者，名為開合太極，郝氏得之武禹襄，武亦陳氏所授；三楊露禪所治之太極·亦為陳氏名長興者所傳，露禪傳其子班侯、健侯等，迄今盛行於南北。是三者實出於陳氏一源，唯進化改善各有不同耳。

相傳斯術創始於宋之丹士張三豐，號為武當，又名內家，學者不察，人云亦云，皆崇三豐為祖師。今閱陳氏家譜暨其遠祖之列傳，似覺三豐之說未盡善妥。蓋陳氏自朱明萬曆間迄民國止，代有傳人，觀其家譜中，凡知技者皆有「拳手」、最高「拳術神手」之註解，家傳中發角鬖齡白髮耄耋者亦各有搏虎吞狼之評語。其始創拳術者名陳王廷，字奏庭，生於明末，歿於康熙。其傳記有「威震山東，掃蕩群寇」，「拳手、刀槍創始之人也」之字樣。又讀王廷自詠律詩二首，亦有「暇時造拳」之句。由斯判斷，陳氏之太極確為陳氏之遠祖名王廷者所發明，殆無疑義。唯是否陳王廷之上還有知技者，或王廷初始得自他人傳授神化而改進之，則無從稽考矣。

余既有此懷疑，乃決心從事於研討，數月以來稍窺途徑。見陳君教人之法亦分四段步驟、四層功夫，與形意拳四層道理中之練穀化精、練精化氣、練氣化神、練神還虛，則又相互吻合。再讀斯書之全文，如秘訣要義，身、心、理、氣、意、志、情、景、神、化、著、學、思、恆、夬十五字訣，開合陰陽、運化轉關、虛實變化、掤捋

擠按，其理與法詮釋詳盡。動作不背拳理，姿勢合乎力學，體天地之陰陽，養浩然之元氣，具科學之萬有，得哲理之奧妙，其大無外，其小無內；其他攝影、插圖，凡關於太極拳術者無不蒐羅殆遍，使讀者一目了然。余知斯書一出，不獨為經世者所必學，即超世派亦當借為梯航也，是為序。

中華民國二十一年六月八日　滄州姜容樵序於白下

■ 從上述多為名人所做的《序》，可以看出：

1、中央國術館館長張之江由於「獨於門戶宗派之說，辭而闢之不遺餘力」，所以只講到：「余於陳氏之書，既識其淵源所出，而又重其言之合於大道，故樂為之序以歸之。」並未宣傳陳子明的主張。其次，就是黃元秀《序》，也是僅僅說到：「其源流據名師楊君澄甫云：乃祖露禪先生學自河南溫縣陳家溝。」這是大家都瞭解的事。

2、中央國術館教務處朱國福《序》：「今春遇陳君於滬，見其太極拳術有異乎時尚，詢其出處，方知陳溝世傳。」以及岑德彰《序》：「今之習太極拳者莫不遠宗河南陳氏」。都已開始對陳子明的主張有所認識。

3、河南省國術館劉丕顯《序》：「今春，忽偕吳人唐范生先生同至陳溝，考研其先人所創太極拳源流」，以及覃懷中州粹武會李霽青《敘》：「並將太極拳之創始者奏庭先生遺像刊印書端，又邀唐范生先生親抵陳溝查閱族譜、碑記、遺跡……」，都對陳子明力邀唐豪（范生）去陳家溝一事比較瞭解。

4、從陳子明《自序》：「自吾九世祖奏庭公創太極拳術」，到曾虞民《序》：「考太極拳所由來，始於河南懷慶府溫縣陳溝村，陳氏親授諸門人，流傳漸遠。斯拳為陳奏庭先生所發明，代有聞人，如陳敬柏、陳繼夏、陳丹書、陳仲牲、陳季牲、陳清萍、陳耕耘、陳淼、陳復元、陳𧰼、陳鑫、陳延熙諸先生皆著稱於世為人所共知，可謂盛矣。奏庭先生既以太極傳世後人，祖述至今無替。其裔孫子明先生尤長此道……」「陳君家藏奏庭先生自讚遺像一幀，圖中坐者即奏庭先生，為陳子明先生之九世祖。又一人執刀旁立者，則蔣發焉。」

再到姜容樵《序》：「相傳斯術創始於宋之丹士張三豐，號為武當，又名內家，學者不察，人云亦云，皆崇三豐為祖師。今閱陳氏家譜暨其遠祖之列傳，似覺三豐之說未盡善妥。蓋陳氏自朱明萬曆間迄民國止，代有傳人，觀其家譜中，凡知技者皆有『拳手』、最高『拳術神手』之註解，家傳中發角髫齡白髮耄耋者亦各有搏虎吞狼之評語。其始創拳術者名陳王廷，字奏庭，生於明末，歿於康熙。其傳記有『威震山東，掃蕩群寇』，『拳手、刀槍創始之人也』之字樣。又讀王廷自詠律詩二首，亦有『暇時造拳』之句。由斯判斷，陳氏之太極確為陳氏之遠祖名王廷者所發明，殆無疑義。唯是否陳王廷之上還有知技者，或王廷初始得自他人傳授神化而改進之，則無從稽考矣。余既有此懷疑，乃決心從事於研討，數月以來稍窺途徑。」陳子明已經達到目的了！

其次，抄錄其中的「陳氏太極拳家列傳」（不列祖先

陳卜，直接開首就是「陳王廷傳」，並且首次出現「長短句詞」）：

■ 陳氏太極拳家列傳

陳王廷傳

陳王廷，字奏庭，崇禎康熙間人。明末天災人禍相繼而起，地方官又罔恤民困，苛徵暴斂，無所不至。登封民無力納糧，官逼之，遂揭竿起事，以武舉李際遇為首。公與際遇善，往止之，力勸不聽，但約不犯溫境。滿清定鼎，際遇事敗族誅，有蔣姓者僕於公。一日，公命備馬出獵於黃河灘。有一兔起奔，蔣追未及百步獲之。公憶及際遇有一部將，能健步如飛，馬不能及。詢蔣，果即其人。公所遺畫像執大刀侍立其側者即是，或云即是蔣發。公文事武備皆卓越於時，創太極拳，遺長短句一首，可略窺公之生平。

其詞云：「嘆當年，披堅執銳，掃蕩群氛，幾次顛險，蒙恩賜枉徒然；到而今，年老殘喘，只落得黃庭一卷隨身伴。悶來時造拳，忙來時耕田。趁餘閒，教下些弟子兒孫成龍成虎任方便。欠官糧早完，要私債即還，驕諂勿用，忍讓為先。人人道我憨，人人道我顛，常洗耳，不彈冠，笑煞那萬戶諸侯，兢兢業業不如俺。心中常舒泰，名利總不貪。參透機關，識破邯鄲。陶情於□□，盤桓乎□□。成也無干，敗也無干。誰是神仙？我是神仙。」

陳敬柏傳

陳敬柏，字長青，乾隆間人。從巡撫某於魯，山東名

手皆藝不及公，因號公為蓋山東，言其藝之高也。晚年，歸隱鄉里。一日赴東關泰山廟，有賣解者鬻技廣場，恃其藝高，出言不遜。公誚之。賣解者欺其老，遽起與鬥。公俟其近，奮威一擊，嘔血踣地而死。時公適病後。一擊之後亦不能支，坐場旁石上力脫而死。

陳繼夏傳

陳繼夏，字炳南，乾隆末人，精太極拳。每磨始以兩手推之，以次遞減，減至一指則奔而推之．即一磨亦不間功。公善丹青，趙堡鎮關帝廟等處壁畫悉出公手，俱能傳神入妙。一日在村西繪古聖寺佛像，有人自後按公兩肩。公閃跌其人於前，問其姓名，乃河南萇某。萇乃藝中著名者，聞陳溝拳著稱於時，因來訪。睹公畫像戲試之，不圖公固長於太極者也，遂歎服而去。公善用肘，與陳敬柏之靠齊名。

陳耀兆傳

陳耀兆，字有光。性癖太極拳，當時武士皆沐其教，然精妙未有出其右者。生於乾隆，卒於道光，壽八十。

陳秉壬秉旺秉奇合傳

三人均好太極拳，互相琢磨，皆藝精入神，人稱三雄。

陳有恆有本合傳

陳有恆，字德基，道光初入庠。於太極拳極有揣摩。

壯歲溺於洞庭湖。弟有本，字道生，三十六入庠。造太極拳得驪珠，子侄之藝皆其所就，其謙沖豐度常如有所不及，當時精太極拳者皆出其門。

陳仲甡傳

陳仲甡，字宜篪，號石廠，有恆公次子。與弟季甡同乳而生，面貌酷似，鄰里不能辨。稍長，猿背虎項，魁偉異於常兒。甫三歲即令習武，十餘齡時從祖母往趙堡趕會，有擔水者水濺公衣，理論不服，公一擊倒之，旁觀者皆為歡異。及長，與弟季甡同入武庠。咸豐三年，洪楊軍延及豫省，林鳳翔、李開芳、李文元等率眾由鞏縣站得舟渡河直犯溫境，所過殘殺。公率族眾抗之。洪楊驍將楊奉清，號大頭王，掩襲名都大城所向無敵，嘗腋挾銅炮縱過武昌女牆，轟守者破其城，軍中素目為飛將軍。時為先鋒，公與戰於村中老君堂左，以鐵槍挑於馬下，村人乘勢取其首級，洪楊軍皆驚潰。比及李棠階援師來助，洪楊軍已竄柳林矣。林鳳翔、李開芳知公勇，欲收之。一日五鼓突發，大兵入陳溝圍公宅，眾以殺其驍將皆恐懼不敢入室。公故作從容徐步而出，雄威遠射，旁若無人，所向退避。蓋林李皆未來，又震於公威，咸不敢加害。迨林李至，公已飄然遠舉矣。公處重圍逍遙脫險，即在當時亦不知何由而然也。嗣鳳翔移圍罩懷五旬不下，潛從太行山後遁。自後於村中授徒，履常滿戶。咸豐六年，捻黨圍亳州之役，七年菜園之役，八年張羅行犯汜水之役，九年克復蒙城之役，十一年長槍會李占標犯武陟木欒店之役，同治六年小閣王張總愚由絳犯懷之役，公皆建殊功。同治十

年，以疾卒河朔書院。山長劉毓楠，私謚之為英義。

陳季甡傳

陳季甡，字倣隨，號霞村。與兄同乳而生，面貌酷似，鄰里不能辨。父有恆中年溺於洞庭湖，因從其叔有本習藝，技臻神化，與其兄仲甡稱二傑焉。咸豐八年應欽差督辦三省剿匪，事務太僕寺正堂袁甲三之徵，於克復六安州一役，搴旗斬將，建立殊功，保舉為守備。生於嘉慶十四年，卒於同治四年。

陳長興傳

陳長興，陳氏十四世孫。據家譜所載，其技出自其父秉旺所傳，世謂蔣發傳長興者實誤，蓋蔣為九世祖奏庭公同時人也。得長興親傳者子耕耘而外，以陳懷遠、陳華梅、楊福魁為最。

陳清萍傳

陳清萍，為陳有本張炎門徒，得太極拳理，趙堡鎮一系皆其所傳。廣平武禹襄初學於楊福魁，然精微所在秘不以傳，因往趙堡請益於清萍。其名之盛如是。弟子中以李景延為最。

陳耕耘傳

耕耘，陳長興子，家傳太極。與陳仲甡、陳季甡等同擊洪楊，惜其戰績今已無人能道矣。子延年、延熙能繼其業。

陳三德傳

陳三德,有本門人也。習太極拳有得,槍、刀亦熟練。子馨蘭箕裘弗墜。

陳衡山傳

陳衡山,字鎮南,精太極拳。咸豐三年,與陳仲甡等擊洪楊,每戰輒身居前,敵極勇武。後以教徒終。

陳鵬傳

陳鵬,字萬里,嘉慶初名醫也。家貧,介以自持,天懷坦白,於太極拳通神入妙,人皆莫測其端倪。

陳華梅傳

陳華梅,字鶴齋,從學於長興,功夫頗純,其技亦能縱橫一時。子五典、五常能繼其業。

陳廷棟陳奉章傳

皆陳有本門弟子。廷棟於拳外善春秋刀。

陳有綸傳

陳有本弟子,後從學於陳仲甡。咸豐三年洪楊軍侵陳溝,從仲甡擊之。李景延、張大紅皆及其門。

陳垚傳

陳垚,仲生長子,十九入武庠。每年一萬遍拳,二十年不懈志,故其功夫之純一時無兩。軀幹短小,不知者皆

不信其能武，嘗與縣衙護勇鬥，連擊六七人踣地，余皆畏卻遁去。從父與洪楊軍戰，未嘗敗北。

陳淼傳

陳淼，季甡長子，精太極拳。同治六年，張總愚率眾由絳犯懷，公出迎擊。十二月十四日晨交戰，奮殺至午，斬滅不盡，身被重創猶奮勇殺敵，因馬蹶中銅炮陣亡。

陳森傳

陳森，字槐三，季甡次子。家傳太極，子春元、孫女淑貞能世其業。

陳鑫傳

陳鑫，字品三，前清歲貢生。研究太極拳精妙入微，著有《陳氏家乘》若干卷，《安愚軒詩文集》若干卷，《太極拳圖畫講義》四卷，《太極拳引蒙入路》一卷，均未梓行。

陳璽傳

陳璽，初學太極拳於陳華梅之門，每得一法輒與華梅子五典角技。五典不敵屢受創痛，因不為其師所歡，後改從季甡習拳。

陳同陳豐聚傳

皆陳仲甡門人，同務農，善掃腿。豐聚頗通太極拳理，能以言傳。

陳中立傳

陳中立，三德侄孫‧長於弓箭。入武庠，學拳於三德，槍、刀、齊眉棍皆精。

（見 陳子明著《陳氏世傳太極拳術》1932 年初版 2008 年 5 月台灣逸文武術文化有限公司再版）

有比較，才能有鑑別，下面我們將陳子明 1932 年本《陳氏世傳太極拳術‧陳氏太極拳家列傳》（簡稱《列傳》）與陳鑫原著 1995 年肖鵬山點校本《陳氏太極拳圖說‧陳氏家乘》以及陳鑫著經 1933 年陳氏後人多人編輯的《陳氏太極拳圖說‧陳氏家乘》（簡稱《家乘》）進行列表比較，問題就會一目了然了！

《陳氏太極拳家列傳》（簡稱《列傳》）與《陳氏家乘》（簡稱《家乘》）的比較

人物	陳王廷傳
《列傳》1932 年陳子明本	陳王廷，字奏庭，崇禎康熙間人。明末天災人禍相繼而起，地方官又罔恤民困，苛徵暴斂，無所不至。登封民無力納糧，官逼之，遂揭竿起事，以武舉李際遇為首。公與際遇善，往止之，力勸不聽，但約不犯溫境。滿清定鼎，際遇事敗族誅，有蔣姓者僕於公。一日，公命備馬出獵於黃河灘。有一兔起奔，蔣追未及百步獲之。公憶及際遇有一部將，能健步如飛，馬不能及。詢蔣，果即其人。公所遺畫像執大刀侍立其側者即是，或云即是蔣發。公文事武備皆卓越於時，創太極拳，遺長短句一首，可略窺公之生平。其詞云：「嘆當年，披堅執銳，掃蕩群氛，幾次顛險，蒙恩賜枉徒然；到而今，年老殘喘，只落得黃庭一卷隨身伴。悶來時造拳，忙來時耕田。趁餘閒，教下些弟子兒孫成龍成虎任方便。欠官糧早完，要私債即還，驕諂勿用，忍讓為先。人人道我憨，人人道我顛，常洗耳，不彈

	冠，笑煞那萬戶諸侯，兢兢業業不如俺。心中常舒泰，名利總不貪。參透機關，識破邯鄲。陶情於口口，盤桓乎口口。成也無干，敗也無干。誰是神仙？我是神仙。」
《家乘》 肖鵬山 1995 年 點校陳鑫 原著本	陳奏庭，名王廷，明庠生，清入武庠。精太極拳。
《家乘》 1933 年多 人編輯陳 鑫本附錄	陳奏庭，名王廷，明庠生，清入武庠，精太極拳。往山西訪友，見兩童子扳跌，旁有二老叟觀之，公亦觀之。老者曰：「客欲扳跌乎？」曰：「然」。老人命一童子之扳跌。童子遂摟公腰，亮起，用膝膝公氣海者三，將公放下，忽老幼皆不見。天亦晚，公悵然而歸。公與登封縣武舉李際遇善，登封因官逼民亂，以際遇為首，公止之。當上山時，山上亂箭如雨，不能傷公。遇一敵手，公追之，三週禦寨未及。李際遇事敗，有蔣姓僕於公，即當日所追者。其人能百步趕兔，亦善拳者也。公際亂世，掃蕩群氛，不可勝記。然皆散亡，祇遺長短句一首。其詞云：「嘆當年披堅執銳，掃蕩群氛，幾次顛險。蒙恩賜，罔徒然。到而今，年老殘喘，只落得《黃庭》一卷隨身伴。悶來時造拳，忙來時耕田。趁餘閒，教下些弟子兒孫，成龍成虎任方便。欠官糧早完，要私憤即還。驕諂勿用，忍讓為先。人人道我憨，人人道我顛。常洗耳，不彈冠。笑殺那萬戶諸侯，兢兢業業，不如俺心中常舒泰，名利總不貪。參透機關，識彼邯鄲。陶情於魚水，盤桓乎山川。興也無干，廢也無干。若得個世境安康，恬淡如常。不忮不求，那管他世態炎涼，成也無關，敗也無關，不是神仙，誰是神仙？」
備註	陳鑫原著稱：「陳奏庭，名王廷，明庠生，清入武庠。精太極拳。」17 個字結束。（1933 年多人編輯《附錄》陳鑫本這 17 個字也相同） 而《列傳》確定為：「陳王廷，字奏庭，崇禎康熙間；人。」《列傳》和 1933 年多人編輯《附錄》陳鑫本同樣都講「公與際遇」和「蔣發」的事，也講「長短句」詞的事，唯不

	同的是，《列傳》明確説：「公文事武備皆卓越於時，創太極拳」；《列傳》在「參透機關，識破邯鄲。」之後的結尾是：「陶情於□□，盤桓乎□□。成也無干，敗也無干。誰是神仙？我是神仙。」而 1933 年多人編輯《附錄》陳鑫本卻是：「陶情於魚水，盤桓乎山川。興也無干，廢也無干。若得個世境安康，恬淡如常。不忮不求，那管他世態炎涼，成也無關，敗也無關，不是神仙，誰是神仙？」不但填好了四個缺字的□□、□□，即「魚水」和「山川」，而且在「敗也無干」之後，還多出了「若得個世境安康，恬淡如常。不忮不求，那管他世態炎涼」22 個字。另外，「成也無干，敗也無干。誰是神仙？我是神仙。」變成了「興也無干，廢也無干」「成也無關，敗也無關」「不是神仙，誰是神仙？」很明顯，1933 年多人編輯《附錄》陳鑫本，多出陳鑫原著部分的所謂「公與際遇」和「蔣發」的事，以及「長短句」詞「造拳」等等，都來自於《列傳》。
人物	**陳敬柏傳**
《列傳》1932 年陳子明本	陳敬柏，字長青，乾隆間人。從巡撫某於魯，山東名手皆藝不及公，因號公為蓋山東，言其藝之高也。晚年，歸隱鄉里。一日赴東關泰山廟，有賣解者鬻技廣場，恃其藝高，出言不遜。公誚之。賣解者欺其老，遽起與鬥。公俟其近，奮威一擊，嘔血踣地而死。時公適病後。一擊之後亦不能支，坐場旁石上力脱而死。
《家乘》肖鵬山 1995 年點校陳鑫原著本	陳敬柏，字長青，隆乾初人。好太極拳。山東盜年十八，將撫憲廈窗摘玻璃一塊，竊騾，飛簷走壁越城而去，捕役不敢拿。時公隨營諭論往捕，賊以刀扎向敬公，公以牙咬刀，將賊扳出門外，賊服，案破。後賊小隨營效用。時山東名手，藝不及公，因號公為蓋山東，言其藝之高也。
《家乘》1933 年多人編輯陳鑫本附錄	陳敬柏，字長青，乾隆初人，好太極拳。山東盜，年十八，將撫憲廈窗摘玻璃一塊，竊騾，飛簷走壁越城而去，捕役不敢拿。時公隨營奉諭往捕，賊以刀扎向敬公，公以牙咬刀，將賊扳出門外，賊服，案破。後賊亦隨營效用。時山東名手，藝不及公，因號公為蓋山東，言其藝之高也。

備註	三者文字、事蹟，基本相同，出如不大。《列傳》：「陳敬柏，字長青，乾隆間人。」《家乘》：「陳敬柏，字長青，隆乾初人。」在「山東」稱「名手」等都相同。只多了「好太極拳」的說辭。《列傳》多出了一個打死人之後自己「力脫而死」的故事。判斷：《列傳》可能早於《家乘》，因為還沒有明確「好太極拳」。
人物	**陳毓蕙**
《列傳》1932年陳子明本	無
《家乘》肖鵬山1995年點校陳鑫原著本	陳毓蕙，字楚汀，乾隆壬子舉人。江蘇華亭奉賢、金匱等縣知縣，常州府督糧通判，川沙廳同知。丁卯鄉試同考官。
《家乘》1933年多人編輯陳鑫本附錄	陳毓蕙，字楚汀，乾隆壬子舉人。江蘇華亭奉賢、金匱等縣知縣，常州府督糧通判，川沙廳同知。丁卯鄉試同考官。
備註	《列傳》無陳毓蕙傳，兩個《家乘》文字相同。
人物	**陳步萊**
《列傳》1932年陳子明本	無
《家乘》肖鵬山1995年點校陳鑫原著本	陳步萊，字蓬三，癸酉舉人。直隸南皮、清河、鉅鹿等縣知縣；調署雲南邱北縣，特授彌勒縣知縣。

《家乘》 1933 年多 人編輯陳 鑫本附錄	陳步萊，字蓬三，癸酉舉人。直隸南皮、清河、鉅鹿等縣 知縣。調署雲南邱北縣，特授彌勒縣知縣。
備註	《列傳》無陳步萊傳，兩個《家乘》文字相同。
人物	**陳步蟾**
《列傳》 1932 年 陳子明本	無
《家乘》 肖鵬山 1995 年 點校陳鑫 原著本	陳步蟾，字履青，乾隆甲午舉人。湖南麻陽縣知縣。戊申 鄉試同考官。
《家乘》 1933 年多 人編輯陳 鑫本附錄	陳步蟾，字履青，乾隆甲午舉人。湖南麻陽縣知縣。戊申 鄉試同考官。
備註	《列傳》無陳步蟾傳，兩個《家乘》文字相同。
人物	**陳善**
《列傳》 1932 年 陳子明本	無
《家乘》 肖鵬山 1995 年 點校陳鑫 原著本	陳善，字嘉謨，生員。乾隆六十年與千叟宴。
《家乘》 1933 年多 人編輯陳 鑫本附錄	陳善，字嘉謨，生員。乾隆六十年與千叟宴。

備註	《列傳》無陳善傳，兩個《家乘》文字相同。
人物	**陳毓英**
《列傳》1932 年陳子明本	無
《家乘》肖鵬山 1995 年點校陳鑫原著本	陳毓英，字冠千，邑庠生。乾隆六十年年八十八與千叟宴。
《家乘》1933 年多人編輯陳鑫本附錄	陳毓英，字冠千，邑庠生。乾隆六十年年八十八與千叟宴。
備註	《列傳》無陳毓英傳，兩個《家乘》文字相同。
人物	**陳繼夏**
《列傳》1932 年陳子明本	陳繼夏，字炳南，乾隆末人，精太極拳。每磨麵始以兩手推之，以次遞減，減至一指則奔而推之，即一磨亦不間功。公善丹青，趙堡鎮關帝廟等處壁畫悉出公手，俱能傳神入妙。一日在村西繪古聖寺佛像，有人自後按公兩肩。公閃跌其人於前，問其姓名，乃河南萇某。萇乃藝中著名者，聞陳溝拳著稱於時，因來訪。睹公畫像戲試之，不圖公固長於太極者也，遂歎服而去。公善用肘，與陳敬柏之靠齊名。
《家乘》肖鵬山 1995 年點校陳鑫原著本	陳繼夏，字炳南，乾隆末人。精太極拳。每磨麵，始以兩手推之，依次遞減，減至一指，則必奔而推之，即一磨亦不閒功。後藝出師右。公善丹青。趙堡鎮關帝廟縣顯功皆公畫，傳神入妙。一日繪古聖寺佛像（寺在陳溝村西）。有人自後捺公，公將其人倒跌面前，問其姓名，乃河南萇三宅也。萇乃藝中著名者。公事母孝，菽水承歡，鄉黨皆化之。

《家乘》1933 年多人編輯陳鑫本附錄	陳繼夏,字炳南,乾隆末人,精太極拳。每磨麵,始以兩手推之,依次遞減,減至一指,則必奔而推之,即一磨亦不閒功。後藝出師右。公善丹青。趙堡鎮關帝廟縣顯功皆公畫,傳神入妙。一日繪古聖寺佛像(寺在陳溝村西)。有人自後捺公,公將其人倒跌面前,問其姓名,乃河南萇三宅也。萇乃藝中著名者。公事母孝,菽水承歡,鄉黨皆化之。
備註	三者文字、事蹟,基本相同,出入不大。《列傳》只講到「乃河南萇某」,而《家乘》則提名叫響「乃河則提名叫響「乃河南萇三宅也」。由此看來,《列傳·陳繼夏傳》要早於《家乘·陳繼夏傳》。
人物	**陳秉旺、秉壬、秉奇三人**
《列傳》1932 年陳子明本	三人均好太極拳,互相琢磨,皆藝精入神,人稱三雄。
《家乘》肖鵬山1995 年點校陳鑫原著本	陳秉旺、秉壬、秉奇三人,皆善太極拳,互相琢磨,藝精入神,人稱三傑。秉壬兼精醫術,秉旺子長興盡傳其父學,行止端重,號牌位陳門徒尤盛。長興子耕耘,字霞村,耕耘子延年、延禧能世其業。耕耘嘗從仲甡與粵匪戰,有軍功。
《家乘》1933 年多人編輯陳鑫本附錄	陳秉旺、秉壬、秉奇三人,皆善太極拳。互相琢磨,藝精入神,人稱三傑。秉壬兼精醫術。秉旺子長興,盡得其父學,行止端重,號牌位陳,門徒尤盛,楊福魁其最著者。長興於耕耘,字霞村。耕耘子延年、延禧,能世其業。
備註	《列傳》:「三人均好太極拳,互相琢磨,皆藝精入神,人稱二雄。」僅為 20 個字。而《家乘》除了相同的「陳秉旺、秉壬、秉奇三人,皆善太極拳,互相琢磨,藝精入神,人稱三傑」外,還多出 60 個字。陳鑫原著《家乘》在這 60 個字裡,除了讚揚「秉壬兼精醫術,秉旺子長興盡傳其父學」外,還提到了「長興子耕耘,字霞村,耕耘子延年、延禧能世其業。耕耘嘗從仲甡與粵匪戰,有軍功」等。而除此之外,1933 年多人編輯《附錄》陳鑫本,還特別指出「號牌位陳」「門徒尤盛,楊福魁其最著者」。這

	又證明，《列傳·陳秉旺、秉壬、秉奇三人傳》早於《家乘》。
人物	陳鵬
《列傳》1932 年陳子明本	陳鵬，字萬里，嘉慶初名醫也。家貧，介以自持，天懷坦白，於太極拳通神入妙，人皆莫測其端倪。
《家乘》肖鵬山1995 年點校陳鑫原著本	陳鵬，字萬里，嘉慶初名醫也。習太極拳，入妙，人莫測其端倪。家貧，介以自持，氣舒以暢，天懷淡泊，無俗慮。
《家乘》1933 年多人編輯陳鑫本附錄	陳鵬，字萬里，嘉慶初名醫也。習太極拳，入妙，人莫測其端倪。家貧，介以自持，氣舒以暢，天懷淡泊，無俗慮。
備註	文字基本一致，唯《家乘》個別文字不同。如《列傳》「於太極拳通神入妙」，《家乘》：「習太極拳，入妙」。「於」變「習」，去掉了「通神」二字；《列傳》：「天懷坦白」而《家乘》：「天懷淡泊」，變「坦白」為「淡泊」，且又多出「無俗慮」3 個字。由此證明《列傳·陳鵬傳》也早於《家乘》。
人物	陳耀兆
《列傳》1932 年陳子明本	陳耀兆，字有光。性癖太極拳，當時武士皆沐其教，然精妙未有出其右者。生於乾隆，卒於道光，壽八十。
《家乘》肖鵬山1995 年點校陳鑫原著本	陳耀兆，字有光，生於乾隆，卒於道光，壽八十。為人樂善好施，家道嚴，內外肅然，訓子有義方。子孫皆入庠。性癖太極拳。當時武士皆沐其教。然其精妙未有出其右者。

《家乘》 1933 年多 人編輯陳 鑫本附錄	陳耀兆，字有光，生於乾隆，卒子道光，壽八十。為人樂善好施，家道嚴，內外肅然，訓子有義方。子孫皆入庠。性癖太極拳。當時武士皆沐其教。然其精妙未有出其右者。
備註	《列傳・陳耀兆傳》用字 39 個，一字不落的全見於《家乘》，唯多出「為人樂善好施，家道嚴，內外肅然，訓子有義方。子孫皆入庠。」23 個字。 也證明《列傳・陳耀兆傳傳》也早於《家乘》。
人物	陳公兆
《列傳》 1932 年 陳子明本	無
《家乘》 肖鵬山 1995 年 點校陳鑫 原著本	陳公兆，字德基，學術醇正，名士多出其門。持己端方，事不循私，為人樂善好施。道光十七年歲饑饉，公設粥場施飯，活人無算。每遇嚴冬，買衣施貧，鄉里艱於婚葬，慷慨賙濟，無德色。子有恆、有本皆入庠，有品行，精太極拳。孫仲甡得其詳。後屢立戰功，另有傳。壽八十，鄉鄰以品德兼優額其門。
《家乘》 1933 年多 人編輯陳 鑫本附錄	陳公兆，字德基，學術醇正，名士多出其門。持己端方，事不循私，為人樂善好施。道光十七年歲饑饉，公設粥場施飯，活人無算。每遇嚴冬，買衣施貧，鄉里艱於婚葬，慷慨賙濟，無德色。式穀貽，謀有義方。子有恆、有本皆入庠，有品行，精太極拳。孫仲甡得其詳。後屢立戰功，另有傳。壽八十，鄉鄰以品德兼優額其門。
備註	《列傳》無陳公兆傳，兩個《家乘》文字基本相同。唯 1933 年多人編輯《附錄》陳鑫本，多出「式穀貽，謀有義方。」7 個字。證明陳鑫原著本早於 1933 年多人編輯《附錄》陳鑫本。

人物	陳有恆有本合傳
《列傳》 1932年 陳子明本	陳有恆，字德基，道光初入庠。於太極拳極有揣摩。壯歲溺於洞庭湖。弟有本，字道生，三十六入庠。造太極拳得驪珠，子侄之藝皆其所就，其謙沖豐度常如有所不及，當時精太極拳者皆出其門。陳三德、陳廷棟，均有所得。陳耕耘亦師事焉。清平傳趙堡鎮和兆元、張開、張睪山，有綸傳李景延、張大洪。景延兼師仲甡，嘗從戰粵匪。廷棟兼善刀法。
《家乘》 肖鵬山 1995年 點校陳鑫 原著本	陳有恆，字紹基，弟有本，字道生，均庠生。討太極拳有本，尤得驪珠，子侄之藝，皆其所成就，豐度謙沖，常若有所不及。當時精太極拳者，率出其門。兄友弟恭，始終如一，怡怡如也。有本門人陳清平、陳有綸、陳奉章、
《家乘》 1933年多 人編輯陳 鑫本附錄	陳有恆，字紹基。弟有本。字道生，均庠生。習太極拳，有本尤得驪珠。子侄之藝，皆其所成就。豐度謙沖，常若有所不及．當世精太極拳者，率出其門。兄友弟恭，始終如一，怡怡如也。有本門人陳清平、陳有綸、陳奉章、陳三德、陳廷棟，均有所得。陳耕耘亦師事焉。清平傳趙堡鎮和兆元、張開、張睪山。有綸傳李景延、張大洪。景延兼師仲甡。
備註	陳有恆傳，實為「陳有恆有本合傳」。在《列傳》中共用了74個字。除了說陳有恆「道光初入庠。於太極拳極有揣摩。壯歲溺於洞庭湖」，不見於《家乘》外，其餘對陳有本的「得驪珠，子侄之藝皆其所就，其謙沖豐度常如有所不及，當時精太極拳者皆出其門」，全見於《家乘》。而且還多出了「兄友弟恭，始終如一，怡怡如也。有本門人陳清平、陳有綸、陳奉章、陳三德、陳廷棟，均有所得。陳耕耘亦師事焉。清平傳趙堡鎮和兆元、張開、張睪山，有綸傳李景延、張大洪。景延兼師仲甡，嘗從戰粵匪。廷棟兼善刀法。」82個字，特別是多出了「有本門人陳清平」「清平傳趙堡鎮和兆元、張開、張睪山」，其目的很明顯，就是為了把趙堡鎮一系的太極拳納入其門下，這就跟造謠「陳清平入贅趙堡」是一個手法。

但奇怪的是，明顯《列傳》在《家乘》之前，而且在此陳有本傳中出現了「造太極拳得驪珠」，為什麼卻在《家乘》相繼成了「討太極拳有本，尤得驪珠」「習太極拳，有本尤得驪珠」？究其原因，如果是有本「造」的話，那「陳王廷」「悶來時造拳」，就不好交代了！

此更可證《列傳‧陳有恆有本合傳》確實早於《家乘》。

人物	陳仲甡
《列傳》 1932年 陳子明本	陳仲甡，字宜箎，號石廠，有恆公次子。與弟季甡同乳而生，面貌酷似，鄰里不能辨。稍長，猿背虎項，魁偉異於常兒。甫三歲即令習武，十餘齡時從祖母往趙堡趕會，有擔水者水濺公衣，理論不服，公一擊倒之，旁觀者皆為歡異。及長，與弟季甡同入武庠。咸豐三年，洪楊軍延及豫省，林鳳翔、李開芳、李文元等率眾由鞏縣站得舟渡河直犯溫境，所過殘殺。公率族眾抗之。洪楊驍將楊奉清，號大頭王，掩襲名都大城所向無敵，嘗腋挾銅炮縱過武昌女牆，轟守者破其城，軍中素目為飛將軍。時為先鋒，公與戰於村中老君堂左，以鐵槍挑於馬下，村人乘勢取其首級，洪楊軍皆驚潰。比及李棠階援師來助，洪楊軍已竄柳林矣。林鳳翔、李開芳知公勇，欲收之。一日五鼓突發，大兵入陳溝圍公宅，眾以殺其驍將皆恐懼不敢入室。公故作從容徐步而出，雄威遠射，旁若無人，所向退避。蓋林李皆未來，又震於公威，咸不敢加害。迨林李至，公已飄然遠舉矣。公處重圍逍遙脫險，即在當時亦不知何由而然也。嗣鳳翔移圍覃懷五旬不下，潛從太行山後遁。自後於村中授徒，履常滿戶。咸豐六年，捻黨圍亳州之役，七年菜園之役，八年張羅行犯氾水之役，九年克復蒙城之役，十一年長槍會李占標犯武陟木欒店之役，同治六年小閻王張總愚由絳犯懷之役，公皆建殊功。同治十年，以疾卒河朔書院。山長劉毓楠，私諡之為英義。

《家乘》 肖鵬山 1995 年 點校陳鑫 原著本	陳仲甡，字宜篪，號石廠。幼而岐嶷，涉獵經史，嗣以家傳太極拳，棄文就武，得其訣。藝成而上具神武力，皆根本於精太極拳也。及公卒，吊者數郡畢至，眾議易名英義。
《家乘》 1933 年多 人編輯陳 鑫本附錄	陳仲甡，字宜篪，號石廠。幼而岐嶷，涉獵經史。嗣以家傳太極拳，棄文就武。其生平戰功纍纍，嘖嘖人口者，皆根本於精太極拳也。及公卒，吊者數郡畢至。眾議易名英義，吾從眾曰可。劉毓楠。
備註	「陳仲甡，字宜篪，號石廠」這 9 個字，《列傳》和《家乘》都是一字不差。「嗣以家傳太極拳，棄文就武，得其訣。藝成而上具神武力，皆根本於精太極拳也」31 個字，卻不見於《列傳》。《列傳》用了大於《家乘》六倍的篇幅表彰陳仲甡打仗鎮壓農民起義軍的事，卻未見使用「太極拳」或出現「太極拳」字樣。到了《家乘》卻大談「藝成而上具神武力，皆根本於精太極拳也」。 　　此更可證《列傳‧陳仲甡傳》也早於《家乘》。
人物	**陳季甡**
《列傳》 1932 年 陳子明本	陳季甡，字做隨，號霞村。與兄同乳而生，面貌酷似‧鄰里不能辨。父有恆中年溺於洞庭湖，因從其叔有本習藝，技臻神化，與其兄仲甡稱二傑焉。咸豐八年應欽差督辦三省剿匪，事務太僕寺正堂袁甲三之徵，於克復六安州一役，搴旗斬將，建立殊功，保舉為守備。生於嘉慶十四年，卒於同治四年。
《家乘》 肖鵬山 1995 年 點校陳鑫 原著本	陳季甡，字仿隨，武庠生，仲甡同乳弟也。嘗隨兄立戰功。
《家乘》 1933 年多 人編輯陳 鑫本附錄	陳季甡，字仿隨，武庠生。仲甡同乳弟也。嘗隨兄立戰功。

備註	陳季甡傳，《列傳》《家乘》基本一致，「陳季甡，字倣隨」六個字，「與兄同乳而生」「仲甡同乳弟也」是相同的。唯《家乘》全文僅用 21 個字，而《列傳》卻用了 104 個字，其主要表彰「剿匪」「搴旗斬將」「保舉為守備」的功績，但也均為提到太極拳的事。 對於陳季甡傳，《列傳》《家乘》哪個較早，不好判斷。
人物	陳花梅
《列傳》 1932 年 陳子明本	陳華梅，字鶴齋，從學於長興，功夫頗純，其技亦能縱橫一時。子五典、五常能繼其業。
《家乘》 肖鵬山 1995 年 點校陳鑫 原著本	陳花梅，字鶴齋，從學於長興，功夫甚純。子五常、五典能濫其業，門人陳璽均從仲甡戰粵匪。
《家乘》 1933 年多 人編輯陳 鑫本附錄	陳花梅，字鶴齋，從學於長興，功夫其純。子五常、五典，能濫其業。門人陳璽均，從仲甡戰粵匪。
備註	陳花梅傳，《列傳》《家乘》文字一致。唯《家乘》多出「門人陳璽均從仲甡戰粵匪」11 個字。也可證明《列傳·陳花梅傳》也早於《家乘》。
人物	陳衡山
《列傳》 1932 年 陳子明本	陳衡山，字鎮南，精太極拳。咸豐三年，與陳仲甡等擊洪楊，每戰輒身居前，敵極勇武。後以教徒終。
《家乘》 肖鵬山 1995 年 點校陳鑫 原著本	陳衡山，字鎮南，精太極拳。柳林之戰，衡山最前列，真勇士。後教授生徒。

《家乘》1933 年多人編輯陳鑫本附錄	陳衡山，字鎮南，精太極拳。柳林之戰，衡山最前列，真勇士。後教授生徒。
備註	陳衡山傳，《列傳》《家乘》文字一致。唯《列傳》明確「咸豐三年，與陳仲甡等擊洪楊，每戰輒身居前，敵極勇武。」而《家乘》「柳林之戰，衡山最前列，真勇士」，具體時間不清楚。《列傳·陳衡山傳》也可能早於《家乘》。
人物	**陳仲立**
《列傳》1932 年陳子明本	陳中立，三德侄孫，長於弓箭。入武庠，學拳於三德，槍、刀、齊眉棍皆精。
《家乘》肖鵬山1995 年點校陳鑫原著本	陳仲立，三德侄孫，武生。弓箭極有揣摩，學拳於三德，槍刀齊眉棍熟練。
《家乘》1933 年多人編輯陳鑫本附錄	陳仲立，三德侄孫，武生。弓箭極有揣摩，學拳於三德，槍刀眉齊棍熟練。
備註	陳仲立傳，《列傳》《家乘》都一字不差。《列傳》《家乘》哪個較早，不好判斷。
人物	**陳同、陳豐聚**
《列傳》1932 年陳子明本	陳同陳豐聚傳　皆陳仲甡門人，同務農，善掃腿。豐聚頗通太極拳理，能以言傳。
《家乘》肖鵬山1995 年點校陳鑫原著本	陳同、陳復元、陳豐聚、劉長春，均仲甡門人，咸豐三年，從戰有功。

《家乘》 1933 年多 人編輯陳 鑫本附錄	陳同、陳復元、陳豐聚、劉長春，均仲甡門人，咸豐三年，從戰有功。
備註	《列傳》僅為陳同陳豐聚傳，説他們「皆陳仲甡門人，同務農，善掃腿。豐聚頗通太極拳理，能以言傳」。而《家乘》多出陳復元、劉長春二人，並且説「咸豐三年，從戰有功。」 可以判斷，《列傳・陳同陳豐聚傳》也早於《家乘》。
人物	**陳淼**
《列傳》 1932 年 陳子明本	陳淼，季甡長子，精太極拳。同治六年，張總愚率眾由絳犯懷，公出迎擊。十二月十四日晨交戰，奮殺至午，斬滅不盡，身被重創猶奮勇殺敵，因馬蹶中銅炮陣亡。
《家乘》 肖鵬山 1995 年 點校陳鑫 原著本	陳淼、仲甡兄子，字淮三，有義行。同治六年，張總愚、寇覃懷掠溫邑，淼率勇士禦賊，槍斃數匪，身被重創。創猶奮呼督眾，馬蹶中炮身亡，妻冉氏以節入孝標。
《家乘》 1933 年多 人編輯陳 鑫本附錄	陳淼，仲甡兄子，字淮三，有義行。同治六年，張總愚寇覃懷，掠溫邑。淼率勇士禦賊，槍斃數匪，身被重創。創猶奮呼督眾，馬蹶中炮身亡，妻冉氏以節孝標。
備註	陳淼傳，《列傳》《家乘》基本一致。唯不同的是《列傳》：「陳淼，季甡長子，精太極拳。」《家乘》卻説「陳淼、仲甡兄子」，而且也沒提到太極拳的事。「仲甡兄了」更像是陳季甡在説話，叫人摸不著頭腦。 因此，判斷《列傳・陳淼傳》可能早於《家乘》。
人物	**陳垚**
《列傳》 1932 年 陳子明本	陳垚，仲甡長子，十九入武庠。每年一萬遍拳，二十年不懈志，故其功夫之純一時無兩。軀幹短小，不知者皆不信其能武，嘗與縣衙護勇鬥，連擊六七人踣地，餘皆畏卻遁去。從父與洪楊軍戰，未嘗敗北。

《家乘》 肖鵬山 1995 年 點校陳鑫 原著本	陳垚，字坤三，仲甡子。年十九入武庠。每年練一萬遍 拳，二十年不懈，從父擊賊，未嘗少挫。
《家乘》 1933 年多 人編輯陳 鑫本附錄	陳垚，字坤三，仲甡子。年十九入武庠，每年練一萬遍 拳，二十年不懈。從父擊賊，未嘗少挫。
備註	陳垚傳，《列傳》《家乘》基本一致。唯不同的是《列 傳》多出了「故其功夫之純一時無兩。軀幹短小，不知者 皆不信其能武，嘗與縣衙護勇鬥，連擊六七人踣地，餘皆 畏卻遁去。」43 個字。 也可以判斷：《列傳·陳垚傳》早於《家乘》。
人物	**陳長興傳**
《列傳》 1932 年 陳子明本	陳長興，陳氏十四世孫。據家譜所載，其技出自其父秉旺 所傳，世謂蔣發傳長興者實誤，蓋蔣為九世祖奏庭公同時 人也。得長興親傳者子耕耘而外，以陳懷遠、陳華梅、楊 福魁為最。
《家乘》 肖鵬山 1995 年 點校陳鑫 原著本	無
《家乘》 1933 年多 人編輯陳 鑫本附錄	無
備註	陳長興傳，《家乘》無。 可以判斷：《列傳》此部分做得較晚，或者雖然書已出 版，但《家乘》的編輯者見到的較晚，未來得及收錄。因 為有跡象表明《陳氏家乘》非一人所做，屬於不同時期的

	「編輯」本，有人敢在陳鑫著作中再次塞進「陳氏家乘補續」，就是一個說明。
人物	**陳清萍傳**
《列傳》 1932 年 陳子明本	陳清萍，為陳有本張炎門徒，得太極拳理，趙堡鎮一系皆其所傳。廣平武禹襄初學於楊福魁，然精微所在秘不以傳，因往趙堡請益於清萍。其名之盛如是。弟子中以李景延為最。
《家乘》 肖鵬山 1995 年 點校陳鑫 原著本	無
《家乘》 1933 年多 人編輯陳 鑫本附錄	無
備註	陳清萍傳，《家乘》無。 可以判斷與陳長興傳是一樣的，未來得及收錄所致。 但有一點：「陳清萍，為陳有本張炎門徒」。張炎即張彥，是趙堡鎮太極拳的著名人物，人稱「神拳張彥」，這是實情。 張彥有自己的太極拳承傳系統，與陳家溝無關。
人物	**陳耕耘傳**
《列傳》 1932 年 陳子明本	耕耘，陳長興子．家傳太極。與陳仲甡、陳季甡等同擊洪楊，惜其戰績今已無人能道矣。子延年、延熙能繼其業。
《家乘》 肖鵬山 1995 年 點校陳鑫 原著本	無

《家乘》 1933 年多 人編輯陳 鑫本附錄	無
備註	陳耕耘傳，《家乘》無，可是未來得及收錄所致。
人物	**陳三德傳**
《列傳》 1932 年 陳子明本	陳三德，有本門人也。習太極拳有得，槍、刀亦熟練。子 馨蘭箕裘弗墜。
《家乘》 肖鵬山 1995 年 點校陳鑫 原著本	無
《家乘》 1933 年多 人編輯陳 鑫本附錄	無
備註	陳三德傳，《家乘》無，可是未來得及收錄所致。
人物	**陳廷棟陳奉章傳**
《列傳》 1932 年 陳子明本	皆陳有本門弟子。廷棟於拳外善春秋刀。
《家乘》 肖鵬山 1995 年 點校陳鑫 原著本	無
《家乘》 1933 年多 人編輯陳 鑫本附錄	無

備註	陳廷棟陳奉章傳，《家乘》無，可是未來得及收錄所致。
人物	**陳有綸傳**
《列傳》1932年陳子明本	陳有本弟子，後從學於陳仲甡。咸豐三年洪楊軍侵陳溝，從仲甡擊之。李景延、張大紅皆及其門。
《家乘》肖鵬山1995年點校陳鑫原著本	無
《家乘》1933年多人編輯陳鑫本附錄	無
備註	陳有綸傳，《家乘》無，可是未來得及收錄所致。
人物	**陳森傳**
《列傳》1932年陳子明本	陳森，字槐三，季甡次子。家傳太極，子春元、孫女淑貞能世其業。
《家乘》肖鵬山1995年點校陳鑫原著本	無
《家乘》1933年多人編輯陳鑫本附錄	無
備註	陳森傳，《家乘》無，可是未來得及收錄所致。

人物	陳鑫傳
《列傳》1932年陳子明本	陳鑫，字品三，前清歲貢生。研究太極拳精妙入微，著有《陳氏家乘》若干卷，《安愚軒詩文集》若干卷，《太極拳圖畫講義》四卷，《太極拳引蒙入路》一卷，均未梓行。
《家乘》肖鵬山1995年點校陳鑫原著本	無
《家乘》1933年多人編輯陳鑫本附錄	無
備註	陳鑫傳，《家乘》無，符合實際。
人物	陳璽傳
《列傳》1932年陳子明本	陳璽，初學太極拳於陳華梅之門，每得一法輒與華梅子五典角技。五典不敵屢受創痛，因不為其師所歡，後改從季姓習拳。
《家乘》肖鵬山1995年點校陳鑫原著本	無
《家乘》1933年多人編輯陳鑫本附錄	無
備註	陳璽傳，《家乘》無，可是未來得及收錄所致。

比較的結果是：

1、陳王廷傳，陳鑫原著稱：「陳奏庭，名王廷，明

庠生，清入武庠。精太極拳。」17 個字結束。（1933 年多人編輯《附錄》陳鑫本這 17 個字也相同）而《列傳》確定為：「陳王廷，字奏庭，崇禎康熙間人。」；

《列傳》和 1933 年多人編輯《附錄》陳鑫本同樣都講「公與際遇」和「蔣發」的事，也講「長短句」詞的事。唯不同的是：《列傳》明確說：「公文事武備皆卓越於時，創太極拳」；

《列傳》在「參透機關，識破邯鄲。」之後的結尾是：「陶情於□□，盤桓乎□□。成也無干，敗也無干。誰是神仙？我是神仙。」而 1933 年多人編輯《附錄》陳鑫本卻是：「陶情於魚水，盤桓乎山川。興也無干，廢也無干。若得個世境安康，恬淡如常。不忮不求，那管他世態炎涼，成也無關，敗也無關，不是神仙，誰是神仙？」不但填好了四個缺字的□□、□□，即「魚水」和「山川」，而且在「敗也無干」之後，還多出了「若得個世境安康，恬淡如常。不忮不求，那管他世態炎涼」22 個字。

另外，「成也無干，敗也無干。誰是神仙？我是神仙。」變成了「興也無干，廢也無干」「成也無關，敗也無關」「不是神仙，誰是神仙？」很明顯，1933 年多人編輯《附錄》陳鑫本，多出陳鑫原著部分的所謂「公與際遇」和「蔣發」的事，以及「長短句」詞「造拳」等等，都來自於《列傳》。

2、陳敬柏傳：《列傳》兩個《家乘》都文字、事蹟，基本相同，出如不大。《列傳》：「陳敬柏，字長青，乾隆間人。」《家乘》：「陳敬柏，字長青，隆乾初

人。」在「山東」稱「名手」等都相同。只多了「好太極拳」的說辭。《列傳》多出了一個打死人之後自己「力脫而死」的故事。

【判斷】《列傳》可能早於《家乘》，因為還沒有明確「好太極拳」。

3、陳毓蕙、陳步萊、陳步蟾、陳善、陳毓英等五人的傳：《列傳》均無，兩個《家乘》文字相同。

4、陳繼夏傳，《列傳》兩個《家乘》都文字、事蹟，基本相同，出如不大。《列傳》只講到「乃河南萇某」，而《家乘》則提名叫響「乃河南萇三宅也」。由此看來，《列傳‧陳繼夏傳》要早於《家乘‧陳繼夏傳》。

5、陳秉旺、秉壬、秉奇三人傳：《列傳》：「三人均好太極拳，互相琢磨，皆藝精入神，人稱三雄。」僅為 20 個字。而《家乘》除了相同的「陳秉旺、秉壬、秉奇三人，皆善太極拳，互相琢磨，藝精入神，人稱三傑」外，還多出 60 個字。

陳鑫原著《家乘》在這 60 個字裡，除了讚揚「秉壬兼精醫術，秉旺子長興盡傳其父學」外，還提到了「長興子耕耘，字霞村，耕耘子延年、延禧能世其業。耕耘嘗從仲甡與粵匪戰，有軍功」等。而除此之外，1933 年多人編輯《附錄》陳鑫本，還特別指出「號牌位陳」「門徒尤盛，楊福魁其最著者」。

這又證明，《列傳‧陳秉旺、秉壬、秉奇三人傳》早於《家乘》。

6、陳鵬傳：《列傳》兩個《家乘》文字基本一致，唯《家乘》個別文字不同。如《列傳》「於太極拳通神入

妙」，《家乘》：「習太極拳，入妙」。「於」變「習」，去掉了「通神」二字；《列傳》：「天懷坦白」而《家乘》：「天懷淡泊」，變「坦白」為「淡泊」，且又多出「無俗慮」3個字。

由此證明《列傳・陳鵬傳》也早於《家乘》。

7、陳耀兆：《列傳・陳耀兆傳》用字39個，一字不落的全見於《家乘》，唯多出「為人樂善好施，家道嚴，內外肅然，訓子有義方。子孫皆入庠。」23個字。

證明《列傳・陳耀兆傳傳》早於《家乘》。

8、陳公兆：《列傳》無陳公兆傳，兩個《家乘》文字基本相同。唯1933年多人編輯《附錄》陳鑫本，多出「式穀貽，謀有義方。」7個字。

證明陳鑫原著本早於1933年多人編輯《附錄》陳鑫本。

9、陳有恆有本合傳：在《列傳》中共用了74個字。除了說陳有恆「道光初入庠。於太極拳極有揣摩。壯歲溺於洞庭湖」，不見於《家乘》外，其餘對陳有本的「得驪珠，子侄之藝皆其所就，其謙沖豐度常如有所不及，當時精太極拳者皆出其門」，全見於《家乘》。而且還多出了「兄友弟恭，始終如一，怡怡如也。有本門人陳清平、陳有綸、陳奉章、陳三德、陳廷棟，均有所得。陳耕耘亦師事焉。清平傳趙堡鎮和兆元、張開、張羅山，有綸傳李景延、張大洪。景延兼師仲牲，嘗從戰粵匪。廷棟兼善刀法。」82個字，特別是多出了「有本門人陳清平」「清平傳趙堡鎮和兆元、張開、張睪山」，其目的很明顯，就是為了把趙堡鎮一系的太極拳納入其門下，這就跟造謠

「陳清平入贅趙堡」是一個手法。

但奇怪的是，明顯《列傳》在《家乘》之前，而且在此陳有本傳中出現了「造太極拳得驪珠」，為什麼卻在《家乘》相繼成了「討太極拳有本，尤得驪珠」「習太極拳，有本尤得驪珠」？究其原因，如果是有本「造」的話，那「陳王廷」「悶來時造拳」，就不好交代了！

此更可證《列傳‧陳有恆有本合傳》確實早於《家乘》。

10、陳仲甡：對於陳仲甡傳，《列傳》和《家乘》「陳仲甡，字宜篪，號石廠」這 9 個字都是一字不差。「嗣以家傳太極拳，棄文就武，得其訣。藝成而上具神武力，皆根本於精太極拳也」31 個字，卻不見於《列傳》。

而《列傳》用了大於《家乘》六倍的篇幅表彰陳仲甡打仗鎮壓農民起義軍的事，卻未見使用「太極拳」或出現「太極拳」字樣。到了《家乘》卻大談「藝成而上具神武力，皆根本於精太極拳也」。

此更可證《列傳‧陳仲甡傳》也早於《家乘》。

11、陳季甡傳：《列傳》《家乘》基本一致，「陳季甡，字俶隨」六個字，「與兄同乳而生」「仲甡同乳弟也」是相同的。唯《家乘》全文僅用 21 個字，而《列傳》卻用了 104 個字，其主要表彰「剿匪」「搴旗斬將」「保舉為守備」的功績，但也均為提到太極拳的事。

對於陳季甡傳，《列傳》《家乘》哪個較早，不好判斷。

12、陳花梅傳：《列傳》《家乘》文字一致。唯《家

乘》多出「門人陳璽均從仲甡戰粵匪」十一個字。也可證明《列傳・陳花梅傳》也早於《家乘》。

13、陳衡山傳：《列傳》《家乘》文字一致。唯《列傳》明確「咸豐三年，與陳仲甡等擊洪楊，每戰輒身居前，敵極勇武。」而《家乘》「柳林之戰，衡山最前列，真勇士」，具體時間不清楚。

證明《列傳・陳衡山傳》也可能早於《家乘》。

14、陳仲立傳：《列傳》《家乘》都一字不差。《列傳》《家乘》哪個較早，不好判斷。

15、陳同、陳豐聚傳：《列傳》僅為陳同陳豐聚傳，說他們「皆陳仲甡門人，同務農，善掃腿。豐聚頗通太極拳理，能以言傳」。而《家乘》多出陳復元、劉長春二人，並且說「咸豐三年，從戰有功。」

可以判斷，《列傳・陳同陳豐聚傳》也早於《家乘》。

16、陳淼傳：《列傳》《家乘》基本一致。唯不同的是《列傳》：「陳淼，季甡長子，精太極拳。」《家乘》卻說「陳淼、仲甡兄子」，而且也沒提到太極拳的事。「仲甡兄子」更像是陳季甡在說話，叫人摸不著頭腦。

因此，判斷《列傳・陳淼傳》可能早於《家乘》。

17、陳垚傳：《列傳》《家乘》基本一致。唯不同的是《列傳》多出了「故其功夫之純一時無兩。軀幹短小，不知者皆不信其能武，嘗與縣衙護勇鬥，連擊六七人踣地，餘皆畏卻遁去。」43 個字。估計《家乘》覺得「軀幹短小」「嘗與縣衙護勇鬥」文字不適，所以刪除不用。

也可以判斷：《列傳・陳垚傳》早於《家乘》。

18、陳長興傳：《家乘》無。可以判斷：《列傳》此部分做得較晚，或者雖然書已出版，但《家乘》的編輯者見到的較晚，未來得及收錄。因為有跡象表明《陳氏家乘》非一人所做，屬於不同時期的「編輯」本，有人敢在陳鑫著作中再次塞進「陳氏家乘補續」，就是一個說明。

19、陳清萍傳：《家乘》無。可以判斷與陳長興傳是一樣的，未來得及收錄所致。但其中講的：「陳清萍，為陳有本張炎門徒」一語。張炎即張彥，是趙堡鎮太極拳的著名人物，人稱「神拳張彥」，這是實情。

張彥有自己的太極拳承傳系統，與陳家溝無關。

20、陳耕耘：陳三德、陳廷棟、陳奉章、陳有綸、陳森、陳璽等人的傳，《家乘》無，可能是未來得及收錄所致。

21、陳鑫傳：《家乘》無，符合實際。但在近版的《陳氏家乘補續》，卻被收錄在陳鑫自己的著作裡，倒顯得不合實際，哪有在自己的著作裡為自己作《傳》的道理！

■ 結論：

陳王廷應該稱「陳奏庭，名王廷」。陳鑫原著對此只有「陳奏庭，名王廷，明庠生，清入武庠。精太極拳。」17 個字，別無其他。

經 1933 年陳氏後人多人編輯，載入陳鑫《陳氏太極拳圖說（附錄《陳氏家乘‧陳奏庭，名王廷》）》傳裡的所謂「公與際遇」和「蔣發」的事，以及所謂的「長短句」詞「造拳」的事。都來自於陳子明 1932 年著《陳氏

世傳太極拳術‧陳氏太極拳家列傳》，應該說「首次」這樣講的是陳子明，而不是別人，更不應該是陳鑫。

因為在陳子明之前「據一般人傳說：太極拳是宋人張三豐所傳。」（見1944年陳子明著《太極拳精義》）而自從他1931年力邀唐豪（范生）一起去陳家溝後，說法大變。因為唐豪剛剛在1930年出版了《少林武當考》，毫無根據的否定張三豐，受到了很大的壓力。此時正「瞌睡」，陳子明送來了陳奏庭所謂的「長短句」詞「造拳」的「枕頭」，一拍即合。但同樣是好友的徐震（哲東），甚至子明將陳家溝的拳術秘籍《文修堂譜》《兩儀堂譜》相贈，也不為打動，徐雖然也不主張張三豐傳拳的觀點，但絕對主張李亦畬的觀點「王宗岳論詳且盡矣，後傳至河南陳家溝陳姓」。

陳子明為了把陳王廷事蹟做得更真，便在其1944年出版的《太極拳精義》裡：再次完善「陳王廷傳」，並且造出了「落款」日期「康熙十六年自題於日省廬中」字樣！

請再看下面的比較列表：

見陳子明1932年著《陳氏世傳太極拳術》

陳王廷，字奏庭，崇禎康熙間人。明末天災人禍相繼而起，地方官又罔恤民困，苛徵暴斂，無所不至。登封民無力納糧，官逼之，遂揭竿起事，以武舉李際遇為首。公與際遇善，往止之，力勸不聽，但約不犯溫境。滿清定鼎，際遇事敗族誅，有蔣姓者僕於公。一日，公命備馬出獵於黃河灘。有一兔起奔，蔣追未及百步獲之。公憶及際遇有一部將，能健步如飛，馬不能及。詢蔣，果即其人。公所遺畫像執大刀侍立其側者即是，或云即是蔣發。公文事武備皆卓越於時，創太極拳，遺長短句一首，可略窺公之生平。其詞云：「嘆當年，披堅執銳，掃蕩群氛，幾次

顛險，蒙恩賜枉徒然；到而今，年老殘喘，只落得黃庭一卷隨身伴。悶來時造拳，忙來時耕田。趁餘閒，教下些弟子兒孫成龍成虎任方便。欠官糧早完，要私債即還，驕諂勿用，忍讓為先。人人道我憨，人人道我顛，常洗耳，不彈冠，笑煞那萬戶諸侯，兢兢業業不如俺。心中常舒泰，名利總不貪。參透機關，識破邯鄲。陶情於□□，盤桓乎□□。成也無干，敗也無干。誰是神仙？我是神仙。

見經 1933 年陳氏後人多人編輯的陳鑫《陳氏太極拳圖說・陳氏家乘》

陳奏庭，名王廷，明庠生，清入武庠，精太極拳。往山西訪友，見兩童子扳跌，旁有二老叟觀，公亦觀之。老者曰：「客欲扳跌乎？」曰：「然」。老人命一童子之扳跌。童子遂摟公腰，亮起，用膝膝公氣海者三，將公放下，忽老幼皆不見。天亦晚，公悵然而歸。公與登封縣武舉李際遇善，登封因官逼民亂，以際遇為首，公止之。當上山時，山上亂箭如雨，不能傷公。遇一敵手，公追之，三週禦寨未及。李際遇事敗，有蔣姓僕於公，即當日所追者。其人能百步趕兔，亦善拳者也。公際亂世，掃蕩群氛，不可勝記。然皆散亡，祇遺長短句一首。其詞云：「嘆當年披堅執銳，掃蕩群氛，幾次顛險。蒙恩賜，罔徒然。到而今，年老殘喘，只落得《黃庭》一卷隨身伴。悶來時造拳，忙來時耕田。趁餘閒，教下些弟子兒孫，成龍成虎任方便。欠官糧早完，要私慎即還。驕諂勿用，忍讓為先。人人道我憨，人人道我顛。常洗耳，不彈冠。笑殺那萬戶諸侯，兢兢業業，不如俺心中常舒泰，名利總不貪。參透機關，識彼邯鄲。陶情於魚水，盤桓乎山川。興也無干，廢也無干。若得個世境安康，恬淡如常。不忮不求，那管他世態炎涼，成也無關，敗也無關，不是神仙，誰是神仙？」

見陳子明於 1944 年著《太極拳精義》

陳王廷，字奏庭，崇禎康熙間人。明末天災人禍相繼而起，地方官又罔恤民困，苛政暴斂，無所不至。登封民無力納糧，官逼之，遂揭竿起事，以武舉李際遇為首。公與際遇善，往止之。力勸不聽，但約不犯溫境。滿清定鼎，際遇事敗族誅，有蔣姓者僕於公。一日，公命備馬出獵於黃河灘。有一兔起奔，蔣追未及百步獲之。公憶及際遇有一部將，能健步如飛，馬不能及。詢蔣，果即其人。公所遺畫像執大刀侍立其側者，即是相傳之蔣把式。公文事武備皆卓越於時，創太極拳，遺長短句一首，可略窺公之生平。其詞云：「嘆當年，披堅執銳，掃蕩群氛，幾次顛險，蒙恩賜枉徒然；到而今，年老殘喘，只落得黃庭一卷隨身伴。

悶來時造拳，忙來時耕田，趁餘閒，教下些弟子兒孫成龍成虎任方便。欠官糧早完，要私債即還，驕諂勿用，忍讓為先。人人道我憨，人人道我顛，常洗耳，不彈冠．笑煞那萬戶諸侯，兢兢業業不如俺，心中長舒泰，名利總不貪。參透機關，識破邯鄲。陶情於漁水，盤桓乎山川。成也無干。敗也無干。若得個世境安泰。恬淡如常，不忮不求，聽其自然。哪管他世態炎涼，權衡相參，興也無關，廢也無關，誰是神仙？我是神仙。」

康熙十六年自題於日省廬中

康熙十六年是 1678 年，陳家溝王西安在其所著《陳氏太極拳老架》（河南科學技術出版社 1993 年 3 月第 1 版 1 至 3 頁）講：「陳王庭（約 1509 年）又名陳奏庭，係明末文庠生、清初武庠生。」

難道時年 168 歲的陳奏庭（名王廷），還能「自題」寫出如此的東西嗎？

這與陳森「森批」《陳氏家譜》陳王廷等人的「旁註」造假（參見路迪民「《陳氏家譜》「旁註」考」《武林》雜誌 1996 年第 4 期），同出一轍。

可以看到，陳子明造假是肯定的，唐豪知不知情，很難說，或許還是明知而為之。

恰巧，張志勇教授在其「陳鑫《太極拳圖畫講義》的文獻價值及學術地位」一文（見《體育學刊》第 24 卷第 1 期）中也講：「當年是陳子明等隱瞞真相」「為唐豪草率提出「陳王廷創太極拳說」提供虛假證據。」並說唐豪是「由於資料考證上的疏忽，尤其是對陳鑫著作資料嚴重誤判而最終導致在太極拳『創始人』問題上出現失誤！」

具體表現在：

一是受到陳子明推薦的一些「假冒材料」誤導……

二是對 1933 年仿冒本《圖說》出版給予積極的支持，甚至對其明顯背離陳鑫原著的問題也視而不見……

三是對 1931 陳家溝調查時發現的「陳槐三家藏有家譜一冊」與陳子明 1932 年《陳氏世傳太極拳術》書中的《陳氏太極拳家列傳》為何在 1933 年搖身一變成了陳鑫《圖說》筆下的《陳氏家乘》的奇怪現象竟絲毫不加「懷疑」……，完全無視陳鑫「拳之一藝，究不知昉自何時，並昉之何人？」的觀點。

他還進一步說到：

1959 年唐豪去世之後，顧留馨仍在 1964 年以「唐顧」合著的名義在《太極拳研究》中繼續宣揚《圖說》，貶低《講義》。錯誤將《圖說》說成「自 1908 年寫起，至 1919 年完成。陳鑫親手抄寫……洋洋二三十萬言。」指定「1935 年陳績甫（照丕）編著《陳氏太極拳匯宗》（南京辦，兩冊）亦採入其圖說，惟改採為別一稿本，內容較前書略少，位置亦間有不同。」以假亂真將《圖說》與《講義》混為一談，製造「一著兩稿」的假象，混淆視聽、誤導讀者。如果說 1958 年唐豪在最後一篇太極拳研究論文中已經開始全面否定「陳王廷創太極拳說」，即以「陳溝拳經總歌、長拳譜、十三勢譜一系列的理論、歌訣、拳勢之採自戚繼光拳經，鑿鑿有據。」作為最後表態，顧留馨所堅持的「陳王廷創太極拳」卻更為荒謬。正如他誤將「遼東巡按御史陳王庭」當成「陳家溝的陳王廷（家譜作王庭、族譜、墓碑作王廷）」一樣，顯得極為荒唐。

這，就是真實的印證！

全面梳理陳家溝拳術之四：

並非太極代名詞 實則多拳顯陳溝

——陳譜抄本顯示「炮捶陳家」名不虛傳

前不久，筆者在書店看到了一本出版於 2016 年 1 月的《陳氏太極拳小架砲捶精要》，其中的《砲捶拳譜》顯示為 55 勢，出現「砲」字的勢名有 10 個，出現「捶」字的勢名有 14 個。由此可見，砲捶名勢占了相當大的比例，是名符其實的「砲捶」拳術。

「砲捶」即「炮捶」，「砲」「炮」通用，「炮捶」是中國武術的一個著名拳種，這是常識性問題，不可與太極拳混為一談！

查《中華武術大辭典》等專業工具書或網絡引擎搜索，都能看到關於「炮捶」解釋：即炮捶是傳統武術長拳的一種；是少林拳裡的一個拳種；是一個完整的外家拳種；是一種非常厲害剛猛的獨立拳種等等。炮捶雖有少林炮捶、三皇炮捶（伏羲、神農、黃帝為三皇）、陝西（紅拳）炮錘之分，但風格是基本一致的。即整個套路剛勁有力，爆發力強，動作明快，姿勢舒展，乾淨俐落。」炮捶」，指打拳像炮一樣威力強大，像錘一樣打得沉重凶猛。

我們再來看看陳家溝陳正雷和王西安對「炮捶」的註解：

炮捶：「以剛為主」「震腳發力，閃展騰挪，竄蹦跳

躍」「有怪蟒出洞、猛虎下山之氣魄，有蛟龍出海，雄獅抖毛之神威」。（見陳正雷著《陳氏太極拳械匯宗》【二】第一頁高等教育出版社 1994 年 6 月第一版）

　　炮捶：要求勁力完整、快速、勇猛、活躍、敏捷，套路中的竄蹦跳躍、閃展騰挪、震腳發勁的拳勢動作較多……炮捶圈小速猛，但確富彈性，力求堅剛……如摧枯拉朽，無堅不摧，勢不可擋。（見王西安著《陳式太極拳老架技擊秘訣》河南科學技術出版社 1999 年 7 月第一版第 159 至 160 頁）

　　很明顯，二者根本沒有區別。說明其前置「太極拳」的定語是錯誤的，是混淆視聽或渾水摸魚（顧留馨曾於 1983 年和 2005 年出版過《炮捶》一書，也稱為「陳式太極拳第二路」）。其實，「炮捶」與「太極拳」就是根本不同風格的兩個拳種。

一 炮捶陳家名不虛傳

　　商務印書館香港分館 1984 年 7 月出本有《太極拳之研究》一書，其中有一段「訪問陳家溝，陳鑫做介紹」。講到：

　　「陳鑫跟我們介紹的很詳細，他說陳家溝這個村，每年在秋收以後農活幹完了，就在場院裡辦少林會，陳家溝的人會練的都到那裡練，多少年來一直是這個規矩。他們陳家是世傳練炮捶的，屬於少林拳。據說他們家傳習炮捶已有幾百年的歷史，村裡的人管他們叫炮捶陳家。」

　　《太極拳之研究》同時還在「太極拳研究會議，陳發

科自認列席」一節裡，進一步講到：

「大約在 1950 年中華全國體育總會在北京成立以後，北京市也成立了一個民族形式體育委員會，主任叫張甄。他曾在北京市東城區八面槽大街召開過一個叫太極拳研究委員會議。我被邀請去參加開會。我到那裡一看除了練太極拳的人之外，還有陳發科（注四）和高瑞洲兩個人也在場。

我向主席張甄提問說：今天開的是什麼會。張甄說：開的是太極拳研究會。我問：要有不是練太極拳的人參加這個會應當怎麼辦，是算他們出席還是算列席。因為列席沒有選舉權和被選舉權。張甄說：如果不是練太極拳的當然不能算出席，可是我請的在座的都說是練太極拳的，請你看看這些人裡有沒有不是練太極拳的。我說：我提出兩個人，一個是陳發科他是練炮捶的；一個是高瑞洲他是練五行捶的。後來我又問陳發科，我說：你自己說說你到底是練太極拳的還是練炮捶的。如果你們二位說你們是練太極拳的，今天是研究會，咱們大家就研究研究。第一太極拳就是不使勁兒，第二太極拳是用掤捋擠按採挒肘靠，前進後退左顧右盼中定為原則的。根據它然後用攬雀尾、單鞭、提手上式、白鶴亮翅……等，是先研究其招法還是研究推手，可以看看二位是炮捶五行捶還是太極拳。

這時候高瑞洲跟陳發科說：老陳啊，咱們就列席得了。陳發科說：那只有列席了，咱們不是這個玩藝兒，怎麼不列席啊。於是大家開會，他們二人算列席。這件事在現場做過文字記錄。我認為他們二位態度很好，很樸實。那次的會議開的很成功。」

三 陳季甡抄本和陳鑫抄本等都是鐵證

要證明陳鑫講的「他們陳家是世傳練炮捶的，屬於少林拳。據說他們家傳習炮捶已有幾百年的歷史，村裡的人管他們叫炮捶陳家」。其實一點也不難，儘管陳鑫在《陳氏太極拳圖說》中未敢公佈（怕「啟人疑惑」），唐豪也未能將陳氏兩儀堂本和文修堂本原件公示，但除了徐震在《太極拳考信錄》中，完整的抄錄保留了陳氏兩儀堂本和文修堂本的全部內容外，在 2003 年 6 月出版的《和式太極拳譜》一書裡，作者公開了陳家溝拳術抄本的兩個原件（之前未見有一個人敢公開過），即陳季甡抄本和陳鑫抄本：

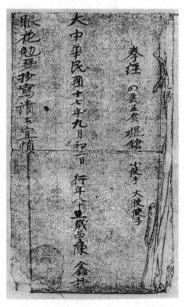

陳季甡抄本與陳鑫抄本比較對照表

陳季甡抄本（1843 年）	陳鑫抄本（1928 年）	備注
頭套捶 懶扎衣、單鞭、白鵝掠翅、斜行拗步、正拗步、掩手肱捶、披身出手、肘底看拳、倒捻紅、白鵝掠翅、摟膝拗步、閃通背、懶扎衣、單鞭、雲手、高探馬、左右插腳、往後跳一腳、打一捶、回頭二起、左踢一腳、右蹬一跟、捲手擒拿、抱頭推山、懶扎衣、單鞭、前後照、野馬分鬃、懶扎衣、單鞭、玉女穿梭、推山勢、單鞭、雲手、擺腳、一堂蛇、金雞獨立、朝天蹬、倒捻紅、拗步、閃通背、單鞭、雲手、高探馬、十字腳、指襠、黃龍三絞水、單鞭、上步七星、下步跨虎、轉過當頭炮、懶扎衣、單鞭、護心捶、前趟拗步、操手、單鞭、拗步、斜行拗步、倒捻紅、拗步通背、炮錘。		文修堂抄本和兩儀堂抄本都有頭套捶
二套捶 單鞭、二起、根子、操手、左插腳、披身、指襠、七星、五子轉還、左右拗步、絞水摻步、單鞭、右插腳、倒捻紅、拗步。		兩儀堂抄本有二套錘
三套捶 懶扎衣、單鞭、跨虎、翻花炮、前趟拗步、騎馬勢、窩弓射虎、左右七星、小紅拳、吊		兩儀堂抄本有三套拳

打、斬手、黃龍三絞水、前後衝、玉女穿梭、掩手、腰攔肘、急回頭、左右七星、攢過中單鞭、上插下插、翻花炮、荒手、玉女穿梭、當頭炮。		
四套捶 懶扎衣立勢高宏，插口單鞭鬼也警。出門先使翻花炮，往後簪去呈英雄。反堂壯後帶著掩手肱捶，騎馬勢下連著窩弓射虎兵，左拗步十面埋伏，右拗步誰放爭手，披身捶勢如壓卵，指襠勢高跳底崩，金雞獨立且留情，護心捶八面玲瓏，六封四閉勢難容，轉身臂打且縱橫，上一步二換跟打倒面來，左右七星翻花炮，打一個孤雁出群，下插勢誰放來攻，翻花舞袖如長蛇，分門壯去口才生，轉身一捶打，兩腳跳起不停，舞袖一推前打，回頭當口炮。終。	**四套捶** 懶插衣立勢高強，刺下單鞭鬼也忙。出門先使翻花炮，望門簪去逞英豪。反趟童後代掩手拳。騎馬勢下連窩弓射虎，左拗步十面埋伏，右拗步誰敢爭鋒。庇身捶勢如壓卵，指襠捶高挑低崩。金雞獨立且留情，護心拳八面靈瓏。六封四閉勢難容，轉身劈打任縱橫。倒回來左右七星拳，翻花炮打孤雁出群，下插誰敢來攻。翻花舞袖如長虹，分門幢一推往前攻。急回頭當頭炮。終。	兩儀堂抄本和文修堂本都有四套捶
又四套 懶扎衣、單鞭、雲手、跌腳、上步七星、下步跨虎、左翻花、右舞袖、騎馬勢、窩弓射虎、當頭炮、大卓炮、抽根炮、掩手、上下插、玉女穿梭、披身、指襠、斬手、伏虎、朝陽肘、小擒拿、抱頭推山、穿梭、左拗步、右插腳、右擺腳、一堂蛇、二起、右踢腳、右蹬根、掩手、抱頭推山、穿梭、右拗步、七星、舞		

袖、玉女穿梭、中單鞭、分門壯、一拳打倒、兩腳不停、倒捻紅、蹬根、舞袖、玉女穿梭、倒騎龍、擺腳、當頭炮。		
小四套 太祖立腳勢高強，丟下單鞭鬼也忙。上下堂打朝天蹬，刀對梭認在當場。懶扎衣任裡就持，護心捶蓋世無雙。喝一聲小擒休步，一條鞭打進不忙。滾替腳當面遮過，抓面腳使在胸膛。上山路打一個黃鷹拿勝，下三路抓神沙使在臉上。即便抬腿隨腰環，二龍吸水賽神槍。根子就起忙把頭藏，雀地龍鋪身按下，急三捶打進著慌，上一步蛟龍出水，下步打正應口口，騎馬勢轉步調虎，推山勢去時難防，要知此拳出何出，名為太祖下南堂。		兩儀堂本稱：小四套亦名紅拳
五套 懶扎衣、單鞭、護心捶、前趙拗步、回頭披身、指襠、七星、大卓炮、抽身炮、鷹窩、腰口口、大紅拳、左右山、前衝後衝、掩手、拗步、單插腳、擺腳、一堂蛇、金雞獨立、朝天蹬、倒捻紅、口步通背、雲手、高探馬、十字腳、猿看果、單鞭七星、跨虎、當頭炮。	**五套捶** 懶插衣，單鞭，護心拳，前趙拗步，回頭庇身捶。指襠，七星，大卓炮，當頭炮，抽身打一炮。燕窩拗攔肘。大紅拳，左山右山前衝後衝，掩手肱捶。拗步，單插腳。擺腳，一堂蛇。金雞獨立，朝天蹬，倒捲肱。拗步，通背，雲手，高探馬，十字腳，猿猴看果，單鞭，七星，跨虎，拗步，當頭炮。終。	兩堂本都有稱：五套拳歌

三十六勢滾跌法	六六三十六勢滾跌	文修本稱：六六三十六勢滾跌
騰手：一抗二嘆三撂四靠五撤六邀。 白馬臥欄：一臥二靠三坐四撤五掛六爭。 裡鸞手：一撥二拿三肘四拍五按六搭。 外鸞手：一槍二拜三肘四攄五掃六嘆。 裡撂手：一被二靠三探四膝五按六掛。 外撂手：一按二難三被四靠五掃六攄。	騰手：一元二嘆三撂四靠五撤六邀。 白馬臥攔：一臥二靠三坐四撤五掛六爭。 裡鸞手：一難二拿三肘四拍五按六搭。 外鸞手：一搶二拜三肘四攄五掃六岔。 裡撂手：一悲二靠三採四膝五按六掛。 外撂手：一按二難三悲四靠五掃六攄。終。	
短打 裡抱頭推山破抱頭推山，裡順水推舟破順水推舟，裡推山塞海破推山塞海，裡順手穿心肘破順手穿心肘，裡鐵番桿三封打身，拐裡拱手外丟手，騰手裡打，裡丟手斬手，外靠裡打，外童子拜觀音，單風炮，袖裡一點紅，順手搬打破順撂手，倘風閉門鐵扇子，拗撂手倘風破順手搬打，破拗手撂打，破順手倘風，破拗撂倘風，裡丟手，抽樑換柱，裡丟手外壓靠打，順手上肘，率掌，拗手，壓手上肘，率掌，猿猴開領，喜鵲過枝，順手搬打橫壓，拗手搬打橫壓，雁子浮水破順水搬打橫壓，破拗手搬打橫壓，橫攔肘，拗攔肘，面推掌，銅蛇入洞，朝天一炷香，封閉捉拿，裡靠外靠，	**短打** 裡抱頭推山，破抱頭推山。裡順水推舟，破順水推舟。裡推山塞海，破推山塞海。裡順手穿心肘，破順手穿心肘。裡鐵翻桿、三封打耳拐裡拱手，外丟手、騰手。裡打裡丟手、斬手、外靠裡打。外童子拜觀音，單鸞炮。袖裡一點紅。順手搬打破拗手搬打。破順撂手倘風。閉門鐵扇子。 **拳經總歌一百零八勢：** 湯於風春手，抽樑換柱，裡手外壓靠打，順手上肘率（摔）掌拗手，壓手上肘（撐）掌，猿猴開梢，喜鵲過枝，順手搬打橫樁，雁子浮水破順手搬打橫樁，拗手搬打橫樁，雁子浮水，橫攔肘，拗攔手抓回推掌，銅蛇入洞，朝天一炷香，封閉捉拿，裡靠外靠十字靠，	文修堂本稱：短打 從「拗手搬打橫樁」始兩儀

十字靠，飛仙掌，搶拳推心掌，推面掌搭掌，推肚跌裡丟手，攔外撒腳跌，提炮，斬手，滾手，壓手推打，掩手拍探打，斬手，滾手，折手撩打，高跳低進，掏摟掤打，低警攻取，閃警巧取，火焰攢心，橫直劈砍，拗摺手，外拴肚，順摺手，裡拴肚，不遮不架，鍾馗抹額，束手解帶，虎頭角，烈女捧金盒，孫真治虎，王屠捆豬，張飛擂鼓，拿雁藤破王屠捆豬，泰山壓頂，扭羊頭，掐指尋，攞指抓拿，小坐搬腿，後坐撩腳法，鉤腿法，撒腿法，順手裡丟手，壓手外靠，裡抓跌，拗手丟手，壓手騰手，裡靠撒腳跌，拄杖靠打，丟手攔手封手搬手，三封打身，黑虎掏心破高跳低進，用壓掌橫攔肘，壓撩手按項掃足望外跌，丟手摺手按項掃足望裡跌，摺手上後手推面，抬手拿手跌，摺手倘風拍手推打跌，丟手攔手串打，壓手靠打，丟手摺手捧手望前率打，破用千斤墜，下帶膝跌，金蟬脫殼跌，野馬上口乃步場勢。	飛仙掌，搶拳推心掌，推面掌，搭掌推肚跌，裡去手，攔外撒腳跌，主杖撩鉤，提袍軟手，軟手提袍，斬手回手推打，滾手壓手推打，拿拍拍深打，斬手滾手，斬手掩打，高挑低進，拗摟掤打，低擎巧取，閉擎巧取，火焰攢心，橫直劈砍，拗摺手，外拴肚，順摺手，裡拴肚，不遮不架，鍾馗抹額，束手解帶，虎頭角，烈女捧金盒，孫真治虎，王屠捆豬，張飛擂鼓，拿雁嗉，破王屠豬，泰山壓頂，扭羊頭，小座子，搬腿，後座子，膝腿法，鉤腿法，撒腳法，順手裡丟手，壓手，外靠裡抓鐵拗手，丟手，壓手，騰手，壓手摺手，丟手摺手，十字腳跌，丟手外壓手，橫攔肘，搬手丟手，搬手裡靠撒腳跌，拄杖靠打，丟手攔手封手搬手，三封打耳，黑虎掐心破高挑低進，用壓手橫攔肘，壓手掩手按頭掃腳往外跌，丟手摺手按頭掃腳往裡跌，摺手後手推面抬手拿手跌，摺手倘風拍手推打跌，丟手攔手串打壓手靠跌，丟手摺手捧肘望前摔跌，破用千斤墜，下帶膝跌，金蟾脫殼跌，野馬上槽及走場，終。	堂本和文修堂本都稱「散手」
又短打 迎面飛仙掌，順手飛仙掌，裡丟手斬手，閉門鐵扇子，霸王	**短打** 迎面飛仙掌，順手飛仙掌，裡丟手斬手，閉鐵扇子，霸王硬	文修堂本也稱「短打」

硬開弓，裏邊炮，單鸞炮，前手順前腳往裡打，沖天炮，左手順左腳，一順往上沖打，單鞭救主打，圪八肚與圪八根。	開弓，裏邊炮，單鸞炮，前手順前腳往裡打沖天炮，左手順左腳一順往上沖打，單鞭救主打胳膊肚與胳膊根。終。	
拳經總歌 縱放屈伸人莫知，情靠纏繞我皆依。劈打推壓得進步，搬撂口口口口口。鉤繃逼攬人人曉，閃驚巧取有誰知。佯輸詐走總云敗，引誘回口口口口。滾拴搭刷多微妙，橫直劈砍奇更奇。截進遮攔穿心肘，迎風接進紅口口。二換掃堂掛面腳，應右邊簪莊跟腿。截前掩後無縫鎖，聲東擊西要口識。上提下籠君須記，進攻退閃莫遲口。藏頭蓋面天下有，攢心剁脅世間稀。教師不識此中理，難將武藝論高低。		兩儀堂本也稱「拳經總歌」
拳經總歌 懶扎衣立勢高強，丟下腿出步口口。口口拳手足相顧，探馬勢太祖流傳。當頭炮勢衝人怕，中單鞭誰敢（約少 17 字）。獸頭勢如牌挨進，拋架子短當休延，（約 16 字）著左右紅拳，玉女穿梭倒騎龍，珠連炮打的是（約少 10 字）鐵椽將軍也難走。高四平乃封腳拳，子小神拳使火焰。攢心（約少 5 字），順鸞藏肘窩裡炮，打一個并攔直入庇身捶。轉身吊打指襠勢，（少 4 字），		文修堂本和兩儀堂本都稱「拳勢總歌」

金雞獨立，朝陽起鼓，護心錘
專降快腿，拈走勢逼退英雄。
赫一聲小（少3字），拿陰捉
兔硬開弓，下插勢閃驚巧取。
倒插勢誰人敢巧，朝陽手遍身
防口，一條鞭打進不忙，懸腳
誘敵輕進，騎馬勢衝來敢當，
一瞬步往裡就蹉，抹門紅蓋世
無雙，下海擒龍上山伏虎，野
馬分鬃，張飛擂鼓，雁翅勢穿
莊一腿，劈來腳入步連心，雀
地龍按下朝天鐙，立起鷂子解
胸，白鵝亮翅，黑虎攔路，胡
僧托缽，燕子啣泥，二龍戲珠
賽神槍，丘劉勢左搬右掌，鬼
蹴腳補前掃後，轉上紅拳，霸
王舉鼎，韓信埋伏，左山右
山，前衝後衝，觀音獻掌，童
子拜佛，翻身過海，回頭指
路，敬德跳澗，單鞭救主，青
龍獻爪，餓馬提鈴，六封四
閉，金剛搗錐，下四平秦王拔
劍，存孝打虎，鍾馗掌劍，佛
頂珠，反堂莊，望門簪，掩手
肱捶，下壓手上一步封閉捉
拿，往後一收推山二掌，羅漢
降龍右轉身紅拳，右騎馬左轉
身紅拳，左騎馬，右搭袖，左
搭袖，回頭摟膝拗步。

托一掌轉身三請客，掩手肱
捶，雙架樑，丹鳳朝陽，回頭
高四平，金雞曬膀，托天，左
搭肩，右搭肩，天王降妖，上
一步口口口口，下一步子胥拖

用功七練法（一部分）：
扎一掌轉身三請客，掩手蟾肱
捶，丹鳳朝陽回頭高四平，金
雞曬膀，托天叉，左掃眉右掃
眉，天王降妖，上一步鐵翻

鞭，上一步蒼龍擺尾（缺字若干）。	桿，下一步子胥拖鞭，上一步蒼龍擺尾，	
黑旋風大上西天棍架子 （內容略）	黑旋風大上西天棍子架 黃龍三攪手，夜叉探海，二郎擔山，童子布扇，單撒手橫打一棍，全花橫打一棍子，半個舞花，急三槍，左旋上滴水，童子布扇，單撒手橫打一棍，全舞花橫打一棍，半個舞花急三槍，右旋下滴水，童子布扇，野馬上槽，上旋單撒手，半回舞花，搭袖翻身扎一棍。	
十五紅十五炮拳架記 懶扎衣，單鞭，護心捶，前趙拗步，回頭披身，指襠，斬手炮，翻花舞袖，掩手肱捶，拗攔肘，大紅拳，玉女穿梭，倒騎龍，連珠炮，掩手肱捶，上步左右裹鞭炮，獸頭勢，拋架手，掩手肱捶，伏虎勢，回頭抹眉紅拳，上步黃龍左右三攪水，前衝後衝，掩手肱捶，上步轉筋跑，掩手肱捶，全炮錘，掩手肱捶，上步倒插，朵二紅，抹眉紅拳，上步當頭炮，變勢大掉炮，順攔肘，窩裡炮，井攔直入。		文修堂本稱：炮捶十五紅十五炮走拳心用 兩儀堂本稱：二套炮捶十五紅十五炮走拳
長槍總說 夫長槍之法，始於楊氏，謂之曰梨花。天下咸尚之奇妙，在於熟之而已。熟則心能忌手，手能忌槍，圓神而不滯，又莫貴與靜也。靜則心不妄動而處		

之裕如，變幻莫測，神化無窮。後世鮮有得奇妙者。蓋有之矣，或秘而不傳，傳之而失其真，是以行於世者，卒皆沙家、馬家之法，蓋沙家竿子，馬家長槍，各有其妙。而有長短之異。其用惟楊家之法，有虛實有奇正，有虛虛實實，有奇奇正正。其進銳，其退速，其勢險，其節短。不動如山，動如雷震。故曰二十年梨花槍，天下無敵手，信其然乎。施之於行陣，則又有不同者。何也？法欲簡立欲練，非簡無以解亂分糾，非練無以騰挪進退。左右必佐以短兵，長短相衛，使彼我有相倚之勢，得以舒其氣，展其能，而不至於奔潰。兵法曰：氣盈則戰，氣奪則避是矣。今將六合之法，並二十四勢繪錄於後，以廣其所傳云。

可見，頭套捶、二套捶、三套捶、四套捶、五套捶都首先出現在陳溝的傳譜裡。在這些傳譜裡亦多次出現諸如：炮錘、全炮錘、打一捶、披身捶、護心捶、庇身捶、掩手肱捶；提炮、翻花炮、當頭炮、當口炮、大卓炮、抽根炮、抽身炮、裏邊炮、單鸞炮、沖天炮、窩裡炮、斬手炮、連珠炮、裏鞭炮等等的炮錘勢名，「短打」、「三十六勢滾跌法」亦典型的炮錘技法，還有典型的「十五紅十五炮拳架」、「黑旋風大上西天棍子架」，無不說明陳溝歷史上傳習的主要是「炮錘」，「炮錘陳家」名實相符。

在陳鑫抄本裡有首「盤羅棒歌」曰：「棒遮雲頭世間稀，勢上安排要伶俐。右剎登出少林寺……要知此棒出處，盤羅留下在邵陵。」亦可見「小四套亦名紅拳」「小紅拳」「大紅拳」「轉上紅拳」「左右紅拳」「抹眉紅拳」的少林或陝西紅拳名稱多次出現其傳譜裡；「探馬勢太祖流傳」「要知此拳出何出，名為太祖下南堂」。對於「長槍總說」，在陳子明蒐集的陳溝傳譜裡有一則《二十四槍歌訣》，其最後兩句是「若問此槍名和姓，楊家花槍二十四」。以及「拳經總歌」「拳勢總歌」都說明其拳械來源與少林寺、紅拳、楊氏梨花槍、宋太祖、戚繼光都有關係。

無論是陳季牲抄本或陳鑫抄本，通篇都沒有太極拳的內容或「太極拳」字樣。唯獨陳鑫在抄本裡加進了一篇《辨拳論》，談到了太極拳。文字不長，現全文收錄於下：

前明有父女從雲南至山西，住汾州府汾河小王莊，將拳棒傳與王氏。河南溫東劉村蔣姓得其傳，人稱僕夫。此事容或有之。至言陳氏拳法，得於蔣氏非也。陳氏之拳不知仿自何人，自陳氏遷溫帶下就有太極拳。後攻此藝者，代不乏人。如明之奏廷，清之敬柏、季□好手不可勝數。後有趙堡邢西懷、張宗禹，又後陳清平、牛發虎皆稱名手。陳必顯不摸原由，謂學於蔣氏大為背謬。

大中華民國十七年歲次戊辰九月初二日，是年閏二月。

（註：「前明有父女」可能指的是山西王宗岳和他的女兒，明確王宗岳是明朝人。──筆者）

這裡提到了「趙堡邢西懷、張宗禹」名字（事實上陳

敬柏、陳清平、牛發虎都與陳家溝沒有傳承關係）。眾所周知，邢西懷、張宗禹分別是趙堡太極拳兩個時代的掌門人，都是著名的太極拳宗師，與陳家溝沒有一絲一毫的傳承關係（暨是陳家溝現在的傳承譜系人物名稱也能證明）！這也更加有力的說明了陳鑫或陳鑫時代，包括陳家溝都是毫無疑問的承認趙堡太極拳來源於山西王宗岳之傳的事實。所以，陳鑫才很自然的將「杜育萬述蔣發受山西師傳歌訣」收錄於自己的原著裡。更因為他根本沒有陳家創什麼太極拳的意思，正如《辨拳論》所說：「陳氏之拳不知仿自何人……」，這就是當時陳鑫和陳家溝對太極拳傳承的真實看法和反應。

三 陳溝拳術與紅拳的淵源關係

從陳溝傳譜中多次見到的「小紅拳」「大紅拳」「轉上紅拳」「左右紅拳」「抹眉紅拳」稱謂，以及「小四套亦名紅拳」的真實體現，不難看出其與紅拳的淵源關係。紅拳是陝西乃至西北地區武術的特有拳鐘，其中也包含有紅拳系統中的炮捶。下面我們就進行以下比較，看看他們的情況：

紅拳勢法在明朝抗倭名將戚繼光三十二勢長拳套路內容數量中，比重達三分之一之多。其中「雀地龍下盤腿法」，說明雀地龍勢是較為著名的一勢（洪洞通背纏拳對雀地龍「歌曰：翻舞袖顛翻活潑，偷步進揭起跌叉，人若犯蛟龍出海，後繼著紅拳穿插。」陳溝拳亦之）。

「紅拳」這一名稱，被戚繼光編入《拳經》三十二勢中，其拳名、拳法、拳勢、拳訣、圖式亦赫然在目。計有

懶扎衣（裙欄勢）、懸腳虛（二起腳）、伏虎勢（挎劍腿）、雀地龍、朝陽手（沖天炮）、指當勢、鬼蹴腳、當頭炮（撐拳）、順鸞肘、拗鸞肘。如雀地龍、指襠（當）勢、鬼蹴腳三勢訣中皆有紅拳二字。雀地龍勢訣曰：「雀地龍下盤腿法，前揭起後進紅拳，他退我雖顛補，衝來短當休延。」指當勢訣曰：「指當勢是個丁法，他難進我好向前。踢膝滾躦上面，急回步顛短紅拳。」鬼蹴腳勢訣曰：「鬼蹴腳搶人先著，補前掃轉上紅拳。背弓顛口披揭起，穿心肘靠妙難傳。」

《少林拳譜》載：「元末覺遠上人訪白玉峰、李叟於陝西寶雞、蘭州，習大小紅拳擒拿術。後白玉峰、李叟隨覺遠入少林寺傳授大小紅拳、棍術、擒拿等。」

1、風格的比較：

■ 陳溝的《小四套亦名紅拳》

太祖立腳勢高強，丟下單鞭鬼也忙。上下堂打朝天蹬，刀對梭認在當場。懶扎衣任裡就持，護心捶蓋世無雙。喝一聲小擒休步，一條鞭打進不忙。滾替腳當面遮過，抓面腳使在胸膛。上山路打一個黃鷹拿勝，下三路抓神沙使在臉上。即便抬腿隨腰環，二龍吸水賽神槍。根子就起忙把頭藏，雀地龍鋪身按下，急三捶打進著慌，上一步蛟龍出水，下步打正應口口，騎馬勢轉步調虎，推山勢去時難防，要知此拳出何出，名為太祖下南堂。

■ 陳溝 陳子明蒐集的《雙刀名稱暨歌》

野馬分鬃實無比，停刀變勢攬擦衣，上三刀砍個白雲蓋頂，急回頭拗步翻身，第三回砍一個雁別金翅，第四回

砍一個孤雁出群，第五回朝陽刀人人駭怕，轉身就砍左插花，第六回重上朝陽最為佳，下勢就砍右插花，第七回砍個白蛇吐信，第八回再砍個古樹盤根，羅漢降龍人不識，衝天並起雙插花，霸王舉鼎甚可誇，轉身兩刀更無價，左右片馬刀法巧，坐山一刀把人拿，刺心摘膽人人懼，轉扎兩刀露技能，炮架子當頭下勢，抽身就變倒騎龍，任他極力硬來攻，怎當我左右刀重。

▌紅拳擺場子口札

「太陽出來一盆花，天下紅拳是一家。大小紅拳出關中，斜插耀世誠英雄。迎面打的刀對鞘，回頭一步斬臥龍。斬手炮迎面貼取，護心鏡推倒金剛。四面掌左拿右肘，下三路一腿難防。」「粉紅拳起勢高強，斜叉步賽過天王。醉一勢楊妃擺酒，孫行者大鬧天宮，霸王並開兩張弓，劉備勒馬望荊州，魁星勢回頭觀望，鐵羅漢蹴地打供，連三腿人人兼愛，太祖粉紅震關中。」「龍起龍縱千江水，猛虎打豹虎翻身，狸狗閃綻貓撲鼠，花豹打兔鷹抓雞，餓馬盼槽龍探爪、燕子浮水倒嗑泥。」

▌紅拳炮捶拳歌

「一路炮擊出秦川，清涼寺內打炮拳；起手十子沖天炮，震地驚雷龍探爪；雞爪子落虎爪卸，抹手捅捶騰空蹬；抹劈揭抹左右還，掛捶沖天震地雷；烏龍探爪踩攔腿，雞爪虎爪勢連環；抹手捅捶騰空蹬，劈斬揭抹左右還；退步綻手捅抹劈，懷中抱肘攔踩腿；分心捅捶抹劈斬，下勢狸貓三撲鼠；貼牆掛畫連揭抹，抹劈捅斬響炮炸；上步背抹連挖腿，揭抹左右變捅捶；縱步背腿轆轤鱉，回手十字拜四方。」

2、技法的比較：

■ 陳溝的捶法

　　炮錘、全炮錘、打一捶、披身捶、護心捶、庇身捶、掩手肱捶；

■ 紅拳的捶法

　　斬捶、丁捶、貫捶、沖捶、對捶、滾捶、栽捶、扣捶、撐補捶、塞襠捶、鎖口捶、沖天捶、三丁捶、抱頭捶、丁陰捶、攔斬捶、雙架捶、杙子捶、挑襠捶、纏腰捶、合子捶、坐馬捶、揭膀捶、窩心捶、對口捶、搬攔捶、搬劈捶、托天捶、穿步捶、貫身捶、三背捶、低斬捶、窩弓捶、天地捶、抵捅捶、貫耳捶、進步壓捶、退步架捶、弓步捅捶、並步攔捶、刁手斬捶、坐馬捅捶、鋪步磕捶、閃綻斬捶、連環斬捶、雙捶擊步、破捶分捅、坐馬劈捶、花子迎面捶、進步摟斬捶、黑虎掏心捶、掛手劈面捶等。

■ 陳溝擒拿法：即陳子明蒐集的《金剛十八拿法》

　　霸王請客，燕青捉肘，蘇秦背劍，王屠捆豬，倒沾金，金蟾脫殼，千斤墜，白猿獻肘，千斤大壓樑，獅子倒扳樁，鎖頂奈法，金絲纏瓠，左右推醋瓶，隔席請客，白馬臥欄，仙人脫衣，呂公解條，鐵翻桿。

■ 紅拳的擒拿法

　　擒拿串子（踢打跌拿中的拿技，紅拳傳統稱之為「串子」）**十八法**：鎖、扣、切、壓、擰、捲、繞、纏、拿、搬、挎、托、扛、抱、撅、別、掐、卡。

　　拳譜曰：擒拿本是紅拳精，打手串子稱神靈；招招應

變手法絕，拿筋挫骨要在穴；鎖扣切壓擰捲繞，纏拿搬挎托扛抱；更使撇別掐卡招，乘機尋勢巧施法；功在精巧又神妙，悉解此意定成功。

十八把擒拿：擊掌裹臂、金絲纏腕、懷抱琵琶、秦瓊帶肘、燕子別翅、泰山壓肘、死雞撐頭、倒背金人、農夫挎籃、廚子槓面、抓腕掐穴、狸貓上樹、天王托塔、霸王敬酒、鷂子搬肩、黃鶯掐嗉、撐枝取材、提領挎帶。

三十六把擒拿：即猛虎爬壁、黑鷹鎖嗉、金絲鎖喉、金鉤釣魚、古琴獨調、搬頭換項、仙人指路、暗渡陳倉、窩裡炮捶、搬倒泰山、鴿子旋堂、金絲纏臂、順手牽羊、赤風搖頭、鋪地錦繡、定海神針、架海金樑、舉手降服、白虎搖頭、葉底藏花、鳳凰展翅、金絲纏腕、雙開金鎖、猛虎出柙、金剛折臂、湘子挎籃、強虜附首、側耳聽風、伏首階下、將軍敬酒、震地驚雷、橫刀刮鴨、雙龍人洞、鴻雁穿喉、二虎爭食、聲東擊西。

■ 陳溝的滾跌法：即三十六勢滾跌法

騰手：一抗二嘆三摺四靠五撤六邀。

白馬臥欄：一臥二靠三坐四撤五掛六爭。

裡鸞手：一撥二拿三肘四拍五按六搭。

外鸞手：一槍二拜三肘四擴五掃六嘆。

裡摺手：一被二靠三探四膝五按六掛。

外摺手：一按二難三被四靠五掃六擴。

■ 紅拳的滾跌法

《萬福堂紅拳拳譜》中「九滾十八跌」之法：

九滾：一黃龍滾江，二鯉魚返江，三太子滾殿，四黑驢子滾氈，五美女曬鞋，六坤魚翻刺，七纏倒探腿，八金

鉸剪，九金紐銀扣。

十八跌：一死人騰床，二老兔蹬鷹，三下馬坐泥，四陰鎖陽鎖，五美女滾氈，六小鬼擴槍，七力推泰山，八浪裡撐舟，九鯉魚扣腮，十葉底藏花，十一千斤閘，十二夫子拱手，十三倒身拔龍，十四丹鳳朝陽，十五拌跤，十六黃狗當道，十七二郎擔山，十八仙人指路。

另外還有：樵夫捆柴、老樹盤根、勾鐮掌、雀地龍、順手牽羊、倒捲紅、揭膀偎身靠、旱地拔蔥。

3、炮捶的比較

▋陳溝炮捶

陳正雷著《陳氏太極拳械匯宗》：

炮捶：「以剛為主」「震腳發力，閃展騰挪，竄蹦跳躍」「有怪蟒出洞、猛虎下山之氣魄，有蛟龍出海，雄獅抖毛之神威」。

王西安著《陳式太極拳老架技擊秘訣》：

炮捶：要求勁力完整、快速、勇猛、活躍、敏捷，套路中的竄蹦跳躍、閃展騰挪、震腳發勁的拳勢動作較多……炮捶圈小速猛，但確富彈性，力求堅剛……如摧枯拉朽，無堅不摧，勢不可擋。

▋紅拳炮捶

炮捶，是紅拳系列最能彰顯秦漢尚武精神，充分反映神勇剛烈進取氣質，富於陽剛之美、風格獨享的拳種。炮捶動作鏗鏘有力，踏地如震地之雷，捅捶之猛如炮火轟鳴，揭手有排山倒海之功，抹手有利斧破柴之勢。紅拳炮捶總的風格特點是拔簧踩索、吐信鷹捉、龍騰虎躍、馬踏

犀頂、擊膊拊髀、抹捅斬揭、顛起倒插、炮響連環、疾風
驟雨、驚心動魄、威震敵膽、強悍霸氣、武美雄渾、震人
心扉。

紅拳炮捶套路多達十餘套，其中以炮捶、虎翻身、四
把捶最為經典和多見。

炮捶拳訣（高家）：

平地雷聲沖天炮，猛虎出洞前探爪；卸手存步半馬
站，雞抬步法爪護胸；閃身掃腿上衝天，黃龍探爪步左
弓；卸挑扎拉馬勢存，三摟三衝錯步行；纏手擊肋掃堂
腿，扭腕並步衝天放；探身鷹爪把雞抓，收爪挑卸勢宜
低；挫腳抹衝似魁星，抽樑換柱使得巧；左右鎖口連環
捶，摘星挎斗暗藏技；風擺荷葉擰身行，釜底抽薪巧藉
機；三路進軍抹又衝，閃綻摟劈帶口捶；翻身包腳爆竹
鳴，餓馬躍槽將身騰；揭抹摟衝宜巧用，白鶴亮翅顯身
形；金龍合鳳面貼金，閃身摟斬帶口捶；鷂子翻身蝴蝶
腿，貼身撩陰變化精；迎面貼金龍合鳳，黑虎掏心意在
胸；翻身包腳狸撲鼠，三路進軍按前行；平地一聲驚魂
雷，大鵬展翅將勢收。

炮捶拳訣（邢家）：

此拳出世在陝西，清涼寺裡打炮捶；頭層抹，二層
卸，三層放炮四層蹦；托天掌，震地雷，掛于走索緊跟
人；雞爪摟，虎爪卸，踩腿緊隨跟上他；雙手抹泥馬架
觀，單臂托掌炮沖天；白猿獻肘頭望月，蹬裡藏身閃綻
巧；貓兒洗臉蚊形步，青龍擺尾海上渡；燕子鑽天樹盤
根，翻身挖腿坐馬前；海底炮加千把贊，放炮十三是特
點；揭抹劈掌加褶腿，餓馬躍槽實用美；狸貓閃綻三撲

鼠，雙耳貫風定關中。

以上不難看出陳溝拳術與陝西紅拳以及炮捶有淵源關係，已是毫無疑問的事情了！

四 結 論

幾日前，筆者上網瀏覽，發現一個網名叫「武當趙堡弟子」的，發了一則帖子，說的是陳溝炮捶「追源於千年陝西紅拳之炮錘」，我們認為很有道理，可以作為本文的結尾：

陝西紅拳千年歷史，明將戚繼光就是紅拳傳人，明嘉靖年間抗倭英雄戚繼光用紅拳炮錘和戰錘訓練士兵，黃河以北民間流傳甚廣。懷慶府民間都流行習練炮錘，武當趙堡太極拳第一代宗師蔣發自幼練炮錘，明萬曆二十四年蔣發巧遇華北太極拳聖王宗岳，演義出中國著名的武當太極拳傳趙堡的歷史。

據民國二十四出版《太極拳正宗》的作者杜元化書記載，自幼習練炮錘和戰錘，……後遇太極師父……；明末清初的溫縣陳家溝被稱為炮錘陳家，陳氏九世陳王庭那時習練的拳就是戚繼光傳的炮拳。至今陳氏二路炮錘就是在戚繼光所傳炮錘基礎上改編而成的。明末清初，趙堡太極拳第一代宗師蔣發將由王宗岳承傳下的武當太極拳傳於陳家溝陳王庭，清朝中葉嘉慶年間陳氏十四世陳長興把趙堡蔣發所傳太極拳定名為「一路」，以免混練把陳家溝所傳下的炮錘定名為「二路」，中國近代陳家溝太極拳才有了陳式一路太極拳、二路炮錘的叫法。

所以陳式一路太極拳源於趙堡太極拳所傳，〔有人說

陳式太極拳祖上原有六路其中有五路失傳謹剩一路的說法是錯誤的，陳氏家族之人聰明過頂，練拳之家族能「失傳」？分明祖上根本沒有其他五路，只有陳長興當年所定由趙堡鎮學來的太極拳免與炮錘混，定太極拳為一路，定炮錘為二路；實際上趙堡太極本身就分六路十三節，七十二式（或稱 64 式、75 式、108 式）如按路練就分路，如按節練就分節，這是實戰組合動作之單元，趙堡鎮嫡傳的趙堡太極拳傳人均知曉，陳家溝非嫡傳，其中太極拳理之細緻之處，陳氏拳之人並無得到，所以，陳氏傳人描述太極拳來源說法不一，有說陳氏祖陳卜明洪武年由山西帶來的，有說由九世孫陳王庭創造的，有說祖上共傳六路太極拳其中有五路失傳，謹剩現在叫陳式一路的太極拳等等，……漏洞百出。……而陳式太極拳二路炮錘，則追源於千年陝西紅拳之炮錘。

盜名欺世套功名 剽竊拳經裝門面

——虛榮心作祟！

這裡，前一句是基於陳溝陳王廷套取明史記載的大官，河北陳王庭而說的；後一句是基於《中國太極拳史》所講：如果說《拳經總歌》是太極拳理論，那麼太極拳的發明人就是戚繼光而不是陳王廷。這都是事實，誰也沒有亂說。

一 盜名欺世套功名

1、套功名的事實：

這就是著名的唐豪、顧留馨《太極拳研究》（人民體育出版社出版，1964 年 3 月第 1 版）所反應的，其造假事實如下：

「陳王庭出身於河南省溫縣陳家溝的一個小官僚家庭。據《陳氏家譜》記載：陳王庭，又名奏庭，陳家溝陳氏九世；祖父思貴，陝西省狄道縣典史，碑立於康熙二年；父撫民，徵士郎；碑立於康熙四年；兄於階，庠生，亦名奏丹，有碑；《明實錄》記載：陳王庭任湖廣道御史·萬曆元年升任山東付使。弟王前、易鼎。王前亦名奏君，庠生，有碑。」

「至於其政治活動與武功，陳氏後人亦不復能追述。

作者考察了《明史：楊鎬傳》、《明實錄》、談遷《國榷》、王在晉《三朝遼事實錄》所記載陳王庭事蹟，陳王庭以新獲考選之御史，於明神宗萬曆四十六年至四十八年（1618～1621 年）任山東、直隸、遼東巡按御史，兼監軍御史，1619 年春與經略楊鎬、總督汪可受、巡撫周永春定議，誓師出塞，分兵四路抵禦滿洲貴族軍隊南侵，以三路兵敗，楊鎬下獄，熊廷弼繼任經略。是年夏，努爾哈赤行文巡按陳王庭以「七種惱恨」（即「告天七恨」）為舉兵理由。《三朝遼事實錄》記載，熹宗天啟五年（1625年）陳王庭參與兵部會議，對抗清軍事發表主張；《明實錄》記載，天啟六年（1626 年）清軍有入關之勢，京都人心惶惶，軍心亦動搖，明皇朝派廣西道御史陳王庭巡視京城軍營。可以證明陳王庭是風雨飄搖的明皇朝所信任的人物之一。但是，遼東經略楊鎬、熊廷弼以兵敗先後論斬，總督汪可受，巡撫周永春亦先後被革職論戍，陳王庭亦因此屢遭彈劾；《明實錄》、《國榷》崇禎朝十六年間的歷史記載，已不見陳王庭之名，顯已罷官閒居。」

「甲申年（1644 年）明皇朝覆亡的前後，陳王庭已年老隱居，造拳自娛，教授弟子兒孫。他的遺詞上半首有：『嘆當年，披堅執銳，掃蕩群氛，幾次顛險！蒙恩賜，枉徒然！到而今，年老殘喘，只落得，《黃庭》一卷隨身伴。悶來時造拳，忙來時耕田，趁餘閒，教下些弟子兒孫，成龍成虎任方便。……』據《陳氏拳械譜》，陳王庭所造拳套，有太極拳（一名十三勢）五路、長拳一百八勢一路（勢名沒有重複）、炮捶一路。單是戚繼光《拳經》三十二勢，就被吸取了二十九勢。」

「陳氏後人於康熙五十八年（1719年）為王庭立墓碑而無碑文，《陳氏家譜》所記王庭「明末武庠生，清初文庠生」，顯係在改朝換代後不敢提及王庭抗清事蹟，飾詞為「清初文庠生」，以免禍累後輩。陳王庭的生卒年月，今已不可考查，但我們如果從陳王庭於1618年任巡按御史時為五十歲來推算，那末1644年明亡時陳王庭也已有七十六歲，正是「年老殘喘」，隱居造拳的時期。因此可以斷定，太極拳的創造，在十七世紀中葉的明皇朝覆亡的前後的幾年之間。」

「陳王庭是戚繼光（1528—1587年）以後整理民間武術的傑出人物，他和戚繼光同樣是身為武將，接觸的武師較多，有利於匯合眾長，加以繼承和創新。」

「陳王庭巡按遼東、直隸，僅晚於戚繼光三十多年，在整理武術套路上，也顯然受到戚氏的影響很大。戚氏《拳經》三十二勢，綜合古今十六家拳法，取精棄粗，以三十二個姿勢編成拳套，作為士兵活動身手的「武藝之源」。陳王庭從中吸取了有二十九勢之多，編入太極拳套路。（注一）《拳經》三十二勢以「懶扎衣」（注二）為起勢，陳王庭所遺拳套七路，也都以「懶扎衣」為起勢，所制拳譜（即拳式名稱）和《拳經總歌》，也擷取戚氏《拳經》文辭。因此可以說太極拳的編造，是以《拳經》三十二勢為基礎的。至於從其他拳種吸收了哪些，雖然無法查考，但從七套拳的勢名之多，可以推想改採的拳種是相當多的。」

「注一：陳王庭所造拳套，除了吸收戚氏《拳經》外，尤其他拳種吸收了哪些已不可考，但從七套拳路的勢

名之多，可見吸收的拳種是相當多的。根據《陳氏拳械譜》，拳法方面還有「散手」和「短打」的勢名很多（包括攻擊方法和破解方法的勢名），也有擒拿法的「金剛十八拿法」勢名；可見當時太極拳的技擊方法是很全面的。值得注意的是傳習於少林寺的「紅拳」也見於《陳氏拳械譜》，拳譜上說：「要知此拳出阿處？名為太祖下南唐」，另有「盤羅棒訣語」則說：「古剎登出少林寺，堂上又有五百僧；……要知此棒出何處？盤羅流傳在邵陵」（邵陵是少林的音轉）。少林寺拳棒在隋唐間即已著名，在明代抗倭戰爭中，少林寺僧很多獻身於衛國戰爭。溫縣在黃河之北，登封縣嵩山少林寺在黃河之南，僅一河之隔。這是太極拳與少林拳可能有淵源的理由之一。

另據陳王庭好友武舉李際遇以地主武裝結寨於嵩山少林寺之後的御砦，反抗明室的逼糧納稅，陳王庭隻身入寨，勸說李際遇勿叛明室的史料來看，陳王庭可能也到過少林寺。這是太極拳與少林拳可能有淵源的理由之二。

明清之際的少林拳法著作，今所存者有上海蟬隱廬影印本《拳經拳法備要》一書，上海國技學社於一九二七年間石印的稱為《玄機秘授穴道拳訣》唐豪也收有舊抄本。余取三本合觀，雖互有詳略，實同出一本。其中理法及身手步法，與陳氏太極拳練法精要處頗為吻合。這是太極拳與少林拳可能有淵源的理由之三。

此外，戚繼光所採取的古今十六家拳法，與陳王庭相距僅三十多年，民間一定還有傳習，陳王庭也有可能採及這些拳種。這些都是合理的推測，姑作為附註供參考。」

2、套功名的行為被學者揭露

揭露者即趙任情先生，他是吳式太極拳傳人。遼寧撫順人。「九一八事變」後到北平。1946年參加太廟太極拳研究會向楊禹廷學拳，50年代拜師。由於長期從事文字工作，喜於鑽研文學與歷史，對老莊哲理、太極拳學更感興趣。曾幫助老師整理過教學資料，同學們尊稱其為「老夫子」。退休後翻閱古籍尋找查證太極拳學術理法與歷史源流。1964年9月在《體育報》體育研究專欄發表《太極拳纏絲勁和抽絲勁的異同》等文章，闡述太極拳各門派的勁法。後又在《新體育》發表《用階級觀點考察太極拳的歷史》，「『陳王廷與』『陳王庭』確非一人」的考證結果就是此文的一部分。希望能夠正本清源，還歷史原貌。

《武魂》雜誌2004年第12期又以「『陳王廷』與『陳王庭』確非一人」為題，發表了這篇文章，內容如下：

顧留馨著《太極拳研究》裡所寫的《太極拳起源》中的一段歷史（摘要）：「太極拳創始人（？）陳王庭出身於河南省溫縣陳家溝一個小官僚家庭。據《陳氏家譜》記載：『陳王庭又名奏庭』。…陳王庭的武術，《陳氏家譜》僅記載：『在山東稱名手，掃蕩群匪千餘人，陳氏拳手刀槍創始之人也。』作者考查了《明史》、《明實錄》、《國榷》、《三朝遼事實錄》所載陳王庭事蹟：『陳王庭以新獲考選之御史，於1618至1621年任山東、直隸、遼東巡按御史兼監軍御史：1619年春與經略楊

鎬……誓師出塞，抵禦滿清貴族軍隊南侵。兵敗，楊鎬下獄；熊廷弼繼任經略……1625 年陳王庭參與兵部會議，對抗清軍發表主張。1626 年清軍有入關之勢，……明皇朝派廣西道御史陳王庭巡視京城軍營。可以證明陳王庭是風雨飄搖明皇朝所信任人物之一……1644 年明皇朝覆亡的前後，陳王庭已年老隱居，造拳自娛……他和戚繼光同樣身為武將，接觸武師較多，有利於匯合眾長，加以承繼與創新」。

從上段引文乍看好像很真實、完正，但假的終究不能成真的，一經考查，就發現捏合的痕跡。現舉資料以證：

據《永平府志·陳王庭（即遼東御史陳王庭）傳》載：「陳王庭字心龍，盧龍為（縣）人。登萬曆先未（1617）進士。初任洛川令……歷升太僕寺卿…嘗巡按遼東，得將士心。庚午（崇禎三年，1630）城（永平）陷（清軍攻入）。王庭服堇（毒草），幾死復甦；為黃冠（道士）……事平（清軍撤退），論者議其不死；逮獄，絕粒而殂。」

此外，《盧龍縣誌》、《洛川縣誌》、《咸寧縣誌》對陳王庭均有大同小異的記載。根據各種資料，歸納陳王庭的歷史如下：

陳王庭，字心龍，一字丹衷。北直隸永平府盧龍縣人。1607 年進士。初任陝西省洛川知縣。1610 年調咸寧知縣；1612 年創修縣誌，親作志序。1618 年升遼東巡按御史，1620 年去職，後任監察御史，1626 年參加兵部會議。後升至太僕寺卿。1630 年清兵入關，攻陷永平，王庭時在原籍，以未能死義，後被參下獄，絕食而死。由出

仕到死，計二十四年。

關於陳溝陳王廷的歷史，除《陳氏家譜》、《陳氏家乘》所載的「明武庠生，清文庠生」在山東稱名手』……」。以及陳王廷遺詞中所載：「嘆當年披堅執銳，掃蕩『群氛』，幾次顛險，蒙『恩賜』，枉徒然……」一些零散而不具體的歷史資料而外，在《懷慶府志》和《溫縣誌》裡《吳從誨傳》中載有以下一段：

吳從誨。北直隸人，崇禎末，以府判攝溫縣時，河南『土寇猖厥，沿河而來，直叩溫城。從誨率鄉兵守備陳王庭千總郭忠等，親御諸河，縱火焚『賊船』，溺死者無數，遂遁去。忠中流矢死。」

據《安平縣誌》載，吳從誨攝溫縣時為崇禎十六年（1643）。陳溝陳王廷在溫縣當鄉兵守備時，遼東御史陳王庭已死十三年了。

3、顧留馨認錯

1980 年 6 月 9 日體育報第三版刊載《太極武蹤小探》讀後，顧留馨更正錯誤文章於下：

《體育報》四月二十八日刊出無谷同志《太極武蹤小探》，全文大都寫得很好，但在太極拳創造人陳家溝陳王廷的事蹟上，把陳家溝陳王廷（家譜作王庭，族譜、墓碑作王廷）誤作即為遼東巡按御史陳王庭。我以前也以為陳王廷與陳王庭同姓名、同時代、同為武職，同為蒙恩賜，以為是一人，在《陳式太極拳》、《太極拳研究》二書中我也持此說。一九六四年有讀者於《新體育》上寫文糾正，巡按御史陳王庭為盧龍縣人，待罪於一六三○年服毒

死於家鄉。《溫縣誌》有《吳從誨傳》，記有「鄉兵守備陳王廷」。於一六四三年率鄉兵隨縣長吳從誨擊退攻城的「流賊」。我很感謝讀者的指正，原擬於修訂該二書時改正這個錯誤。由於林彪、「四人幫」的干擾和影響，未能修訂再版。今無谷同志沿襲我過去的誤會，現應澄清一個事實，陳家溝陳王廷創造於清初的太極拳，與巡按御史陳王庭無關。

1982 年顧留馨在其《太極拳術》一書的「注四」亦將此段認錯文，原文收錄。

三 套取功名反映出來的問題

1、陳王廷「官宦家庭」也是顧留馨為其編織的

我們首先談陳王廷。顧留馨說，陳王廷在 1644 年已年老，76 歲。陳家溝陳氏後裔聲稱陳王廷壽八十，即陳王廷在 1644 年應是 70 到 80 歲的老翁。其祖父康熙二年（1663 年）立碑，其父康熙四年（1665 年）立碑。此時，陳王廷應是 90 到 100 歲了。

那麼，這兩塊碑就應該是陳王廷的了，而不應是他父親和祖父的。此其一也。

說其祖父是陝西省狄道縣典史。典史是縣獄吏，不算什麼「官」。問題是狄道縣不在陝西省而是在甘肅省臨洮，在今蘭州市東南約一百公里。更離奇的是陳王廷的父親撫民，說他是「徵士郎」？何謂「徵士郎」？舊稱曾經朝廷徵聘而不肯受職的隱士為徵士郎。顏延之《陶徵士誄》：「有晉徵士，潯陽陶淵明，南嶽之幽居者也……有

詔徵為著作郎，稱疾不到。」一個典史的早殤兒子（父子碑之近足以作為證明的根據）是一位有如陶淵明那樣的大才，又看破仕海沉浮而隱居，皇帝下詔徵而不到。陳家溝出過這樣的「人物」嗎？此其二也。

最荒唐的是陳王廷之兄「陳於階」。顧說，陳王廷之兄陳於階任湖廣道御史，明萬曆元年（1573 年）升任山東副史。《明史・七十五職官志》：「布政使掌一省之政」，布政使正三品官職；又「按察使掌一省刑名按劾之事」，正使官職正三品，副使正四品。山東副史當為山東省的首席官職的副職為正四品，這是很大的官職了。陳家溝出了這樣大的「官」，是個了不得的大事，陳氏家譜中卻無隻字記載，豈非怪事！

現在的問題是陳王廷的真正生卒年是什麼時候？然而，陳王廷的兒子在康熙五十八年（1719 年）為陳王廷立碑。可見其子於公元 1719 年在世，距明萬曆元年（1573 年）的陳於階相差 146 年。叔侄兩代相差 146年；按陳王廷與其兄相差十歲計，陳王廷父子相差 136年，這是荒謬絕倫的事。況且，陳王廷一代的名字從「王」、「奏」，而不從「於」。

陳王廷之兄的墓碑為庠生，即秀才、小學生。明王朝再昏庸，也不會用一個「庠生」當重要的湖廣道御史和山東副史吧！此其三也。

有如上之證，表明《太極拳研究》中陳王廷的官宦家庭純係顧留馨設計的。

（參見 于志鈞 著《中國太極拳史》中國人民大學出版社 2012 年 4 月第 1 版）

2、陳王廷的生卒還是一本糊塗賬

唐豪、顧留馨《太極拳研究》講：「陳王庭的生卒年月，今已不可考查，但我們如果從陳王庭於 1618 年任巡按御史時為五十歲來推算……」，引出了下面多種說法：

【1】陳王廷（？～1719）。如：人民體育出版社 1990 年 9 月版馬賢達主編《中國武術大辭典》、江蘇科學技術出版社 1994 年 11 月版張山主編《中華武術大詞典》。

【2】陳王廷（約 1600～1680）。如：人民體育出版社 2006 年 1 月版余功保編著《中國太極拳辭典》、陳小旺著《世傳陳式太極拳》說：「陳王廷約公元 1600～1680 年。」

【3】陳王廷（1600～1680）。如：人民體育出版社 1993 年 12 月版昌滄 周荔裳主編《中國武術人名辭典》、中國大百科全書出版社 1998 年 10 月版張山主編《中國武術百科全書》、北京體育大學出版社 2005 年 9 月版楊麗主編《太極拳辭典》。除此而外，許多的武術，太極拳教材、教科書，以及陳家溝權威人物陳正雷均持此說，似乎已成了一種定論！

【4】陳王廷為崇禎康熙（1628～1723）間人。如：1932 年唐豪著《太極拳源流考》：「考陳氏老墳墓碑，王廷為崇禎康熙間人。」陳子明 1944 年著《太極拳精義·陳王廷傳》：「陳王廷，字奏庭，崇禎康熙間人。」

【5】陳奏庭為康熙（1662—1723）時人。如：陳鑫筆記認為「其九世祖陳奏庭為康熙時人」（見唐豪、顧留

馨《太極拳研究》163 頁）、陳績甫於 1935 年撰著《陳氏太極拳匯宗‧自序》說：「清康熙（1662～1723）年間，先世奏庭公係武舉，拳尤高超……」、魏坤梁先生在《武當》雜誌 2005 年第 11 期發表「陳王廷不可能創造太極拳」講：「上世紀三十年代，唐豪先生在陳氏後人陳子明陪同下調查訪問陳家溝，他在《太極拳研究》中寫道：『陳奏廷為康熙時人……』。」

【6】陳王庭（約 1509 年）又名陳奏庭。如：河南科學技術出版社 1993 年 3 月版王西安著《陳氏太極拳老架》。

　　陳王廷的生年，需看一下陳王廷的碑文，現抄之如下：

康熙己亥年十月初三日，吉旦。

碑記：清故顯考庠生陳公諱王廷，字奏庭，元（原）
　　　配王、崔氏三位之墓。

奉祀；子汝為　汝弼 汝人

孫宏印　元印

曾孫　××同立

從碑文得知，陳王廷墓碑立於康熙五十八（1719）年十月初三日。按溫縣民俗，男方死後三年方可立碑，女方則無此規矩。陳王廷娶了二個妻子—王氏、崔氏，可知其家中並不貧寒，故其子孫為其立碑時間不會後延。由此可知，陳王廷歿於康熙五十五（1716）年。按溫縣「陳氏太極拳」研究會在《陳氏太極拳誌》的說法，陳王廷活了 80 歲〔即所謂的「陳王廷（1600～1680）」〕，由康熙

五十五年上推 80 年，可知陳王廷生於清朝崇德元年（1636）。其生卒即為 1636～1716，才較為符合實際。

就蔣發生於 1574 年，陳王廷生於 1636 年來看，蔣發年長陳王廷 62 歲，《陳氏太極拳誌》卷一第 28 頁言：蔣發活了 67 歲（「約 1587—1674」）。試想，世上那有 67 歲的白髮老翁去跟 5 歲的孩童為友，並學其所創太極拳之事呢？這無疑是天方夜譚。況蔣發是山西太谷縣王宗岳（諱林楨）老夫子的弟子，而且太極「拳術絕倫」，也沒有必要去跟陳家溝的 5 歲孩童陳王廷學什麼太極拳。鄭鈞先生曾於 1994 年 5 月向張傑先生提供了陳鑫 80 歲時寫的手稿，內言「蔣發受山西師傳」一語。由此可證，《陳氏太極拳誌》所云「陳王廷所創太極拳術的主要傳人有友蔣發」，是與陳鑫所言相矛盾的。

由此也可以證明，陳子明 1944 年著《太極拳精義・陳王廷傳》是捏造！如下是《陳王廷傳》的**原文**：

陳王廷，字奏庭，崇禎康熙間人。明末天災人禍相繼而起，地方官又罔恤民困，苛政暴斂，無所不至。登封民無力納糧．官逼之，遂揭竿起事，以武舉李際遇為首。公與際遇善，往止之。力勸不聽．但約不犯溫境。滿清定鼎，際遇事敗族誅，有蔣姓者僕於公。一日，公命備馬出獵於黃河灘。有一兔起奔，蔣追未及百步獲之。公憶及際遇有一部將，能健步如飛，馬不能及。詢蔣，果即其人。公所遺畫像執大刀侍立其側者，即是相傳之蔣把式。

公文事武備皆卓越於時，創太極拳，遺長短句一首，可略窺公之生平。其詞云：「嘆當年，披堅執銳，掃蕩群氛，幾次顛險，蒙恩賜枉徒然；到而今，年老殘喘，只落

得《黃庭》一卷隨身伴。悶來時造拳，忙來時耕田，趁餘閒，教下些弟子兒孫成龍成虎任方便。欠官糧早完，要私債即還，驕諂勿用，忍讓為先。人人道我憨，人人道我顛，常洗耳，不彈冠。笑煞那萬戶諸侯，兢兢業業不如俺，心中長舒泰，名利總不貪。參透機關，識破邯鄲。陶情於漁水，盤桓乎山川。成也無干。敗也無干。若得個世境安泰。恬淡如常，不忮不求，聽其自然。哪管他世態炎涼，權衡相參，興也無關，廢也無關，誰是神仙？我是神仙。」

康熙十六年自題於日省廬中

康熙十六年即 1678 年，這是陳王廷 42 歲，不可能是「年老殘喘」！

就陳王廷生於清朝崇德元年（1636）來看，他在明代沒生活過一天，其何以「於明亡時正當壯年」？至「1644 年明亡後的三十年光景」——1674 年，陳王廷不過 38 歲，更何以就「年老殘喘」？

說陳王庭（約 1509 年）又名陳奏庭，就更離譜了。若按陳王廷「康熙十六年自題於日省廬中」，此時其為 169 歲，「年老殘喘」倒是做到了，但 169 歲的陳王廷還在編造拳術，這可是從未聽說過的事，在陳家溝也沒有！

陳正雷說陳王廷生卒之年，同於陳小旺卻連「約」字也不提及，王西安更說約 1509 年。如此隨意編造，信口胡說，豈不貽笑天下！這不是自欺欺人嗎！

「自稱『創拳』，這在中國歷史上也可說是『前不見古人，後不見來者』了。」「無論從何種可能考析，陳王

揭示真相　彰顯傳承│太極拳研究之匡正源流〈下〉

廷都不可能是太極拳的創始人。」（見魏坤梁「陳王廷不可能創造太極拳」《武當》雜誌 2005 年第 11 期）。

張傑先生在《武當》雜誌 2002 年第 6 期發表「陳王廷與太極拳無關」一文，寫道：

陳氏第十六代陳鑫（字品三，1848～1929），在歷時 29 年（1900～1929）編寫的手稿《太極拳圖畫講義》中，寫有「品三作」《太極拳序》一文，文中有如下說法：

拳之一藝，不知訪自何時，並訪自何人。

由此可知，「具備了高深的學識」，「積陳氏家族十幾代之練拳經驗」的陳鑫，根本不知其九世祖陳王廷有「悶來時」造太極拳之事，甚至在手稿中連陳王廷的名字也未提及。

……王慶升先生亦曾和筆者談到：「陳王廷根本不會太極拳，至今陳溝人也拿不出真正的陳王廷所寫的太極拳譜和太極拳理論。這也是一個鐵的事實。故陳溝陳氏第十二代陳繼夏所習太極拳術，必師承於趙堡陳敬柏不會有錯。」

……總之，將其前後貫串，就足以證實，陳王廷與太極拳毫無關係。

三 陳王廷創拳說無法踰越的五大難關

（一）陳氏上世紀三十年代之前的先人沒有一個認為太極拳是陳王廷所創，陳王廷創拳說要成立，就必須將陳氏先人認為陳氏拳有六百多年歷史的觀點予以徹底推翻，但這又沒有任何證據可為之，如果真有人憑藉什麼因素做

到了將陳氏先人的拳史觀全部否定，陳王廷創拳說豈不成了空穴來風、天外來客了嗎？豈非無異於自取滅亡了嗎？

（二）楊氏古譜四十首流傳於楊、吳兩家至今，根據吳公藻 1936 年出版的《太極拳講義》敘述，此譜係他祖父吳全佑得傳於楊班侯，從內容上看，拳譜中有幾篇似作於 1840 年鴉片戰爭之後，因文中出現了一個概念—簡單天平儀，這是在鴉片戰爭後才由西方傳入我國民間的器具。拳譜中還有不少篇目文字古奧、涉及道家養生哲理，拳史還涉及到張三豐、許宣平，故不可能為楊氏所作，應是楊露禪學拳時所收集。

楊澄甫先生寫於 1933 年的《太極拳體用全書·自序》明確述說他學拳時（約 1893—1897 年間），他的祖父楊露禪告訴他：太極拳創自宋末張三峰，蔣發是張三峰數傳弟子，而陳長興則是蔣發之傳在陳家溝唯一的弟子。

杜元化 1935 年出版的《太極拳正宗》敘述了太極拳為張三豐所傳（民間「張三峰」和「張三豐」可通寫），山西王林楨經雲遊道人得張三峰所傳太極拳後，又傳於蔣發，該書還列述趙堡鎮自蔣發開始的各代重要傳人，而這些傳人的後裔現在又都可查訪到（見王海洲等《杜元化〈太極拳正宗〉考析》）。這些與楊氏古譜和楊澄甫《自序》所述是相符的。

宋氏太極拳上世紀初由宋書銘傳出，至今仍保留在吳式太極拳傳人中（見于志鈞《太極推手修練》），據沈壽先生考證，宋於 1916 年後讓弟子們傳抄他家世代相傳、不見於其他文獻的拳譜，其中有篇《宋氏太極拳源流支派論》，文中記敘宋氏拳可追溯到張三豐、許宣平，文中所

述總體內容符合史實，也與楊氏古譜、楊澄甫自序和杜元化《太極拳正宗》相吻合。

陳王廷創拳說要成立，就必須將這些文獻記載全部否定。

（三）現在流傳的尊張三豐為始祖的較早的太極拳派如：楊式、武式、吳式、孫式、趙堡、宋氏、張祖意合、顧式以及武當山太極拳（包括徐本善、杜心五、萬籟聲所傳的等，可見裴錫榮《武當太極拳與盤手20法》、劉嗣傳《武當三豐太極拳》、張奇《張三豐原式太極拳》等）這些太極拳派都尊奉張三豐、王宗岳的經典拳理拳法，其現代傳人遍佈國內和世界；並且，其中宋氏太極拳、張祖意合太極拳、顧式太極拳及武當山各派太極拳都與陳家溝毫無瓜葛，與楊、武、趙堡太極拳沒有任何傳承關係。陳王廷創拳說要成立，就要麼將宋氏和武當山太極拳都歸於陳王廷所傳，要麼將宋氏和武當山太極拳予以否定，證明它們不是太極拳，然而，無論採用哪種做法，難道不是白日做夢嗎？

（四）改革開放之前，陳王廷創拳說在國內出版物中一統天下，但尊張三豐為太極拳始祖，否定陳王廷創拳說的觀點仍在民間頑強反抗和生存，改革開放後，質疑陳王廷創拳說的觀點鵲起潮湧於眾多出版物中，楊、吳、武、孫、李、趙堡等各流派太極拳前輩、傳人紛紛著書宣傳尊張三豐為太極拳始祖的拳史觀，如萬籟聲先生的詩篇：

武當武當數三豐，當之不愧是武宗；

徽宗之時曾出現，顯於元末又明初；

煉精化氣是科學，無人指訣言馬腫；

少見多怪說無人，偌大武當太和宮；

千秋萬代變不了，勸爾小輩少囉嗦。

（見《武當》雜誌 1983 年 1 期 50 頁）

該詩篇不僅反映了「張三豐為太極拳始祖」的拳史觀的無可爭辨性，也反映出老一輩武術家們對陳王廷創拳說的憤怒和蔑視。隨著各派太極拳的傳播，尊張三豐為太極拳始祖，否定陳王廷創拳說的觀點也傳播到世界各地。陳王廷創拳說要成立，就必須在全世界範圍來一個文化大掃蕩，消滅這些觀點，試想，這豈不是蚍蜉撼大樹嗎？

（五）陳王廷創拳說視現在的陳式太極拳為陳王廷所創，認為楊式太極拳是經楊氏三代改編後的陳式太極拳。但這一說法就有五個質疑：

1、楊澄甫先生不承認自己對祖父的拳有移易改動，他在《太極拳體用全書·凡例》中寫道：「太極拳只有一派，無二法門，不可自眩聰明，妄加增損，前賢成法，倘有可移易之處，自元朝迄今已數百年，如有可改之處，昔人亦已先我行之矣，烏待吾輩乎。」現已知楊露禪當年在北京所傳的十套府內派太極拳，其中基本套路與現在的楊式太極拳相比較，無論是程序還是拳式、名稱都基本一致或完全一致，僅有勁路明顯和含蓄之別，但楊氏太極拳與陳氏太極拳相比較，可發現面目迥異，不僅套路程序無共同之處，拳式也大相逕庭，絕大多數名稱也不相同；楊露禪在他家鄉永年和北京都沒有留下一絲一毫這樣的太極拳痕跡，說明楊露禪不可能在永年和北京改拳，當然也不可能在陳家溝老師眼皮下改拳，那麼，楊露禪是在何時、何地如此徹底改的拳。

2、現已知陳家溝世代相傳的是炮捶，名目記載在《陳氏拳械譜·文修堂本》中，本中沒有太極拳或十三勢名目的記載，在稍後的《陳氏拳械譜·兩儀堂本》中才出現十三勢和太極拳稱謂，但十三勢僅是陳家溝五套拳中的一套；顧留馨先生說：少林寺紅拳也見於《陳氏拳械譜》中（見《太極拳研究》9 頁），而李師融先生經考證指出：被稱為陳王廷所作的《拳經總歌》實是抄摘自明代戚繼光《紀效新書·拳經捷要篇》，被稱為陳長興所作的《十大要論》實是抄摘自 1929 年出版的凌善清《形意五行拳圖說》。這些反映了在陳家溝一個家族內有多種拳種並存，既然如此，陳長興得自蔣發的太極拳難道就不可能同其他拳種發生交融變化嗎？

董英傑、陳炎林分別在《太極拳使用法》和《太極拳刀劍桿散手合編》中指出：太極拳在內不在外，內理不明白，外形雖是太極拳姿式，其實並非太極拳；內理明白，在一定條件下，其他拳也可變為太極拳。

有的研究者認為：陳式太極拳應是陳氏世傳炮捶和太極拳融合的拳種，這一觀點是值得思考的；吳圖南、馬有清《太極拳之研究》記載了陳鑫曾對造訪的吳圖南說：「既然叫太極就離不開易經，我把易經裡卦的變象等等寫出來，插上圖，再把家裡人練的炮捶往一起一湊，就是一趟太極拳。」陳鑫還說「太極拳在北京很時興，漸漸地南方也有了，正是好時機」。這一記載也應是值得思考的。所以，現存的陳式太極拳是否為原傳太極拳與炮捶的融合，這是有理由令人質疑的。

3、陳式太極拳中有許多楊式太極拳中根木不存在的

名稱（包括拳名「炮捶」）和拳式，包括核心拳式金剛搗碓，楊露禪為什麼要將它們斬草除根一般地刪除得無影無蹤？

4、楊露禪為什麼要如此徹底地改拳？現在的陳式太極拳有很高的武術效果，也可以如馮志強先生那樣練成有很高的健身效果，如此改頭換面地改拳既無為了武術的動機，也無為了健身的動機，楊露禪改拳的動機究竟是什麼？究竟有什麼必要如此煞費苦心地改拳？

5、陳鑫在《陳式太極拳圖說・自序》中稱與陳長興同時的陳鑫的叔祖陳有本「技藝精美，出類拔萃，天下智勇未有尚之者也」，名聲很大，當然「未有尚之者」也包括了陳長興；有資料指出「陳長興死後，其子陳耕耘未得父傳而在陳有本那裡學炮捶。」如果炮捶即太極拳，當年去找陳長興學拳未成的武禹襄為什麼不去找名聲很大、天下「未有尚之者」的陳有本學拳卻跑到趙堡鎮去找陳清平學拳呢？是否陳有本的炮捶與陳長興、陳清平的太極拳是兩種不同的拳種呢？

以上五個質疑至今尚無人作出過解釋，所以，有不少研究者認為楊露禪根本沒有改過他老師陳長興所傳的太極拳，其可能性是很大的，也即楊式太極拳和現在的陳式太極拳沒有傳承關係的可能性是很大的。陳王廷創拳說要成立，就必須清除這一推論的可能性，然而近七十年歷史證明，其難度無異日從西出。

上述五大難關，是橫於陳王廷創拳說面前難以踰越的問題。

（以上見《武當》雜誌 2005 年第 11 期魏坤梁「陳王

廷不可能創造太極拳」）

四、疑　雲

陳氏保存的歷史資料，也明顯存在著一些令人質疑的內容，如：

（一）陳鑫的《陳氏家乘》，總體上還符合歷史邏輯，保存了一些真實的史實，但他說陳王廷「精太極拳」令人費解。吳圖南、馬有清《太極拳之研究》記載了吳圖南 1917 年在河南溫縣教育科人員陪同下調查訪問陳家溝，當時陳鑫介紹陳氏拳為世傳少林炮捶，每年秋收農忙後村裡有辦少林寺會的習俗，並介紹陳長興、杜元化是練太極拳的。陳鑫明知陳氏世傳少林炮捶，怎麼確定二、三百年前的陳王廷是「精太極拳」呢？

（二）陳王廷既精太極拳，為什麼會乾脆俐索地敗在山西小孩手下？為什麼有「把蔣姓人」稱為「敵手」和「能百步趕兔，亦善拳者也」這兩則故事，並能流傳二三百年？

為什麼這兩則故事又寫入《陳氏家乘》？家乘是記載本宗族世系和重要人物事蹟的家譜，山西小孩與蔣姓人與陳氏家譜毫無關係，為什麼要花 157 個字超過有關陳王廷記述 2／3 的篇幅加以記述，這不是分明反映山西小孩和蔣姓人對陳王廷及陳氏家族影響重大嗎？不是反映陳王廷不精太極拳或練的不是太極拳嗎？

（三）上世紀三十年代，唐豪先生在陳氏後人陳子明陪同下調查訪問陳家溝，他在《太極拳研究》中寫道：

「陳奏廷為康熙時人……予在陳溝時，見陳氏宗祠有

遺像一幅，旁立持偃月刀者，村人云即蔣發，並云蔣為李際遇部將」。「《太極考信錄》據其師郝月如之說，云太極拳係王宗岳傳蔣發，蔣發傳陳氏。」

而陳鑫在《陳氏拳械譜・文修堂本・跋》中都這樣寫道：「要之，陳氏拳元朝已有大名，我始祖在明初即有大名，非蔣氏所教……何得妄指說陳氏之拳傳於蔣氏，此言大為背謬，且蔣氏實不稱與陳奏庭當老夫子。……嗣後決不可言陳氏拳法傳於蔣氏，吾所明辨，雖不能與陳氏爭光，亦不致敗先人宗幸。」

陳王廷時與陳鑫時相隔二、三百年，為什麼陳家溝村人還要傳說蔣發教拳於陳王廷呢？

（四）陳森家藏本《陳氏家譜》對陳王廷的旁批是「王庭，又名奏庭，明末武庠生，清初文庠生，在山東稱名手，掃蕩群匪千餘人，陳氏拳手，刀槍創始之人也，天生豪傑，有戰大刀可考。」其中質疑處更多，如：

1、陳鑫在《陳氏太極拳圖說・自序》中說自己花了十二年時間撰寫該書，從上述可知，陳鑫當時在村中頗有聲望，《陳氏家譜》中有關陳王廷的旁批，如陳鑫在世時已經存在，為什麼陳鑫不採納其中內容寫入《陳氏家乘》？

2、《陳氏家譜》中旁批為陳森所加，有關陳王廷的記述連陳鑫也不知道的內容，陳森是怎麼知道的？

3、根據陳家溝發現的陳王廷（字奏庭）墓碑，《陳氏家譜》對陳王廷名和字的記述顛倒，為什麼會發生這樣的錯誤？

4、宋金後的山東，大致為相當於現在的「山東省」

及周邊區域，陳王廷為什麼會在遠離家鄉的異地「山東」稱名手？為什麼至今尚無山東及周邊省、縣的縣誌等史料為證？是否把明代遼東巡按御史陳王庭誤會當作了溫縣的陳王廷？

5、刀槍術是中華武術各拳種的基本器械術，為什麼至少從陳卜至陳王廷三百年間陳氏拳中沒有刀槍術，直到陳王廷才創造了刀槍術？尚未創始刀槍術的陳王廷是怎麼通過武庠生考試的？

6、家譜為本族世系和重要人物事蹟的族內紀實文獻，為什麼在這樣的文本中出現「有戰大刀可考」這種顯屬應答質疑的語言？此語是否寫於對陳王廷創拳說有爭議的上世紀三 十年代民國時期？

7、「刀槍創始之人也」一語已十分接近現代漢語，是否也印證了此旁批為寫於上世紀三十年代的民國時期？

從上述七個質疑分析，《陳氏家譜》中陳王廷部分記載存在著諸多無法解釋的、難以使人置信的內容，已失去了可作考據的價值。

（以上見《武當》雜誌 2005 年第 11 期魏坤梁「陳王廷不可能創造太極拳」）

五 「陳王廷」實際是被人有意弄成了明朝武將戚繼光的化身

顧留馨先生為什麼要死咬住明史上的大官陳王庭不放，實際上是要求陳王廷必須是明朝末葉的武將；明末陳王廷必須已老；陳王廷必須是官宦家庭出身。

1、「陳王廷」實際是明朝武將戚繼光的化身

陳家溝的拳法和器械譜，幾乎全部可以從明戚繼光的《紀效新書》中找出，傳承關係非常明確。例如，陳家溝的《拳經總歌》基本上就是紀效新書的《拳經捷要篇》；陳家溝槍法完全是「楊氏梨花槍」，絲毫不差。這裡談不上創造，要說下了一番工夫研究整理創編拳經的人應該是戚繼光。所以要把戚繼光換成陳家溝的陳王廷，就要把陳王廷說成和戚繼光是一樣的人。唐豪說：陳王廷「明代為戰將」。顧留馨講得更貼切，說：「他（指陳王廷）和戚繼光同樣是身為武將，接觸武師較多，有利於匯合眾長，加以繼承和創新。」

這裡，我們隨便質疑，就可以暴露他們的說法在邏輯上是站不住腳的。戚繼光，當時收集整理的拳法，在《紀效新書》中記載的有：宋太祖三十二勢長拳、六步拳、猴拳、囮拳、溫家七十二行拳、三十六合鎖、二十四棄探馬、八閃翻、十二短、呂紅八下、綿張短打、李半天之腿、鷹爪王之拿、千跌張之跌、張伯敬之打、巴子拳等，最後精選提煉為《拳經捷要篇》。我們不僅要問陳王廷在戚繼光之後，接觸了哪些武師？收集整理了哪些拳種？寫出了什麼拳法拳理著作？所有這些，都沒有。以「亡佚」為由是站不住腳的。

2、陳王廷必須和《陳氏家乘》的《長短句》合拍

《陳氏家乘》說：陳王廷「公際亂世，掃蕩群氛，不可勝記」；《長短句》說：「嘆當年，披堅執銳，掃蕩群

氛，幾次顛險，蒙恩賜，罔徒然」，所以必須把陳王廷設計成「明末武將」。此外，《長短句》又說：「到而今，年老殘喘」，所以又必須把陳王廷設計在明末清初時已「年老」在家，顧留馨說此時（1644 年）陳王廷有七十六歲。陳王廷的兒子在康熙五十八年（1719 年）為陳王廷立墓碑，按顧留馨的推算，此時陳王廷已經一百五十一歲。此時，陳王廷之三個兒子健在（有碑文為證）。問題暴露了，他的兒子們此時多大年齡？就說是古稀之年，七十歲，陳王廷也是八十一歲才生子。這不荒誕嗎！

3、陳王廷必須有良好的家庭教育

　　明遼東巡按御史陳王庭是明朝進士，他應該有良好的家庭教育環境。這樣的環境不一定是官宦家庭。但是，顧卻為陳王廷選擇了「官宦家庭」。於是，陳家溝就出現了「徵士郎」這樣的事。

　　由上，我們清楚地看到，「明末戰將」陳家溝的陳王廷是唐、顧按照明代抗倭名將戚繼光的模式設計出來的人物，並非歷史上的真實人物。當有人著文指出他們的錯誤後，顧僅在再版的《太極拳研究》（1992 年版）中刪去了陳家溝陳王廷是明末遼東巡按御史陳王庭的有關段落，其他一仍其舊，他認為陳家溝陳王廷仍然是「明末戰將」。因為這是唐、顧從戚繼光講起到陳王廷造「太極拳」止的基點，否定陳王廷是明末戰將，陳王廷「造拳」就失去根據，《長短句》就不知為誰而作！

　　同樣，「明末抗清戰將」也是有人處心積慮為陳王廷捏造的：

唐、顧為了給陳王廷尋找一個歷史地位和官宦家庭出身。對此，他們一方面主觀臆造；另一方面翻閱史書找「根據」。

　　陳王廷的歷史是唐豪、顧留馨考證太極拳源流的重要基石，有以下幾點：

　　（1）陳王廷必須是明朝的武將，如此才能把他和《長短句》聯繫起來，《長短句》說：「嘆當年，披堅執銳，掃蕩群氛，幾次顛險，蒙恩賜，罔徒然。」

　　（2）陳王廷「造拳」時必須已老，即七八十歲，以與《長短句》中「年老殘喘」相對應。如此，陳王廷必須是在明末清初「造拳」。

　　所以，唐豪和顧留馨所設計的陳王廷，必須是「明末抗清戰將」。這就是唐、顧千方百計地翻遍史籍，尋找陳王廷是明末抗清戰將的「史料」的緣由。他們的這一主導思想，使他們研究太極拳源流，從一開始就陷入主觀臆造之中。

　　唐豪在《太極拳根源》一文中說：

　　明代自嘉靖以後，內憂外患，相迫而來，所以講武之風，盛極一時。戚氏（指戚繼光）武功，彪炳於世，他的練兵實效諸法，影響於當時究心兵政者，深而且巨。王廷生當明清之會，其身世我人今雖不能詳，然讀其遺詩，體其環境，則明代為戰將，國亡後隱居，思想上受道家薰染，採取當時各家及戚氏拳法，參以己意，創為拳套，作子孫磨礱之具，這是極明顯的事。

　　（以上參見 于志鈞 著《中國太極拳史》中國人民大學出版社 2012 年 4 月第 1 版）

《拳經總歌》是抄襲戚繼光《紀效新書·拳經捷要篇》之作

陳家溝傳抄《拳經總歌》並非陳王廷之作，實為抄自戚繼光《紀效新書·拳經捷要篇》。《拳經捷要篇》有 32 個拳勢，每個拳勢有 4 句歌訣，共有 128 句歌訣。《拳經總歌》最早見於陳家溝舊抄本，並沒有署名作者，是現代人唐豪（1897～1959）說是陳王廷之作，顧留馨則從唐豪說。《總歌》共有 22 句歌訣，其中虛句有 3 個，它們是：「聲東擊西要熟識；教師不識此中理；難將武藝論高低」。相同和基本相同的有 13 句，茲對比錄之如下：

《拳經總歌》	《拳經捷要篇》
劈打推壓得進步	劈打推壓要皆依
搬搠橫採也難敵	右橫左採快如飛
閃驚巧取有誰知	怎當我閃驚巧取
佯輸詐走誰云敗	倒騎龍詐輸佯走
引誘回衝致勝歸	誘追入遂我回衝
橫直劈砍奇更奇	一條鞭橫直劈砍
截進遮攔穿心肘	穿心肘妙難傳
二換掃壓掛面腳	二換腿決不輕饒
左右邊簪莊跟腿	追上穿莊一腿
截前壓後無縫鎖	無縫鎖逼退豪英
上籠下提君須記	挨步逼上下提籠
進攻閃退莫遲遲	進攻閃退弱生強
攢心剁肋世間稀	進步火焰攢心

分散在各句的有 3 句，它們是；

《拳經總歌》	《拳經捷要篇》
鉤棚逼攬人人曉	鉤腳鎖臂不容離
	絞靠跌人人識得
滾拴搭掃靈微妙	滾快他難遮擋
	復外絞刷回拴肚
	搭一跌誰敢爭先
	左右跟掃一連施
諸靠纏繞我皆依	諸勢可降可變
	劈打推壓要皆依
	得進步攬靠別無

真正在《捷要篇》中沒有的 3 句，是：「縱放屈伸人莫知；迎風接步紅炮捶；藏頭蓋面天下有」。但是，《拳經》是個捷要篇，並非全文，可以推斷這 3 句在全文中是有的。即使不計這 3 句，《拳經總歌》的 80%（占84.5%）抄自《拳經捷要篇》。這還能稱「陳王廷作」嗎！

再看《一〇八勢長拳譜》，它見之於陳績甫《陳氏太極拳匯宗》（1935 年版），原文是以《陳長興太極拳總歌》的名目出現的。「陳長興太極拳」顯然是後來的託詞，因這個《總歌》共有 133 句歌訣和名目，其來源有三部分：第一是《拳經捷要篇》；第二是《紀效新書》卷十、十一、十二中長短兵（槍術、棍術）、狼筅、藤牌部分；第三是大小紅拳、大小洪拳、七星拳、羅漢拳和翻子拳。這些內容無論如何也與陳王廷挨不上邊，何稱「陳王廷作」？這就是顧留馨先生說的「陳王廷取《拳經三十二

式》中之二十九式創編太極拳」的原始根據。限於篇幅，不能把詳細的對比都錄出，現略舉幾個統計數字和典型例句，供讀者研究判斷：

《一〇八式長拳譜》共 133 句歌訣，其中重複者有 4 句，虛句 1 個。其中與《拳經捷要篇》完全相同和基本相同的有 46 句，占 36%，即 1／3 強。現舉幾例，對比如下：

《一〇八勢長拳譜》	《拳經捷要篇》
七星拳手足相顧	七星拳手足相顧
跨虎勢挪移發腳	跨虎勢挪移發腳
拋架子短當休延	拋架子搶步披掛
鐵甲將軍也難走	鐵樣將軍也走
小神拳使火焰攢心	神拳當面插下
	進步火焰攢心

取《紀效新書》中槍、棍、狼筅、藤牌各勢有 16 個，占 12.5%，例如：六封四閉、青龍獻爪、夜叉探海、摟膝拗步（槍法為護膝拗步）、翻花舞袖（槍法為梨花滾袖）、蒼龍擺尾、穿梭、封閉捉拿，皆出自槍法；直符送書、馬前斬草、二龍爭珠，來自棍法；埋伏勢、斜行勢來自藤牌。總之，《一〇八式長拳譜》中有 2／3 抄自戚繼光《紀效新書》，大多是原句照搬，這能說「陳王廷創編長拳一〇八式」嗎？

其餘的 1／3，來自太祖拳、大小紅拳等，如：金剛砸錐、白鶴亮翅、雲手、霸王舉鼎、童子拜觀音、插花勢、拗步摟膝、燕子啣泥、仙人捧盤等等。

翻子拳有這樣 4 句歌訣；

直劈橫崩捧挒纏；不招不架直向前。

纏手要用纏化勁；練到無拳是真拳。

從中不難看出，《拳經總歌》的「纏繞」和後來的陳氏太極拳的「纏絲勁」都不是什麼發明創造；「纏絲勁」的提法也遠不如「纏化勁」含義深刻。

關於這套拳是誰編的，當時都參考了那些拳種？《紀效新書‧拳經捷要篇》記載得非常清楚，現轉錄如下：

「學拳要身法活便，手法便利，腳法輕固，進退得宜。腿可飛騰，而其妙也，顛番倒插，而其猛也，披劈橫拳，而其快也；活著朝天，而其柔也，知當斜閃。故擇其拳之善者三十二勢，勢勢相承。遇敵制勝，變化無窮。微妙莫側，窈焉冥焉。」

「古今拳家，宋太祖有三十二勢長拳，又有六步拳，猴拳，囮拳，名勢各有所稱，而實大同小異。至今之溫家七十二行拳，三十六合鎖，二十四棄探馬，八閃翻，十二短，此亦善之善者也。呂紅八下雖剛，未及綿張短打。山東李半天之腿，鷹爪王之拿，千跌張之跌，張伯敬之打，少林寺之棍，與青田棍法相兼，楊氏槍法與巴子拳棍，皆今之有名者。雖各有所長，然傳有上而無下，有下而無上，就可取勝於人，此不過偏於一隅。若以各家拳法兼而習之，正如常山蛇陣法，擊首則尾應，擊尾則首應，擊其身而首尾相應，此謂上下周全，無有不勝。」

這裡明明白白地記述了編拳的動機、過程、方法、意義和參考了那些拳種，遺憾的是唐豪、顧留馨二位先生，當時卻把編拳的頭銜硬加在陳王廷頭上。

（以上參見《中華武術》雜誌 1994 年第 3 期于志鈞

「《拳經總歌》非陳王廷所創」）

　　沈壽先生在所著《太極拳法研究》（福建人民出版社
1984 年 6 月第 1 版）一書「關於明末《拳經總歌》的初
步研究」部分，也分別就《拳經總歌》與戚繼光的《拳
經》進行了比較：

　　從兩文對照看，除《拳經總歌》最後四句結語外，其
餘 18 句基本上是參照戚氏《拳經》歌訣來撰寫的，戚氏
三十二勢歌訣共有 32 首、計 128 句，而陳氏提綱挈領地
撰寫成 22 句綱要性的歌訣一首，故名《拳經總歌》。由
此說明，認為「諸靠」是運用「掤、捋、擠、按、採、
挒、肘、靠」等八法推手，那肯定是不貼切的。陳氏《拳
經總歌》內容一本戚氏《拳經》，這兩者都不是論述推手
的歌訣。但就其拳法的戰略、戰術原則而言，那對當今武
術散手和太極推手競賽，無疑是具有很好的借鑑作用的。
那末，「諸靠」應作何解？諸靠實即泛指貼靠近身的諸
勢，如戚氏《拳經》歌訣中有「攪靠」、「滾穿劈靠」、
「肘靠」、「靠腿」等等皆是。至於「纏繞」一詞也含有
糾纏和環繞之意，即相與周旋，而不僅僅是後世陳式太極
拳的「纏絲勁」之謂也。總而言之，《拳經總歌》不等於
太極拳的歌訣。

　　由此可以看出，正像于志鈞先生所說：所有關於陳王
廷的「造拳」史料全部都是出自戚繼光；如果說《拳經總
歌》是太極拳理論，那麼太極拳的發明人就是戚繼光而不
是陳王廷；我們應該為戚繼光的著作正名，洗三百年的
「不白之冤」。

七 陳溝拳術與山西洪洞通背拳同出一源

山西洪洞通背纏拳是一個古老的傳統武術拳種，有母拳一百單八式，包括了明朝著名將領戚繼光所著《紀效新書》第十四篇中的拳經三十二式之拳法動作。「子拳」中的行拳二十四式是一路精練的母拳練功套路。其特點是，一手點陰陽，二手見剛柔，陰陽相參，剛柔並舉，手足連環，拳腳並用。與陳家溝「四套捶」拳歌有著異名同骨的類似之處。兩者動作名稱都有記載，而且只有個別文字不同。現對照如下：

通背纏拳二十四勢行拳套路歌訣
與陳家溝四套捶拳歌對照表

通背纏拳二十四勢行拳套路歌訣	四套捶（陳季甡抄本）	四套捶（陳鑫抄本）	四套捶（兩儀堂抄本）	四套捶（文修堂抄本）
懶插衣立勢高強，丟下腿單鞭鬼也忙；出門先使翻花炮，望門攢去逞英豪；反堂莊帶按手肱拳，騎門式連臥弓射虎；左拗步十面埋伏，右拗步誰敢當先；庇身	懶扎衣立勢高宏，插口單鞭鬼也警。出門先使翻花炮，往後簪去呈英雄。反堂壯後帶著掩手肱捶，騎馬勢下連著窩弓射虎兵，左拗步十面埋伏，右拗步誰放	懶插衣立勢高強，刺下單鞭鬼也忙。出門先使翻花炮，望門簪去逞英豪。反趙童後代掩手拳。騎馬勢下連窩弓射虎，左拗步十面埋伏，右拗步誰敢爭鋒。庇身	懶插衣立勢高強，喇下單鞭鬼也忙，出門先使翻口炮，望門簪去逞豪強，反堂槓後帶著掩手紅拳，騎馬勢下連著窩弓射虎，左拗步十面埋伏，右拗步誰敢爭鋒，	懶插衣立勢高強，喇下單鞭鬼也忙，出門先使翻花炮，望門簪去逞豪強，反堂槓後帶著掩手紅拳，騎馬勢下連著窩弓射虎，左拗步十面埋伏，右拗步誰敢爭鋒，

庇身奉勢如壓卵，指當勢高跳低崩，金雞獨立且留情，護心拳八面玲瓏，六封四閉插難容，轉身劈打勢縱橫，上一步二換跟打，倒回來左右七星，翻花炮打一個孤雁出群，下插勢誰敢立攻，翻花舞袖妙長虹，分門槓去求殘生，轉腳一錘打倒，兩腳穿槓難停，舞袖一推往前攻，急回頭當陽炮沖。	庇身奉勢如壓卵，指當勢高跳低崩，金雞獨立且留情，護心拳八面玲瓏，六封四閉插難容，轉身劈打勢縱橫，上一步二換跟打，倒過面左右七星，翻花炮打一個孤雁出群，下插勢誰敢立攻，翻花舞袖妙長虹，分門槓去求殘生，轉腳一錘打倒，兩腳穿槓難停，舞袖一推往前攻，回頭當陽炮沖。	捶勢如壓卵，指襠捶高挑低崩。金雞獨立且留情，護心拳八面靈瓏。六封四閉勢難容，轉身劈打任縱橫。倒回來左右七星拳，翻花炮打孤雁出群，下插勢誰敢來攻。翻花舞袖如長虹，分門幢一推往前攻。急回頭當頭炮。終。	爭手，披身捶勢如壓卵，指襠勢高跳底崩，金雞獨立且留情，護心捶八面玲瓏，六封四閉勢難容，轉身臂打且縱橫，上一步二換跟打倒面來，左右七星翻花炮，打一個孤雁出群，下插勢誰放來攻，翻花舞袖如長蛇，分門壯去口才生，轉身一捶打，兩腳跳起不停，舞袖一推前打，回頭當口炮。終。	拳勢如壓旦，指襠勢高跳低崩；金雞獨立且留情，護心拳八面玲瓏；六封四閉實難容，轉身拳劈打縱橫；上一步兩環鐵打，倒回來左右七星；翻花炮打一個孤雁出群，下扎勢誰敢來攻；翻花舞袖人取蟲，分門莊去喪殘生；轉身一拳打倒跌，兩腳穿樁也難行；舞袖一推往前攻，急回頭當陽炮中。

■ 下面讓我們再來看一個對照

陳家溝陳氏炮捶傳人不否認，今日之陳式太極拳即陳氏炮捶，他們稱陳氏炮捶一、二路就是今天的陳式太極拳一、二路，甚至陳式太極拳二路在今天仍叫「二路炮

捶」。所以，陳式太極拳就是陳氏炮捶，今天是沒有爭議的。現在我們把陳家溝「長拳譜」與陳式太極拳一、二路拳勢名稱作一個比較。陳家溝「長拳譜」見之於文修堂及兩儀堂抄本，發表於 1935 年出版的陳績甫著《陳氏太極拳匯宗》；陳式太極拳一、二路發表於 1988 年人民體育出版社出版的《太極拳全書》。

序號	陳家溝拳譜抄本（拳勢名稱）	陳氏太極拳（炮捶）一、二路（拳勢名稱）	序號	陳家溝拳譜抄本（拳勢名稱）	陳氏太極拳（炮捶）一、二路（拳勢名稱）
1	金剛搗碓	金剛搗碓	19	雀地龍	雀地龍
2	懶扎衣	懶扎衣	20	七星拳	上步七星
3	六封四閉	六封四閉	21	跨虎勢	退步跨虎
4	單鞭	單鞭	22	當頭炮勢	當頭炮
5	白鵝亮翅	白鵝亮翅	23	護心拳	護心捶
6	摟膝拗步	斜行拗步	24	井攔直入	井攔直入
7	掩手紅拳	掩手肱捶	25	庇身拳	庇身捶
8	庇身捶	披身捶	26	翻花舞袖	翻花舞袖
9	蛟龍出水	青龍出水	27	連珠炮	連珠炮
10	推手	雙推手	28	腰鸞肘	拗鸞肘
11	閃通背	閃通背	29	倒騎龍	倒騎麟
12	探馬拳	高探馬	30	抛架子	劈架子
13	獸頭勢	獸頭勢	31	上山伏虎	伏虎
14	小禽休走	小禽打	32	抹眉紅	抹眉紅
15	野馬分鬃	野馬分鬃	33	倒插勢	倒插
16	玉女穿梭	玉女穿梭	34	順鸞藏肘	順鸞肘
17	金雞獨立	金雞獨立	35	窩裡一炮	窩底炮
18	指襠捶	指擋捶			

對比表明，今天的陳式太極拳一、二路就是陳家溝長拳。長拳在陳家溝早已不叫長拳，而改名為「炮捶」。陳氏炮捶共五套。現在的陳式太極拳一路，是由頭套捶改編的；陳式太極拳二路就是二路炮捶，今天陳家溝仍叫「二路炮捶」。

對照比較，可以看出，山西洪洞通背纏拳二十四勢行拳套路歌訣與陳家溝四套捶拳歌雖有個別文字不同，也僅是音同字不同而已，動作名稱幾乎可說是一模一樣。可見，兩拳的淵源很密切，很可能同出一源。

考證家張唯中在《武壇》發表的「重振國術武藝，發揚中華文化」一文中，引用了河北省高陽縣人傳授長拳的李從吉先生的談話。李說：「我雖原籍河北省，但遠祖與陳氏一族一樣，原來都是山西省洪洞縣大槐樹村的居民。據先祖們說，那個地方每到舊曆正月在廟前舉行武術大會，頗為盛大。另外，把祖傳長拳的技法和姿勢，與陳家溝十三勢長拳和戚繼光《紀效新書‧拳經捷要篇》的三十二勢的圖解等一一對照起來看，連名稱都大多相同。因此，可以認為所有這些都是宋太祖長拳流傳下來的。」

因此，可以認為：陳家溝拳術就是山西洪洞通背拳，顯然是從外面傳入的。

七、結　語

在清光緒三十四年（1908 年）以前陳家溝沒有太極拳一磚一石、一字一物之證！從陳卜墓碑（康熙五十年（1711 年立）、陳王廷墓碑〔康熙五十八年（1719 年立〕、陳爵墓碑道光十五年（1835 年立）、陳廉墓碑

（同上）、陳公兆墓碑（同上）、陳仲甡墓碑光緒三十四年（1908 年立）的原舊墓碑文看，都沒有「太極拳」字樣，也找不到其他任何這一時期以前的舊文獻史料記載有「太極拳」字樣。甚至，在 1930 年唐豪去陳家溝調查時，他也沒有發現「太極拳」字樣的文字記載。

陳家溝拳法源流可以概括如下：

宋太祖長拳三十二勢、大小紅拳等——明戚繼光拳經——五套炮捶——所謂的一套太極、二套炮捶。

唐豪在《行建齋隨筆》中用陳卜墓碑刻文否定陳卜是「太極拳祖」，說這是陳鑫杜撰。

唐豪說：「碑立於康熙五十年辛卯，係其十世孫庚所撰。其紹述先人者，祇我祖諱卜，洪武初年，來自洪洞，定居於茲，寥寥十六字，且亦出諸傳說，則陳氏始祖之事蹟，文獻實無足證也。品三（指陳鑫）後於卜者十六世，自序所云，不徒墓碑所未載，族譜亦未錄，自出杜撰。」

我們把唐豪文中的陳卜換成陳王廷；康熙五十年辛卯換成康熙五十八年己亥，用同樣的理由即「墓碑所未載，族譜亦未錄」，就把陳王廷也是「太極拳祖」否定了，唐豪其實也是杜撰。這裡，難道能用兩套標準嗎？

陳家溝製造了中國近現代上重大的太極拳知識產權侵權案。

「陳王廷」完全是一個極其普通，沒有任何名望的陳家溝村民，望大的說至多是個「村長」而已，把發明太極拳的一切美譽都加在這樣一個物頭上的，正是一些近現代人物，如唐豪、陳子明、顧留馨，又加上近年的國家體育部門的武術主管。這是一個侵權行為，從民初陳鑫纂寫

《太極拳圖畫講義》（陳鑫死後 1933 年以《陳氏太極拳圖說》出版）開始，至 1998 年《中國武術百科全書》出版定調，由陳家溝陳氏族人、武術界某些學人、國家體育部門武術主管、某些地方勢力共同操作的，他們相互為依，應該說是集體侵權行為。

「機關算盡太聰明，反誤了卿卿性命」！唐豪說「陳家溝村人不習外來拳法」（想以此證明陳王廷的拳法是自己發明的，與外界無關）。這句話恰恰成了「陳王廷」成了剽竊他人知識產權成果的鐵證（剽竊戚繼光《拳經》又不示出處）。這有陳家溝《陳季牲抄本》《陳鑫抄本》《兩儀堂抄本》《文修堂抄本》為證。

揭示真相 彰顯傳承 ┃ 太極拳研究之匡正源流〈下〉

此是紅拳　源自太祖

戚氏《拳經》美名傳
古老紅拳是本源
——紅拳與陳溝、洪洞拳術關係研究

引　言：

　　我土生土長在這三秦大地，很小的時候，就聽大人們說，堡子裡某某人是個「拳客」，那一次他和××人「打捶（打架）」才知道，人家背地裡偷偷練著呢，後來又知道了好幾個，都是為了堡子的事才出手的……，這都是父親像講故事一樣給我說的。我爺爺在堡子裡人們都叫他李四（排行老四），是個出了名的戲迷，整天就愛「舞打」（戲台上的那種），這都是大人們說的。或許是影響吧，我也從小愛「勢翻」（手腳閒不住的那種，在小夥伴中一手叉腰，單手打車輪子，一打就是十多個，可自豪了），果然，有一次在閣樓上翻騰時發現了爺爺的祕密，有手抓的泥墩子、馬刀、鐵釘子鞋……，我一下明白了，原來爺爺也是個「練家子」……把式啊！稍長，我才知道，他們練的那叫小紅拳、大紅拳、槤枷什麼的。上了業體校，進了體操隊，也可能是車輪子（側手翻）打得多吧，或是進過小學文藝隊，被體操教練相中了，但還是對旁邊的武術隊很羨慕，他們不是震腳就是砸拳，不是刀槍劍棍的揮舞生風，就是拳腳往來的對打，真是威風啊！給我印象最深的就是那「十字手」起勢「海底撈月鷹鴿架」（寓意「敬

天、敬地、敬朋友」），兩手叉腰震腳、兩掌十字交叉、俯身下勢再上挑於胸前、兩掌左右撐開、轉腕抓手握拳、砸拳、架打……，幾乎成了標示。給我的記憶太深了，至今不能忘記！或許是緣分吧，由於體操教練下鄉，體操隊整體轉行練起了武術，不久，便在咸陽地區的比賽上被大家看好，我的槍術也在 1977 年的地區比賽上獲得了冠軍。隨之，高考恢復了，我又被馬賢達老師相中，有幸進入了西安體育學院運動系武術專業班，從此走上了武術專業學習的道路。

畢業後，雖然從事的是中學體育教學工作，但出於對武術的熱愛，課餘時間總忘不了為武術做點什麼，參加過西安市和陝西省的武術比賽，擔任過戶縣武協委員，擔任過幾屆陝西省武術比賽的編排記錄長，還為劉俠僧（時任省市武協主席）老師整理過紅拳黑虎邢三派的拳械，如：老母九拳、飛雀門子、炮捶、武當劍、八仙劍等等，協助劉會峙老師（趙堡太極拳名家）整理出版《武當趙堡傳統三合一太極拳》。在整理通備拳系列影像（如通備大趙子、通備十路彈腿、一趟劈掛拳、二趟青龍拳、三趟飛虎拳、四趟太淑拳、翻子拳、戳腳、八極、通備劍、通備刀、通備長劍、通備長刀、扭絲棍、鞭干五陰七手十三法等等）的同時，研習太極拳，發表文章和論文 50 多篇，出版專著《太極拳技擊實踐》、《太極拳技擊研究》、《武當張三豐承架太極拳》、《武當趙堡太極拳技擊秘訣》、與人合著《太極拳源流與發展研究》，以及高校《武術》教材等六部著作，另外，我的《武當趙堡承架太極拳闡秘》一書，正在人民體育出版社編輯出版中，不久

將公開出版發行。

　　在多年研習武術的過程中，我逐漸感覺到陝西紅拳、戚繼光拳經、少林拳、洪洞通背拳、河南陳家溝拳術、內家拳等等，似乎存在千絲萬縷的聯繫，特別是紅拳和陳家所謂的太極拳，也都有稱為軟拳的地方；紅拳把實戰訓練時叫「打手」，也有打手歌訣。太極拳也有「打手歌」，講究：掤、捋、擠、按、採、挒、肘、靠八法；紅拳也講究：撐、斬、勾、掛、纏、攔、沾、挎八法；紅拳其「排子手」之「掤架俯拳」「撐掤斬架」「纏腰橫拳」「纏捶袖手」，也講「掤」「纏」二字；紅拳講究「拳技功夫真，一巧破千斤」。太極拳講究「四兩撥千斤」等等。紅拳、炮捶、通背也都與戚繼光、少林寺有關係，而且許多人都有同感，這到底是怎麼回事呢？我們總不能讓這個問題長期困擾，該到分析揭示的時候了吧！

　　為此，本文試圖談談這個問題，不妥之處，就教於方家。

■ 幾則訊息為我們的提示

　　訊息一：

　　武術博士馬文國先生在其「文化紅拳（二）──紅拳和秦腔」一文（見《中華武術》2006 年第 10 期），在講到紅拳的「耍拳」時，有如下的描述：

　　……去年在上海見到和式太極拳傳人和有祿先生，他談到和式太極拳的特點也是強調「耍拳」，以悠閒恬淡的心態，柔中求剛，輕靈自然。我覺得和紅拳的「耍」應該是一種相同的心境。紅拳走起來乍一看軟綿綿的，稱為

「軟拳」，似乎和太極拳的走法有相近之處，而在紅拳之中也有同太極拳完全雷同的「雲手」和「倒攆猴」，這是一個奇特而有意義的現象，值得我們從技術的範疇進行研究……。

說到太極拳尤其是和式太極拳，雖然我接觸不多，但卻深知陝西太極拳家的功夫是相當了得的。陝西拳家講「高掤低壓，裡勾外掛」，將紅拳中的精妙手法融入到太極拳的推手之中，了無痕跡，往往讓初來乍到的人處處被動，無招架之力，這也許是紅拳和太極拳本來就有珠聯璧合的契緣，因而讓陝西的拳家們兼收並蓄，提高了太極拳的技擊價值和功能。

（註：和式太極拳已被納入陳式太極拳體系，參見《陳式太極拳誌》）

訊息二：

謝均生《趙匡胤與拳術》中指出陳家「第四套就是宋太祖所傳的『紅拳』」。戚繼光拳經「勢名很多」的「散手」和「短打」以及「金剛十八法」也見於陳氏拳械中。明清時期傳授於少林寺的權威著作《拳經‧拳法備要》中的要訣，與陳氏拳理的部分內容就基本相同。《陳氏一百單八勢長拳圖譜》中「行拳要言」載：「是拳採摘名家好手居多，至大紅拳、小紅拳、炮拳等類。」

訊息三：

網上曾有題為：「張三豐在寶雞金台觀創立了太極拳，王重陽出家前就習練的是紅拳」訊息，其文字為：

紅拳在陝西這片厚土已有數千年的歷史，紅拳與太極之間的淵源是很值得大家探討，研究的，從目前紅拳的拳

勢中就與太極拳有很多勢相同，尤其是二路紅拳、粉紅拳、大紅拳，整個套路單式以雲手連接，如果慢練的話（紅拳稱化拳：講究用氣不用力，式勢聯貫如行雲流水）別人看似太極拳，我和陳家溝的王戰軍在四川為武林大會拍花絮時，我在王面前習練了紅拳的《二路紅拳》就是以紅拳慢練的方式（化拳），王看後問我「練得是什麼拳」，我說「二路紅拳」他說：「這很像太極拳」。民國的書記載：太極拳由張三豐在陝西寶雞金台觀創立，西安體院教授紅拳專家楊寶生所著得《中國紅拳》一書載：「元代陝西咸陽人王喆（字重陽）少習紅拳，精劍技，為武舉人，倡『三教（釋、道、儒）歸一』，創『道教全真派』」。

（註：文中的我，即紅拳專家邵智勇先生）

訊息四：

李全海先生在其「與狼共『武』──勁力同心創紅拳新紀元」一文中講：

紅拳在傳承中受道家影響很深。據傳，唐末華山道士陳摶、宋末在終南山修道的王重陽都曾習練過紅拳。紅拳拳理與內家拳十分接近，陳摶秘傳《華山老人秘授調氣煉丹圖》說：「昔武穆侯，居鄉懿行立朝火節，昭然史冊，然其調氣而至於神勇人罕見其法。有華山老人秘授調氣煉丹圖，注二十四式，行此功者於靜室，面向東立以收先天之生氣，舌抵上齶，調其氣息，任其出入，通身不可一處用力，無有一處用力，則氣貫至手拳矣。每行一式默數四十九字畢，即接下式不可間斷，斷則氣散矣。每數一字唯思手拳用力，行至第一套，十二式半月後方可全行，遲者

至二十五日方可全行，須房事三、五、十日後方行，頂之力，百日成功，每日晝夜吃五頓飯，百日後軟弱者可舉百斤，強者力舉千斤，更能元氣，益壽延年。」紅拳技法有很多和太極相似，如雲手、十子手、倒攆猴、雀地龍、揭膀、打虎（太極稱野馬分鬃）、白蛇吐芯（太極稱玉女穿梭）、分七星、雙飛等。太極拳起勢多為十字手，紅拳起勢也是十字手，太極推手有單推和雙推，紅拳推手講散推。這些需要紅拳文化研究會今後更加深入的挖掘、研究、探討。

■ 中華武術的一條老根—紅拳

紅拳起源於周秦，發展於唐宋，盛行於明清，歷經數千年風雨滄桑，紮根於三秦故土。其內容豐富，套路繁多，技法全面，以撐補為母，勾掛為能，刁打為法，化身為奇，鑽身貼靠，腿法凌厲著稱，堪稱中華武術的「活化石」，是一條老根。

一 紅拳的主要內容，盤法勢理八字八法和功法

原汁原味的紅拳包括打手對抗、套路運動兩類形式和盤、法、勢、理四個方面，突出表現了「八字八法」的主要內容。手法：撐、斬、勾、掛、纏、攔、沾、挎；步法：弓、馬、偷、奪、擊、竄、縱、退；棍法：封、摩、揭、挑、搬、提、裙、攔；刀法：提、扎、砍、撩、滾、摩、擒、拿；槍法：封、閉、捉、拿、提、擼、纏、還；鞭法：遮、攔、縱、橫、領、劈、刁、打；春秋大刀：開、劈、托、砸、迎、風、勾、掛；等等。

（一）盤

紅拳基礎訓練分為軟十大盤功和硬十大盤功：

十大盤軟盤功包括：霸王舉鼎、力推泰山、撐補拳勢、孤雁盤翅、燕子噙泥、千把纂拳、雀地龍勢、靖王托塔、魁星提斗、朝天鐙勢等。

十大盤硬盤功包括：千字錘、千把攢、千斤墜、踢椿、打椿、梅花椿、盤刀舉凳、打沙袋、插沙袋、磕臂膀、磕樹、舉鎖子石、挑擔子、纏線拔蒜以及不同器械的功法練習。

（二）法

即打法，包括徒手打法和器械打法。實際上這種方法在以前屬於紅拳內場功的練習，也是紅拳跑拳打手單人訓練必須熟練掌握的技巧。這種技巧在兩人對打時才能達到步法熟練、招法嫻熟的境地。紅拳大師總結的「戰時有敵當無敵，練時無敵當有敵」，「沒人當成有人練」，就是在跑拳時自己假想敵手要對自己出的招法，自己用學過的破解招法，破解反擊對方。這實際上也是一種潛意識的訓練。人天生就有自衛的本能，這種潛意識的訓練，就會把本能的防禦變為防守反擊。「有人當成無人練」就是與人實戰對打時，心境平和，周身放鬆，「不犯招架只是一下，犯了招架十下八下」。

紅拳拳經說：「不拘一格是打法，中規中矩是練法。行雲流水是化法，硬打硬進是霸法。側身換膀是進法，斬劈占中是退法。」

1、徒手打法

紅拳保留了古老的單式技法（手法、腿法、摔法，即出手一點紅，一招制人）和組合技法（排子手、組合拳法，即犯了招架十下八下）。技法主要有：踩腿審進、鑽靠刁打、跤口要明、行一實二、聲東擊西、後發制人、閃綻騰挪、飛步刁打。零手有百餘種。組手排子有五虎群羊、六把扇子、蜜蜂採花、八排子手、九手排子、十二鐙捶手等幾十種之多。打手母子九拳及打手跑拳程式——門子，相輔並習，組成紅拳完整的打手體系。徒手打法包括打、踢、摔、拿、跌五法。

手法：

手法是指近身實戰攻防變化的技法法則，實戰訓練時叫「打手」。紅拳的手法是以「撐斬為母，組排為形，零招散打，彙集成串」的打手體系，此乃紅拳之精華所在。八種打法（撐、斬、勾、掛、纏、攔、沾、挎）在拳械中亦得以發揮。

手法中所說的手，是用手進行攻防。手法是指攻防的手法變化的法則。攻防手的強度、力度和速度稱之為手的功力，手的基本攻防能力稱之為手力。手法包括：掌法、拳（捶）法、爪法、勾法通稱手法。

紅拳手法有陰陽之分，形式上有「陰」「陽」「雙」之別。「陰」即右手攻擊，「陽」即左手攻擊，「雙」即左右手同時攻擊。紅拳傳習中借陰陽來表示掌心和拳的方向。掌心朝上為陽掌，掌心朝下為陰掌，立掌為陰陽掌。拳心朝上為陽拳（或陽捶），拳心朝下或拳背朝上為陰拳

（或陰捶），拳眼朝上為立拳（或立捶）。

紅拳是一種技擊方法豐富、手法多變、名目繁多的打手體系，技擊性強的手法套路是九拳。九拳：「當撐論撐，該斬問斬，雲手接勢，雲手達變」「撐手帶雲手，打遍天下無敵手。」

紅拳的手法也是紅拳精華的集聚，主要手法有 100 多種。

二字手法有：撐手、雲手、掛手、卸手、箭手、抒手、斬手、叫手、摟手、托手、刁手、翻手、換手、撩手、甩手、提手。

三字手法有：十字手、雙操手、掏腮手、三擼手、纏絲手、六合手、撩陰手、倒掏手、五花手、撼肩手。

四字以上手法有：左右掛手、佛爺大舉手、五雷千斤手、迎風鐵扇手、馬步雙插手、蜜蜂採花手、分手坐盤手、二把緊纏頭手、黑虎掏心手、判官脫靴手、五虎群羊手、鎖裡拔簧手、白猿獻果手等。

二字掌法有：背掌、劈掌、塌掌、捌掌、摔掌、砍掌、挑掌等。

三字掌法有：十字掌、分心掌、撩陰掌、合子掌、雙推掌、托天掌、合葉掌、雙拍掌、劈切掌、翻身掌，背梢掌、塌手掌、攉挑掌、小葉掌、大葉掌。

四字以上掌法有：轉身塌掌、卸手單按掌、十字分心掌、弓步穿掌、鋪步穿掌、左右捺掌、退步塞掌、掄臂劈掌、歇步挑掌、懸腿穿掌、坐盤亮掌、邁步背掌、丁步亮掌、虛步亮掌。

捶法有：斬捶、丁捶、貫捶、衝捶、對捶、滾捶、栽

捶、扣捶、撐補捶、塞襠捶、鎖口捶、衝天捶、三丁捶、抱頭捶、丁陰捶、攔斬捶、雙架捶、柺子捶、挑襠捶、纏腰捶、合子捶、坐馬捶、揭膀捶、窩心捶、對口捶、搬攔捶、搬劈捶、托天捶、穿步捶、貫身捶、三背捶、低斬捶、窩弓捶、天地捶、抵捅捶、貫耳捶、進步壓捶、退步架捶、弓步捅捶、並步攔捶、刁手斬捶、坐馬捅捶、鋪步磕捶、閃綻斬捶、連環斬捶、雙捶擊步、破捶分捅、坐馬劈捶、花子迎面捶、進步摟斬捶、黑虎掏心捶、掛手劈面捶等。

　　排子手：排字意味著可單練，也可對練。單習排手各招時，左右互換，亦進亦退。兩人盤排手時，其中一人按排手格式出招，另一人處於守勢，做相應的防禦動作。對練是雙方切磋，即「走門子」，亦稱「打手跑拳」，以各種手法為主，身法、腿法為輔，相輔相成，故名排子手。其類型有：六把扇子、五虎群羊、九手排子、十二排手、十八排手、二十排手、三十六排手等。高家有：四排手，十排手，十二排手。

　　「撐手帶雲手，打得天下無敵手」、「偎身靠子擰身肘，打人憑的六合手。」是拳師們總結的紅拳打手絕招。

　　十八排手：紅拳排手法（散手）是以搏擊為主要目的。技巧性強，以掌法和拳法為重，以單打法為基礎，零招散打，彙集成紅拳單個手法十八排手。

　　（1）五把扇子；（2）迎面補心掌；（3）窩心肘；（4）鷂子入林；（5）五鬼罩面；（6）美女抱瓶；（7）葉裡藏花；（8）迎門鐵扇子；（9）蓋面掌；（10）大鵬展翅；（11）黑狗穿襠；（12）仙人摘桃；（13）老君捧

盤；（14）黑狗咬雞；（15）羅漢負寶；（16）猛虎耙壁；（17）烏龍抓雞；（18）開弓掌。

二十排（散）手：（1）左右撐補；（2）左右攔斬；（3）左右錐心；（4）掤架俯拳；（5）纏腰橫拳；（6）迎面貼金；（7）鯉魚掏腮；（8）左右丁膀；（9）左右三捶；（1O）左右巴掌；（11）左右栽貫；（12）合手捶勢；（13）判官脫靴；（14）二龍戲珠；（15）左右拐捶；（16）雙撐拳勢；（17）勾連掌勢；（18）燕子囓泥；（19）左右反斬；（20）十字捶勢。

三十六排手：（1）貼牆掛畫；（2）猛虎爬壁；（3）羅漢負寶；（4）判官脫靴；（5）小鬼脫衣；（6）玉帶圍腰；（7）浪裡拾柴；（8）霸王安閒；（9）美女照鏡；（10）葉底藏花；（11）鎖裡拔簧；（12）秦王背劍；（13）搬倒泰山；（14）老君捧盤；（15）纏捶袖手；（16）單段雙段；（17）羅漢倒掃；（18）單手擒方臘；（19）金紐銀扣；（20）金雀捧聖；（21）大鵬展翅；（22）花馬分鬃；（23）雲裡顯聖；（24）隔牆撇竹；（25）白猿獻果；（26）犀牛望月；（27）泥裡拔蔥；（28）鷂子入林；（29）野踐滿地；（30）腳踏鴛鴦；（31）撐掤斬架；（32）仙人摘桃；（33）小鬼攛槍；（34）老君抱葫蘆；（35）李逵標魚；（36）迎門鐵扇子。

擒拿串子：踢打跌拿中的拿技，紅拳傳統稱之為「串子」，擒拿串子十八法為鎖、扣、切、壓、擰、捲、繞、纏、拿、搬、挎、托、扛、抱、撅、別、掐、卡，拳譜曰：擒拿本是紅拳精，打手串子稱神靈；招招應變手法

絕，拿筋挫骨要在穴；鎖扣切壓擰捲繞，纏拿搬挎托扛抱；更使撅別掐卡招，乘機尋勢巧施法；功在精巧又神妙，悉解此意定成功。

擒拿串子是以反對方關節取勝的一種獨特技法。其特點是：拿一點，制全身。反關節、傷筋骨即反關節和偏拿骨縫，又名分筋錯骨法。目的是生擒活拿對手，故有擒拿之技法。所傳有七十二把拿法，是練習全身關節的全方位拿法技術、技巧反破解方法。拿法有 3 種藝境：一是力拿，即運用自己的肢體手法擒拿對手的力量，透過反筋偏骨的拿法，使之不可變動。二是巧拿，即運用反筋偏骨的巧勁拿斷對手的勁路，使之不得轉換變動。

上述兩種拿法，皆以反關節和偏拿骨縫為主，原手拿法的技術、技巧。而第三種拿法則不用反關節和偏骨縫的具體拿法技術、技巧，只透過雙方肢體的接觸部位施展功夫，使對手雙足如立圓球之上立定不得。從拿法說，各個關節筋節皆可以任意擒拿而不失手，是能以擒拿法勝人的根本保證。拳法施出不容情，故拳家有「善豬惡拿」之喻，以防其咬傷人。欲施擒拿之術，必須緊拿、拿緊，以防變故發生，反傷自身。但拳家切磋技藝時，施用拿法，雖施巧勁，亦要緊拿，一旦拿住對手、拿法到位，就要及時放鬆，否則，易誤傷對手。切磋時切勿緊拿施威逞強。擒拿法的高手，技法高妙，能巧施拿法於人而又不傷人，讓人歡服而敬佩。如拿腕「小金絲」法，扣腕拿肘的「中金絲」法，金絲纏腕的肩靠肩「大金絲」手揮琵琶的反拿肘關節法，皆是施招用手常見的拿法。

串子十八把（擒拿）：擊掌裏臂、金絲纏腕、懷抱琵

琶、秦瓊帶肘、燕子別翅、泰山壓肘、死雞撐頭、倒背金人、農夫挎籃、廚子檳面、抓腕掐穴、狸貓上樹、天王托塔、霸王敬酒、鷁子搬肩、黃鶯掐嗉、擰枝取材、提領挎帶。

三十六把：即猛虎爬壁、黑鷹鎖嗉、金絲鎖喉、金鉤釣魚、古琴獨調、搬頭換項、仙人指路、暗渡陳倉、窩裡炮捶、搬倒泰山、鴿子旋堂、金絲纏臂、順手牽羊、赤風搖頭、鋪地錦繡、定海神針、架海金梁、舉手降服、白虎搖頭、葉底藏花、鳳凰展翅、金絲纏腕、雙開金鎖、猛虎出柙、金剛折臂、湘子挎籃、強虜附首、側耳聽風、伏首階下、將軍敬酒、震地驚雷、橫刀刮鴨、雙龍入洞、鴻雁穿喉、二虎爭食、聲東擊西。

腿法：

紅拳拳諺中有「手是兩扇門，全憑腿打人」、「手打三分，腿打七分」、「遠腳、近膝、貼身胯打」等。紅拳腿法主要包括：

（1）上腿：主要是進行上三路（頭、面、耳根、頜頦）的攻擊。腿法有：迎風腿（正踢腿）、五花十字腿、背劍腿（外側腿）、飛燕腿（外擺腿）、掛面腿（裡合腿）、十字披紅腿。

（2）中腿：主要是進行中三路（胸、腹、腰）的攻擊。腿法有：撩陰腿、開門腿、挎劍腿、肋裡塞車（ㄐㄩ）腿、挖腿、羅漢腿、磨盤腿。

（3）後腿：主要是用腿後擊對方頭面、胸部、腹部。腿法有：跟子腿、後撩腿、美女照鏡腿、兔兒蹬鷹腿、驢兒後蹶腿。

（4）騰空腿：主要是騰空踢擊對方要害部位的一種方法。腿法有：二起腿、旋風腿、餓馬盤槽腿、騰空雙飛燕腿、騰空側踹腿。

（5）跌法腿：主要是避實擊虛，採用倒地滾打的跌法技法。腿法有：金鞭扣腿、金鉸剪腿、死人騰床腿、黑驢滾氈腿、烏龍絞柱腿。

還有撥腿、拔腿、倒剎腿、頂門腿、鴛鴦腿、蒲藍腿、攔馬檻子腿、十字飛箭腿、迎面穿堂腿、懷中抱月腿、金鎖銀扣腿。

滾跌：

《萬福堂紅拳拳譜》中「九滾十八跌」之打法。

「九滾十八跌」：

九滾：一黃龍滾江，二鯉魚返江，三太子滾殿，四黑驢子滾氈，五美女曬鞋，六坤魚翻刺，七纏倒探腿，八金鉸剪，九金紐銀扣。

十八跌：一死人騰床，二老兔蹬鷹，三下馬坐泥，四陰鎖陽鎖，五美女滾氈，六小鬼攝槍，七力推泰山，八浪裡撐舟，九鯉魚扣腮，十葉底藏花，十一千斤閘，十二夫子拱手，十三倒身拔龍，十四丹鳳朝陽，十五拌跤，十六黃狗當道，十七二郎擔山，十八仙人指路。

另外還有：樵夫捆柴、老樹盤根、勾鐮掌、雀地龍、順手牽羊、倒捲紅、揭膀偎身靠、旱地拔蔥。

2、器械方法

以棍槍為例，手法在器械上的應用與變化，數邢三的十六母子單頭棍和二十四母子雙頭棍法，及趙武陸合槍法

皆堪稱絕技妙法。

（1）十六母子單頭棍（白眉棍）

黃鸚照坡，白虎洗臉，二龍爭珠，樵夫砍柴，蜜蜂採花，莊稼揚場，海底撈月，老君倒關門，黃鶲探爪，仙人捧盤，金鰲劈舟，李逵標魚，金龍纏柱，勾陰為陽，判官脫靴，鴨子三拌嘴。

（2）二十四母子雙頭棍

懷中抱月，母豬探泥，水花落挑，扁身中攔，夜叉探海，直棍攔取，鎖裡拔簧，倒取摩天嶺，月斜月圓，珍珠倒捲簾，青龍三擺頭，鳳凰三點頭，鴻門鑼兒，腦門穴裡一點紅，水裡挑蓮，火裡抓紙，姨娘倒穿鞋，上掄下掃，花子闖街過，鶯鶯倒上橋，公主攮王彪，陳俊背鞭取濮陽，擊擊擊，刮刮刮。

（3）陸合槍

此槍立勢甚剛強，梨花圈槍世無雙；圈槍為母玄中妙，左騰右挪把人傷；封閉捉拿使得巧，梨花擺頭法更良；裡外把門人不曉，雙封縱步使花槍；要知圈槍先學母，秦王摩旗第一槍；纏槍拈槍黃龍槍，黑龍入洞最見長；把門救護法程好，鳳點頭分第二槍；穿指滾袖並鷂子，敗走大略直入強；扭手救護身法秘，掃帚分為第三槍；背拿攔腿並擺攔，如貓撲鼠甚威嚴；迎風救護槍法祖，白蛇弄風第四槍；雙封雙閉死求活，無中生有發神槍；兼有對接來救護，撥草尋蛇第五槍；一捷為先接二進，奪窩復奪稱鳳凰；裙攔刁扎還手救，梨花落總第六槍。

（三）勢

即套路，也稱為「耍套子」。陝西方言中的勢硬、勢軟、勢不倒、勢倒了、扎勢等詞語是用來形容男性的一種氣勢。紅拳體系以盤、法、勢、理四個方面組成，其中的勢是指套路中的技法組合，是紅拳套路動作的表現形式。當別人演練紅拳套路時，陝西拳師會這樣評價對方演練的水準：「勢扎得好」或「勢太硬」，「勢太軟」，「勢沒扎到」（打人不倒，扎勢不飽）等，不像別的拳種稱為「式」。紅拳拳經裡講「勢勢要亮，腳腳見將。身勢如閃電，腳底如魚竄。拔步如風，站步如釘。輕如鴻毛，重如泰山。拳打勢樣招打快」等都是講的勢。

紅拳的套路勢工形美，舒展大方，氣勢磅礴，時而如猛虎下山，時而身如游龍，起伏分明，柔裡帶剛，勢勢相連，如行雲流水。如紅拳炮捶中的「放炮」、「十大響」就是一種氣勢的表現。

套路含拳械對練。紅拳套路有 200 多種，如小紅拳、大紅拳、太祖紅拳、中紅拳、太宗紅拳、二路紅拳、粉紅拳、老紅拳、長小紅拳、月明紅拳、關東紅拳、關西紅拳等。至於所用器械，長兵器以槍棍刀械為主，如六合大槍、單頭雙頭母子棍、陰手琵琶棍、斷門刀、步戰刀等。套路作為入門基本功訓練，使初學者身法靈活，步法協調，既可下場表演，又可強身健體，是陝西農村主要的娛樂方式之一。

紅拳一系七拳。一系，即紅拳拳系。七拳，指紅拳拳系的 7 個拳種：1、九拳；2、紅拳（此處紅拳係小概念的

「紅拳」，指紅拳拳系的一個拳種，包括大小紅拳，二路紅、關西紅、關東紅、月明紅拳等，與大概念紅拳拳系的紅拳有別）；3、炮拳；4、通背；5、子拳；6、醉拳；7、花拳。一系七拳包括了紅拳所有拳種類別，涵蓋了紅拳的風格特點，在紅拳的空間方位、打法功能、勁力姿勢等方面均有所體現。如上有刁打縱跳、閃綻巧擊的子拳；中有打法多變、閃綻騰挪的九拳；下有滾打跌撲、反敗為勝的醉拳和勢工形美、繁華藻麗的紅拳、花拳；有直闖硬進、顛起倒插的炮拳；勁力綿長、柔中寓剛的通背拳。

7個拳種包括了紅拳拳系所有的拳械及提槍抱棍跑拳打手的紅拳全貌。

三十六勢：（1）撐拳；（2）斬拳；（3）雲手；（4）挑勢；（5）抹手；（6）捅捶；（7）補拳；（8）揭手；（9）窩捶；（10）掏腮；（11）包腳；（12）裙攔；（13）雀地龍；（14）打虎勢；（15）虎抱頭；（16）纏腰橫；（17）對口捶；（18）朝陽手；（19）跟脂腿；（20）挎劍腿；（21）三操手；（22）小提斬；（23）雙飛燕；（24）鬼扯鑽；（25）單箭腳；（26）單掛腿；（27）燕子唧泥；（28）燕子斜飛；（29）燕子穿簾；（30）判官脫靴；（31）林裡括筍；（32）欄馬檻腿；（33）肋裡塞車；（34）美女照鏡；（35）餓馬趴槽；（36）雙峰貫耳。

炮 拳（拔簧踩索、吐信鷹捉、虎躍龍縱、馬奔燕斜、擊膊拊髀、抹捅斬揭、炮響連環、威震敵膽）

炮捶，即炮拳，是紅拳系列最能彰顯秦漢尚武精神，充分反映神勇剛烈進取氣質，富於陽剛之美、風格獨享的

拳種。是秦漢宮廷樂舞「擊膊拊髀」「踏歌」與秦漢「手博」完美融為一體所創編的洋溢著雄強悍霸之氣的紅拳經典之作。

風格特點非常鮮明突出：炮捶以傳統的抹捅斬揭打法為核心，多層次多變化的組勢為骨架，段落行進追求勢勢相承，一氣貫通，所向無敵的風神韻勢，給人一派龍騰虎躍、鷹捉燕風、馬踏犀頂、貓撲仿生之寄寓。寓法於形，予人以強烈的武美雄渾，震人心扉的氣息感受。在套路運動形式上，以弓步推掌、回手鷹捉為起勢；以迅猛勁力、快速擊打為動力；常於直闖奔闖的行進中，乘勢飛腿騰踢以盡餓馬躍槽之能勢，顛起倒插，陡然折返，抹面而下。勢如疾風驟雨，驚心動魄，最後以狸貓撲鼠勢戛然而止。

炮捶動作鏗鏘有力，踏地如震地之雷，捅捶之猛如炮火轟鳴，揭手有倒山之功，抹手似利斧破柴。

炮捶套路多達十餘套，其中以炮捶、虎翻身、四把捶最為經典和多見。

炮捶拳訣（高家）：

平地雷聲沖天炮，猛虎出洞前探爪；卸手存步半馬站，雞抬步法爪護胸；閃身掃腿上衝天，黃龍探爪步左弓；卸挑扎拉馬勢存，三摟三衝錯步行；纏手擊肋掃堂腿，扭腕並步衝天放；

探身鷹爪把雞抓，收爪挑卸勢宜低；挫腳抹衝似魁星，抽樑換柱使得巧；左右鎖口連環捶，摘星挎斗暗藏技；風擺荷葉擰身行，釜底抽薪巧藉機；三路進軍抹又衝，閃綻摟劈帶口捶；

翻身包腳爆竹鳴，餓馬躍槽將身騰；揭抹摟衝宜巧

用，白鶴亮翅顯身形；金龍合鳳面貼金，閃身摟斬帶口捶；鷂子翻身蝴蝶腿，貼身撩陰變化精；迎面貼金龍合鳳，黑虎掏心意在胸；翻身包腳狸撲鼠，三路進軍按前行；平地一聲驚魂雷，大鵬展翅將勢收。

炮捶拳訣（邢家）：

此拳出世在陝西，清涼寺裡打炮捶；頭層抹，二層卸，三層放炮四層蹦；托天掌，震地雷，掛手走索緊跟人；雞爪摟，虎爪卸，踩腿緊隨跟上他；雙手抹泥馬架觀，單臂托掌炮衝天；白猿獻肘頭望月，蹬裡藏身閃綻巧；貓兒洗臉蚊形步，青龍擺尾海上渡；燕子鑽天樹盤根，翻身挖腿坐馬前；海底炮加千把贊，放炮十三是特點；揭抹劈掌加褟腿，餓馬躔槽實用美；狸貓閃綻三撲鼠，雙耳貫風定關中。

虎翻身拳訣：

青龍探爪驚虛空，撐捅挖腿斬拳揭；馬手撐抓龍出洞，蓋沖挖腿掄肘捅；翻身操腿狸狗閃，餓馬躔槽起風雷；揭手一捅翻身掌，青龍探爪黃龍引；翻身揭抹十大響，燕子浮水倒嗆泥。

四把捶拳拳訣：

龍起龍縱千江水，猛虎打豹虎翻身；梨花閃綻貓捕鼠，花豹打兔鷹抓雞；五羊擺渡東海岸，犀牛獻角把身防；餓馬躔槽龍探爪，燕子浮水倒嗆泥。

紅花炮捶拳訣：

一路炮擊出秦川，清涼寺內打炮拳；起手十子沖天炮，震地驚雷龍探爪；雞爪子落虎爪卸，抹手捅捶騰空蹬；抹劈揭抹左右還，掛捶沖天震地雷；烏龍探爪踩攔

腿，雞爪虎爪勢連環；抹手捅捶騰空蹬，劈斬揭抹左右還；退步綻手捅抹劈，懷中抱肘攔踩腿；分心捅捶抹劈斬，下勢狸貓三撲鼠；貼牆掛畫連揭抹，抹劈捅斬響炮炸；上步背抹連挖腿，揭抹左右變捅捶；縱步背腿轆轤蟄，回手十字拜四方。

通　背：

紅拳通背，即十二連環通背拳。此拳套共十二法二十四段。其拳勢名稱為：九牛八馬、坐馬平襠、十字勾摟、肘子掛燈、燕子戲水、鷂子入林、玉環步、鴛鴦腿、千子捶、連二趄、纏腰鎖、旋風攪。二百年來為紅拳邢家門人世代相傳，一向被拳家視為秘技，輕不傳人。該拳是培養紅拳勁力，側身換膀，力法快長的鑰匙。以步定身動，左右極度擰轉為核心動作；以步動身動為輔佐；以段落動作行進為形式；又以不同人體重心不同步法（上有並步，中有馬弓步，下有鋪步）和不同的動作難度，採用雙軌性的訓練法，每法往返兩段為終段運行，每段有三組，每組有三勢的重複。以每法雙段六組十八個動作計算，通背拳套共十二法，即為二十四段七十二組達二百七十六個動作，運動數量之多，強度之大，可謂紅拳系列中獨一無二。

練習中不僅對手、眼、身，精、氣、神方面有嚴格要求，還特別強調動作速度的緩慢均勻、勁力柔長呼吸配合，綿細如絲，不聞其聲。其傳統單勢手法重複訓練法乃久練必精、單操制勝之重要手段。

此種超大數量的法段組勢、順逆向訓練，亦是紅拳跑拳打手的制勝秘技和法寶。該拳套勢法中，鴛鴦腿和之字步、玄字步等特殊步法訓練，則是「手一動三發，步一動

三空」的實戰絕招的步法基礎。

（四）理

即拳法理論。歷史上流傳下來的譜本記有套路與動作名稱及打手要言、口訣札子、用武要言、圖譜等。紅拳有拳有譜，有拳有序，拳序相輔相成。紅拳有視肩以防手，視胸以防腿，視神知變，聞呼打吸的特色。

紅拳以撐斬為母，盡八法之變。撐斬即架打、劈打之法。八法者，撐、斬、勾、掛、纏、攔、沾、拷八種打法。紅拳打手和套路處處顯示了以撐斬為母、八法為變的特徵。套路講究姿勢工美，身步靈活，節奏明快，招法巧妙，勁道外柔內剛。練法講究勢輕勁柔，氣順招圓，以心意為根，用意不用力；打法講究以步制人，刁打巧擊，鑽身貼靠，踩腿審進；身法講究「撐腰擺胯，賊鬼刁拿，避奸溜滑」；手法以「撐斬勾掛，纏攔沾拷」為要；步法講究閃綻騰挪，裡跤外跤，總括為十六字訣：「撐斬為母，勾掛為能，化身為奇，刁打為法。」

紅拳講究內在鍛鍊，意的修練，講究「拳似流星眼似電，身如蛇形腿如鑽，力發於根，主宰於腰，形於四梢」，精氣神貫為一體。紅拳勢正形美，繁華藻麗，擅長扁身遠擊，勢雀筋柔。論其勢正（靜止姿勢）、武勇雄強則有撐補、裙攔、挑亮、靠山、斜飛、踩子、雀地龍、分心掌、打虎、對口貫捶、貼牆掛畫、封喉掛印、夜叉探海、托塔勢、魁星勢、石佛大臥等勢。論其形美（運用動作）、機捷巧變則有纏腰、丁胯、鬼扯鑽中平之勢。紅拳強調了兩種特殊身法扁身、雀身。扁身，即側身換胯、擰

腰捩髖的身法。在打手跑拳的運用上被形容為「有膀卻無膀，無膀卻有膀，丁膀不見膀，手去復探膀」。雀身，即俯身低勢以顯其柔，上掠下取以示其巧，突出閃綻騰挪，刁打巧擊。拳勢中縱有直闖硬進、強攻中路之勢，然多兩廂閃擊刁打偏取之法，層出不一。勁尚脆快，而兼長柔。

紅拳十六字訣：「撐補為母，勾掛為能，化身為奇，刁打為法。」

撐補（斬）為母：撐和補的關係就是防和攻的關係，撐為防，補為攻。二者之中補是技擊變化之源，同時要明白「撐中有補，補中有撐」，「以撐換補，以補換撐；以補換補，以撐換撐」，「撐來換斬」等技擊應用變化之法。總之撐與補變化隨情，緊密關聯，何況在撐補中還藏著巧妙的劈斬。僅就撐而言就有單撐、雙撐、緊撐、翻撐以及雀地撐、轉身撐等區別。紅拳中的撐不是一般的硬碰直撐，而是一種圓變旋轉的撐。其撐法之特令人欽佩，撐法之妙意深無窮。

化身為奇：武林界有「拳家的身，貴如金」的說法。紅拳特別重視「化身」的練習，講究自身不能化，既不能進堂制敵，更不能避敵取勝。在化身方面強調「身是一條線，不是一個面；側變肩要活，肩活步為先」。拳法講：「側身換膀練得精，就是神仙也不中。」講究「左非左，右非右，退有進，進有退」，突現了變化的一個「奇」字。

化身不僅使拳腳變化，進退相連，尤為可貴的是能削弱對方之力，借力趁勢取勝。故練紅拳的主導思想不是以力拚力，以猛對猛，而是講究「拳技功夫真，一巧破千

斤」。要巧破千斤沒有化身的本事就難以做到。要「化身」必須注重身法鍛鍊。以盤功練架的「弓步衝捶」而論，要求是「側身一條線，胸腹不全顯」。紅拳中的套路「通臂拳」、「六合手」、「閃綻騰挪」等都是練身法而體現「化身為奇」的重要體現。

勾掛為能：勾掛也就是紅拳裡的雲手，在紅拳諸多套路中連接招式。拳譜講：「練好雲手和抹手，打的天下無敵手。」紅拳突現出的特點是輕字，勾掛的手法才能表現出輕功的優勢。在習練紅拳的初級階段，要掌握「高掤低壓，裡勾外掛」的技能。但到了高級訓練中特別要求「高不掤，低不壓；裡不勾，外不掛，制敵取勝只一下」。這個秘訣是「有影無影，見形變形，一勢三翻，連環妙用」。勾中變招，掛必帶卸，勾掛有高勢低勢之分，亦有單勢雙勢之分，但都在變化中應用，其能無窮。紅拳中子拳套路勾掛之招最多，是體現勾掛為能的典型代表。

刁打為法：刁打是紅拳中最突出的技擊特徵。刁是審對方之情而發，與打相連。不進則刁而退之，如進刁打並用，以刁消對方之力，用打又以刁而退避。刁打均在對方要害之處，尤以擊打點破穴道為秘。所以刁打是貫穿在紅拳的始終之法。名拳四究拳，是運用刁打的典範。其手法共二十盤，用時每盤都是前後左右、四面八方進擊化變；刁必變，打必勝，神奇驚人。紅拳要練到「賊鬼刁拿，避奸溜滑」。

《康熙拳序》拳訣：

拳打之法最要精，或格或打莫放鬆；進退必須量緩急，虛實自有法變生；

開拳先向面上繞，不防之處下無情；拳打不防如破竹，防拳不打耳邊風；

提法插步使絆鎖，引手拳法上背工；掃堂纏腳高掛面，短打擒拿理無窮；

有人解開其中意，方為四海一明公；

打手歌訣曰：

拳打之法最要精，或打或格莫放鬆；進退必須量緩急，虛實自有法變生；懷中抱定琵琶手，看護門戶把身防；開拳先在面前繞，應打之處下無情；上打當面下踢襠，前撐一捶當頭炮；不高不低掏心捶，抹手臂掌進中盤；放對之時步為先，左右閃綻步連環；進步攔斬氣下沉，纏拿外挎步緊隨；上邊打的六合手，下邊使的鐵門閂；鑽心進步窩心肘，裡擠入身貼身靠；拳打三節不見形，若見形影不為能；拳打一線沒法攔，手腳齊到無遮攔；見弱活拿必勝他，敵強我弱忙躲閃；打法千樣任你用，爾不活用亦枉然；刁滑為奇勢法巧，神出鬼沒人難防；紅拳手法包萬象，實戰應用仔細參。

紅拳拳札：

紅拳的拳札是利用歷史人物、神話人物、自然現象、勞動動作、動物形象等以隱喻的方式，用三言、五言、七言、九言的表現形式組成的。如以神話人物和歷史人物為表現方式的「粉紅拳」拳譜：「粉紅拳起勢高強，斜叉步賽過天王。醉一勢隨風擺柳，孫行者大鬧天宮。魁星勢回頭觀望，鐵羅漢就地打躬。霸王並開兩張弓，劉備勒馬望江東。連三腿人人皆愛，一路粉紅鎮關東。」又如以動物為表現方式的「紅拳四把捶」拳譜：「龍起龍縱千江水，

猛虎打豹虎翻身。狸狗閃綻貓撲鼠，花豹打兔鷹抓雞。餓馬盤槽龍探爪，燕子浮水倒嚙泥。」紅拳炮捶拳譜顯示陝西人耿直、剛毅的個性，單從拳譜就可以體味一二，如「托天掌，震地雷。拉索踩船緊跟隨。頭排抹，二排卸，三排放炮四排蹩（蹦跳的意思），一抹一卸轆轤蹩」等。

紅拳口札：

紅拳口札包括：（1）練拳口札。（2）跑拳打手口札。（3）技擊打手口札。（4）內修外練口札。（5）擺場子口札。

紅拳把表演叫「耍場子」。表演有一定的程序，擅長主持的人必須熟背紅拳「口札」。常規表演時要表演「開場的流星，閉場的春秋」。開場的流星也稱打場子，耍流星錘者必須技藝超群，用流星四面打開場子，主持人在別人演練時根據表演者的不同套路向觀眾介紹，如：「太陽出來一盆花，天下紅拳是一家。大小紅拳出關中，斜插耀世誠英雄。迎面打的刀對鞘，回頭一步斬臥龍。斬手炮迎面貼取，護心鏡推倒金剛。四面掌左拿右肘，下三路一腿難防。」表演完畢有一位德高望重的拳師推一趟春秋刀收場。

「李邦彥拳法」（又名：「虎身法」）拳訣：

虎身法似閃電，眼要定正，手要快利，步要清滑。雲光閃躲，雲勾擺挎。雷公對敵，手生風則一動三發，步生門則一動三空。視容色以防詭，視兩肩以防手，視當胸以防步，聽言語以度意。先人至後人發。舊力若過新力未生，定亂互用，所防未見，不防已見，乘隙而入，虛實無定，正氣莫測。拔乎五風八手八變。手快利俱要步法精

熟。拳非扭晃而不開，非閃躲而不行，非低昂而不齊，非閃綻而不至，此八字熟練精熟，快如迅雷不及掩耳。

打手的秘訣：見勢而退，隨勢而進，出其不意，攻其無備，眼對手是步法不容相見。

師寶龍拳法：

一要功夫二要拳，三要足手緊相連，手起腳不挪，必定打不著，腳起手不動，必定是大病。側身換膀學得精，就是神仙也不中。打人如閃電，拔步如放箭。手去不顯身形，顯身形何為能。勢勢要亮，腳腳見將。身勢如閃電，腳底如魚竄。拔步如風，站步如釘。輕如鴻毛，重如泰山。拳打勢樣招架。打手不見手，見手不算手。進步如雞竄，出捶如放箭。高掤低壓，裡勾外掛，撐斬勾挎，高低上下。雙手不離腔，你忙我不慌。扁身身法最為奇，腳眼手尖不可離。打拳不離三尖，腳尖、手尖、鼻尖。出捶先看肩膀動，眼尖手快耳聽風。手是兩扇門，全憑腿打人。得步忙進腳，打人如捏火。撐來換撐，斬來換斬。撐不動不撐，斬不動不斬。高如泰山，低如鳥雀。有膀卻無膀，無膀卻有膀。丁膀不見膀，手去復探膀。你斬我綻（註：綻，陝西方言讀ㄔㄢ，解開的意思），你綻我閃。陰陽要轉，兩手要直。前腿要屈，後腿要直，步步前進天下無敵。撐手帶雲手，打得天下無敵手，大如玄黃，小如貓。五法合一家，打人焉不發。眼與心合，項與肩合，肘與膝合，腰與腿合，腳與手合，氣與力合。肩探捶攢，吸喉貫頂，翻臀折腰。一呼一吸，氣如細絲，習氣養身，穿腸過肚。五臟六腑，氣串經絡，行於丹田，左傳右轉。擰腰捩膀，通關利竅。挖心出捶，搓磨括打。下針為本，惜氣養

身。吸氣之法，縮骨欠肩，搜肩探膀。順人之勁，借人之力。撐捶不離腔口，前手如推泰山，後手如拔虎尾。手法易勁力難，離人一寸，打上有勁，離人遠必定閃。前頂後挺，上不離胸膈，下不離帶口，高不過眉，低不過肩。捶到臨身躲，迅雷不及掩耳。轉勁最為高，身法要逍遙。眼硬打的眼軟，手快打的手慢。拳不離腳棍不離搠，拳打手指，搶扎步眼，眼觀手腳定存亡。一要準，二要穩，三要欺心，四要狠。拳有千變萬化，閃身脫化滑如魚。一扳二扣三丁拐。

師寶龍八卦步法：

乾坤步者，東出而西入，東流而西轉，似日月的形象，活潑無定體也；坎步者，如坐浪舟，似水流下，快利無凝滯也。艮步者，身動步定，捉石似山，難移並無搖拽也；震步者，是春雷的氣象，猛力而急至，快勢難防也；巽步者。是風的形狀，不覺而疾至忽然而到，快勢無阻隔也；離步者，忽明忽暗，忽隱忽顯是火耀光也；兌步者，見勢而退，隨勢而進，似水而困也。

師寶龍紅拳技法特點：

要求演練拳法時注意意氣力的結合，先慢練，用意不用力，以意領氣，充盈人體中氣，體會氣脈運行，達到內壯目的，進而學習拳法中一招一勢的攻防含意，習練寸勁的運用；再快練，掌握拳法中的「明三手」之用法，最後由師傅結合拳架講述「暗六手」之變化，透過餵招，使拳法融會貫通，運用自如。

要求與人交手時心要靜，眼要明；大勢要穩，出手要快；跤口明，步法清，一手連三手，一手有三變，九九連

環手；要打上顧下，打左顧右，打前顧後，來拳要往開裡打；要尋找對方的空虛之處攻擊，使人旋轉而撲；若一人遇多人圍攻時，全憑步法走化；器械與人較技，要逢響疾進，逢空疾退。

紅拳拳譜：

紅拳拳譜是由紅拳單式動作名稱組成或串聯起來的表現形式，是按照拳套拳路的順序，運用人物、動作、植物、方言、人文景觀的方式表現動作的名稱技法。例如：海底撈月、鸚哥架、鷂子扳肩、燕子嗚泥、張飛擂鼓、美女照鏡腿、肋裡塞車腿、雲裡顯聖腿，兔子蹬鷹、迎面貼金等動作名稱。

小紅拳拳譜：

小小紅拳姿勢美，三步十字開式妙；撐補劈拳連珠炮，裙欄托掌雀地龍；踩步雲手打法高，單片坐盤背劍腿；縱步二起雙撐補，抱頭打虎稱英雄；挎劍三腿變化快，鷂子搬肩拿法巧；前後掃腿快如風，燕子嗚泥上下翻；金絲纏腕檻子腿，抹劈二起華山搖；丁門收式顯奇能，小紅快拳敵難擋。

中紅拳拳譜：

中紅拳法震關中，兩掌分開顯神通；花子裙欄通天炮，天王托塔隨身勢；單片包腳人難防，掃堂立腿單身片；神犬護法顯神威，緊隨真君楊二郎；金雞獨立觀四方，蜜蜂採花裙欄勢；白猿抱肘往前頂，抱頭打虎逞英雄；蠍子揚頭倒捲尾，三副雲手坐盤勢；迎風抹手二起腳，湘子追魂鴛鴦腿；翻身滾珠迎面斬，關公勒馬見寶鑽；降龍羅漢展翅勢，勒馬懸樁未定身。

二路紅拳拳譜：

二路紅拳震關中，毒蛇出洞顯神通；回頭弓步右捅捶，雙撐伸出托天行；丁膀燕子巧嚙泥，雙撐高掤見分明；進步單片二起腳，斜行海底燕飛騰；鷂子撲鵪奇妙勢，朝天蹬腿震天宮；撥雲托月招勢妙，雙峰貫耳馬分鬃；牽手背捶回頭望，丁門收勢顯本領。

粉紅拳拳譜：

粉紅拳起勢高強，斜叉步賽過天王；醉一勢楊妃擺酒，孫行者大鬧天宮；霸王並開兩張弓，劉備勒馬望荊州；魁星勢回頭觀望，鐵羅漢蹴地打供；連三腿人人兼愛，太祖粉紅震關中。

關西紅拳拳譜：

起手十字用撐拳，花子裙欄把身防；轉身一腿雙箭手，上驚下取雀地龍；左右霍挑勢亮定，靠子雲手歇步炮；操手單片箭手進，掛卸踩腿二起腳；抹捅劈斬左立花，秦王背劍掃六合；海底擺腳燕卻泥，連環斬拳震步窩；踩腿擊竄背劍腿，塌掌外摟一對口；急進歇步抹斬捶，箭手下接括筍勢；進步推山金鉤釣，轉身倒海金鉤還；金龍纏柱二起腳，鋪步連斬撐補勢；活步綻手翻身窩，踩腿擊竄背箭腿；塌掌外掛一對口，插步雙摟雙箭手；古樹盤根把身藏，踩腿擊竄背箭腿；掛劈踩腿撐補勢，活步綻手雙分掌；貓兒洗臉把身藏，翻身花子三箭手；鷂子入林鬼神驚，震步花子再箭手；翻身鷂子一般同，震步花子又箭手；掛劈歇步起踩腿，進步獨立補拳勢；威身靠子代雲手，雙摟雙箭摜耳捶；歇步掛斬踩腿跟，撐補綻手翻身窩；歇步掛斬連踩腿，旋風抹衝旋風

攪；卸手括筍虎抱頭，撐拳花子裙欄勢；十字回手何名姓，一路紅拳出關西。

（五）功 法

外功功法：

1、紙墩功 2、推山掌 3、千把轉（合盤掌）4、鐵沙掌 5、磕臂功（磕臂膀）6、鐵掃帚（踢椿功）7、鐵牛耕地 8、龍爪功 9、鐵珠袋（甩沙袋）10、千斤墜（拉懸沙袋功）11、紅孩拜觀音 12、打沙包 13、紅拳排打功（硬功）14、石鎖功（煙吞走馬燈、魚旁魚皮魚翻、猴子翻跟頭、蜻蜓叮柱、開四門、蘇秦背劍、黑狗鑽襠、天王托塔）15、擔子石 16、拈花功（鐵指捻石）。

內功十八法：

1、玉柱椿功 2、朝佛勢（丹田功）3、白虎洗面 4、仰臥功 5、雙龍盤功 6、單龍盤功 7、吐故納新 8、霸王舉鼎 9、左右開弓 10、青龍探爪 11、羅漢伏虎 12、摘星換斗 13、海底撈月 14、白猿獻果 15、九牛拽尾 16、拳擊華山 17、金剛抖威 18、天王托塔。

內功歌訣：

紅拳內功一味鉛，提精練氣補先天；先天元氣是根本，再加後天成混元；精養靈根氣養神，養功養生見其真；丹田養就千日寶，萬兩黃金不與人；紅拳內功十八法，先師秘傳來修練；抿唇閉口舌舐齶，呼吸全從鼻孔穿；調動先天真元氣，練就後天成混元；椿功運氣歸丹田，紅拳功夫它當先；玉柱椿功練氣法，朝佛合掌心宜然；雙龍盤坐靜中求，單龍盤坐靜思神；吐故納新內氣

生，霸王舉鼎理三焦；收勢合掌常年練，養生奧妙在裡
邊。

二 紅拳的獨特風格與鮮明特色

1、古代陰陽變化思想是紅拳的理論基礎

陰陽，是中國哲學的一對範疇，古代思想家以此解釋
自然界兩種對立、相互消長的物質勢力。陰陽思想最具代
表性的著作《老子》第四十二章中記有「道生一，一生
二，二生三，三生萬物」「萬物負陰而抱陽，沖氣以為
和。」《易經・繫辭上》說：「一陰一陽之謂道，繼之諸
善也，成之性也。仁者見之謂之仁，知者見之謂之知，百
姓日用而不和……陰陽，不測之謂神。」又說：「日月之
義配日月。」所謂「陰陽」，《說文》解釋其意：
「陰」，暗也，水之南山之北也。「陽」，高明也。二字
相連，表示對立相反的兩個概念。（《周易》的卦爻作
「—」和「——」的排列，正反映出陰陽之義，而是有樸素
唯物觀的進步思想）

紅拳的陰陽變化思想，具體體現於方向、起勢、收
勢、勢法、套路、拳掌位置。動為陽，靜為陰。以套路起
勢而論，起勢為陽，收勢為陰。以拳掌而論，以「出手掌
拳心向上為陽，向下為陰。以身體而論，以前為陽，背後
為陰。以身體正面而論，左為陽，右為陰。以姿勢而論，
定為陽，動為陰。以手法而論，定法為陽，變法為陰」
「不招不架，只是一下」為陽，「犯了招架，連擊連打」
為陰。以跤法而論，裡跤為陽，外跤為陰；進跤為陽，變

跤為陰。以打手而論，直取硬進為陽，側閃變化為陰。以勁力而論，剛勁為陽，柔勁為陰；以剛猛之勁為陽，以柔化之勁為陰；硬撐斬為陽，刁打巧擊為陰。以呼吸而論，吸氣為陽，呼氣為陰。以套路身法而論，重者為陽，輕者為陰；急者為陽，緩者為陰；頓挫為陽，抑揚為陰；以實為陽，以虛為陰。以拳法八法而論，撐、勾、纏、沾為陽，斬、挎、攔掛為陰。以步法而論，進步為陽，退步為陰。以拳勢而論，高者為陽，低者為陰；上撐拳為陽，下斬拳為陰；高掤為陽，低壓為陰；外掛為陽，裡勾為陰。以套路結構而論，直行往返為陽，多向變化往返為陰。以套路內容而論，少者為陽，多者為陰。以持器而論，右手為陽，左手為陰；順手為陽，反手為陰。以槍法而論，右封為陽，左閉為陰；右捉為陽，左拿為陰；下摟為陽，上提為陰；吃槍為陽，還槍為陰。以棍法而論，封摩搬裙為陽，揭挑提攔為陰。以刀法而論，提、撩、滾、擒為陽，扎、砍、摩、拿為陰。以鞭法而論，遮、縱、領、刁為陽，攔、橫、劈、打為陰。以春秋刀而論，迎、勾、開、托為陽，封掛、劈、砸為陰。以器械而論，單械為陽，雙械為陰；硬械為陽，套索為陰；單鞭為陽，雙鞭為陰；大槍為陽，花槍為陰；單刀為陽，雙刀為陰；雙頭棍為陽，單頭棍為陰；大褳枷為陽，雙小褳枷為陰。以鍛鍊季節而言，「夏練三伏」為陽，「冬練三九」為陰。

2、象形取意、寓形於法的術語命名和承傳是紅拳顯著特色

所謂武藝中的象形取意、寓形於法係指以象形取意擬人擬物的比喻命名和承傳的方式。我國武藝以象形取意的

命名與傳教始於春秋時期的「越女論劍」，《吳越春秋・勾踐陰謀外傳》中擬人擬物的比喻為：「見之似好婦，奪之似懼虎，杳之若日，偏若騰兔，追形還影，光若彷彿。」爾後，伴隨武藝的不斷發展，套勢、打法、內容的不斷充實，尤其是民間武藝中興的唐、宋時期套子武藝的急遽發展和迫切需要，宋代又有以帝王君主命名、飛禽走獸命名和步法命名的「趙太祖三十二勢」「猴拳」「囮拳」「六步拳」，成書於宋末明初施耐庵《水滸傳》中的棍法有「舉火燒天」勢和「撥草尋蛇」勢，拳法有「玉環步鴛鴦腿」等。其種類涉及範圍十分廣闊，為了形象地描繪套勢拳法，幾乎所有拳譜都大量使用了比喻和誇張的修辭手法，並廣泛借用了擬人動物仿生、宗教鬼神、歷史人物與傳說、日常生活、農事生產、自然天象、花卉等。

形象比喻的作用有三：第一，增添武藝人練武的藝術情趣和文化內涵；第二，開創了訣不離口的意義識記之記憶方法，如：出場亮勢、打手跑拳皆有名子和比喻，更有利於武術的承傳；第三，增強了武藝套勢和技擊的藝術效果。總之，鮮明的形象、豐富的內容，從一個側面充分地反映了武藝的進取精神。

據不完全統計，在動物的仿生比喻方面有 16 種之多。

飛禽動物類如：燕子噙泥、燕子卻泥、燕子喝水、燕子穿簾、燕子斜飛、燕子浮水、雙飛燕、燕子抿翅；鷂子入林、鷂子搬肩；鳳凰點頭、鳳凰奪窩；二龍爭珠、金龍纏柱、黃龍占竿、黑龍入洞、烏龍絞柱、龍起龍縱、懶龍曬背、二龍刀、青龍刀、黃龍棍、紅龍棍；孤雁盤翅、孤

雁出群；鴿鵪旋堂等。

　　走獸昆蟲、爬蟲和家禽類如：猛虎抱頭、猛虎爬壁、黑虎掏心、白虎洗臉、五虎擒羊、虎翻身、打虎勢；餓馬胖槽、攔馬檻子、白馬分鬃、龍馬抬蹄；猴娃掛面、白猿獻果、白猿滾臂；撥草尋蛇、白蛇弄風；蜜蜂亂採花、蜻蜓點水、紅蛛戲腰；鐵牛耕地；兔兒蹬鷹；鯉魚掏腮；黑驢滾氈；鴨子拌嘴；貓兒洗臉、狸貓捕鼠；母豬探泥；金鰲劈舟、花豹打兔；犀牛望月、犀牛獻角；五羊擺渡等。

　　農事生產類如：莊稼揚場、老漢看田、泥裡拔蔥、樵夫砍柴、林裡括筍、浪裡拾柴、隔牆撒竹等。日常生活類，如：珍珠倒捲簾、玉女抱瓶、鐵掃帚、金鉸剪、花子夾把、千把攢、金鎖銀扣、單手照鏡、美女照鏡、鎖裡拔簪、六把扇子、鐵扇子、貼牆掛畫、雲裡撥燈、花子闖街、朝天三炷香、沖天炮、水裡挑蓮、火裡抓子、姨娘倒穿鞋等。

　　宗教鬼神類如：仙人捧盤、仙人指路、羅漢負寶、夜叉探海、童子拜佛、魁星提斗、悟空獻肘、二郎擔山、五鬼罩臉、判官脫靴、小鬼掂槍、小鬼脫衣、藍采和雲陽擺扇、何仙姑爪籬傷人、呂洞賓執劍拷打、八仙過海。

　　歷史人物類如：趙太祖三十二勢、康熙大小紅、靖王托塔、秦瓊帶肘、李逵標魚、秦王摩旗、浪子（高俅）踢球、倒打（姜子牙）西岐、霸王槍、瀝泉（岳飛）槍、子龍槍、春秋大刀（關羽）、陳俊背鞭取濮陽、仁貴倒取摩天嶺、公主攮王彪、鶯鶯倒上橋等。

　　植物花卉類如：葉底藏花、金絲纏腕、細柳過肩、枯樹盤根、梨花擺頭、一盆花、梅花拳、大梨花拳、七字梅

花槍等。

　　自然天象類如：環中抱月、雲裡撥燈、月斜月圓、月裡穿梭、海底撈月、正月背月（封、閉槍）。

3、紅拳拳譜的人文物化色彩

　　紅拳拳譜在語言上、想像表現方式上，滲透到民間的各個領域，有人論及紅拳拳譜就是紅拳文化的歷史，它在利用歷史、人物、環境、動物形象地表現了紅拳技法的內涵，在歷史動盪中紅拳文化都刻了紅拳人不屈不撓的抗爭精神。

　　如：「粉紅拳」拳譜：就是以歷史人物為背景形象刻畫出套路的風格：「粉紅拳起勢高強，斜叉步賽過天王。醉一勢楊妃擺酒，孫行者大鬧天宮，霸王並開兩張弓，劉備勒馬望荊州，魁星勢回頭觀望，鐵羅漢蹴地打供，連三腿人人兼愛，太祖粉紅震關中」。也有用動物形容套路風格的如：紅拳四八錘拳譜：「龍起龍縱千江水，猛虎打豹虎翻身，狸狗閃綻貓撲鼠，花豹打兔鷹抓雞，餓馬盼槽龍探爪、燕子浮水倒嗑泥」。

　　在紅拳打手歌訣中曰：多採取陝西方言和同音字隱喻形式，把其技法內容隱喻起來，只有在師傅的講解下徒弟才會明白其含義，如：紅拳拳師常說：「年拳月棍久練槍，單鞭只練一後晌。」從字面看，似乎明確無誤地說，習練單鞭「達標」的時日要較之拳、槍、棍來得容易，「一後晌」，在陝西方言的含義是一下午（半天）的意思。可實際的意思是講「以後上」，短鞭對長器械來說，有其自身的「短處」，即難以接近對方，只有調整靈活多

變的步法，伺機「反擊」，這就是「短對長，腳下忙，以後上」既後發制人。

4、紅拳歷史悠久，內容豐富，系統完善。

紅拳的立意命名，是基於紅拳人對火騰圖的極端崇拜，對奮發向上、有為進取和光明無限的思想追求。紅拳是誕生於民間武藝中興時期的唐後期到宋的一個源遠流長的古老拳派。據王克俊、田克惠《心意紅拳》講：「唐末宋初華山道人陳摶老祖立名紅拳，又因陳摶老祖傳關中紅拳於宋代開國皇帝趙匡胤，後被稱為『太祖紅拳』。因以宋太祖趙匡胤命名的『紅拳』，至此紅拳在歷史傳承中再沒有人敢用自己姓氏來命名紅拳。戚繼光的《紀效新書》中說『三十二勢長拳又名紅拳、太祖拳』。」

戚繼光《紀效新書》對拳術「勢、法、訣、套、圖」有比較完備的記載，書中能確指「紅拳」一詞，說明「紅拳」至少存在於戚氏之前。明王圻《續文獻通考》亦同時記有使拳之家十一，曰：趙家拳、南拳、北拳、西家拳……。這裡的「西家拳」，即紅拳。據此，500 年前紅拳已名列我國武藝流派之第四位。

「盤法勢理」概括了其從基本功、打法、套路到拳理的全貌與實質。「一系七拳」包括了紅拳所有類別，從空間方位、打法功能、勁力姿勢、所有的拳械及提槍抱棍跑拳打手等方面均有所體現，如上有刁打縱跳、閃綻巧擊的子拳；中有打法多變、閃綻騰挪的九拳；下有滾打跌撲反敗為勝的醉拳和勢工行美、繁華藻麗的紅拳、花拳；有闖硬進、顛起倒插的炮拳；勁力綿長、柔中寓剛的通背拳。

5、紅拳傳播廣泛，拳域開闊。

紅拳早在清代時期已是「西傳甘涼兼濟寧新，南跨秦巴以至川楚，北蹈流沙以出榆關，東向宛洛至於晉中」。尤以關中最盛。清代軍機處檔案記載乾隆年間，寶雞人張陽真是東傳紅拳的第一人。張陽真在周至應山西平遙人師來明之邀至山西傳授紅拳，又至山東聊城傳授紅拳。山東城武縣張景文述其傳承云：「伊父及祖父素習紅拳」。山東冠縣人張洛焦述其傳承，其叔張普光學自山西平遙人師來明，師氏於乾隆二十八年（1763）在陝西周至拜寶雞人張陽真為師，學得紅拳兩套。

乾隆末年到道光末年，黑虎邢三與鷂子高三、餓虎蘇三、通背李四交手切磋、意氣相投結義金蘭，人稱「三三一四」，其中鷂子高三遊歷河南、河北、山東、山西、湖北等各省拜訪名家，完善紅拳創立「新意紅拳」。據考高三弟子張騰蛟將紅拳傳入四川、重慶，鷂子高三也多次入川傳授紅拳。高三對紅拳發展貢獻最大，西傳紅拳甘肅，南跨秦巴到川楚，北出榆林，東至晉中。在三三一四的影響下紅拳在清末發展達到頂峰，出現了一批優秀的紅拳傳承人，紅拳的傳承也遍及關中大地。民國時期紅拳傳人井勿幕、楊虎城、胡景翼成為歷史的開拓者。

6、技擊性強，講究出手見紅。

陝西位於我國西北，民風勁悍，尚氣力，以武勇著稱。民間紅拳人中世代流傳的紅拳「出手見紅」、「出手一點紅」的拳諺，就是對其技擊性極強，起手奔面門，舉

手必傷人的生動寫照。紅拳要求與人交手時心要靜，眼要明；大勢要穩，出手要快；跤口明，步法清，一手連三手，一手有三變，九九連環手；要打上顧下，打左顧右，打前顧後，來拳要往開裡打。並且講究「戰時有敵當無敵，練時無敵當有敵」，「沒人當成有人練」。與人實戰對打時，心境平和，周身放鬆，「不犯招架只是一下，犯了招架十下八下」。這也與戚繼光拳經說法是一致的。有人將紅拳拳法之特點歸納為：打手不見手，見手不算手，速揭速打，以快制勝；側身換膀，擰腰振胯，扁身卻勢，力法快長；左右閃綻，虛實奇正，避實擊虛，多算而勝；掌打寸勁，捶躲臨身，防不勝防，後發制人；手是兩扇門，全憑腿打人，手掩腿法，以腿制勝是很有道理的。

7、以意領氣，用意不用力，紅拳又稱「軟拳」。

紅拳又稱「軟拳」，主要是以意領氣，以氣催力，勢勢相承，令身協調，聯貫一氣。要求演練拳法時注意意氣力的結合，先慢練，用意不用力，以意領氣，充盈人體中氣，體會氣脈運行，達到內壯目的，進而學習拳法中一招一勢的攻防，習練寸勁的運用；再快練，掌握拳法中的「明三手」之用法，最後由師傅結合拳架講述「暗六手」之變化，透過餵招，使拳法融會貫通，運用自如。

歷代的武術家都注重內外兼修，特別是對氣的鍛鍊尤為重視。他們把練氣、養氣、集氣作為武術上乘功夫。華山陳摶秘傳《華山老人秘授調氣煉丹圖》說：「昔武穆侯，居鄉懿行立朝火節，昭然史冊，然其調氣而至於神勇人罕見其法。有華山老人秘授調氣煉丹圖，注二十四式，

行此功者於靜室，面向東立以收先天之生氣，舌抵上齶，調其氣息，任其出入，通身不可一處用力，無有一處用力，則氣貫至手拳矣。」紅拳前輩常說的「內練一口氣，外練筋骨皮」、「氣沉丹田，內外合一，以氣催力」的內外兼修、形神俱備是紅拳運動的重要特點之一。

紅拳專家田克惠教授在其「習武心得」中，明確講到以下數點：

圓活：

紅拳的每一動作過程和其他拳種相同，無不體現弧線運動。以不同頻率活動的手、腳、身、腰都在空間作曲線運動或螺旋形的纏絲運動。有全身纏絲，即大纏撐，全身各部位同時擰扭，肩、肘、胯、腰扭動幅度較大；有部分纏撐，如腕、踝、指轉動。又分裡外纏撐，裡纏撐是由外向內扭擰；外纏撐是由內向外纏撐。全纏撐如撐、旋、走、轉；部分纏撐如搖身進擠；大纏撐如攔、摟；小纏撐如抹、勾；裡纏撐含捲勁，外纏撐含撐勁。

纏撐瞬時爆發力接觸敵體的任何部位都可擲敵而出，拳勢除走弧形外，要內外結合，上下相隨，左右互易，連綿不斷，拳勢要不軟，不僵，每招式均要纏撐。

弧形，無止的曲線運動。

輕鬆：

動作時全身肌肉和關節都要放鬆，神靜氣和，這樣才會做到運轉輕靈，周身氣血通暢。如果肌肉緊張，筋脈也隨之緊張，硬骨間的軟骨組織被壓縮得不舒展，氣血流通受阻，動作難以靈活變化，既達不到健身目的，也易為敵所乘。

巧妙用力，既不頂又不離。敵攻我閃躲，敵退我進攻。

練氣：

人生必具有三氣，一為得之於父母的先天之氣；二為食品所供之氣；三為空氣中之氣。而武術家認為氣是經過鍛鍊可隨人意識在體內有能量、訊息流動的物質。氣沉丹田，主要是指吸氣時，意識使氣下沉至臍下丹田，實際是腹部深呼吸，吸入氣多供氧充足，有利於血行氣順，肢體鬆活，並使橫膈膜上下移動，對內臟起按摩作用。胸式呼吸，氣易上浮，故應氣沉丹田，注於全身至於四肢，以氣催力。

一吸一呼如絨絲，才能穿腸過肚，氣串經絡，行於三關，過於丹田，至於氣海到尾閭，氣維中而不旁溢。

紅拳實質是很講究鍛鍊真氣，培育元氣，扶持正氣。所以它能扶正袪邪，增強人體的免疫力和抵抗力。內功鍛鍊要求放鬆、入靜、自然和排除雜念，所以它能排除「應激性反應」，消除緊張狀態。通過紅拳十大盤功、養生氣功、部分慢練套路的訓練都能達到疏通經絡，調和氣血，平衡陰陽，提高神經系統協調能力，達到防病、治病、健康長壽的目的。

8、自古即有「耍拳」「耍場子」的講究。

據傳，秦王嬴政在打完勝仗後舉行的慶功宴上，武士們赤膊「擊膊拊髀」（跳拍打舞）以示慶賀。這與現在紅拳演練中「放炮」、「十大響」有著非常相似的表現形式，與民間流傳的紅拳諺語「擊皮為鼓」「耍拳」也如出一轍。

唐代武舉的設立進一步刺激了長安城官宦子弟和遊俠習武的慾望，耍拳、舞劍、扎槍、跑馬、射箭成為長安少年的主要生活內容，各地的武士會集長安。王維的《少年行》曰：「新豐美酒斗十千，咸陽遊俠多少年。相逢意氣為君飲，繫馬高樓垂柳邊。」亦有詩曰：「國公大將天下名，尉遲奪槊更神勇，哥舒半斷封喉技，鐵槍威名是秦瓊。」都充分表現了當時古長安習武之風和愛好之盛。杜甫《觀公孫大娘弟子舞劍器行》：「昔有佳人公孫氏，一舞劍器動四方。觀者如山色沮喪，天地為之久低昂。霍如羿射九日落，矯如群帝驂龍翔。來如雷霆收震怒，罷如江海凝清光。」更是將陝西人俗稱的「耍拳、耍槍、耍棍、舞槍、弄棒、耍對子」推向了高潮，時至今日在西安還保留著習武園和教場門等地名，都是例證。

　　民間常用「耍紅了」表示紅拳的興盛、吉利、豔美，並體現得豐富多彩。

　　一是數百年來拳家的外出訪教和江湖賣藝者的口歌承傳，表演前先作一番說道：「銅鑼三聲響四方，先拜鄉約和鄉當，清清岸上楊柳長，請讓為弟歇歇涼。」……「小可初到貴地方，拜望不到請寬讓。」……「僧道兩門、回漢兩教都拜到，拜不到的莫見笑。」「四周為上，小可為下。」……「江湖浪蕩眾為上，咱耍武藝有名堂，上耍雲貴兩省，下耍湖北襄陽，廣東廣西上海海上，上河下河涇渭二河，東京汴梁、西京長安，南京鳳陽，北京燕山，時來了與君王對坐，時去了天下海落，南京收成到南京，北京收成到北京，南京北京都不收，黃河兩岸度春秋……」

二是「耍場子」時不僅場上有練的，場邊還有解說的。表演時，還得有人在旁邊說「口札」（拳路口訣），一方面是要給看的人介紹拳的特點，讓大家看個明白；另一方面也是烘托氣氛。」譬如「流星本是一條龍，耍它離不開丈二的繩。金疙瘩，銅疙瘩，老君爐中煉就了它。上殿耍了個君王可愛，下殿耍了個文武皆誇。左纏右纏，左繞右繞，老媽媽拐線。上打的朝天三炷香，下打的黑虎鑽襠。」這練得就是軟器械──流星錘。

三是「忙來時耕田，閒來時耍拳」武術博士馬文國先生講：農閒時節，經常有一些知名的拳師擺起了場子，朋友、徒弟一大幫，在打麥場上，月色明朗，刀光劍影，不時有叫好之聲，四方的百姓趕來目睹鄉村的精神文化大餐。值得回味的是，陝西人一般把練拳叫「耍拳」，體現了陝西人悠閒的品性，在「耍」中悠然自得，行拳走架，耍出了瀟灑，也耍出了神采，這大概是陝西紅拳獨具的文化特色。幾年前，到一個鄉村去訪友，偶然在村裡看到一群老人在冬日的午後靠在玉米桿垛子上，有的抽旱煙，有的眯縫著眼在曬太陽，有的在哼著秦腔，搖頭晃腦，有兩個老人在慢悠悠地「耍拳」，你一招我一勢，不緊不慢，累了喝口釅茶或者抽一鍋旱煙，然後繼續演練。周圍有幾個孩童在驚奇地觀看，似乎不知道這些老爺爺們在耍什麼把戲……

「耍拳」成了人們生活中不可或缺的東西！

9、雀地龍勢之傳承與扁身側勢的技法特色

紅拳勢法在明朝抗倭名將戚繼光三十二勢長拳套路內

容數量中，比重達三分之一之多。其中「雀地龍下盤腿法」，說明雀地龍勢是較為著名的一勢（洪洞通背纏拳對雀地龍「歌曰：翻舞袖顛翻活潑，偷步進揭起跌叉，人若犯蛟龍出海，後繼著紅拳穿插。」陳溝拳亦之）。

紅拳雀地龍勢法，最早的文字記載，是戚氏《紀效新書・拳經捷要篇》，該勢形象也被收入其三十二勢圖譜。「雀」是「卻」的音誤。《廣韻》解釋「卻」字是「退」的意思。《韻會》又說「卻」也寫作「雀」，然而「卻」又純粹是關中的方言或是漢、唐時期的文語。唐代平陵竇威詩句「望雲方卻月，結陣始連營」句中之「卻月」字意為「退藏」之意。晉代王嘉撰《拾遺記・前漢》中記有：「董偃常臥延清之室，以畫石為床文如錦也。石體甚輕，出郅支國。上設紫琉璃帳，火齊屏風，列靈麻之燭，以紫玉為盤，如屈龍，皆用雜寶飾之。侍者於戶外扇偃。偃曰：玉石豈須扇而後涼耶？侍者乃卻扇，以手摸，方知有屏風。」可見漢代的「卻」字義，又有停止之意。「卻」字是藏匿躲避不使覓尋的意思。至今陝西關中人猶稱某人躲藏為「卻好」，稱發現藏躲為「甭卻」，等等。什麼是「雀地龍」？其勢法文字含義說明了哪些問題？「雀」指什麼？應指的是飛禽中燕子、喜鵲、鵬雀之類的鳥類。「龍」又是什麼呢？據史書上說它是魚類蛇族的代表，「春分而登天，秋分而潛藏」，是極善變化的吉祥動物。在詞句上應斷為「雀地」作動詞，「龍」作名詞為當。故「雀地龍」勢的運動過程可被形容為，其勢蓄低如飛「雀」伏地之狀，其勢發起如「龍」沖空之象。其在打法上姑且不談，此題只述扁身與卻身之身法所及。古代拳抄

譜本中有這樣的記載：「雀地龍，出入身法、低行也」，是說「雀地龍」勢是由高出而變為低入的低行身法。「燕子雀泥雀地龍」勢的運動動作，要俯身下勢，扁身調臂，翻臀折腰，頷胸掠地而起；盤肩盤腰的動作方法，就是側身換肩，擰腰振胯的補勢。可見「雀地」即指今紅拳的「卻身」之法。

卻身即扁身，紅拳講「扁身遠擊，側身換胯；上驚下取，勢雀筋柔，閃綻騰挪，刁打巧擊」。扁身，即側身換胯，擰腰振胯的身法。在打手跑拳的運用上被形容為「有胯無胯，無胯卻有胯，丁胯不見胯，手去復探胯」。可致長擊遠颺長拳之風。卻身俯身低勢以顯其柔，上驚下取以示其巧；「側身換胯」、「三尖」對照。即上照鼻尖，中照掌尖，下照足尖。此種淵源於春秋時代射技的實戰姿勢，在明代已被冠名而為楊家槍法和紅拳所承襲。

10、獨具特色的「手」「雲手」「串子」與「排子」

《漢書・藝文志》收《手博》六篇記載：「技巧者，習手足，便器械，積機關，以立攻守之勝者也」。其中的「手」是技巧的含義，「習手足」是漢代以前關於徒手搏鬥技術，被列入兵技巧，為軍中所採用，是專門的著作，也是目前所知中國最早的一部拳術古書。而紅拳中也常有「手」之稱謂，至今保留著漢唐古老「手搏」的稱呼，如紅拳中的單勢技法和組合技法：如六合手、五花手、撐手、斬手、雲手、抹手、和組合「排子手」、「耍串子」。「排子手」有打手排子、抹手排子、雲手排子、四排子手、八排子手、九排子手、十二排子手、二十四排子

手、三十六排子手等。在紅拳傳承中師傅給徒弟解招稱為「過手」，在拳規中有「寧教十套拳，不過一個手」之說；「搭手」是師兄弟之間進行點到為止的技法切磋，是一種文打的方式，是所學的紅拳技法在實戰中的應用，俗稱「跑拳搭手」；與同行切磋稱為「打手」。土生土長的千年紅拳包含著手搏的全部內容。「手」在紅拳傳承中保留著漢唐「手搏」原有的含義，完整地流傳至今，被稱為中國武術的活化石。

南宋初年，人稱「陝西大俠鐵臂膀周侗」，精通關中紅拳排子手，出遊河南時曾向抗金英雄岳飛傳授了關中紅拳的「排子手」。

紅拳拳經講「撐手帶雲手，打得天下無敵手」「手上的串子，腳底下的絆子」。歷代的紅拳傳人根據自己的身體特點，把所學的「排子手」、「串子」用雲手等動作連接起來便為紅拳衍生出了眾多的套路，現在有些紅拳老師在下場「耍拳」，就是利用「跑門子」，如「飛雀門子」、「裡外雲手」，配合紅拳的稱九宮八卦步法走四門四角，把自己擅長的紅拳單式技法、組合技法隨心所欲地連接在一起演練。表演的時間長短，根據個人的體力來定，保留著紅拳套路最初的表現方式。

此外，可以見到的是洪洞通背纏拳亦是由一至九個排子組成母拳，雲手在陳溝拳中也是屢見不鮮。

三 「紅拳」「炮捶」字樣屢見於戚氏拳經、少林寺、陳溝拳和洪洞通背纏拳，似將其串成一線

「紅拳」這一名稱，被戚繼光編入《拳經》三十二勢

中，其拳名、拳法、拳勢、拳訣、圖式亦赫然在在目。計有懶扎衣（裙欄勢）、懸腳虛（二起腳）、伏虎勢（挎劍腿）、雀地龍、朝陽手（沖天炮）、指當勢、鬼蹴腳、當頭炮（撐拳）、順鸞肘、拗鸞肘。如雀地龍、指襠（當）勢、鬼蹴腳三勢訣中皆有紅拳二字。雀地龍勢訣曰：「雀地龍下盤腿法，前揭起後進紅拳，他退我雖顛補，衝來短當休延。」指當勢訣曰：「指當勢是個丁法，他難進我好向前。踢膝滾躦上面，急回步顛短紅拳。」鬼蹴腳勢訣曰：「鬼蹴腳搶人先著，補前掃轉上紅拳。背弓顛口披揭起，穿心肘靠妙難傳。」

《少林拳譜》載：「元末覺遠上人訪白玉峰、李叟於陝西寶雞、蘭州，習大小紅拳擒拿術。後白玉峰、李叟隨覺遠入少林寺傳授大小紅拳、棍術、擒拿等。」

《陳氏一百單八勢長拳圖譜》中「行拳要言」載：「是拳採摘名家好手居多，至大紅拳、小紅拳、炮拳等類。」

洪洞通背纏拳菊軒氏譜本《目錄》53.少林寺拳法摘要（實為戚繼光「拳經」前言）；《通背行拳要言》二是拳採摘名家好手居多，至大紅、小紅、炮拳、猴拳等類，凡佳妙者亦採來人一二手，總以通背為尚；如：「按手紅拳」「掩手紅拳」「左右紅拳」「拗鸞肘，打一個左右紅拳」「掩手紅拳，回頭五子轉換」「左轉紅拳右跨馬，右轉紅拳左跨馬」「小紅拳，打一個火焰攢心」等等，都見於其中。

紅拳炮捶拳訣曰：此拳出世在陝西，清涼寺裡打炮捶；起手十子沖天炮，震地驚雷龍探爪；雞爪子落虎爪

卸，抹手捅捶騰空蹬；抹劈揭抹左右還，掛捶衝天震地雷；烏龍探爪踩攔腿，雞爪虎爪勢連環；抹手捅捶騰空蹬，劈斬揭抹左右還；退步綻手捅抹劈，懷中抱肘攔踩腿；分心捅捶抹劈斬，下勢狸貓三撲鼠；貼牆掛畫連揭抹，抹劈捅斬響炮炸；上步背抹連挖腿，揭抹左右變捅捶；縱步背腿轆轤鳖，回手十字拜四方。

洪洞通背纏拳「捶」「炮捶」也相當普遍，如：四大套捶便是：掩手紅套捶、庇身拳套捶、七星拳套捶、穿椿拳套捶；一套「掩手紅套捶」中的六變捶勢是：當陽鞭捶、翻花炮捶、望門攢炮捶、反堂椿炮捶、掩手紅炮捶、窩弓射虎炮捶；二套「庇身拳套捶」中的六變捶勢是：十面埋伏捶、拗步掏心捶、庇身貫日捶、高挑指褚捶、金雞獨立捶、玲瓏護心捶；三套「七星拳套捶」中的六變捶勢是：六封四閉捶、劈打縱橫捶、跌打連環捶、左右七星捶、孤雁出群捶、下扎提打捶；四套「穿椿拳套捶」中的六變捶勢是：如長虹（入長城）勢炮捶、分門椿捶、轉身紅炮捶、兩腳穿椿炮捶、舞袖推打炮捶、當陽炮捶。

撐、掤、斬、捅、勾、纏技法亦貫串於諸拳之中，如：紅拳拳訣講：「前撐一捶當頭炮，不高不低掏心捶。」「抹捅劈斬左立花，靠子雲手歇步炮。」「青龍探爪驚虛空，撐捅挖腿斬拳揭。」「餓馬顰槽起風雷，揭手一捅翻身掌。」「閃身摟斬帶口捶，鷂子翻身蝴蝶腿。」「起手十字用撐拳，花子裙欄把身防。」「轉身一腿雙箭手，上驚下取雀地龍。」「撐補劈拳連珠炮，裙欄托掌雀地龍。」「纏手擊肋掃堂腿，扭腕並步衝天放。」更有：「一點起勢左右撐，二點提斬連環捶。三點之步連珠炮，

四點捧子站中央。五點纏腰橫擊肋，六點翻掌轉角樓，七點左右掏腮手，八點外挎妙法生。九點玄字步跳換，十面埋伏轉回城。」

紅拳講「撐斬為母，勾掛為能。」「高掤低壓，裡勾外挎」。洪洞通背纏拳《曹氏巧論秘訣拳序》曰「高捧低按，裡勾外挎，搖身折膀，來如勾，去如箭，拳法之成規也，此謂之一本。」

掤字大約在 1853 年菊軒氏《通背纏拳譜》中就已出現。對撐法，紅拳拳經曰：「撐來換撐，斬來換斬」，「撐不動不撐，轉不動不轉。」撐與「掤」同出一理，拳法理論同出一轍。

斬、捅、纏都是紅拳的重要技擊方法，而洪洞通背纏拳同樣也是。如：洪洞通背纏拳第二十二勢斬手炮，第一百二十九勢馬前斬草，以及「提膝斬手（重複較多）」「斬手推打」「斬手、抹眉紅」。「拳型分為仰、復、順、背、捅等基本形式。……以擊、打、劈、捅……」；「纏」是《洪洞通背纏拳十妙訣》之一，更有「十項纏手譜」「十項纏手金匱訣」「十項纏手技勢方法口訣」「纏手秘訣」「十項纏手金匱訣解」。

陳溝拳對「纏」更是自不待言，陳鑫曰「太極拳纏法也」！

四　紅拳傳承有序，名人輩出！

自古長安被譽為「文武盛地」，這裡曾經產生過有「虎狼之師」稱謂的世界上最強大的橫掃六國的大秦雄師；這裡曾經產生過橫掃漠北，讓匈奴聞風喪膽的漢代英

雄將領群體；淵源於長安這塊十三王朝建都的風水寶地上的「紅拳」，源流有序，歷朝歷代都出現過許多優秀的紅拳代表人物。

唐代詩人杜甫在《觀公孫大娘弟子舞劍器行並序》中有讚：「昔有佳人公孫氏，一舞劍器動四方，觀者如山色沮喪。天地為之久低昂，霍如羿射九日落，矯如群帝驂龍翔，來如雷霆收震怒，罷如江海凝青光。」「先帝侍女八千人，公孫劍器初第一。」唐代書法家顏真卿在《贈裴將軍》詩中有「劍舞若游電，隨風縈且回」的描述，此則是劍術風格迥然不同的武人劍舞流派。

唐代三原李靖、華州郭子儀都是紅拳名家，陳摶老祖也是紅拳傳人。譬如說，長期以來，在民間就流傳著一個有關陳摶與紅拳的故事。說的是陳摶在華山修道時，一日，碰到了一位入山砍柴的老樵夫。老樵夫年紀 70 多歲，但身體強健，走路快捷。陳摶上前施禮，詢問此地風俗情況，老樵夫簡略告知。以後經常碰面，兩人也就熟悉了。有一天，老樵夫對陳摶說：「深山中常有狼豹出沒，看你很善良，但文弱體單，我願將先輩傳下的一套拳術招法授於你，一則防身，二則對修身養性、強身健體也很有益處。不知你意如何？」陳摶聽後甚喜，將老樵夫請到他隱居之處，以師禮相拜。老樵夫與陳摶約定，每天清晨於華山東峰向陳摶傳授拳法。一天，他向老樵夫說：「師傅，你傳授我的拳術叫什麼名稱？」老樵夫聽後哈哈大笑，說：「先輩相傳未說拳名。今先生問及，我看你要立志修道成仙，說明已看破紅塵，但老夫乃一凡夫俗子，紅塵中一介百姓，也不想修道成仙。我給你教的拳路招法，

實際上在我們當地早就流行著。你問得好，此拳應叫何名？我看，既是人間紅塵中之拳，就叫『紅拳』吧！」

宋太祖趙匡胤隨陳摶老祖學得關中紅拳三十二勢，後正名為「太祖紅拳」三十二勢。故，戚繼光在《紀效新書》中說「三十二勢長拳又名紅拳、太祖拳」。

華山「下棋亭」是陳摶老祖與趙匡胤下棋留下的古蹟。流傳至今的關中紅拳有一路叫「太祖紅」，這路拳的來歷也與陳摶老祖和趙匡胤有關。

五代末年，趙匡胤流落江湖，後經關東來到關中，起初在大荔縣果同中與一女子習拳。有一天，趙匡胤遊西嶽華山遇到了陳摶，兩人在華山東峰之巔對弈，以輸贏華山為注。最後趙匡胤輸了，便將華山給了陳摶。陳摶見趙匡胤一身英武之氣，便說：「壯士輸了華山乃戲爾。今觀壯士英雄無比，願一睹壯士武藝本領與拳功，請勿推辭。」趙匡胤施禮說：「請先生多多指教。」說完便演練了少林和尚教他的一路拳術，請陳摶指教。陳摶老祖說：「壯士武功勇猛剛烈，技能非凡，可惜並非上乘之功，如遇高手難以化力制敵。君須知剛柔相濟，內外相合，才是上乘的拳腳功夫。」接著陳摶脫去外袍演練了一趟他隨老樵夫所學之拳。該拳術在他長期習練中又融入了不少新技巧與內功：趙匡胤觀後佩服不已，懇求陳摶老祖傳授。陳摶老祖欣然許諾，並約定每日清晨在東峰之巔習拳。陳摶老祖認真施教，趙匡胤悉心習練，終於掌握了此拳：一天，練完拳時，恰逢東曦初駕，只見一輪朝陽噴薄而出，陳摶與趙匡胤沐浴在一片陽光之中。後來趙匡胤做了北宋王朝第一代開國之君，後人把他隨陳摶所學的三十六勢關中紅拳美

其名為「太祖紅拳」。這路拳在民間一直流傳至今。

北宋末年的一位武術大師周侗（約 1040～1119），陝西潼關人，人稱「陝西大俠鐵臂膀周侗」，精通關中紅拳排子手的撐斬技法。他出遊河南時曾向抗金英雄岳飛傳授了六合槍、關中紅拳的「排子手」等武藝。

元代陝西咸陽人王喆（字重陽）少戲紅拳，精劍技，為武舉人，倡「三教（釋、道、儒）歸一」，創「道教全真派」。

《少林拳譜》載：「元末覺遠上人訪白玉峰、李叟於陝西寶雞、蘭州，習大小紅拳擒拿術。後白玉峰、李叟隨覺遠入少林寺傳授大小紅拳、棍術、擒拿等。」可見少林寺習練的大小紅拳是從關中傳入的。白玉峰、李叟二人是紅拳名家，也是武林高手。

《三豐全集・派考記・道派》記載：大道淵源，始於老子，一傳尹文始，五傳而至三豐先生……文始傳麻衣，麻衣傳希夷，希夷傳火龍，火龍傳三豐。或以為隱仙派者，文始隱關令、隱太白；麻衣隱石室、隱黃山；希夷隱太華；火龍隱終南，先生隱武當，此隱派之說也。夫神仙無不能隱，而此派更為高隱。」

陝西寶雞隴縣龍門洞留有張三豐的詩篇「長劍一杯酒，禹樓萬里心」，著名武術教授、首批九段大師蔡龍雲先生發表在《少林與太極》雜誌 1989 年第 1 期的論文，題目即稱「好道善劍的張三豐」；太極拳一代宗師吳圖南（1884～1989）先生 ，在《內家拳太極功玄玄刀》中明確說明：「誠以張三豐先師，既精於外家與少林，復能加意陶冶，融會貫通，斯為內家，實為上乘。」由此可見，

張三豐在寶雞金台觀創立了太極拳之說也是很有道理的。

明代洪武年間咸陽兩寺渡村人馮顥，自幼習練紅拳，因從戎滅元有功，明洪武十五年（1382）朱元璋欽賜明遠將軍。現村裡保存著刻有明遠將軍事蹟的墓碑一通。

周至樓觀台人王明芳，幼習紅拳，明萬曆年間考中武舉後從戎，因有戰功，被封為御林大將軍。1621年，他與同僚茅元儀寫成《武備志》，並奉旨協助茅元儀修編兵家傷科秘籍《虎令經》。

內家拳、紅拳點穴技法的開創人王宗（亦王琮），陝西耀縣人，清乾隆年間《耀州志》（喬本志）載「王琮，陝西耀州人，曾為通州判官」，其傳內家拳於浙江，黃宗羲《雷南文定》載之頗為詳備。其子黃百家撰《內家拳法》一書傳世，其點穴特點為暈穴、啞穴、死穴及合谷、三里、曲池、蝦蟆、內關、解頤、鎖喉、膀胱、環跳，涉及人體十四經絡中的手太陽陰肺經、手厥陰心包經、足陽明胃經、足少陽膽經和人體部位解頤（面部）、膀胱（腹內）、蝦蟆（上臂肱二頭肌）。點穴技法是以人體掌、指、拳等部位點打擒拿人體重要穴位，以阻斷人體生命物質和通道為目的的全新技法，它較之傳統的手搏擊打人體要害部位更為上乘，為紅拳之擒拿、擊打技法所應用。這也是後世紅拳技法中點穴一法的淵源。王宗既為關中人，又為內家拳名家，在紅拳盛行的故鄉，進行拳際交流就更為方便，所以說，王宗開創了中國武藝點穴技法的先河。

抗倭名將、戰功卓著、紅拳承上啟下的武藝大家戚繼光；慧眼獨識、博通多家的明代武藝大家戚繼光（1528～1587），師從楊家陸合槍名家巡撫唐順之，戚學棍法於抗

倭名將俞大猷，以及武藝名家李良欽、劉邦協、林琰、喬教師。他在其軍事著作《紀效新書》中，將宋代趙太祖三十二勢長拳、六步拳、猴拳、囮拳和明代十二家拳法編製出戚氏三十二勢在其套路中，提出了「紅拳」拳名，並首次記有紅拳的「勢」「法」「訣」「圖」。紅拳勢法在戚氏三十二勢長拳套路內容數量中，比重達三分之一之多。確定了紅拳早已是一個名勢套法十分齊全、深受人們喜愛的中國古代武藝名拳的地位。

明末吳殳《手臂錄》記，明代擅長槍長步活，以退為進的紅拳槍家、沙家竿子名家衛職。

自幼酷嗜紅拳，武藝超群的農民起義軍領袖李自成，米脂縣李繼遷寨人。曾拜陝北延安羅君彥習練紅拳及騎射、單刀。青年時期，率驛卒起義，加入闖王高迎祥領導的農民起義軍，驍勇善戰，百折不撓，身先士卒，高迎祥犧牲後，被擁戴為李闖王。

自幼酷愛紅拳，闖王麾下大將軍劉宗敏，力大無窮，善用單刀，武功超群，從李自成起義。崇禎十一年（1638）隨李自成從潼關突圍，隱於商洛山中。十三年助李自成攻入河南，勢復大振。十六年任權將軍，與農民軍主力會師北京，加左都督銜。

明末驍勇善戰的抗清名將孫守法，陝西臨潼人，亦幼習紅拳。孫曾殺死過農民軍領袖「點燈子」，擒獲過「不沾泥」和高迎祥。明亡後曾聯合李自成餘部賀珍等發動關中抗清起義。

精於射技，尤擅長矛，救駕康熙的梁化鳳。長安縣人，幼習紅拳，善拳勇，嗜拳技。史載：「順治十六年五

揭示真相 彰顯傳承｜太極拳研究之匡正源流〈下〉

月，鄭成功大舉入長江，六月破鎮江，七月至江寧城下，二十三日清將梁化鳳破鄭成功，擒殺大將甘輝等十四人。十月鄭成功還至廈門。」梁因救駕有功，官封太子太保。

武功超群，謀略出奇，討伐噶爾丹立有殊勛的名將殷化行。原山西沁水縣，後遷至咸陽靳李村。殷自幼習紅拳，好讀兵書，中武舉，是康熙年間的名將，在疆場上戰鬥大半生，在平定三藩之亂和征討噶爾丹戰爭中立有殊勛。

平定三藩、征討金川叛亂的名將，雙刀李麟，紅拳名師，祖居延安，後遷至咸陽馬泉鎮紅拳之鄉程家堡。乾隆年間，李麟參加征討大小金川叛亂，因精於雙刀，膽氣過人，屢立戰功，被乾隆封賞賜匾。

平息叛亂，維護統一，臂力出眾的段永福。長安人，清朝將領，幼習紅拳，臂力過人，曾參與鎮壓陝、川、鄂三省反清組織。道光初，隨楊芳平亂，親手縛擒叛首張格爾，歷任千總、守備、參將、廣西提督、浙江提督等職。

紅拳武藝超群的崔教師，清咸豐年間寶雞扶風段家鄉人。在省皇城教練清兵時目睹官員貪污腐化，憤然棄職回鄉收徒傳藝，以圖反清驅洋，是領導光緒三十二年（1906）本縣農民起義的首要人物。

擅長紅拳大小梿枷的張化龍，扶風五泉鄉絳中村人。出身紅拳世家，師從段家鄉崔教師。

據清代故宮軍機處檔案記載乾隆年間，寶雞人張陽真是東傳紅拳的第一人。張陽真在周至應山西平遙人師來明之邀至山西傳授紅拳，又至山東聊城傳授紅拳。乾隆年間千邑宋朝佐、風翔師寶龍、耀州郭崇志、寶雞張陽真都是

當時傑出的紅拳拳師。嘉慶時張景文、張洛焦；道光時張真、闞夢祥；光緒時閣書勤等皆是紅拳名家。

特別是道光、咸豐年間，陝西紅拳不斷吸取別的拳種的實戰招式，使紅拳發展到一個鼎盛時期。其代表人物是關中四傑（三三一四）即：三原「鷂子」高三（高占魁）、臨潼（現閻良區五屯鎮）「黑虎」邢三（邢福科）、潼關「餓虎」蘇三（蘇海潮）、臨潼（現閻良區關山鎮南梁村）「通背」李四。四人皆精於紅拳，並在原有紅拳的基礎上，形成了盤、法、勢、理俱全的紅拳體系和派別。

據史料考證中國清末最後一個武狀元張三甲就是紅拳習練者，從師於濮陽相近的清豐普馬寨紅拳名師安萬傑，習練紅拳。

近代的陝西傑出人物胡景翼、楊虎城自幼習練紅拳，並將紅拳在西北軍中推廣。胡景翼部隊武術教官楊傑、馮玉祥部隊武術教官張鳴岐等均為當時著名紅拳拳師。

五 典型人物的傳承貢獻和紅拳的衍生

華山「下棋亭」是陳摶老祖與趙匡胤下棋留下的古蹟，流傳至今的關中紅拳有一路叫「太祖紅」……

1、太祖紅拳傳天下

戚繼光在《紀效新書》中說：「三十二勢長拳又名紅拳、太祖拳。」歷代皇帝，特別是開國皇帝，武勇過人，能親自執銳挽強，又能以武藝訓練將士左右效命、摧堅陷陣、奮勇殺敵者不乏其人，但在中國武術史上精通武藝、

拳械純熟，並產生赫赫威名和深遠影響的，即非宋太祖趙匡胤莫屬。

馬明達先生在其「趙匡胤與武術」（見《少林與太極》雜誌 2015 年第 5 期）一文中講：有「武術之鄉」之譽的河北滄州，就曾流傳自成門派的太祖拳。山東和東北一些地方也有以太祖命名的拳法，民國初年流寓關東的山東福山籍武術家程東閣（慶春），就有一套秘不傳人的「太祖八斬」，先父馬鳳圖生前就非常喜歡他這套「八斬」，認為這是貨真價實的古典武藝精粹。先父還講過，清末，滄州東南的太祖拳家們每當拉場子練拳，總要先掛起一條棍來祭奠一番，稱之為「掛棍」，受祭拜者就是藝祖趙匡胤。這種「掛棍」的習俗別的地方也有，只是不搞祭奠儀式，於是「掛棍」便成了拉場子習武的代稱。太祖拳以外，號為宋太祖所傳的九龍棍、蟠龍棍一類棍套，舊時代流傳甚廣，南北皆有。

這裡的「太祖八斬」之「斬」法，與紅拳八法之「斬」法，有無繼承關係呢？恐怕也值得我們研究！

太祖拳的名目亦曾出現於明代幾部涉及武術的兵書中，其中以戚繼光《紀效新書》卷 14《拳經捷要篇》的記述最為大家所熟悉。《拳經》寫道：「古今拳家，宋太祖有三十二勢長拳，又有六步拳、猴拳‧囮拳，名勢各有所稱，而實大同小異。」

宋太祖傳拳之說並不僅見於《紀效新書》，略早於戚繼光並曾向戚繼光傳授槍法的唐順之，在其《武編》中也曾提到「趙太祖長拳」，並且說：「趙太祖長拳多用腿。」略晚於戚繼光的另一位軍事著作家何良臣，在他的

兵學著作《陣記》卷 2 中也分明寫到：「宋太祖之三十六勢長拳。」還有，明人王沂《續文獻通考》（卷 166）在論列明代各家拳法名目時，排在第一位的就是「趙家拳」，其附註云：「趙太祖神拳。」

《拳經》三十二勢中還提到過宋太祖所傳的拳勢，這就是至今在某些民間拳術中猶可獲見的「探馬勢」，圖勢與譜詞是：「探馬傳自太祖，諸勢可降可變。進攻退閃弱生強，接短拳之至善。」

戚繼光將「宋太祖三十二勢長拳」列為「古今拳家」的第一家，這裡又明言「探馬勢」是宋太祖所傳，那麼，我們有理由認為「探馬勢」正是戚繼光採自太祖三十二勢中的一個勢子。這說明在明代，民間確有被認為是宋太祖所傳的拳術，而這種拳術受到唐順之、戚繼光等名家青睞。

另據唐豪先生《中國武藝圖籍考》所著錄的《陳氏拳械譜》載，清初河南溫縣陳氏所傳習的拳術中，有個「太祖下南塘拳」。「南塘」應是「南唐」之訛。宋太祖下南唐的故事，明清時代在民間廣為流傳，這也反映了宋太祖在民間武術界影響之大。

宋太祖杆棒打天下的說法在宋代就已經流行了，這說明宋太祖善用棍也是事實。明人何良臣《陣記》（卷 2）記載，明代有「趙太祖騰蛇棒為第一」的說法，晚近以來隨處可見的「太祖蟠龍棍」，很可能就是從這個「騰蛇棒」演變而來的。太祖善棍，又貴為一代開國天子，於是民間便衍義出棍法創始於太祖的說法。這個說法不是近代才有的，肯定出現較早。清乾隆間，程穆衡引崑山李南喬

的《沙手譜敘》說：「自宋藝祖皇帝留棍法三十六路於少室山少林寺，遂為棒法開山，知棒法始趙太祖也。」

顏紫元先生曾於 2013 年在網絡發表「宋太祖 32 勢長拳—大紅拳—大洪拳」一文，對宋太祖 32 勢長拳、紅拳、張三豐、董成、董秉乾，以及陳家溝的陳奏庭都有研究，他講：宋太祖 32 勢長拳的形式，也為元代張三豐創太極十三勢起到了形式上的參照作用。即張三豐在得知李道子是在練了易筋經及道家、醫家功法的基礎上，創無極養生功（達摩易筋經、華佗五禽戲、許真君站式八段錦、漢鍾離坐式八段錦、李道子無極養生功、陳摶老祖睡功等等，這些只是養生功，不是武技），而他同時代的純武技的宋太祖 32 勢長拳的形式給了張三豐靈感，於是創既養生又武技的十三勢軟手。

張三豐為什麼稱之為「十三勢」？這也借鑑了宋太祖 32 勢長拳的拳名形式！「三十二勢」是宋太祖制定的 32 條治國之策，被元代民間武術家借來命名其拳套名稱，張三豐是三教合一的祖師，尤重道教，命名自然與道有關，大道順乎自然，那麼「十三勢」又順乎什麼自然呢？原來譜上稱此「十三」是指「懷藏八卦，腳跐五行，手步八五，其數十三，出於自然，十三勢也」。

宋太祖 32 勢長拳後來發展成大紅（洪）拳（包括砲捶），清代又形成小紅拳，並在清中葉在山東直接發展成查拳。

出生於明嘉靖初年的懷慶府通背拳創始人董成，有張文魁、郭萬清兩位老師，張、郭分別為源自宋太祖 32 勢長拳的大紅拳及白氏五拳的傳人，董成因在太行山久練並

與獼猴為伴而開悟創通背拳，後又二次改拳，形成其中年、老年、晚年三種風格略有差別的通背拳，也是目前所有各種通背拳的源頭。其中有紅拳（包括砲捶）、地趟的白氏五拳內容。所以宋太祖 32 勢長拳、白氏五拳又是通背拳之祖。

陳家溝的陳奏庭在千載寺太極宮學十三勢及通背拳，並與姑表兄弟李仲、李信以十三勢原則改創通背四路短拳，李氏家譜稱太極養生功，陳家溝稱十三勢後四路，後被丟棄失傳。其六世族孫陳有本結合通背拳、十三勢外傳大架而創陳有本太極小架，從而形成陳氏太極拳，因結合通背拳，故有宋太祖 32 勢長拳的影子。

董成傳拳友張松溪，所以張松溪內家拳實質是通背拳的一個變化，所以有人稱通背拳也是內家拳。

董成晚年結合張三豐十三勢軟手，創通背柔拳，明末清初懷慶府的一位隱士「異人」也在張三豐十三勢軟手、董成通背拳基礎上，創心意拳。

心意六合拳是中國拳術自元代宋太祖 32 勢長拳從長槍、其他兵器及手搏、毆擊化拳後，第二次純由董氏六合槍、刀化的拳。由兵器化捶，即先練兵器，再發展成拳。

另一個風格很不同的是陰陽八盤掌，也是懷慶府董氏後人發明的，自然也在董氏先輩武藝的基礎上發明創造的。

此外，郭華東先生發表在《搏擊》2015 年第 10 期「濟源神拳與太祖神拳」一文，認為「有說是明末李闖王手下十八員大將之一落難濟源時所傳。從當時的調查來看，濟源神拳與心意拳關係不是很大，似與少林拳淵源最

深。」其拳勢金剛搗礁、左右雲項、金雞獨立等與少林紅拳亦相一致。濟源神拳拳譜中，涉及拳法的有《金剛拳》、《六合心意拳》、《黑虎拳歌》、《神拳歌》、《大洪拳歌》、《二路洪拳歌》、《二路炮捶》。

他曾見一拳譜《太祖神拳勢刀槍棍棒解破拿法》，其內容包括金剛拳、大小紅拳、二郎拳、黑虎拳、燕青拳。濟源的神拳應為少林太祖紅拳（神拳）的一種。

濟源神拳拳譜的神拳歌：神拳立勢剛強，左邪行拉馬不忙。正神拳仙人指路，猛虎勢下立停當。青龍出水湮花，刀對鞘專打鼻凹。曲肘勢黃龍發噴，端塔勢好似夜叉。關公單刀斜砍，總神拳關平上下。往前打坤龍出水，往後卸黑虎翻身。四平神拳定太平。

河南溫縣陳家溝流傳的《少林拳譜》有紅拳歌訣：太祖立勢最高強，丟下邪行鬼也忙。上一勢先打一個金雞獨立，下一勢刀對鞘立死當場。懶插衣往裡就採，護心拳蓋世無雙。喝一聲小擒休走，一條鞭打進不忙。滾替腳眼前遮掛，當面拳死在胸堂。上三路打一個黃鶯拿嗦，下三路抓神沙使在臉上。即便抬腿轉隨腰環，二龍戲珠賽神槍。跟子就起忙把頭藏，雀地龍按下，急三錘打進著忙。上一步打一個蛟龍出水，下一步再打個正應情莊。騎馬勢轉步吊打虎，抱頭去時推山人難防。要知此拳出何處，名為太祖下南唐。

對比兩種歌訣的關鍵用語，可看出它們應同為少林太祖紅拳（神拳）之支派。另外，陳氏拳譜中的《一百單八勢長拳》，外界又稱之為通背拳，顯為據明戚繼光所創三十二勢吸收其他拳法改編而成。1936 年，山西洪洞通背拳

傳人樊一魁編著出版了《忠義拳圖稿本》一書，其序言說：「此拳乃河南郭永福所傳」、「郭在少林寺曾受藝」，誠非虛言。

明趙光裕著《新攜武經標題正議註釋》（萬曆十六年刻本）所附《陣法馬步射法棍法》一卷中即記有一長一短兩首「邵陵拳勢歌」，實為宋太祖拳法二十四勢，可知早在 1588 年前太祖拳法已傳入少林寺。河南登封的磨溝、阮村兩地自明中晚期即流傳有少林大小紅拳、關東拳、關西拳。

成書於明末清初的《通臂拳譜》（鮑玉龍藏），其《通臂拳問法第十解明》第一問：「昔有一教師請問與老師曰：天下拳祖生而知之者有幾人焉？師曰：生而知之者有三，一曰宋太祖少遊關西老遊關東，中年下南唐打世界，腳踢乾坤建都於汴梁，為中原生而知之者，第一祖師也……」

范克平先生更是於《中華武術》2005 年第 1 期發文，整理公佈了圖文並茂的「宋太祖三十二勢長拳」，其各勢情況為：第一勢 立正變懶扎衣；第二勢 懶扎衣變撒手；第三勢 撒步變雁翅；第四勢 雁翅變高四平；第五勢 高四平變鬼蹴；第六勢 鬼蹴變井攔；第七勢 井攔變顧鸞肘；第八勢 順鸞肘變埋狀；第九勢 埋伏變獸頭；第十勢 獸頭變拋架；第十一勢 拋架變指襠；第十二勢 拋架變指襠；第十三勢 下砸變省地龍；第十四勢 省地龍變懸腳；第十五勢 懸腳變當頭炮；第十六勢 當頭炮變倒插；第十七勢 倒插變朝陽手；第十八勢 朝陽手變金雞獨立；第十九勢 金雞獨立變墊肘；第二十勢 墊肘變一條鞭；第二十

一勢 一條鞭變中四平；第二十二勢 中四平變擒拿；第二十三勢 擒拿變倒騎龍；第二十四勢 倒騎龍變邱流；第二十五勢 邱流變七星拳；第二十六勢 七星拳變拗鞭；第二十七勢 拗鞭變伏虎；第二十八勢 伏虎變旗鼓；第二十九勢 旗鼓變神拳；第三十勢 神拳變拗鸞肘；第三十一勢 拗鸞變跨虎；第三十二勢 跨虎變探馬；第三十三勢 探馬變立正；第三十四勢 立正變收手。

2、成吉思汗尋訪王重陽弟子丘處機，宛如明朝皇帝尋訪張三豐。

由《中國紅拳》可知，元代陝西咸陽人王喆（字重陽）少戲紅拳，精劍技，為武舉人，倡「三教（釋、道、儒）歸一」，創「道教全真派」。為此，周偉良教授於2014 年 6 月 21 日，在陝西紅拳文化研究會秘書長邵智勇先生的陪同下，親赴位於陝西戶縣城郊十公里處祖庵鎮的「重陽萬壽宮」，進行實地考察。找到了記述王重陽當年應試武舉的那座碑，並得到了一冊《重陽宮道教碑銘錄》。可謂其成果豐碩（見《中華武術》雜誌 2014 年第10 期周偉良「重陽宮訪碑記」）。

元至元二十二年（1285 年）所立的《十方重陽萬壽宮記》、至正十二年（1352 年）的《全真教祖碑》和至正十三年（1353 年）的《終南山重陽祖師仙跡記》較為詳細地記述了一代宗師王重陽始學文，繼而習武，再而從道的生平事蹟。如《十方重陽萬壽宮記》碑中清楚記王重陽名喆，字知明，出身富家，體貌魁偉，倜儻有大志，「當其治平，就科舉，工文學：及其紛亂，喜弓劍，力武

事」，而《全真教祖碑》中則記其「弱冠，修進士舉業，……又善武略」，「妙於斯文，又善騎射，健勇絕倫」。於金天眷年間（1138～1140）「捐文場，應武舉」，為此，曾改名德威，字世雄。另一座《終南山重陽祖師仙跡記》中也有類似記載，該碑云：王重陽自小「形質魁梧，任氣而好俠，少讀書系學籍，又隸名武選」。

在諸碑文中，有關於王重陽相貌及行為舉止的描述不少。在相貌上，《全真教祖碑》中記其是「美鬚髯，大目，身長六尺餘寸」，《終南山重陽祖師仙跡記》中也大致相同，云王重陽「美鬚髯，形質魁梧」。

歷史上王重陽弟子丘處機被元太祖成吉思汗召見之事，盡人皆知。《大蒙古國累朝崇道恩命之碑》中，如實記錄了當年成吉思汗稱這位長春子為「神仙」或「丘師」，只因「兩朝屢召而不行」，竟使這位「一代天驕」不惜「避位側身，戒齋沐浴」，並以歷史上周文王的「渭水同車」和劉備的「三顧茅廬」告誡自己，選派近臣，不遠數千里前去誠邀。成吉思汗在詔書中說：「先生暫屈仙步，不以沙漠遊遠為念，或以憂民當世之務，或以恤朕保身之術。朕親侍仙座欽惟，先生將咳唾之餘，但授一言，斯可矣！」諸碑中王重陽的形象加上元太祖皇帝屢邀丘處機，兩者交錯起來，不由人聯想到若干年後明成祖屢屢尋訪武當道士張三豐。

張三豐早在明洪武二十四年（1391 年），太祖帝曾「遣使覓之，不得」，到了成祖時，又下詔恭請，其《御制書》，文曰：「朕久仰真仙，竭思親承儀範，嘗遣使敬香奉書，遍詣名山虔請。……聯才質疏庸，德行菲薄，而

至誠願見之心，夙夜不忘。敬再造使，謹致香奉書虔
請，……以副朕拳拳仰慕之懷！」很明顯，明成祖的這封
《御制書》，與一個半世紀前成吉思汗誠請丘處機的詔書
中心意思大體一致。張三豐在《大岳太和山誌》、《三才
圖會》等文獻中也有相貌的描述。《大岳太和山誌》中記
「豐姿魁偉·龜形鶴背，大耳圓目，鬚髯如戟」，《三才
圖會》的描述與此基本相仿，只是加上了「不飾邊幅，人
目為張邋遢」等數語。請看，張三豐的這一形象與文獻中
「美鬚髯，大目，身長六尺餘寸」、「形質魁梧」並又
「佯狂垢污」的王重陽何等相近！《道統源流》載張三豐
「好道善劍」，《大邑縣誌》記張三豐「臂力過人，善騎
射」及「長而好學，歷官四方，善騎射」等，似乎也與王
重陽早年經歷有相似之處。再聯繫到《陝西通誌》記張三
豐是「陝西寶雞人」，更透露出某種傳遞或影響的歷史信
息，值得我們思考。

3、受王重陽、邱長春的傳承與影響，張三豐成為「精研太極·創武學，自成一家」「武技冠天下，智謀超群」的一代武學宗師

陝西人民出版社曾於 2015 年 9 月出版了劉宏濤先生
所著《中華原》一書，在該書的「長春」一節裡記錄了張
三豐與王重陽弟子邱長清的情況。說邱長清和邱玄清雖然
是叔輩弟兄，但兩人的年齡卻要相差四十歲，原因是長清
家的日子過得好，孩子很小時便娶了媳婦，這樣一來，輩
份越弄越近，按道理，邱長清跟邱玄清的爺爺是同齡人。

邱長清小時候很聰明，常常看東西是過目不忘，父母

給他找了一個老師，老師反而有時候常常被他問住。後來，邱長清在耀州認識了譚真君，譚真君又讓他去戶縣找王重陽，拜王重陽為師。邱長清到了十九歲的時候，才在山東找到了王重陽，邱長清拜王重陽為師，王重陽問：「你是哪裡人？」邱長清說：「我是富平縣長椿鄉長春村人。」王重陽便說：「想不到，天下竟然還有這麼好的地方。那我就給你取名叫處機，字通密，號長春吧。」

少年張三豐在五歲的時候害過眼病，不想越治越瞎，最後什麼東西也看不見了，成了真正的睜眼瞎子。這時，恰逢邱長春雲遊至此，邱長春花費了六年時間，不僅看好了張三豐的病，還把張三豐培養成為一個琴棋書畫無所不通的人。中統二年，張三豐稱文學才識，名上聞奏補為中山博陵令。但是，張三豐在一次遊玩葛洪山的時候，卻忽然受到了葛洪的啟發，遂將殷實之家業田產悉數分付族人，乃束裝出遊尋求師父邱長春。張三豐先後跑遍了整個中國，三十年都沒有找到邱長春。後來，張三豐決定西行入秦，終於在邱長春的老家長椿鄉長春村的長春觀找到了已經隱居多年的邱長春。張三豐要拜邱長春為師，邱長春卻說：「你去荊山找五仙人吧，他們的道行比我高，他們才是你真正要找的師父哩。」

張三豐拜見五仙人後，在荊山悟道，先後去了寶雞、終南，泰定甲子（1324）春，張三豐第一次上了武當山。後來，張三豐被推舉為武當山五龍宮住持。可是，張三豐預料日後皇帝會來找他，便回陝西富平長春村找邱玄清代為五龍宮住持……

……而邱玄清也不辜負三豐厚望，在擔任五龍宮住持

的十餘年中，先後對武當山做了大規模的修建，從而也受到朝廷的重用，邱玄清初為大明朝廷的監察御司，不久便被朱元璋看重升為太常寺卿，專門代表皇帝祭祀天地哩。

劉宏濤先生在《張三豐與「荊山悟道」》一節也講：據乾隆四十三年《富平縣誌》記載：「五華洞在荊山北，相傳五仙人講道處，洞額張三豐題。」元大德己亥年（1299），先師憑弔漢唐二皇后至此，頓然徹悟。黃帝天、地、人寶鼎，則天、地、人合，一者一統，一則易也。先師在荊山靜下心來，丹拳兼修，始得大地之真元，又集陰陽之正氣，餌金鼎之靈膏，處縱橫之極心。（五通午，乃大地一縱一橫處也）身心相修，德藝雙修，性命雙修，正是先師深通道法，才能創造出精美絕倫的太極拳。

先師還於元至正庚子仲夏（1360 年 6 月）披星戴月，從荊山溯沮水北上（黃帝陵橋山下的沮水和流至耀州的沮水為同一山系，雖然南北分流，卻同為一水系，北流沮水去了黃帝陵，南流沮水與漆水在耀州會合，其下稱為石川河），拜謁黃帝陵，在黃帝陵玉皇廟東石壁上狂草《橋山祈仙台》詩一首（「披石腹水竭黃陵，翠柏煙含玉露輕。袞霓霞飛天地老，文章星煥海山青。巍巍鳳闕迎仙鳥，渺渺龍車駐帝城。寂寞瓊台遺漢武，一輪皓月古今明。」），此詩在明弘治七年（1494）由延安府台從玉皇廟東石壁拓下，上石立碑於軒轅廟中。現存黃帝陵的《橋山祈仙台》詩碑是由西湖人金簡芝於康熙二十一年（1682）夏四月重立的。因此，先師三豐不僅是創三豐太極拳之祖師、技擊家和道學家，也是一位名副其實的偉大養生學家。他忘我無私，造福人類，其武學創新精神還被

後世尊為武學創新之師祖。

備註：

長春觀位於富平縣長春鄉（今區劃為富平縣莊里鎮）。據《富平縣誌》記載：邑人邱長清曾歸隱於此。觀內原存隕石一塊，今已遺失。有元至元十三年（1276）十二月重修碑，清道光十三年（1833）創立長春學社碑和清咸豐四年（1854）重修長春學社碑。

《重修全真觀記》碑為元至元十三年（1276）十二月立，犀峰、唐坤撰文，碑高 2.5 米，寬 1.1 米，厚 0.3 米，記錄了邑人邱處機、法孫、呂通明帶領弟子常志遠、徐志清、賀志真等修建富平縣長春觀的經過。背面另刻有清道光二十五年（1845）修本觀戲樓記為一面兩碑。（此碑現存富平縣博物館）

有研究表明我省寶雞是張三豐的第二故鄉、是太極拳的發源地，金台觀 ，係張三豐修練的道觀，我省多處也都有張三豐的記載，他的武學成就應該是由歷史、地理、傳承淵源的。

1988 年 7 月至 1992 年 5 月，武漢體院與鄖陽地區體委、丹江口市「武當拳法研究會」及湖北科技出版社組成《武當拳派的源流、拳系和內容研究》課題組，經原國家體委批准，進行了長達近四年的科研攻關，經過反覆論證、辨析認定：張三豐確有其人；張三豐創太極拳有著可靠依據。

從寶雞市隴縣的史料得知，張三豐曾於 1281 年至 1293 年（元世祖至元十八年至三十年）在隴縣龍門洞修

揭示真相 彰顯傳承｜太極拳研究之匡正源流〈下〉

練，並留詩數篇。「長劍一杯酒，禹樓萬里心」就是其中一首。

　　坐落在寶雞市區北坡的金台觀，係張三豐修練的道觀，因明代太極鼻祖張三豐在此修練蓄志而得名。金台觀完整、系統地保存了張三豐遺跡及道家古典建築的風貌，這在我省乃至西北地區都是罕見的。新中國成立以來，先後有劉少奇、彭德懷、習仲勳、黃鎮、杜義德、趙蒼璧、皮定鈞、呂劍人、袁偉民等中央和省部級領導來此參觀。此觀建於元末，大約應在 1330 年至 1340 年。《陝西通志》載「永樂間，三豐遇青少年時期的生員張恪於周公廟（岐山縣）朝陽洞」（張恪為 1414 年的明朝解元），由此可知，此時張三豐肯定在寶雞地區。還有，史載張三豐曾在寶雞的磨性山、釣魚台，扶風的景福宮，岐山的五丈原等處留有足跡。從寶雞隴縣龍門洞張三豐的留詩「長劍一杯酒，禹樓萬里心」可以看出，他是會武功的。

　　當代武術泰斗蔡龍雲教授在《少林與太極》雜誌1989 年第一期發表題為「好道善劍的張三豐」一文，明確說明「張三豐是近代的武術界非常推崇的一位人物。」還講：關於張三豐的武技，《道統源流》裡說他「好道善劍」。而在《三豐全集‧傳考記》裡，祇園居士則說他「手執刀尺」。《刀尺賦》也說：「三豐先生常攜刀尺以遨遊……客有怪者，不知其由。先生乃為之賦曰：斯刀也能開混沌，斯尺也用絮蓬萊，故相隨而不失，知造化之剪裁……刀兮刀兮妙之又妙，尺兮尺兮要所必要，匪歐冶之能溶，匪公輸之能造，與我偕行，任他嘲笑……一刀一尺遍天涯，四海無家卻有家，破衲補成雲片片，袖中籠著大

丹砂」。善劍也好，手執刀尺也好，總之刀劍和鐵尺都是武器，會使武器，不能說他不會武功吧。

另外，現存於龍門洞的一個直徑約 40 公分、重約 40 公斤的石球，據傳是張三豐當年練功的用具。而金台觀的三孔練功洞及石碑也傳說是張三豐習練武功時用過的。萬曆三十九年（1611 年）寶雞知縣朱炳然刻石詩云：「寶雞金台觀乃張三豐修真處，三豐九節杖、混元衣在焉。尋真何處覓層城，觀起金台接太清。鳩杖尚留九節在，霞衣猶見五銖輕。聞目野鶴亦自適，流水桃花空復情。歌罷懷仙一長嘯，昔陽紅照萬山明。」另有一碑為范宗鎮《仙師張三豐洞》題詠，有「九節蒼藤杖還在」之句。這些器具充分說明他是習練武功之人。再是《張三豐遺跡記》石碑載：「見真仙之行，足不履地，時人已異之。」而在周公廟朝陽洞，生員張恪見三豐出行踏雪無痕等傳說，顯然是對一個武術家的描寫。

雲南人民出版社 2002 年 1 月出版的《大理古佚書鈔》（尹明舉主編，以下簡稱《書鈔》）一書，輯錄了我國明朝存世書稿三部，即李浩《三迤隨筆》、李以恆《淮城夜語》、張繼白《葉榆稗史》。令我們驚喜的是，《書鈔》的三部古佚書中記有大量的武術史料，其內容之多，其記載之具體，在一般的明人筆記中是極為少見的，不少內容事關目前武術史研究中的重要課題，同時，也為我們瞭解古代大理地區的從官放到民間的武術活動情況，提供了難得的史料。

有人稱「三部書稿的面世，是繼山東銀雀山、長沙馬王堆、荊門楚墓出土簡帛古書之後的又一重大驚喜新發

現」「書籍中記載的張三豐資料，振聾發聵地為中國武術太極拳尋蹤，揭示迷津」。確不為過。因為，《書鈔》共305個條目，其中，與武術有關的或直接顯示武術活動的條目即多達100個，占到了全書的三分之一，其記載涉及到了古代武術的方方面面，有些在現在看來還更加鮮活和新穎，可以說是一部古代的《武術百科全書》。這也緣於李氏家族「自康熙以來，只許子孫練武習文而不許入仕，開了兩百多年鏢局」。所以，對於有關宗教、文化，特別是古代武術及其活動的記載，就顯得更加豐富而詳實，是十分珍貴而難得的第一手資料。

《書鈔》記載張三豐「博學經史，過目不忘」、「劍技之精，前無古人」、「武技冠天下，智謀超群」、「精研太極，創武學，自成一家」。

稱「張三豐玄素道長」「玄素道長即三豐真人」「三豐化名玄素」，說「洪武知張三豐本天下奇士」，而「歷為太祖敬重」。這三部名人筆記出現的「玄素」、「張玄素」、「玄素道長」或「三豐」、「張三豐」、「三豐道人」、「三豐真人」即多達50處，有關他的事蹟，他和沈萬三、建文皇帝（允炆、應文和尚）、洪武皇帝的關係，以及永樂皇帝為什麼派胡濙尋訪，都記錄的比較清楚。

《三迤隨筆·沈萬三秀戌德勝驛》

「……三豐精周天太極，萬三亦然。劍技之精，前無古人。余素好武，得其傳三百八十四劍罡步，久練而輕身……

（《大理古佚書鈔》第198～199頁）

《淮城夜語．張玄素入點蒼》

「張玄素，遼東懿州人，生於元初，乳名全一。元初入學，取名通。才智超群，博學經史，過目不忘。入仕，淡功名，喜清閒林下。先生身材高大，龜形鶴骨，大耳方頤，青髯如戟。初拜碧落宮白雲長老為師，悟修身之道。後遇全真道士邱處機，傳吐納而悟。辭家遠遊，學道於火龍真人，得延年術。後至寶雞金台山，精研道學，號三豐道人。道成遊天下，至武當，結蓬於玉虛台，精研太極，創武學，自成一家。以陰柔陽剛、剛柔兩儀四象而創太極三功，即內丹太極劍三百八十四招，太極兩儀拳三百八十四拳，陰陽太極掌……玄素傳拳劍於段氏二子一女，及玄亮子靜超、靜遠。後返武當。……

（《大理古佚書鈔》第322～323頁）

六 洪洞通背拳和陳溝拳的比較與發現

1、洪洞通背拳《拳經總論》與陳季甡抄本第一首《拳經總歌》的比較

洪洞通背拳《拳經總論》 吉書升版本（清道光十四年，1834年）	陳季甡抄本第一首《拳經總歌》 陳季甡抄本（清道光二十三年，1843年）
縱防曲身人莫知，近靠纏繞我接衣。	縱放屈伸人莫知，情靠纏繞我皆依。
劈打推壓得進步，搬捌橫採也難敵。	劈打推壓得進步，搬撂口口口口口。
鉤棚劈打人人曉，閃驚巧取有誰知。	鉤繃逼攬人人曉，閃警巧取有誰知。
佯輸詐走雖云敗，引誘回衝致勝歸。	佯輸詐走總云敗，引誘回口口口口。
滾栓托栓多微妙，橫直遮攔奇更奇。	滾拴搭刷多微妙，橫直劈砍奇更奇。
接近扶攔穿心肘，迎風接近紅炮捶。	截進遮攔穿心肘，迎風接進紅口口。
二換掃堂掛腳面，左右鞭攬莊跟腿。	二換掃堂掛面腳，應右邊簪莊跟腿。

截前演後如封鎖，聲東擊西要熟識。	截前掩後無縫鎖，聲東擊西要口識。
上提下顧須切記，進攻閃退莫遲滯。	上提下籠君須記，進攻退閃莫遲口。
藏頭顧面天下有，攢心跺肋世間稀。	藏頭蓋面天下有，攢心剁脅世間稀。
教師不識此中理，難將武藝論高低。	教師不識此中理，難將武藝論高低。

2、洪洞通背拳全套九排子與陳季甡抄本第二首《拳經總歌》的比較

洪洞通背拳全套九排子 吉書升版本（清道光十四年，1834年）	陳季甡抄本中第二首《拳經總歌》 陳季甡抄本（清道光二十三年，1843年）
第一排子 懶扎衣立勢高強，丟下腿出步單陽。七星拳手腳相顧，探馬勢太祖高傳。當頭炮勢衝人怕，中單鞭誰敢當先。跨虎勢挪移發腳，拗步勢手足和便，壽桃勢如牌抵進，拋架子當頭按下，孤身炮，打一個翻花舞袖、拗蘭肘。	懶扎衣立勢高強，丟下腿出步口口。口口拳手足相顧，探馬勢太祖流傳。當頭炮勢衝人怕，中單鞭誰敢（約少17字）。獸頭勢如牌挨進，拋架子短當休延，（約少16字）
第二排子 左右紅拳，玉女穿梭倒騎龍。連珠炮打的猛將雄兵，手揮琵琶，猿猴看果誰敢愉，鐵甲將軍也要走，高四平，扔封腳奪子，小紅拳打一個火焰攢心，斬手炮打一個鳳鸞藏肘。	左右紅拳，玉女穿梭倒騎龍，珠連炮打的是（約少10字）鐵椽將軍也難走。高四平乃封腳拳，子小神拳使火焰。攢心（約少5字），順鸞藏肘。
第三排子 閃通背窩裡炮，打一個井欄直入勢。劈身拳轉身吊打，指襠勢剪鐮提膝二起腳。金雞獨立，朝陽起鼓，護心拳，專降快腿，拈肘勢逼退英雄。	窩裡炮，打一個井攔直入庇身捶。轉身吊打指襠勢，（少4字），金雞獨立，朝陽起鼓，護心錘專降快腿，拈走勢逼退英雄。

第四排子 喝一聲小擒拿休走，拿鷹捉兔硬開弓。下扎勢閃驚巧取，倒扎勢誰人敢攻。朝陽手，便防腿，一條鞭打進不忙。懸腳勢誘彼抵進，騎馬勢衝來敢擋，一霎步往裡就踩，抹眉紅蓋世無雙，下海擒龍。	赫一聲小（少 3 字），拿陰捉兔硬開弓，下插勢閃驚巧取。倒插勢誰人敢巧，朝陽手遍身防口，一條鞭打進不忙，懸腳誘敵輕進，騎馬勢衝來敢當，一瞬步往裡就蹉，抹門紅蓋世無雙，下海擒龍。
第五排子 上山伏虎，野馬分鬃張飛擂鼓，雁翅勢穿椿一腳，劈來腳，入步連心。雀地龍按下，朝天蹬立起。雞子獻胸，白鶴亮翅，黑虎攔路，胡僧托缽，燕子啣泥，二龍戲珠，賽過神搶，丘捌手左扳右掌，兔蹴腳撲前掃後。	上山伏虎，野馬分鬃，張飛擂鼓，雁翅勢穿莊一腿，劈來腳入步連心，雀地龍按下朝天鐙，立起鵝子解胸，白鵝亮翅，黑虎攔路，胡僧托缽，燕子啣泥，二龍戲珠賽神槍，丘劉勢左搬右掌，鬼蹴腳補前掃後，轉上紅拳。
第六排子 霸王舉鼎，韓信埋伏，左山右山，前衝後衝，觀音獻掌，童子拜佛，翻身過海，回頭指路，敬德跳澗，單鞭救主，青龍舞爪，餓馬提鈴。	霸王舉鼎，韓信埋伏，左山右山，前衝後衝，觀音獻掌，童子拜佛，翻身過海，回頭指路，敬德跳澗，單鞭救主，青龍獻爪，餓馬提鈴。
第七排子 六封四閉，全剛搗碓。下四平，秦王拔劍，存孝打虎，鍾馗伏劍，佛頂珠，反堂椿望門攢，下壓勢，上一步封閉捉拿，下壓勢，推山二掌，羅漢降龍，右轉紅拳左跨馬，左轉紅拳右跨馬。	六封四閉，金剛搗錐，下四平秦王拔劍，存孝打虎，鍾馗掌劍，佛頂珠，反堂莊，望門簪，掩手肱捶，下壓手上一步封閉捉拿，往後一收推山二掌，羅漢降龍右轉身紅拳，右騎馬左轉身紅拳，左騎馬。
第八排子 右搭袖，左搭袖，回頭摟膝拗步插一掌，轉身三請客，按手肱拳雙架樑。轉身紅拳，單鳳朝陽，	右搭袖，左搭袖，回頭摟膝拗步，托一掌轉身三請客，掩手肱捶，雙架樑，丹鳳朝陽，回頭高四平，金

回頭高四平，金雞曬膀，托天叉，右搭眉，左搭眉，天王降妖。上一步鐵翻桿，下一步子胥拖鞭，蒼龍擺尾。	雞曬膀，托天，左搭肩，右搭肩，天王降妖，上一步口口口口，下一步子胥拖鞭，上一步蒼龍擺尾（缺字若干）。
第九排子 雙拍掌仙人摘乳，回頭一炮拗鸞肘，跺子二紅仙人捧盤，夜叉探海，劉海捕蟾。烈女捧金盒，智法送書，回頭通背窩裡炮，掩手肱拳，回頭五指轉換，鬢邊斜插兩枝花，急回頭雙龍抹馬，上一步智遠看瓜，往前去獅子抱繡球，展手一腳踢煞回頭二換也不差，只轉兩拳護膝，當場按下滿天星，誰敢與吾來比兵。	（註：以下為陳鑫抄本「用功七練法」中無題的一部分） 雙拍手仙人摘乳回頭一炮，拗攔肘躲二紅，仙人捧盤，夜叉探海，劉海捕蟬，玉女捧金盒，拿手，收手，刷掌、搬手、推手，真符送書，回頭閃通背，窩裡炮，掩氣肱捶，回頭左插腳，五子轉還，鬢邊插花，收回去雙龍抹馬，窩裡炮誰敢攻，當一步拗手不叉，摟膝一拳推倒，收回交手可誇，昭上顧下最無家。偷腿一腳踏殺，急三捶打如風快，急回頭智遠看瓜，往後收獅子抱球，展開手一腳踢死，回頭二炮也不差，直攢兩拳轉回身，護膝勢當場按定，收回看肘，並手抓誰敢當吾手，一捉上一步蛟龍出水，向後打反身情莊，急三捶往前掤打，開弓射虎誰不怕，收回來馬前斬草，上一挑又帶紅砂，刺回按完滿天星，誰敢與我交手

3、洪洞通背拳的「二十四勢」與陳季甡抄本《四套捶》的比較

陳國鎖的師傳譜本	陳季甡抄本《四套捶》
懶扎衣立勢高強，丟下單鞭鬼也忙，出門先是翻身炮，望門攢去立呈英豪，反堂椿後帶著掩手紅	懶扎衣立勢高宏，插口單鞭鬼也警。出門先使翻花炮，往後簪去呈英雄。反堂壯後帶著掩手肱捶，騎

拳，騎馬勢上連著窩弓射虎，左拗步十面埋伏，右拗步誰敢當先，庇身拳勢如壓卵，指襠勢高挑低崩，金雞獨立且留情，護心拳八面玲瓏，六封四閉實難容，轉身劈打勢縱橫，上一步二換跟打，到回來左右七星，翻花拳打一個孤雁出群，下扎勢誰敢來攻，翻花舞袖妙長城，分門樁去喪殘生，轉腳一拳打到，兩腳穿樁難停，舞袖一推往前攻，急回頭當陽炮終。

馬勢下連著窩弓射虎兵，左拗步十面埋伏，右拗步誰放爭手，披身捶勢如壓卵，指襠勢高跳底崩，金雞獨立且留情，護心捶八面玲瓏，六封四閉勢難容，轉身臂打且縱橫，上一步二換跟打倒面來，左右七星翻花炮，打一個孤雁出群，下插勢誰放來攻，翻花舞袖如長蛇，分門壯去口才生，轉身一捶打，兩腳跳起不停，舞袖一推前打，回頭當口炮。終。

4、洪洞通背拳的「六六三十六勢滾法」與陳季甡抄本《三十六勢滾跌法》的比較

洪洞通背拳「六六三十六勢滾法」	陳季甡抄本《三十六勢滾跌法》
騰手一捩二跌三捩四靠五撒六跌；	騰手：一抗二嘆三撂四靠五撤六邀。
白鳥臥卵：一臥二靠三坐四撒五掃六跌。	白馬臥欄：一臥二靠三坐四撤五掛六爭。
裡按手：一捵二拿三肘四臂五按六跌。	裡鶯手：一撥二拿三肘四拍五按六搭。
外鶯手：一擺二搶三肘四摟五掃六跌。	外鶯手：一槍二拜三肘四擄五掃六嘆。
裡捩手：一剪二靠三踩死騰五按六跌。	裡撂手：一被二靠三探四膝五按六掛。
外捩手：一按二撩三剪四靠五掃六跌。	外撂手：一按二難三被四靠五掃六擄。

5、洪洞通背拳徐奎生家傳譜本「雙刀合一歌」與陳子明 《彙編》「雙刀名稱暨歌」的比較

通背拳「雙刀合一歌」	陳子明「雙刀名稱暨歌」
野馬分鬃世無比，提刀變勢懶扎衣，上手刀砍一個白雲蓋頂，急回頭拗步翻身，第三回砍一個雁子分翅，第四回砍一個孤雁分群，第五回朝陽人人怕，轉身又砍左插花，第六回童子朝陽最為佳，下勢就砍右插花，第七回砍一個白蛇吐信，第八回砍一個孤樹盤根，羅漢降龍人人識，沖天炮並起雙插花，霸王巨鼎實可誇，轉身兩刀左右辦（存疑，原筆跡不清）馬坐山刀，剜刀摘心腿轉搭兩刀嚇人魂，拋架子當頭下勢，抽身就變倒騎龍，憑他刀猛怎擋我左右刀動。	野馬分鬃實無比，停刀變勢攬擦衣，上三刀砍個白雲蓋頂，急回頭拗步翻身，第三回砍一個雁別金翅，第四回砍一個孤雁出群，第五回朝陽刀人人駭怕，轉身就砍左插花，第六回上朝陽最為佳，下勢就砍右插花，第七回砍個白蛇吐信，第八回再砍個古樹盤根，羅漢降龍人不識，沖天並起雙插花，霸王巨鼎甚可誇，轉身兩刀更無價，左右片馬刀法巧，坐山一刀把人拿，刺心摘膽人人懼，轉扎兩刀露技能，炮架子當頭下勢，抽身就變倒騎龍，任他極力硬來攻，怎當我左右刀重。

6、戚繼光《拳經》與《拳經總論／歌》的比較

戚繼光《拳經》	《拳經總論／歌》	戚繼光《拳經》	《拳經總論／歌》
人不得而窺者謂之神	縱放屈伸人莫知	怎當我閃驚巧取。	閃驚巧取有誰知
劈打推壓要皆依	劈打推壓得進步	挨步逼上下提籠。	上籠下提君須記
急回步顛短紅拳。前揭後起進紅拳。	迎風接步紅炮捶。（紅炮捶，即紅拳）	進攻退閃弱生強。背弓進步莫遲停。	進攻退閃莫遲遲

「倒騎龍」詐輸佯走。	佯輸詐走誰云敗	進步火焰攢心。	藏頭蓋面天下有 攢心剁肋世間稀
誘追入遂我回衝。	引誘回衝致勝歸	「一條鞭」橫直披砍。	橫直劈砍奇更奇
穿心肘靠始難傳。 我截短須認高低。	截進遮攔穿心肘	二換腿決不輕饒。	二換掃壓掛面腳
追上穿莊一腿。	左右邊簪莊跟腿	「無縫鎖」逼退英豪。	截前壓後無縫鎖
諸勢可降可變 劈打推壓要皆依	諸靠纏繞我皆依	鉤腳鎖臂不容離 絞靠跌人人識得	鉤掤逼攬人人曉
劈打推壓要皆依 得進步攪靠無別	劈打推壓得進步	順鸞肘靠身搬打 右橫左採快如飛 「邱劉勢」左搬右掌。	搬掙橫採也難敵 聲東擊西要熟識
滾快他難遮擋 復外絞刷回拴肚 搭一跌誰敢爭前 補前掃轉上紅拳	滾拴搭掃靈微妙	好教師也喪聲名	教師不識此中理 難將武藝論高低

7、戚繼光《拳經》32 勢歌訣與《拳經總論／歌》的比較

勢序	戚繼光《拳經》	《拳經總論/歌》
1	「懶扎衣」出門架子，變「下勢」霎步「單鞭」，對敵若無膽向先，空自眼明手便。	懶扎衣，立勢高強。丟下腿，出步單鞭。
2	「金雞獨立顛起，裝腿橫拳相兼，搶背臥牛雙倒，遭著叫苦連天。	金雞獨立，朝陽起鼓。
3	「探馬」傳自太祖，諸勢可降可變，進攻退閃弱生強，接短拳之至善。	探馬拳，太祖傳留。
4	「拗單鞭」黃花緊進，披挑腿左右難防，搶步上拳連劈揭，「沉香勢」推倒太山。	中單鞭，誰敢當先。
5	「七星拳」手足相顧，挨步逼上下提籠，饒君手快腳如風，我自有攪衝劈重。	七星拳，手足相顧。
6	「倒騎龍」詐輸佯走，誘追入遂我回衝，恁伊力猛硬來攻，怎當我連珠炮動。	倒騎龍，連珠炮，打的是猛將雄兵。
7	「懸腳虛」餌彼輕進，二換腿決不饒輕，趕上一掌滿天星，誰敢再來比並。	懸腳勢，誘彼輕進。
8	「丘劉勢」左搬右掌，劈來腳入步連心，那更拳法「探馬」均，打人一著命盡。	邱劉勢，左搬右掌。
9	「下插勢」專降快腿，得進步攪靠無別，鈎腳鎖臂不容離，上驚下取一跌。	下插勢，閃驚巧取。
10	「埋伏勢」窩弓待虎，犯圈套寸步難移，就機連發幾腿，他受打必定昏危。	左拗步，十面埋伏。
11	「拋架子」搶步披掛，補上腿那怕他識，右橫左採快如飛，架一掌不知天地。	拋架子，短當休延。
12	「拈肘勢」防他弄腿，我截短須認高低，劈打推壓要皆依，切勿手掌忙急。	拈肘勢，逼退英雄。劈打推壓得進步、諸靠纏繞我皆依
13	「一霎步」隨機應變，左右腿衝敵連珠，恁伊勢固手風雷，怎當我閃驚巧取。	一霎步，往裡就蹉。閃驚巧取有誰知

14	「擒拿勢」封腳套子，左右壓一如四平，直來拳逢我投活，恁快腿不得通融。	喝一聲小擒休走，拿鷹捉兔硬開弓。
15	「井欄四平」直進，剪臁踢膝當頭，滾穿劈靠抹一鉤，鐵樣將軍也走。	窩裡炮打一個井欄直入。
16	「鬼蹴腳」搶人先著，補前掃轉上紅拳，背弓顛披揭起，穿心肘靠始難傳。	鬼蹴腳，捕前掃後轉上紅拳。 截進遮攔穿心肘。
17	「指當勢」是個丁法，他難進我好向前，踢膝滾躦上面，急回步顛短紅拳。	指襠勢，高挑低擁。
18	「獸頭勢」如牌挨進，恁快腳遇我慌忙，低驚高取他難防，拽短披紅衝上。	獸頭勢，如牌挨進。
19	「中四平勢」實推固，硬攻進快腿難來，雙手逼他單手，短打以熟為乖。	下四平，秦王拔劍。
20	「伏虎勢」側身弄腿，但來湊我前撐，看他立站不穩，後掃一跌分明。	下海擒龍。上山伏虎。
21	「高四平」身法活變，左右來出入如飛，逼敵人手腳無措，恁我便腳踢拳錘	高四平乃封腳套子
22	「倒插勢」不與招架，靠腿快討他之贏，背弓進步莫遲停，打如谷聲相應。	倒插勢，誰人敢攻。
23	「神拳」當面插下，進步火焰鑽心，遇巧就拿就跌，舉手不得留情。	小神拳使火焰鑽心。
24	「一條鞭」橫直披砍，兩進腿當面傷人，不怕他力粗膽大，我巧好打通神。	一條鞭，打進不忙。
25	「雀地龍」下盤腿法，前揭起後進紅拳，他退我雖顛補，衝來短當休延。	雀地龍按下，朝天鐙立起。
26	「朝陽手」偏身防腿，無縫鎖逼退豪英，倒陣勢彈他一腳，好教師三喪。	朝陽手，遍身防腿。
27	「雁翅」側身挨進，快腿走不留停，追上穿莊一腿，要加剪劈推紅。	雁翅勢，穿莊一腿。
28	「跨虎勢」挪移發腳，要退去不使他知，左右跟掃一連施，失手剪刀分易。	跨虎勢，挪移發腳。

29	「拗鸞肘」出步顛剁,搬下掌摘打真心,拿陰捉兔硬開弓。	拗鸞肘,上連著左右紅拳。
30	「當頭炮」勢衝人怕,進步虎直攔兩拳,他退閃我又顛踹,不跌倒他也忙然。	當頭炮,勢衝人怕。
31	「順鸞肘」靠身搬,打滾快他難遮攔,復外絞刷回拴,肚搭一跌,誰敢爭前。	斬手炮打一個順鸞藏肘。
32	「旗鼓勢」左右壓進,近他手橫劈雙行,絞靠跌人人識得,虎抱頭要躲無門。	朝陽起鼓。

（戚繼光《拳經》32 勢歌訣見顧留馨著《太極拳術》1982 年 9 月第 1 版上海教育出版社 432 至 442 頁）

透過上述陳家溝拳術和洪洞通背拳的比較,不難看出二者都與戚繼光《拳經》有直接的關係。因此,追根溯源應該屬於紅拳的傳承或衍生。

同時,我們也欣喜的看到雷季明同學於 2015 年 2 月 28 日撰寫的上海體育學院碩士學位論文《洪洞通背拳與陳氏太極拳源流關係考》研究結論之一就是洪洞通背拳與陳氏拳「兩拳相同的拳法套路內容均源自於其他某一拳種或拳派組織。」同時建議:繼續進行研究考證「陝西紅拳、炮錘等拳法體系,這是因為兩拳種拳法中多次涉及到紅拳、炮錘等武術技法,並且在山西河南兩地均有較為普遍的傳播。」

這個「拳種或拳派組織」就應該是陝西紅拳。

七 結 論

考證家張唯中在《武壇》發表的「重振國術武藝,發揚中華文化」一文中,引用了河北省高陽縣人傳授長拳的

李從吉先生的談話。李說：「我雖原籍河北省，但遠祖與陳氏一族一樣，原來都是山西省洪洞縣大槐樹村的居民。據先祖們說，那個地方每到舊曆正月在廟前舉行武術大會，頗為盛大。另外，把祖傳長拳的技法和姿勢，與陳家溝十三勢長拳和戚繼光《紀效新書‧拳經捷要篇》的三十二勢的圖解等一一對照起來看，連名稱都大多相同。因此，可以認為所有這些都是宋太祖長拳流傳下來的。」

有人說宋太祖趙匡胤隨陳摶老祖學得關中紅拳三十二勢，後正名為「太祖紅拳」三十二勢。故，戚繼光在《紀效新書》中說「三十二勢長拳又名紅拳、太祖拳」。

戚繼光《紀效新書‧拳經捷要》全篇的勢，幾乎詳細地記載了紅拳技法內容。如「我前撐」、「滾船劈靠抹」、「鬼蹴腳搶人先著，補前掃轉上紅拳，背弓顛補劈揭起，穿心肘靠妙難傳」、「回步顛短紅拳」、「雀地龍下盤腿法，前揭起後進紅拳」等記述。

紅拳講究「打手」，掤、撐、抹、斬、劈、捅、肘、靠、勾、掛、攔、纏，「化身擠按」都是常用之法，亦有打手歌訣流傳。洪洞通背纏拳「以擊、打、劈、捅……」，已多有「斬手炮」「馬前斬草」「提膝斬手」「斬手推打」「斬手、抹眉紅」之名勢屢見不鮮。

「纏」亦是《洪洞通背纏拳十妙訣》之一，更有「十項纏手譜」「十項纏手金匱訣」「十項纏手技勢方法口訣」「纏手秘訣」「十項纏手金匱訣解」。陳溝拳對「纏」自不待言，陳鑫也說「太極拳纏法也」！看來，這「纏」字，無疑是把陳溝和通背纏拳纏在了一起。

楊寶生《中國紅拳》之戚氏三十二勢拳法之紅拳一節

亦曾講：

元代有「覺遠上人訪白玉峰於陝西、蘭州，入寺（少林）授技傳大小紅拳、棍術、擒拿」之說，明承宋制，戚氏三十二勢拳法中之紅拳，則當本自陝西或經少林再傳之紅拳。然而尚缺同代斷言戚氏三十二勢拳法中之紅拳，即源自關中紅拳或經少林寺再傳之紅拳史料。而《小知錄》載之「西家拳」與《清稗類鈔》之大小紅拳、關西拳中的關西拳，顯然為紅拳拳法無疑。而戚氏撰著之《紀效新書·拳經捷要篇》內又記有「少林寺之棍」之說，以少林紅拳原由陝傳之說，以少林、宛、洛乃為紅拳直傳之域，戚氏羅織教師多有河南、山東教師，亦可推知戚氏軍中或有善少林棍法而兼擅紅拳之教師。是以戚氏三十二勢拳法所擷之紅拳勢，為少林再傳之紅拳。加之戚氏三十二勢拳法中之紅拳雀地龍勢與清關中為發源地、域及十省之紅拳雀地龍勢，同名、同勢、同法，雀地龍勢又為清紅拳套路和盤功之主法要勢，確為具有該勢之他拳所不及。以現代狀當為歷史遺存的發展，藉助現狀又可以推知歷史的梗概之說，要造就拳域廣闊、三十六路（套）紅拳套套皆有雀地龍勢的局面，絕非少數人朝夕所為，必然是累代長期研練所致。所以戚氏三十二勢拳法中的紅拳，直接源自陝西或經少林寺再傳之紅拳，與明之紅拳一脈相承。

紅拳在山西歷來都有傳承，通背纏拳纏亦有來自少林寺一說，陳家溝拳術與少林更有千絲萬縷的聯繫……

因此，可以認為陳家溝拳術與洪洞通背纏拳一樣，應該都是直接或間接源自關中紅拳。

卷十五——

唐豪及其太極拳研究

全面梳理唐豪及其太極拳源流之說：

糾正錯誤 還原真實
學習精神 多做貢獻

—— 唐豪研究

　　提起唐豪（字范生，號棣華），武術（體育）界，眾人皆知。從上世紀 30 年代至今，特別是在武術界的官方機構，如國家體育總局武術管理中心、武術研究院、高校體育院系，及各級武術協會等組織，最明顯的就是太極拳源流的定調，一直受其思想的控制。就像某武術辭典所說：「唐豪在武術史和中國體育史等方面的學術成果，至今仍然代表著這兩門新興學科的最高水準」。甚至於「在太極拳史的研究中，唐豪和顧留馨是兩座神像，他們在這個領域的影響，可以說，任何真正的太極拳史研究，可以超過唐豪顧留馨，但不能越過唐豪顧留馨。」（見《武當》雜誌 2006 年第 7 至 8 期 路迪民「極左思潮與顧留馨的太極拳研究」）

　　對於唐豪的情況，顧留馨之子顧元莊先生也講：「唐先生的離去，至今已經快五十年了，武術史學界無論是贊成還是反對他的人，大概誰都不能無視唐豪先生的存在，潑髒水也好，唱讚歌也罷，『他都是我國現代武術史上一位繞不過去的人物』。」

　　那麼，到底是怎麼個贊成！「唱讚歌」，又怎麼個反對！和「潑髒水」？人們一定是要弄清楚！只有這樣，才

能還原一個真實的唐豪先生，給以正確而公平的評價。對武術，特別是太極拳史的研究，都有撥雲見日之功。

一 對於唐豪的贊成——「唱讚歌」

關於對唐豪的介紹，可分為三個時期，第一個時期的介紹為唐豪逝世和他的墓碑碑文；第二個時期是 1963 年至 1982 年顧留馨在《太極拳研究》和《中華武術》雜誌創刊號上的介紹，以及《體育文史》（現《體育文化導刊》）1983 年第 3 期刊載的何福生先生「回憶唐豪先生」；第三個時期是 1990 年馬賢達主編《中國武術大辭典》的介紹及其以後的各種書刊等。

1、對唐豪的最早介紹，始於 1959 年 1 月 26 日出版的《體育報》（今《中國體育報》），上面刊登的唐豪先生逝世消息，全文如下：

本報訊　國家體委運動技術委員會委員唐豪同志，在 1959 年 1 月 20 日因患支氣管炎哮喘呼吸衰竭不幸逝世。享年 63 歲。

1 月 23 日上午 10 時，國家體委在嘉興寺舉行了公祭。會上由國家體委副主任黃中同志代表機關全體同志獻花圈，運動技術委員會副主任王任山同志介紹了唐豪同志的生前事蹟。參加公祭的有唐豪同志的生前親友和國家體委機關的一百多人。公祭後已移靈八寶山安葬。

唐豪同志曾多年從事司法及教育工作。1919 年參加上海救國十人團積極宣傳抗日；1927 年受國民黨迫害逃往日本留學，回國後仍積極參加愛國活動。1932 年在上海法政大學，在黨的領導下從事學生運動；五卅慘案大遊行

被推選為法律委員會副委員長。並曾為「七君子」史良等同志在法庭進行法律辯護，與國民黨反共法律作了多年政治鬥爭。解放後歷任上海市公安局法律顧問，華東檢察署調研室主任，華東行政委員會政法委員會委員，和中華人民共和國體育運動委員會委員等職，並於 1954 年當選為上海市人民代表。

其次，是他的墓碑碑文：

唐豪同志，字范生，生於 1896 年，上海市人，於 1959 年 1 月 20 日因病不幸逝世。享年六十三歲。唐豪同志曾多年從事司法及教育工作，1919 年參加上海救國十人團，積極宣傳抗日，1927 年受國民黨迫害逃往日本留學，回國後仍積極參加愛國活動，1932 年在上海法政大學時在中國共產黨的領導下，從事學生運動，五卅慘案大遊行被推選為法律委員會副委員長，曾為七君子進行法律辯護，與國民黨反共法律作了多年的政治鬥爭，解放後歷任上海市公安局顧問，華東檢察署調研室主任，華東行政委員會政法委員會委員，1951 年當選為上海市人民代表，同年調任中華人民共和國體育運動委員會運動技術委員會委員。

2、1964 年 3 月人民體育出版社出版唐豪 顧留馨 著《太極拳研究》，書中「廉讓堂本《太極拳譜》清李亦畬輯 唐豪 考釋」之「前言」部分，顧留馨介紹唐豪如下：

唐豪（1897—1959 年）同志，幼家貧，十餘歲即失學。苦讀之暇，喜習武術，從德州劉震南老師學六合拳術。唐同志擔任上海尚公小學校長時，即以所學教授學生，著重基本功（腰腿、跌仆、滾翻動作）的訓練，因此

所練拳械對練套路，緊湊逼真，當時上海京劇界武生也都樂於觀摩。

1927 年唐豪同志曾去日本習政法，對柔道、劈刺亦甚愛好。歸國後積極提倡武術，重實用，去花假，對武術技法，訪求各家，通過實踐與比較，以親身體會其優缺而決定取捨。對武術史尤好探討，考訂審慎。曾印行《太極拳與內家拳》、《少林武當考》、《少林拳術秘訣考證》、《戚繼光拳經》等十幾種著作。

語怪與附會，是當時所謂少林與武當武藝作家專玩的一套把戲，它含有濃厚的毒素，腐蝕著人們的思想，唐同志對此作了大膽的揭發和批判。

唐同志生活樸素，以節餘蒐購體育史料，在艱苦的歲月裡，堅持撰述。1941 年，他仍在上海做律師，因系被認為是左派律師，汪偽警政部要緝捕他，唐同志得訊後立即匿居友家，經二個月完成了《少林拳術秘訣考證》。《少林拳術秘訣》是一部體育著作，也是一部革命史料，但其中含有散佈神奇的思想，假托的史事，毒素頗為濃厚。唐同志考證此書的目的，除了尊重歷史外，還著重在借此喚起民族革命意識，配合抗日宣傳。由於現代印書館排字工人在反動派統治時期被捕，唐同志力為辯護保釋，因此這部書稿立即得到該書館的印行。1957 年，唐同志因對此書見解不同於昔，著手另寫。遺稿尚需整理。

解放後，唐同志在中國共產黨和人民政府的領導下對研究體育更加不遺餘力。1955 年 1 月他自華東政法委員會被調職國家體委研究中國體育史，主編《中國體育史參考資料》數集。但，不幸於 1959 年 1 月逝世。

關於武術的的遺著，完稿的有《峨嵋考》、《中國民族體育圖籍考》、《中國武藝圖籍考》、《廉讓堂本太極拳譜考釋》等。《峨嵋考》約十萬字，脫稿於 1954 年冬季，曾以全稿示余。今此稿不知藏於何人之手。

《廉讓堂本太極拳譜考釋》的價值，在於恢復了王宗岳、武禹襄、李亦畬拳論的本來面目，訂正了太極拳源流上的臆說和歪曲部分。積數十年蒐集史料，跋涉數千里實地調查，始得有此成就。

余與唐同志先後從學於劉震南老師，其後復共同練習劈刺和推手有三年之久，解放後又同學於陳式拳家發科老師；余對武術史研究的興趣，受唐豪同志的誘導與鼓勵為多，並有數十年的友誼，故樂為作序，且在五處做了附考，以紀念唐豪同志畢生為武術從事啟蒙工作的貢獻。

顧留馨

一九六三年九月十八日於上海

3、《中華武術》創刊號，即 1982 年第 1 期第十八頁刊載上海市體育科研所副所長 顧留馨「憶唐豪」一文：

唐豪（1897～1959），字范生，江蘇省吳縣人。出生在一個窮縫紉工的家庭，十多歲就失學。在自學苦讀之暇，喜習武術。到上海謀生後，從劉震南學六合拳術。劉震南山東省德州人，繼形意拳名家李存義之後，任交通大學（當時稱南洋公學）武術教師，一併在上海珊家園弄內（今國際飯店後面）自設中華國技傳習所，因劉震南老師技高名重，從學者甚眾。唐豪任上海尚公小學校長時，即以所學武術傳授給學生，並著重基本功——腰腿飛跌仆、滾翻等動作的訓練，因此所練拳、械、對練套路，緊湊逼

真。當時上海京劇界武生都樂於觀摩中華國技傳習所的武術表演，對尚公小學的武術表演，也同聲讚譽。

重實用　斥花假

一九二七年，唐豪因有共產黨嫌疑而被捕入獄。練形意拳和摔跤的朱國福也拜劉震南為師，與唐豪友善。朱率全家去鎮江，向江蘇省長鈕永建要求，以全家入獄來保釋唐豪。唐獲釋後，得朱等資助去日本學習政法，也學了劈刺等。歸國後，在南京任中央國術館編審處處長，積極提倡武術。他重實用，斥花假。他訪求名家，切磋技藝。對武術技法，以實踐來進行比較，辨其優劣，決定取捨。他研究明代抗倭名將俞大猷、戚繼光、唐順之等武術著作，重戰場實用，斥花假套路的觀點，認為實用性的武術，今日仍應在學校、軍隊中推行，有助於保衛祖國，反抗侵略的戰爭。唐豪在撰寫武術篇章中，始終貫徹這種觀點。他曾率領朱國福、楊法武、楊松山、朱國楨、郭世銓、張長海等摔跤家、武術家去日本考察我國武術在日本開展的情況。返國後，向武術界作報告，並在《國術統一月刊》上發表文章，號召我國武術應向實用方向發展。

破門戶　辨真偽

三十年代前後，我國武術界門戶之見極深，造成「少林」、「武當」的門派之爭。當時，中央國術館內就設有少林門、武當門，各有門長，曾發生兩個門長的私下比武。語怪荒誕、穿鑿附會、仙傳、佛傳等毒素，也腐蝕著人們的思想。唐豪對此曾作了無情的揭露與有力的批判。一九三〇年，他寫成《少林武當考》。由中央國術館發行。用大量史料來證明達摩和尚和張三豐道士都不會武

術，指出所謂少林拳始於印僧達摩，太極拳始於武當、張三豐之說，都是後人的牽強附會。當時出版的太極拳圖解之類的書，大多持太極拳係仙傳之說。這樣唐豪就得罪了這些書的作者們，也得罪了自以為是少林正宗、武當嫡派的某些勇於私鬥的職業拳師。他們就策謀，對唐豪不擇手段地飽以老拳。當時有形意拳家並擅摔跤、拳擊的朱國福，人稱「神力千斤王」、屢挫洋力士、摔壞日本柔道好手宮本的王子平，贊同唐豪的考證和觀點，聞悉此舉，即從中排難解紛。不久，唐豪離開南京，回上海執行律師業務。後來唐豪向我提到這件風波時，說，「當時幸虧有這兩位老友從中調停，才避免了一場不測之禍。」

　　唐豪為了弄清楚太極拳的來源和演變，在一九三二年一月二日，同河南溫縣陳家溝陳氏新架拳家陳子明（一九五一年卒於西安），去陳家溝實地調查。先一日，我同葉良在梁園飯店為唐、陳二位餞行。多天後我收到唐豪來信說：現到汜水，無旅店，一商店有空屋留客。時遇大風霜，三天不能渡河。風稍止，急雇個舟敲冰渡黃河去陳家溝，正是舊曆年末的一天。唐豪他們在陳家溝查閱族譜、家譜、墓碑，走訪遺老，認真細緻，刨根問底，並攜回「陳氏家譜」、「陳氏家乘」，以便弄清楚陳王廷造拳的歷史。

抗日寇　練刀槍

　　一九三一年「九一八」事變發生後，唐豪發起組織上海國術界抗日救國會，宣傳愛國主義思想，主張抗日救亡。當時上海市國術館、精武體育會、中華武術會等所屬的武術工作者都激於義憤，踴躍地加入了這個組織，佟忠

義、王子平、葉良和我，同年也參加了。從此，我與學六合拳的同學唐豪往來漸密。

一九三六年前後，唐豪約我練習劈刺。初用日本護具以及劍、槍具，後來自創用蠟桿以棉花縫佈於桿端，以粗藤條裹棉縫布來練習中國式的槍法和刀法。準備向我國軍隊推行，以助於抵抗日本的侵略。一九三七年一月，發生了「七君子」事件，救國會的沈鈞儒等七人被以所謂「危害民國」罪，提起公訴，我和陶行知等七人也列為被告；我是保釋在外的，唐豪就是我的辯護律師之一。唐不忘宣傳劈刺，我倆去蘇州高等法院出庭時，帶去劍具和護具，探望押在看守所的沈鈞儒等六人（史良押於女看守所），他們見我倆去探望很高興，特別對我這個同樣列為被告而能去探望，更是歡笑不已，他們與我一一熱烈握手。

章乃器是練形意拳的，著有《科學化的內工拳》，他對大家說：「我和顧還是武術同道。」唐豪和我表演了劈劍，勇猛認真，並宣傳劈刺在戰爭中的實用價值。他們都表示贊同，鄒韜奮特別大加讚賞，他表示將來也要從我學劈刺。

避緝捕《考證》問世

一九四一年，唐豪仍在上海當律師。汪偽警政部要緝捕他，玲玲食品公司經理馬燮慶聞訊後即轉告唐豪，他立即攜帶史料，匿居拳友楊孝文的米店樓上，費了兩個月的工夫；寫成了《少林拳術秘訣考證》一書。《少林拳術秘訣》是一九一五年，由上海中華書局出版發行。重版了幾十次，影響很大。這部書是清末留日革命人士的作品，是一部體育著作，也是一部珍貴史料。但其中有散佈神奇的

思想，什麼離開人體用氣功擊人，並偽造少林拳的歷史，流毒深廣。唐豪考證此書的目的，除了尊重歷史事實外，還著重在喚起中華民族的革命意識，以配合抗日救國的宣傳。因為上海現代印書館的排字工人，在國民黨統治時期，曾當作共產黨嫌疑被捕入過獄，在上海執行律師業務的唐豪為了伸張正義，曾為他們進行義務辯護，得以保釋。工人們是很感謝他的，因此這部《考證》遂迅速得到該印書館的排印，於一九四一年十二月發行。

解放後，唐豪的思想有了新的提高，對此書見解也有所發展，有些就不同於當年了，一九五七年，他對此書曾著手進行過修改。

重氣節　發憤著書

唐豪寫成此書後，觀察日偽警政部無動靜，乃回家。但不如意的事，接踵而來，由於唐豪蒐購史料，不惜重金，因此在經濟上比較拮据。夫人很賢慧，但子女多，長期來，生活十分艱苦。唐豪印行《少林武當考》時，在書上就記有「定稿於因流離失養而犧牲的三小兒畢命之夜。一九三○年七月十日」。

一九四一年唐豪雖是律師，但堅持民族氣節，因不願為日偽控制下的法院出庭，不接受案件，致使收入無著，生活更為艱苦。自避難回家後，唐豪發現平日收藏、拓印的武術史料，被鼠所齧。一時性急，責怪夫人沒有保管好，不料其夫人竟因此懸樑自盡而死。唐豪精神上受到極大的打擊。不久，日本憲兵司令部又把他逮捕了。雖受鞭打，但他一口咬定，口供不變。我曾托紙業商人虞連笙進行營救。獲悉，他並無共產黨人的證據，鞭打也不重。不

久就釋放了。

　　唐豪被釋後，很感謝友人們的營救。隨後，他遷居安徽屯溪，與沈隱陶結婚。從一九三〇年至一九四一年，唐豪深居簡出，發憤著書。已印行的有；

　　一九三〇年：《太極拳與內家拳》、《少林武當考》；

　　一九三五年：《內家拳》，

　　一九三六年：《王五公太極連環刀法》、《王宗岳陰符槍譜》、《中國古佚劍法》、《戚繼光拳經》。

　　一九三七年：《行健齋隨筆》，

　　二九四〇年：《清代射藝叢書》、《中國民族體育圖籍考》、《中國武術圖籍考》、《中國武術圖籍考補篇》、《少林拳術秘訣考證》。

　　《中國古佚劍法》是武藝叢書第二輯之一，一九三六年八月發行，《行健齋隨筆》是武藝叢書第二輯之五，一九三七年二月發行。可見中間還印行三種其他武術著作。年代久遠，已不能記憶，讀者中如能見告，則非常感謝。

研究武術史的拓荒者

　　解放後，唐豪回上海，業餘時又從事武術著作，寫成《峨嵋考》數萬字。一九五五年一月，唐豪從華東政法委員會調到國家體委，研究中國體育史，主編與撰寫《中國體育史參考資料》，共八輯。他成為中國武術史和中國體育史研究的拓荒者。他對史料的蒐集甚勤，有一次給我信說：為買書已家無餘錢，這封是最後 8 分郵票寄出，許多覆信只能等領工資後發出。我立即寄去郵資，希望他即將覆信發出。唐豪為寫稿、徵稿、編輯、答覆讀者來信，操

勞過度，當他編完《中國古代球類運動史料初考》（即一九五九年五月出版的《中國體育史參考資料》第七、八輯），交稿後，就病倒了。據沈隱陶說：「唐自知病重，但含笑說，算來我已寫了武術史、體育史有一百幾十萬字，可說『鞠躬盡瘁，死而後已了』。」

一九五九年一月二十日，唐豪因哮喘症在北京逝世。安葬在八寶山革命公墓。當時我在廣州，有一個月教太極拳的任務，與唐通信，討論一些武術問題。我去第二封信時，多天未有回音，我以為他病了才遲覆。返滬後，方知唐豪已故，他覆我的信在書桌上還未及寫信封。國家體委認為此信是唐豪的最後墨跡，收藏起來沒有轉給我。唐豪死後，我數次建議出版部門出版他的遺稿，未能實現。一九六四年，我寫的《太極拳研究》將出版，為了紀念亡友，遂將唐豪遺著《李廉讓堂本太極拳譜考釋》附在本書內。署名為唐豪、顧留馨編著。據人民體育出版社的編輯同志說；唐豪的另一些遺稿曾寄給成都體院加以整理，不幸在十年動亂中丟失，至今杳無著落。惜哉！惜哉！

4、《體育文史》（現《體育文化導刊》雜誌）1983年第3期何福生「回憶唐豪先生」：

唐豪先生是我五十年前的老師。那時，我在南京中央國術館學習武術，唐先生任國術館編審處長。

唐先生原名唐范生，江蘇武進縣人。從小就喜愛武術，曾在上海從師習武，後來到日本留學，畢業於東京帝國大學法律系。中央國術館成立不久，他即受聘來到這裡。編審處的工作主要是負責編審教材、整理資料、教授學生文化課程，同時還負責主辦《國術週刊》等。

唐豪先生非常注重教育質量，強調學員不僅要練好武術，還要有豐富的文化知識。為此，他曾親自到河南少林寺和溫縣陳家溝等地考察，蒐集了許多中國武術歷史源流的材料，編寫教材，使學生不僅學到了武功，也學到了許多中國武術發展的歷史知識。

　　為了推動武術活動的開展，他還倡導在中、小學中開展武術的基本訓練，組織國術館教授班的學員，利用課外活動時間，到南京 20 多所中、小學中進行輔導，並且定期組織校際之間的比賽。這些活動受到教育部門的重視，後來教育當局多次請國術館派人到學校去開展武術活動。

　　唐豪先生還積極向社會各界進行宣傳，促進武術運動的開展，並組織各種武術表演隊，到各地巡迴表演，受到熱烈歡迎，擴大了影響。

　　在國術館的教學上，他不僅重視研究中國武術各派的長處，還注意研究西洋的拳術和日本的柔道。他曾親自帶領學生到日本去學習柔道，學他人之長，提高中國的武術水準。

　　唐豪先生在國術館期間，為人正派，治學嚴謹，教授有方，深得學生們的敬重。但當時國術館館長兼江蘇省綏靖督辦公署督辦的張之江，卻不欣賞唐豪先生。記得是1932 年夏天，我們發現有許久不見唐先生在編審處的小院子裡習劍了，幾個學生便在一起議論，可誰也說不清其中的原因。不久，傳出「唐處長是共產黨嫌疑，已被張館長關在揚州綏靖督辦公署了」的風聲。聽到這個消息我們都不能相信，大家四處請人去說情。當時教務處長朱國福找張之江，以其全家性命力保唐先生。經過多方面的努

力，總算將唐先生保了出來。出來後，唐先生沒有回南京，直接到了上海。在上海改名「唐豪」，掛牌：「唐豪大律師事務所」，就此脫離中央國術館。

唐豪老師對我個人的教育是很嚴格的。記得當時教務處有一位書記，名叫安澤長，寫得一手好書法，擅長行書和草書，還能寫正、隸、篆體。唐老師就指定安先生教我書法，並規定我每天必須寫多少字，用多少紙，稍有馬虎、偷懶，就把我叫去訓斥一通。在這樣的要求下，我練就了一筆好書法。在文化學習上，唐先生特地請了語文課的呂光華老師，為我佈置作業。呂老師是湖南湘潭人，上課時，常常有一半話聽不懂，可呂老師讓我坐在第一排，並總要我回答提問。這樣也逼著我不得不專心聽講，從而也為我的語文學習打下了基礎。除對我各方面的嚴格要求外，編審處編寫教材的時候，唐老師也總叫我去參加。所有這些，對我既是鼓舞也是鍛鍊，使我在國術館三年學習期間，除第一學期外，一直保持著優良成績。

1958 年 8 月，我代表雲南省到北京參加全國武術觀摩交流大會，會上見到了相別二十多年的老師唐豪先生。當時我熱淚盈眶，半天說不出話來，唐老先生也很激動，抱著我的雙臂，高興地向在場的人介紹說：「何福生是近代武術名流何玉山的後代，也是我三十年前的學生。⋯⋯」

同年 10 月我率隊到天津參加全國摔跤比賽、比賽結束後，趁到北京參觀日本柔道隊表演之際，又去拜訪了唐豪先生。可誰知，這時他已臥病在床了，哮喘得很厲害，說話也很吃力，但精神看上去還好、我們從上午 9 點一直

談到下午 1 點。他語重心長地教導我，武術是我們祖國優秀文化遺產，要挖掘、整理、研究和繼承，要把過去學的東西，好好地貢獻給社會主義，為培養新一代的武術運動員，做出應有的貢獻。沒想到，這就是我與唐老師的最後一別。我返回雲南不久，他就與世長辭了。

今天，每當我憶及唐老師對我的囑咐，就引起我對他的深切懷念，一直使我不敢放鬆對自己工作的要求。我當像老師那樣，把我學到的一切貢獻給社會主義體育事業。

1986 年八月黑龍江人民出版社版楊武、魯生、曉劍、李茂編著《簡明武術辭典》唐豪條和 1987 年 12 月安徽人民出版社版方金輝、王培琨、孫崇雄、李道節、陳道雲、胡金煥編著《中華武術辭典》唐豪條幾乎都是以顧留馨的說法為藍本，摘錄介紹的。

5、1990 年 9 月人民體育出版社版馬賢達主編《中國武術大辭典》唐豪條：

唐豪（1897—1959）字范生，號棣華，江蘇吳縣人。少年苦讀自學之暇，喜習武術。到上海謀生後，從山東德州人劉震南學六合拳術。後任上海尚公小學校長，以所學武術教授學生，注重基本功及跌僕滾翻動作的訓練，所以學生所練拳械對練套路，緊湊逼真，得到社會好評。1927年因「共產黨嫌疑」而被捕，因朱國福的力保而獲釋，後去日本學習政法，兼學柔道及劈刺等。歸國後應張之江之邀，出任中央國術館編審處處長。1936 年沈鈞儒、史良等「七君子」被國民黨以「危害民國」罪逮捕入獄，提起公訴，陶行知、顧留馨等人也被列為被告。唐豪不畏強暴，為顧留馨等人擔任辯護律師。1941 年仍在上海當律師，曾

遭汪偽警政部之緝捕，後又被日本憲兵司令部逮捕，曾遭鞭打。後不得不離開上海，到安徽屯溪當律師。解放後，唐豪仍回到上海，出任華東政法委員會委員，1955 年調到國家體委任顧問，專心研究中國武術史和中國體育史，主編《中國體育史參考資料》凡八輯，因操勞過度，於1959 年病逝於北京寓所，葬於八寶山烈士公墓。

　　唐豪是現代中國武術史學科的奠基人，是中國體育史研究的積極推進者。早在 20 年代末在中央國術館任職時，他就開始撰寫文章，大力提倡武術的「科學化」。一是主張發展質樸實用的武術而排斥內容花假的流行套路，二是批判武術界的宗派門戶之風和附會釋道、以虛妄荒誕惑世的不良傾向。自 1930 年始，唐豪努力從事武術史研究，先後撰成《太極拳與內家拳》、《少林武當考》、《內家拳》、《戚繼光拳經》、《中國武藝圖籍考》等專著和論文。這些論著多是考證之作，材料翔實，推論細密，結論公允。有一些則是經過艱苦的實地考察後寫成的，它反映了作者嚴謹而求索不已的治學態度和武術史方面廣博的知識。

　　唐豪一系列武術史論著的刊布，不僅為武術史研究在學術界爭得了一席之地，而且無異於對舊時代混濁不堪的武術界注入了一股清流，在武術技術與理論的研究上開拓了一個新的方向。解放後，唐豪認真學習馬列主義，以歷史唯物主義和辯證唯物主義來指導自己的學術工作，特別是在中國體育史的資料彙集和專題研究上，他都做出了前所未有的成績。唐豪在武術史和中國體育史等方面的學術成果，至今仍然代表著這兩門新興學科的最高水準，成為

從事這兩門學科研究者的有益讀物。

可以看出，此段文字雖然是在顧留馨介紹的基礎上進行的，但評價之高，是前所未有的。譬如說唐豪的這些論著：「材料翔實，推論細密，結論公允。」「反映了作者嚴謹而求索不已的治學態度。」「為武術史研究在學術界爭得了一席之地，而且無異於對舊時代混濁不堪的武術界注入了一股清流，在武術技術與理論的研究上開拓了一個新的方向。」「唐豪在武術史和中國體育史等方面的學術成果，至今仍然代表著這兩門新興學科的最高水準」等等。

此後的，諸如：1993 年 12 月人民體育出版社版昌滄周荔裳主編《中國武術人名辭典》唐豪條；1994 年 11 月江蘇科學技術出版社版張山、裴錫榮主編《中華武術大辭典》唐豪條；1998 年 10 月中國大百科全書出版社版張山主編《中國武術百科全書》唐豪條；1999 年 2 月版人民體育出版社版余功保編著《精選太極拳辭典》唐豪條；2005 年 9 月北京體育大學出版社版楊麗主編《太極拳辭典》唐豪條；2006 年 1 月版人民體育出版社版余功保編著《中國太極拳辭典》唐豪條等等，都是以顧留馨介紹為基礎的，最典型的例證就是唐豪生於「1897 年」。

6、馬明達與馬賢達是親兄弟，都是當代著名的武術家，1990 年馬賢達主編《中國武術大辭典》時，馬明達是副主編，他為本辭典寫過一篇「前言」，其中講到武術文獻學時，對唐豪的工作亦給予了讚揚：

「以已故武術史家唐豪為例，他就是這項工作的最早的倡導者。他的《中國武藝圖籍考》，稱得上是武術文獻

目錄學與版本學的開創之作，成就之大是武術界內外所承認的。遺感的是，自《圖籍考》問世以來，半個多世紀過去了，武術事業在不斷發展著，武術圖籍也是與日俱增，但很少有人再談到武術資料所存在的問題，聽到的只是一片譽美之聲。沒有人對古今武術文獻再做過類似唐豪那樣系統的整理和評價，武術文獻學後繼乏人，差不多成了曇花一現的絕學。」

馬明達後來曾於 2000 年（蘭州大學出版社）和 2007 年（中華書局）出版他的文集《說劍叢稿》和《說劍叢稿》增訂本，在此書中多處提到唐豪先生，並對他給予高度的評價：

早在 30 年代，唐豪先生就發表了以《少林武當考》、《中國武藝圖籍考》為代表的一系列極具影響的專著和論文，不僅開闢了武術史這門學科，而且給當時相當混濁的武術界注入了一股清流。

唐豪的研究工作一直持續到 60 年代初。隨著他的病故，這門學問頓時冷落下來，不要說後繼乏人，就連唐先生主動捐獻給國家體委的一批遺稿，其中包括他的嘔心瀝血之作《峨眉拳考》，全都在「文革」劫難中不知去向了。他解放前的著作，那些充滿睿智和膽識的精彩論文，如今有的散落在全國各地的圖書館裡，塵封架上，無人問津；有的已經絕跡，無處尋覓。

解放前，特別是 30 年代，當大量以怪力亂神取悅於一般讀者的所謂武術「著作」充斥武術界時，唐豪先生以

揭示真相 彰顯傳承｜太極拳研究之匡正源流〈下〉

考據之學治武術史，苦心孤詣，成績卓然，對開創武術史學科實有篳路藍縷之功。

我們一直為當代武術界出現過唐豪（字范生，號棣華）先生這樣的武術家而感到慶幸，感到榮耀。他是傑出的律師，是學養宏深的文史專家，是一位富有正義感的社會活動家。同時，又是武術家，是武術史和民族體育史學科的奠基人。

唐豪先生是迄今唯一一位對武術文獻和民族體育文獻做過系統整理的學者。早在半個世紀以前，唐豪先生發表的《中國武藝圖籍考》及其《補篇》，還有解放後發表的《中國民族體育圖籍考》和許多論文專著，是本世紀武術史和民族體育史的劃時代的著作，也是武術目錄學和文獻學的創軔奠基之作。由於多方面的原因，他的著作中也不免有這樣那樣的疏失，這其實很正常，我們既不必為賢者諱，也不必橫加指議，重要的是深入認識他的開拓精神和學術成就，學習他實事求是的治學態度和卓越的武術識見，把他汲汲開創的武術學業繼承下來，並不斷加以恢宏發揚。對武術和民族體育史來說，這是科研工作的基礎，也具有重要的現實指導意義。

遺憾的是，唐先生所開創的武術文獻學和目錄學，在唐先生以後競成了一門「絕學」，不但後無來者，而且連他的著作也差不多成了無人問津的塵封之物，更不要說整理出版了。這是一個耐人深思的現象。

（見《說劍叢稿》增訂本：初版前言第 2 頁、264頁、305 頁、323 頁）

7、吳文翰先生是除陳式以外的唯一一位對唐豪大加讚賞的太極拳家（武派）：

唐豪先生是我國武術史學科、太極拳史學科先驅者，……他自 1930 年即投入中國武術史的研究之中，先後撰成《手臂餘談》、《太極拳與內家拳》、《少林武當考》、《內家拳的研究》、《戚繼光拳經》、《廉讓堂太極拳譜考釋》、《中國武藝圖籍考》等專著或論文。由於作者治學態度嚴謹，知識淵博，對中國武術史的研究取得了豐厚成就。

（見山西科學技術出版社 2008 年 1 月第 1 版唐豪著《少林武當考 太極拳與內家拳 內家拳·吳文翰序》）

8、以馬楠為代表的隨意誇張：

①、劉（指劉震南）老師技高名重，從學者甚眾，唐豪追隨左右，武藝功夫出類拔萃。

唐豪是我國引進日本劈刺術第一人。

（見《武魂》2006 年第 11 至 12 期顧元莊「涸轍之魚，相濡以沫—記唐豪和顧留馨師友情」）

②、知名技擊高手唐豪……

（見《檔案與建設》月刊 2009 年第 2 期王炳毅「張之江與民國南京中央國術館」）

③、一代宗師唐豪

他是中國近代武術歷史中一個舉足輕重的人物，他在研究中國武術史和整理中國武術文獻方面取得了巨大的成就。唐豪是第一個對武術古籍資料進行認真考證的人，尤其是他在太極拳的源流方面的考證對於中國後來大部分的武術史料產生了直接影響。雖然後人對他的部分考證結果

並不完全認同，然而對於研究武術歷史的人而言，唐豪的名字是如雷貫耳的。

（見《蘭台世界》2014 年 2 月下旬彭鳴昊「一代宗師唐豪的武術思想研究」）

④、他是劉震南的弟子中最為刻苦的一個學生也是武藝最為精湛的一個。

並且由於唐豪的刻苦愛學還曾經在上海比武賽中奪得了摔跤第一名。

唐豪在日本期間學習了非常精湛的槍劍術，曾經有一位非常精通槍劍術的朋友與他過招，認為他戴一副眼鏡、文質彬彬，根本沒有把他放在眼裡，但是在過招的過程中這位朋友終於體會到了唐豪的厲害，打得他顧了頭、顧不了腳，三個回合下來就吃了敗仗。

唐豪 1912 年開始進入中央國術館工作，並擔任編審處處長。唐豪的這個職務就是審理教材、整理材料同時教授學生文化課，另外還負責《國術週刊》的創辦。

（見《蘭台世界·文化檔案》2013 年 10 月上旬中原工學院馬楠「史學家唐豪生平及其歷史貢獻探微」）

就是否「武藝功夫出類拔萃」「知名技擊高手」「一代宗師」「如雷貫耳」暫且不說，何來「上海比武賽中奪得了摔跤第一名」？中央國術館 1928 年才成立，又何來「1912 年開始進入」？不負責任的宣揚到了如此的程度！

二 唐豪「名言」錄

1、唐豪對中國傳統武術的看法

古之拳家，以花法套數惑世，戚南塘三百年前，已慨乎言之。今之拳家，花法套數之外，且附會妖妄以欺人。花假雖足貽誤，然猶得磨礱體魄之益；妖誣蔓延，將見國亡而有餘。

（見唐豪《內家拳自序》）

使戚氏而生乎今日，絕不將那些不合時宜花法虛套的武藝，尊為救國的良圖。使戚氏而生為今日中國之大將，絕不將十九路軍抗日的大刀，滿足地以為曾經殺勝過敵人而自豪。

識古今因變之宜，明崇實斥虛之道，這是戚繼光之所以為戚繼光。生於三百年後的今人，識不足以知因變，明不足以察實虛，糜人民的脂膏，設廣大的館舍，集江湖遊食之徒，演古所吐棄之物，曰：是救亡之良圖也！是救亡之良圖也！不知此真將亡的現象，吾復何言！

一九三五年九月九日

今之江湖教師，上一等的，以詭奇來著書立說；下一等的，以花假來玩偈歲月，故皆恐人試，此正是此輩淺怯處。今人反謂為秘惜其技，於是江湖教師們，見人之易欺而不務於實，遂得自高身價，詭奇之說，花假之套，乃遍於國中。欲救其弊，惟有服膺南塘遺教，宏獎公開比賽，使此輩無所遁形於競技場中，其不敢臨場者，即是藝淺膽

怯之證，如此，則花假漸可絕跡，真藝方得發揚。

（見唐豪著《王宗岳太極拳經 王宗岳陰符槍譜 戚繼光拳經》）

近年來中國的學術界，因為新時代的開展，均有往前奮進的趨向。實驗考察，已逐漸受人重視，分析研究，也具有一定的準繩。獨獨過去以及現在的武術界，重重故障，包圍得鐵桶一般，名山不朽的事業，充滿了神怪的宣傳；而追求黃金的書賈們，又復乘時投機，助長妖妄，麻醉人心，流毒社會，其害甚於洪水猛獸！所以吾作此書，不重在評論太極拳效用方面的價值，而重在打倒欺世惑眾的邪說。

（見民國十九年（即 1930 年）唐豪著《太極拳與內家拳·自序》）

世界各國的提倡古舊武藝，實含有其時代的使命。但中國呢！幾十年來，只走一條單純的體育路線，他們一味遷就把勢匠所造成的環境，他們不去揀選一下，他們提倡的大多數是些花假虛套近乎開玩笑的東西，甚至如九節鞭、虎頭鉤、三節棍、流星錘、峨眉刺那些玩藝兒，都視為國寶。

這些玩藝兒，除了在體育方面發生一些影響之外，不要說在現代的戰場上毫無用處，就是在古代的戰場上也不能發生一些作用，然而十餘年來國家消耗了幾百萬巨款，廣設國術館，其所提倡的，十之八九，是這些江湖玩藝兒，對於軍國民教育，可謂風馬牛不相及。推厥原因，最大的病根，由於領袖人物知的不夠，所以對於武藝，應當提倡的卻不提倡，不應當提倡的卻大提倡，於是形成了一

種無計劃而瞎幹的局面。他們雖則大聲疾呼地叫喊著救國的口號，然而，事實上他們卻讓開玩笑的花假虛套和九節鞭、虎頭鉤、三節棍、流星錘、峨眉刺去救國！

（見唐豪著《中國武藝圖籍考·自序》民國二十九年七月七日，即 1940 年）

2、唐豪對傳統武術家和許多拳種的武術權威及其著作的看法

許氏之後的武藝著述，跟著盲從、附會的，如陳秀峰《太極拳真譜》。

武藝著作家，偏要附會出一串上承下接的師弟來，可謂極盡編造扯謊之能事。

依聲學舌繼許之後的，有：民十七出版的吳圖南《科學化的國術太極拳》、民二十一出版的田鎮峰《太極拳》萬籟聲《原式太極拳圖解》等書，這種附會、盲從的態度，恐怕除了武藝著作家以外，是少見的吧！

其實拳家的扯謊，自古已然，於今為烈，姜、姚又豈能免此。

陳耕耘之子某傳太極拳於姜、姚的師祖這話，不是姜、姚在那裡扯謊，便是他們的師祖許占鰲在那裡扯謊。

（見唐豪著《王宗岳太極拳經 王宗岳陰符槍譜 戚繼光拳經》）

而近人陳微明、姚馥春、姜容樵輩，皆依聲學舌，絕無異辭。

陳微明所著《太極劍》，末附太極拳名人逸聞數節，其間妖妄惑人者，莫如楊露禪之踏雪無痕，與李賓甫所遇少年二事。

（見唐豪著《太極拳之史的研究》）

近之號稱武術著作家者，扇妖妄之毒焰，賊人群之思想。

民國二十四年九月九日吳縣范生唐豪

許禹生於民十出版之《太極拳勢圖解》中稱征南之後百年始有甘鳳池，又指甘為太極拳南派人士，皆出杜撰．盲從之者，有民十九出版之姜容樵、姚馥春《太極拳講義》，民二十出版之吳圖南《科學化的國術太極拳》等書，豈武藝作家，不以競張空虛為恥者乎？

（見唐豪《內家拳自序》）

3、唐豪對趙匡胤、達摩、張三豐、王宗岳及黃梨洲的看法

陸師通《北拳彙編》，述少林武術以趙匡胤為開山始祖。《中國體育史》謂本清人筆記。穿鑿杜撰，可為噴飯。

邊澄祈夢，鬼卒手教之搏，此猶得謂為迷信心理之現象，唯稱夢後即有絕力，則誕妄不足信也。《寧波府誌》所記邊澄事蹟，似不甚忠實。

中國的武術，於古已盛，正不必附會天竺沙門、邋遢道人之流。

梨洲（黃宗羲）之《王征南墓誌銘》，百家之《內家拳法》，雖皆及張三豐事蹟，然皆誕妄無據。

且梨洲所作《王征南墓誌銘》，絕未言其拳法之為太極拳，使張三豐果由一夢而精技擊，證以百家所述征南拳法，亦決不是太極拳之鼻祖，而況其為誕妄乎。

凡談內家拳者，幾乎無一不拿誕妄的神話來當作史料，甚至胡謅了不少謊話，東拉西扯，遂戴這位邋遢道人做他們的祖師，以自重其聲價，不知武術重在實際的應用，而不貴乎虛偽的標榜。

現在一班職業武士，囂然短長於少林武當之間，未免所見者太小了！

今之言武當者，動以張三豐為標榜。其實張三豐事蹟，《明史》言之，亦含糊不足盡信，何況附會神仙，惑世欺人如《三豐全集》、《張三豐太極煉丹秘訣》等書乎！

近人言太極拳術者，無不謂為三豐所發明。

近人武術著作中渲染之張三豐。

近人著作中，依聲學舌，稱述少林宗派者，有民國六年出版之朱鴻壽《拳法講義》；又十年出版之《少林拳法圖說》；民國八年出版之郭希汾《中國體育史》；民國十三年出版之孫祿堂《太極拳學》；民國十五年出版之湯顯《達摩派拳訣》；又許太和《南拳入門》等。於是此類附益偽妄之說，遂瀰漫於所謂現代進步之中國社會間矣！姚際恆曰：「造偽書者，古今代出其人，故偽書滋多於世。學者於此，真偽莫辨，而尚可謂之讀書乎！」嗚呼！

（見唐豪 1930 年著《少林武當考 太極拳與內家拳 內家拳》）

近人著作，每言太極拳為張三豐所創。若用顧頡剛治古史之法，追溯其本源，則張三豐之歷史，完全出於層累地編造而成，今取古今各家所言，按其年代之先後，排比而探索之，一望即知其為假托附會。

（見唐豪著《太極拳之史的研究》）

試把太極拳著述中所記的王宗岳來一看，只見得一股附會、標榜、盲從交織的烏煙瘴氣，直衝霄漢，而看不見別的。

後人把王宗岳所著的《太極拳經》的一部來附會於張三豐，一方由於太極拳運氣之法，與道家養生之術相通，一方由於民間張三豐印象的普遍與深刻，造成了附會的因素，而思想滯留於數世紀以前的拳家，或則限於知識的淺薄，或則作為安身立命的法門，於是附會妖妄，標榜神仙，盲從瞎說之風，遂瀰漫於武藝作家之間。

今日社會間最盛行的太極拳，一般無聊的拳家，都跟著一位著《太極拳經》的王宗岳，盲目地附會為一夢而精技擊的張三豐所發明，自稱為劍仙弟子的所謂太極拳家姜容樵也者，在其所著《太極拳講義》中，更把張三豐捏造為一個臨空復活，宣言觀我漢族恢復河山的怪物。我們似乎不能因為受其影響者只是愛好武藝者們的中間一小部分，而忽視了思想上的毒害，遂聽其妖言惑眾。

（見唐豪著《王宗岳太極拳經 王宗岳陰符槍譜 戚繼光拳經》）

4、唐豪對戚繼光學拳標準的界定

《拳經・捷要篇》裡說的學拳標準：

「學拳，要身法活便，手法便利，腳法輕固，進退得宜，腿可飛騰。而其妙也，顛起到插。而其猛也，披劈橫拳。而其快也，活捉朝天。而其柔也，知當斜閃。」

又說：

「俗云：拳打不知，是迅雷不及掩耳，所謂不招不架，只是一下；犯了招架，就是十下。博記廣學，多算而勝。」

「既得藝，必試敵，切勿以勝負為愧為奇，當思何以勝之，何以敗之，勉而久試，怯敵還是藝淺，善戰必定藝精，古云：藝高人膽大，信不誣矣。」

（見唐豪著《王宗岳太極拳經 王宗岳陰符槍譜 戚繼光拳經》）

5、唐豪對戚繼光《拳經》西洋拳鬥的崇尚

開大陣，對大敵，是一種武藝。上遊場——今之競技場，古稱遊場——試高下，又是一種武藝。戚氏在《紀效新書・或問篇》裡說過：

「平時官府面前，所用花槍、花刀、花棍、花叉之法，可以用於敵否？子所教亦有是歟？光曰：『開大陣，對大敵，比場中較藝、擒捕小賊不同。堂堂之陣，千百人列隊而前，勇者不得先，怯者不得後，叢槍戳來，叢槍戳去；亂刀砍來，亂殺還他，只是一齊擁進，轉手皆難，焉能容得左右動跳，一人回頭，大眾同疑；一人轉移寸步，大眾亦要奪心，焉能容得或進或退。』」

左右動跳，或進或退，不是開大陣、對大敵之技。遊場試藝，兩兩相對之間，方得施展此等身手的所在。然其間亦自有別，花假之法，雖亦左右動跳，或進或退，余謂擒捕小賊，或堪一用，場中較藝，須如戚唐二家，知訣勢之竅要，平日實驗有得，方向側身其間。至若戰場對敵，不惟不能容得左右動跳，或進或退，並立勢亦不能容得。

作戰不離乎器械，必至器械紛失，始赤手肉搏，以爭生命於呼吸，此種情形，萬千中難遇一二，然舉拳即揮，豈暇立勢周旋。勢之多，勢之用，為中國拳法所特有，所以戚氏說：「此藝無甚預於兵」，又說拳法是一種「似無預於大戰之技」。

西洋拳鬥，不甚講勢，學藝者日必試藝，亦不以勝負為愧為奇，使戚氏生乎今世而及見此藝，必將引之為理想中的拳法，此戚氏的實驗主義，足證吾言之非虛。歐戰

中，爭奪凡爾登要塞，拳鬥曾經發揮過一個奇蹟，日人川島所著的《西洋拳鬥》一書，載有這件事實：

「凡爾登要塞戰之際，德軍中有一兵卒名華爾脫者，於敵兵衝入陣線白刃相接的時候，應用了平素練習的拳鬥，在瞬間用赤手空拳，擊倒敵兵二十四名，卒賴其挽回頹勢，獲得最後的勝利。」

歐美的士卒訓練，拳鬥也是其中的一種。西洋拳鬥的學重對試，搏重要害，在中國拳法中，惟戚氏的實驗主義，與三百年前搏人必以其穴的內家拳，具有同樣的價值。

西洋拳鬥的缺失，其病在有上而無下。四年前，余創立護具數種，蔽腿、腹、陰囊等處，使人登場試藝，然勝負之數，仍在上而不在下，蓋下部一經障蔽，雖用腿而不能創敵，若不用護具，則肚腹、陰囊，皆為致命之處，將因比賽而日見傷殘，以是恍然悟西人非不知有腿。今思得一法，競技則限於上而不必有下，平時學技，或蔽護具，或制人體型之樁，擇拳中有用腿法，習踢要害，或雙人對演·或單人獨習，如是則至實際應用的時候，上下皆有，既可彌比賽之缺，亦可存南塘不偏一隅之法。

（見唐豪著《王宗岳太極拳經 王宗岳陰符槍譜 戚繼光拳經》）

⋯⋯1929 年，予習太刀之法於日本一太刀者，日人稱之曰劍，其執持之法，以雙手為主，與茅志無異。⋯⋯何良臣《陣記》謂：「日本刀不過三兩下，往往人不能御，則用刀之巧可知」，蓋專精而得要歸，遂能稱絕也。⋯⋯日本至今演劍法絕精，此可為有志研究中國古劍

道者借徑也。一九三六年七月一日 唐豪跋

（見唐豪著《清代射藝從一書 王五公太極連環刀法
中國古佚劍法》所作的「跋」）

6、唐豪對當時武術界的感受與自己的責任

（1）唐豪對當時武術界的感受

為中國文人學士們所鮮於齒及的這片武藝園地，目前
幾乎全面積百分之九十，蔓沿著亂苗的惡莠，而少有人去
一顧，身心無所寄託的我，受了蔚天兄（《武藝叢書》的
編輯）。的鼓勵，在百無聊賴的閒暇中，以二十年閱歷之
所得，來做這件薅芟工作——這工作蔚天兄賜以佳名曰
「清算」。

武藝界中，鬧得頂烏煙瘴氣的，要算少林外家、武當
內家了。他們之間，即如蔚天兄所指出的那種情形——以
口頭或著作，廣播其荒誕的、邪魔的、神祕的謬論，毒害
了中國一部分的思想與行動。

（見唐豪 1936 年《行建齋隨筆》）

（2）唐豪想要自己擔當的責任

「清算整理」，一切理論全需要「清算」，全需要
「整理」的，目前，「武藝」這- 部門當然也沒有例外。

把荒誕的、邪魔的、神祕的種種關於武藝的謬說，或
者競利用這謬說作煙幕，掩護自己「安身立命」企圖者們
的狂言，作一度「清算」，並決出其真相來。

（見唐豪 1930 年著《少林武當考 太極拳與內家拳 內
家拳》）

三 對於唐豪又是怎麼個反對？和「潑髒水」

反對是自然的，潑髒水談不上。特別是在太極拳的源流研究方面，唐豪的說法漏洞百出，許多地方不能自圓其說，甚至自相矛盾，正像馬明達所說：「**有這樣那樣的疏失**」。最典型的就是陳王庭「造拳」和陳家溝「發源地」之說，幾乎激起了除陳氏以外的各太極拳學派的民憤，當即就受到了武派太極拳家徐震（哲東）、楊吳派太極拳家吳圖南的反對，以及隨後的于志鈞、李濱、路迪民等多位教授大量論著的強力反駁。

最有力的證明，就是 2002 年國家體育總局武術管理中心為了尋找證據，證明唐豪的太極拳源流說，而專門在河南某大學設立了「太極拳的源流與發展研究」課題，結果是沒有證據，研究不下去，最後不得不於 2007 年，在陳家溝以中國武術協會的名義強行掛牌，行使行政命令，產生了極為不好的影響。

對唐豪的反對，主要表現：

1、《武林》雜誌 1994 年第 6 期王善德「太極拳源流質疑」講：

對於那些敢於對唐、顧考證提出異議的文章往往要遭到諷刺謾罵，誤以為爭正宗。唐、顧的考證究竟根據何在呢？有人說唐豪三下陳家溝。其實，唐豪的考證不過是查一查陳氏家譜，訪一訪陳氏族人，以及譜中有可師、拳師等記載，但主要的根據不過是《長短句》中：「悶來時造拳」的一個「造」字，就說太極拳是陳王廷創造的。

《家乘》中說：「始祖諱卜，耕讀之餘，而以陰陽開合運轉周身者，教子孫以消化食水之法，理根太極，故名曰太極拳」。而唐豪的考證卻又是根據《家乘》中的《長短句》。這與陳卜造拳之說是矛盾的。長短句的作者是陳王廷。陳王廷與陳卜一個是明末之人，一個是明以前的人，試想陳鑫先生會胡塗得同是一門陳氏太極拳弄出兩人造拳者嗎？而二人又相隔了八代，很明顯前一個「造」字是創造或者是改造，後一個「造」字是改造或者是深造。只有如此解釋才合乎情理。唐考《家乘》中說陳卜造拳。難道唐豪對陳家的家史比陳氏子孫瞭解的還清楚嗎？

　　蔣發陳家溝傳拳的傳說：傳說是蔣發隨夫子王林禎途經陳家溝，借宿於陳家，見其子弟練拳、蔣發與夫子竊語，陳氏子弟聞之，以為有輕漫陳家拳之處，便強與蔣師較藝，因此知遇異人，遂懇請留陳家授拳。從這一傳說來看，說明陳家原本有拳，又經蔣師指點，從《拳經總歌》和陳鑫《拳論》比較似有可能。譬如少林棍法，少林本有棍術，又經俞大猷傳授，都是在原有的基礎上有進一步的深造。

　　然而陳鑫卻承認蔣發的存在，並承認蔣發之拳學自山西。

　　《家乘》被唐豪先生考證得真假難辨。遺憾的是陳氏後人竟有的人抱著「唐考」不放。好像是一種「殊榮」，而這種殊榮的價值似乎比《家乘》的價值不知要高多少倍。

指責杜元化、楊澄甫，有一些文章說拳出武當之說罪在杜楊，甚至指責對唐考提出異議是為爭正宗。其實杜、楊以及今天的持異議者，恐怕沒有一位是張三豐的後裔，這為祖宗爭光的嫌疑也就不存在了。過去投師學藝，老師必對弟子說明師承關係及流派淵源。楊氏到澄甫先生已歷三代，而無不承認祿禪大師師承陳長興。陳長興授拳之時也不會不講太極拳的源流。武禹襄師承陳青萍，趙堡的和氏也是師承陳青萍，而武氏在河南又得了王宗岳的《拳論》，而《拳論》中又載有《三豐遺論》，這一切均在《家乘》之先。就連李亦畬先生的《太極拳小序》的問世也在《家乘》之先，而楊、和、武三者如此的吻合，難道三者都是為爭正宗嗎？三者為什麼都承認老師姓陳而又另外找一個祖師爺呢？這能不叫人對唐考提出疑問嗎？

唐豪考證說太極拳是根據《紀效新書》和《太祖長拳》創造的。這與《家乘》中所說的也是矛盾的。陳鑫先生說：「始祖諱卜……，理根太極故名曰太極拳。」《長短句》中則說：「只落得《黃庭》一卷隨身伴，悶來時造拳……」《黃庭經》是道家經典。中國古代僧道如同水火。太祖拳是少林拳，是主於搏人的，而《紀效新書》則是兵家戰陣之法。根據《紀效新書》和輸打贏要的趙匡胤的太祖拳怎麼會創造出「以柔克剛」、「後發制人」的太極拳呢？

總之唐豪的考證與陳鑫先生的著述矛盾層出，如果仔細的研究，其中還有很多矛盾，兩者所論使人無所適從。唐先生已經謝世，但他的考證卻給太極拳史帶來了麻煩。

2、《武當》雜誌 2002 年第 10 期發表路迪民「『疑古』思潮與唐豪的太極拳『考證』」一文，認為：

唐豪考證太極拳的動機

唐豪關於太極拳史的考證，正是在「五四」以後的「疑古」思潮盛行時產生的，是「疑古」思潮在武術史上的反映。連黃帝、堯舜禹都不可信了，可信的「孔老二」也得打倒，達摩祖師、張三豐算得了什麼！唐豪在《於「武藝叢書」的感言》中開宗明義地說：

「清算，整理」，一切理論全需要「清算」，全需要「整理」的目前，「武藝」這一門當然也沒有例外。

可見，唐豪考證，就是為了適應「一切理論全需要『清算』，全需要『整理』的目前。」為此，他首先在 1930 年 7 月出版的《少林武當考》中，否定傳統說法，斷定張三豐「亦決不是太極拳的鼻祖」，然後再去尋找一個太極拳的發明人。請看唐豪在《太極拳之根源》中的敘述：

民國二十年春，吾在上海認識了一位陳溝新架太極拳家陳子明先生，那時的吾，因為看到太極拳風靡南北，而這類拳家的著述內容，幾乎無一不含有賊人思想的毒素。彼時恰巧得到一個短期間的清閒，便約同陳先生到他的家鄉去調查太極拳的衍變……結果，把太極拳的源源本本找了出來。

抱著否定「賊人思想」的目的，唐豪很輕鬆地就把太極拳的「源源本本」都「找了出來」。這「源源本本」是什麼？我們先從唐豪對於陳氏拳架名稱的竄改，揭示其考

證之一斑。

是考證，還是在變魔術

帶領唐豪到陳家溝訪問的陳子明，也是徐震（字哲東）的好朋友。他向徐震出示了陳氏拳械譜的所有內容，其中以《文修堂本》和《兩儀堂本》最為重要，徐震將其詳細錄入《太極拳考信錄》中。現將《文修堂本》和《兩儀堂本》所載陳氏拳架的標題摘錄如下：

《文修堂本》：「頭套捶拳架」，「二套捶三套捶失傳」，「四套捶勢」，「五套捶拳勢」。此外有「炮捶架子十五紅十五炮走拳心用」和「拳勢總歌一百單八勢」。

《兩儀堂本》：「頭套十三勢拳歌」，「二套炮捶十五紅十五炮走拳」，「三套拳」，「四套拳」，「五套拳歌」。另有一篇「太極拳，一名頭套拳，一名十三勢，即十三折，亦即十三摺也」（與「頭套十三勢拳歌」類似），一篇「小四套亦名紅拳」，一篇「拳勢總歌」。

可見，《文修堂本》只有五套「捶」，一套「炮捶架子」和一套「一百單八勢」，沒有太極拳。《兩儀堂本》才把「頭套拳」亦稱「十三勢」和「太極拳」，把《文修堂本》的「炮捶架子」作為「二套炮捶」。《文修堂本》顯然比《兩儀堂本》早一些，這就是陳氏拳架的演變真相。

然而，在《太極拳之根源》中，唐豪變了個魔術，將陳氏拳架描述如下：

所謂陳氏拳手也者，除指太極拳之外，尚有一套勢法出於同一系的炮捶。太極拳有二套：一套叫作長拳……已失傳，譜尚存。一套叫作十三勢。十三勢又分作頭、二、

三、四、五套……村人只習頭套，餘僅存譜。

在這裡，陳氏的五套「捶」變成了五套「十三勢」（眾所周知，太極拳亦稱「十三勢」），又把「拳勢總歌」改稱「長拳」或「太極拳」，一副「太極陳家」的面貌，就這樣被唐豪塑造出來了。接著，他捏造了一個「十三勢」的總題目，在這個總題目下，「錄」出了陳家的頭、二、三、四、五套拳譜，即五套「十三勢」。

但是，唐豪所「錄」的頭套「十三勢」，既不是《文修堂本》的頭套，也不是《兩儀堂本》的頭套，而是現代的陳氏頭套太極拳架。他所「錄」的二套、三套「十三勢」，是《兩儀堂本》的三套、四套拳。其四套「十三勢」是《兩儀堂本》的「小四套亦名紅拳」（《文修堂本》沒有），只有五套與《兩儀堂本》的「五套拳歌」相同。唐豪「清算」「整理」的卑劣手法，不是昭然若揭了嗎？

為了掩蓋事實真相，《文修堂本》和《兩儀堂本》目前皆已無存（？）。然而在徐震《太極拳考信錄》中的白紙黑字，卻成為難以抹殺的鐵證。

製造一頂桂冠　強加五派祖先

在唐豪考證之前，陳家溝並無太極拳創自陳家之說。但是，在楊式太極拳風靡全國之時，陳家人也看到了武術的社會價值，要弘揚陳家拳。致力於此者，主要是陳鑫，其次是陳森，兩人的認識和作法有所不同。

陳鑫在《陳氏太極拳圖說》中，言其始祖陳卜「教子孫以消化飲食之法，理根太極，故名曰太極拳」，「我陳氏自山西遷溫，帶有此藝」。但他又說，「拳以太極名，

古人必有以深明太極之理……發明太極之拳，立其名」，
「太極理循環，相傳不計年」。可見，陳鑫不過是想把
「炮捶陳家」變為「太極陳家」而已。直到 1933 年出版
《陳氏太極拳圖說》時（陳鑫已去世四年），陳氏族人依
然未敢斷定陳氏創太極，全書的序、跋、贊、傳，均未言
及陳氏發明太極拳，甚至把《杜育萬述蔣發授山西師傳歌
訣》也作為附錄收入。

　　陳森，字槐三，《陳氏家譜》的保存者。他見家譜沒
有拳術記載，就給家譜中從九世陳王廷到十六世陳鑫等
25 人的名字旁加了注。陳王廷旁註：「陳氏拳手刀槍創
始之人也」。陳長興注「拳師」，陳耕耘注「拳手」。陳
森的直系祖先，皆注「拳師最好」「拳手大家」「拳師神
妙」等語。最後寫道：「我高曾祖父皆文兼拳最優，森
批。」但他說的是「陳氏拳」，根本沒有「太極」二字，
純粹為了光宗耀祖。

　　但，唐豪的考證目的不在於此。他要「清算」「整
理」，不允許陳氏太極也和其他流派一樣是「古人」傳下
來的。於是，他撇開陳鑫的記述，抓住《陳氏家譜》中陳
王廷「陳氏拳手刀槍創始之人」的旁註，認為陳王廷所創
的「陳氏拳手刀槍」，必然指太極拳。就把「發明太極
拳」的桂冠，加在了陳家溝陳王廷的頭上。

　　可笑的是，唐豪竟把陳森在 20 世紀初年對《陳氏家
譜》的「旁註」，當成了乾隆十九年「最可信的史料」。
且不說「陳氏拳手」是不是太極拳，即便是太極拳，也是
「陳氏太極」。能否因為「楊祿禪是楊式太極創始之
人」，就斷定楊祿禪是「中國太極拳」的創始人呢？

然而問題不止於此，為了自圓其說，唐豪還必須「截斷眾流」，把各式太極拳都納入陳式太極之「源」。

楊式太極拳，歷尊張三豐為祖師，以王宗岳→蔣發→陳長興→楊祿禪為傳遞順序。唐豪卻給楊祿禪加上「改革簡化」陳式太極拳的桂冠，並說楊祿禪「不能文墨」，把「懶扎衣」誤讀為「攬雀尾」云云。

趙堡太極拳，不但尊張三豐為祖師，且有十幾代太極拳傳人的記載。唐豪卻說趙堡拳第 7 代傳人陳青萍是由陳家溝招贅至趙堡，傳授了陳式新架，從而給陳溝趙堡之間造成了嚴重的對立情緒。

吳式太極源於楊式，武式太極源於楊式和趙堡，孫式太極又源於武式。這樣，楊、吳、武、孫、趙堡五大流派太極拳的祖宗牌位，都讓唐豪給換掉了。

這真是古今考證史上的「奇蹟」，可謂之「唐老爺亂點祖宗譜」。顯然。無論從資料分析、邏輯思考，以至文風和道德上，唐豪都與「古史辨派」的大學者不可同日而語。其太極拳考證，不過是疑古思潮中的一個怪胎而已。

唐豪「考證」之考證

近年來，有的作者感嘆「歷史不是泥人」，而唐豪就是捏泥人的大家，甚至連唐豪自己也是個泥人。關於唐豪到陳家溝「考證」太極拳的時間，竟有以下四種說法：

①如前所述，唐豪 1935 年在《太極拳之根源》中，說他「民國二十年春」（即 1931 年春）認識了陳子明，並約同赴陳家溝考察。這大概是真實記載。

②在 1964 年出版的《太極拳研究》中，唐豪又說：「1930—1931 年冬末春初，予居陳溝陳承五家月餘，調

查太極拳歷史，始備悉其詳。」

③顧留馨在《太極拳術》中卻說：「唐豪於 1932 年
1 月訪陳家溝時，於陳森（字槐三）處得《陳氏家譜》一
冊。」

④到了陳小旺的《世傳陳式太極拳》中，更神了：
「研究武術的名家唐豪同志，曾於 1930 至 1932 年間，三
下河南溫縣陳家溝，調查考證太極拳的起源，歷時數月之
久。」

3、《武當》雜誌 2007 年第 5 期發表路迪民「太極拳源流爭論因果新探」一文，繼續講到：

關於張三豐創拳的記載，早在黃宗羲的《王征南墓誌
銘》（1669 年），《張三豐全集》之《拳技派》和《寧
波府志·張松溪傳》（1735 年），都有據可查。

需要強調的是，楊家關於太極拳源流的祖傳說法，不
是一種「觀點」，而是一種直接「史料」。「史料」本身
就有「證據」性質，楊家就是這樣說的，對這一點無需
「考證」。不僅楊家，吳式、武式、孫式、趙堡太極拳，
也持張三豐創拳說，都是無需考證的事實。

楊澄甫先師之子楊振鐸，在邯鄲一次會議上說：「我
對太極拳源流沒有研究，但是我們楊家歷來祭祀的就是張
三豐。」

中國在二十世紀初的新文化運動，高舉「民主」「科

學」的大旗，反對舊禮教、舊道德、舊文化，提出「打倒孔家店」的口號，這是對幾千年來封建統治思想的清算，具有深遠意義。但是，伴隨著對於封建王朝和封建文化的痛恨，中國學術界產生了一種過激情緒，並導致全面否定中國傳統文化的疑古思潮。疑古思潮的反封建意義是可以肯定的，但其負面效應——對於中華民族早期歷史的否定，對於中國人民幾千年積澱下來的文化遺產的否定，並由此對於民族精神和民族自尊心的傷害，是不容忽視的。史學界的研究還發現，疑古思潮與日本侵華思想有一定聯繫，和日本對於中國的思想侵略和政治侵略正相呼應。

唐豪的太極拳考證，是 20 世紀初的疑古思潮在武術領域的反映，這不僅因為唐豪在否定中國傳統文化方面與疑古思潮的做法類似，其思想方法也和疑古思潮的代表人物同出一轍。唐豪對太極拳早期歷史的否認，是否也受到了日本侵華思想的影響呢？筆者不能隨意武斷。但也湊巧，正是唐豪 1927 年去日本學習政法之後，1928 年歸國任中央國術館編審處處長，1930 年就出版了《少林武當考》，說少林武當的早期歷史都是附會，這不能排除他受到了日本思潮的影響，起碼在客觀上與疑古學者一樣起到損害民族自尊心的作用。

唐豪顧留馨的太極拳源流研究，歸納起來，無非包括三個方面：一是對張三豐創拳說的否定；二是對陳王廷創拳說的肯定；三是為了自圓其說而進行的種種辯解，包括把各個流派太極拳都納入陳氏源流，在太極拳經拳論中清

除張三豐的痕跡等等。其結論之出奇，在中國學術史上是罕見的。陳家本無創造太極拳之說，唐豪卻給他們戴上了「創造太極拳」的桂冠，楊、吳、武、孫、趙堡太極拳均持張三豐創拳說，唐豪卻給他們另外強加一個祖先。對此，太極拳界已有許多駁議，這裡著重從思想方法和社會背景方面再加分析。

顧留馨說，唐豪「用大量史料來證明達摩和尚和張三豐道士都不會武術，指出所謂少林拳始於印僧達摩，太極拳始於武當張三豐之說，都是後人的牽強附會」。筆者尚未見到唐豪的《少林武當考》（1930 年），但唐豪的《太極拳之根源》（1935 年）和唐豪、顧留馨的《太極拳研究》（1964 年），應該是進一步全面反映他們成果的著作，筆者從中卻找不到否定張三豐的「大量史料」。唐豪在《太極拳之根源》中的全部批判文字是：

「今日社會間最盛行的太極拳，一般無聊的拳家，都跟著一位著太極拳經的王宗岳，盲目地附會為一夢而精技擊的張三豐所發明。自稱為劍仙弟子的所謂太極拳家姜容樵也者，在其所著太極拳講義中，更把張三豐捏造為一個臨空復活、宣言觀我漢族恢復河山的怪物。我們似乎不能因為受其影響者只是愛好武藝者們的中間一部分，而忽視了思想上的毒害，遂聽其妖言惑眾。」

「無聊的拳家」、「捏造」、「怪物」、「毒害」、「妖言惑眾」，這就是唐豪的證據。各派太極拳傳人尊崇王宗岳的著作，為什麼是「無聊的拳家」？王宗岳的拳經，多種傳本都有張三豐的名字，為什麼一定是「附會」？姜容樵著作中的《太極始祖張三豐先生傳》，是綜

揭示真相 彰顯傳承｜太極拳研究之匡正源流〈下〉

合了黃宗羲的《王征南墓誌銘》、《明史・張三豐傳》、《太原縣誌》等史料而成，有據可查，為什麼是「捏造」？顯然，唐豪「考證」的「大量史料」，無非是大量莫須有的罪名而已。

且不說《張三豐全集》中也有《拳技派》一文記載了張三豐創拳，顧留馨沒有發現，唐豪顧留馨都把黃宗羲《王征南墓誌銘》和《寧波府誌》中關於張三豐創拳的記載置之度外，更把楊家歷代的傳統說法視若謠言。這種用牛頭否認馬嘴的方法，和當年疑古派常用的「默證法」同出一轍。

唐豪顧留馨認為太極拳源流的傳統說法「查無實據」，實乃「目無實據」之表現。「大量史料」之說，純係唬人之語。

廖名春先生所說：「透過『將中國書籍一概束之高閣』，來達到『廢孔教滅道教』的目的，這就是古史辨運動的真精神。」唐豪的太極拳考證，不正是以「毀佛滅道」為議論前提嗎？在反對封建迷信的招牌下，一切與佛道相關的史料都不足為據了，這是唐豪考證的重要法寶。

唐豪的《王宗岳太極拳經研究》，收集 14 本太極拳經進行對比，其中 10 本都有「此係武當山張三豐老師遺論」之語（包括唐豪發現的「廠本」拳經）。

說張三豐不是太極拳的創始人，則漏洞頗多。張三豐固然是一個難於捉摸的神祕人物，但從大量記載可見，他確實是一個有道行、有著作、有遺跡、有傳人的著名道士，不是「神話」中的神仙，而是被「神化」了的真人。

唐豪顧留馨對張三豐創拳說的否定，目無實據，借勢壓人，難以服眾，他們對陳王廷創拳說的肯定以及為了自圓其說而進行的種種辯解，更是牽強附會，漏洞百出，甚至隨意編造。比如，他們把陳森在上世紀 20 年代為《陳氏家譜》所做的「旁註」，說成是「乾隆十九年最可信的史料」，把陳氏《兩儀堂本》的五套炮捶（只有一套亦稱十三勢）說成五套「十三勢」或五套「太極拳」。為了把趙堡、楊式太極拳納入陳式源流，唐豪顧留馨編造了「陳清平招贅趙堡鎮」之說，又給楊祿禪戴上了「改革簡化陳氏老架」的高帽子。更不能令人容忍的是，他們不顧楊祿禪 40 歲之前已經有三個兒子的現實，編造楊祿禪「十歲賣身為僮凡三十年」，回到永年仍是「孑然一身」。為瞭解釋楊式太極與陳式太極的差別，他們說楊祿禪「不通文墨」，把「懶扎衣」音轉為「攬雀尾」。一個在陳家溝三十年（按唐豪的說法）的人，即便是文盲，能把「懶扎衣」和「攬雀尾」都分不清嗎？（詳見路迪民《疑古思潮與唐豪的太極拳考證》及《極左思潮與顧留馨的太極拳研究》）

試想，要給一個練炮捶為主的陳家賦予「發明太極拳」的桂冠，並把與此風馬牛不相及的其他流派納入其後，無中生有，談何容易！除了編造，別無他途。

唐豪的陳王廷創拳說及其辯解，是絕對無法成立的。其論據之牽強，是非之顛倒，已經沒有「學術」味道了。如果說唐豪在中央國術館出版《少林武當考》之時，是受日本思潮或中國疑古思潮的影響而「未考先疑」，那麼，在他險些「飽以老拳」而不得不離開中央國術館之後，其「考證」動機就變了，恐怕是出於個人恩怨，為了挽回面子，「無中生有」就變成實際目的了。

4、路迪民「老子、孫子和張三豐」（《武當》雜誌 2014 年第 5、6、7 期）：

唐豪要否定張三豐，還得找一個太極拳發明人，於是在太極拳流派之間，玩弄了一套世所罕見的「考證」把戲。他選中了不以張三豐為始祖的陳式太極拳，否定陳鑫「我陳氏自山西遷溫，帶有此藝」之說，把陳家祖傳的五套炮捶說成五套「十三勢」或「太極拳」，給清初的陳王廷戴上「太極拳發明者」的桂冠，捏造了陳清平從陳家溝招贅趙堡鎮的謊言，為楊、吳、武、孫、趙堡太極拳都強加了一個祖先。其武斷的態度，令人髮指。

5、于志鈞 著《中國太極拳史》（中國人民大學出版社 2012 年 4 月第一版）：

唐豪是個不習中國武術的沒落文人。

唐豪當時是從日本回來的沒落文人。

唐豪的一貫手法，是先把水攪渾，然後渾水摸魚。

唐豪所使用的方法是詭辯論。

唐豪說「陳家溝人不習外來拳法」，以此證明陳王廷的拳法是自己發明的，與外界無關。這句話恰恰成了「陳王廷」剽竊他人成果的鐵證，陳家溝的剽竊者也確實把戚繼光等人的成果一律據為己有，不示出處。這有陳家溝陳氏兩儀堂和文修堂抄本《陳氏拳械譜》為證。

唐豪、顧留馨是詭辯論者。詭辯論的本質是投機，沒有原則，只看利害。他們以「科學、歷史、客觀」之面目出現，用一系列詭辯的方法，把假的說成是真的。

詭辯論者為什麼常能得逞？就是有一套詭辯術：他們把可能的說成是確定的；打擊別人為自己矇混過關；抓別人的辮子隱藏自己的尾巴；把虛的說成實的；把小的說成大的；把不存在的說成模稜兩可的；再把模稜兩可的說成是肯定的；妖魔化對方，封人之口；醜化他人，美化自己；先說人話，然後鬼話連篇。凡此，皆為把假的說成是真的。

我們剖析唐豪、顧留馨是怎麼詭辯的。

他們說「陳王廷創造了太極拳」，到底手中掌握了多少資料呢？一個是，在《陳氏家譜》中「陳王廷」旁註：「陳氏拳手」及「陳長興」旁註「拳師」、「陳耕耘」旁註「拳手」；一個是所謂陳王廷遺詩《長短句》中「悶來時造拳」。就這樣少得可憐的東西，沒有任何「太極拳」

三字。唐豪開始說：「不過譜注和詩，均未說明其所造者為太極拳」。接著他就用詭辯術了，他自言自語：「譜注中王廷創造的陳氏拳手，遺詩中王廷悶來時所造的拳，如何見得即是太極拳呢？」請注意詭辯術，唐豪把不存在的「太極拳」塞進來了。接著就是唐豪的「推論」了，他說：「家譜三十六頁十四世長興旁，注『拳師』二字，同頁十五世耕耘旁，注『拳手』二字。陳長興、陳耕耘父子，凡練太極拳者，誰都知道他們是太極拳專家，就這個互證來看，足以證明家譜所注王廷創造的陳氏拳手，即為太極拳。」他說「陳氏拳手」即為太極拳，不是唐豪文理不通，乃是詭辯論者故意做的，就是要渾水摸魚！

6、《武當》2014 年第 1 期發表于志鈞「正本清源現端倪——談《中國武術史》太極拳源流觀」：

唐豪本來是個默默無聞的小人物，早年學點六合拳，後去日本學點刺槍術。他的發跡，不是因為研究中國武術史，而是「考證」太極拳源流，首先發難，提出「陳王廷創造太極拳說」，批判張三豐是「神仙附會」。這是他的資本。事實上，唐豪是西方拳擊和日本刺槍術的崇拜者，他看不起中國武術，甚至也看不起太極拳，包含陳氏太極拳。我們說這些話都是有證據的，請看：

①、唐豪於 1935 年，《太極拳根源》中寫道：「西洋拳鬥，不甚講勢，亦不以勝負為愧為奇，使戚氏（指戚繼光）生乎今世而及見此藝，必將引之為理想中的拳法。」

②、同書云：「使戚氏而生乎今日，決不將那些不合

時宜花法虛套的武藝，尊為救國的良圖。使戚氏而生為今日中國之大將，決不將十九路軍抗日大刀，滿足地以為曾經殺勝過敵人而自豪。」

③、唐豪在同書中批判在 1928 年張之江創立的中央國術館，說：「生於三百年後（指距戚繼光）的今人，識不足以知因變，明不足以察實虛，糜人民的脂膏，設廣大的館舍，集江湖食之徒，演古所吐棄之物，曰：是救亡之良圖也！不知此真將亡的現象，吾復何言！」

④、同書，唐豪引用吳志青《六路短拳》自序中提到美國體育專家麥克樂對中國武藝的批判說：「西人每視我國武術為一種花法，即一種裝飾動作之運動；謂體育，則不按生理之次序；講實用，則為一種配合而成的假式擊打術。非若歐美之武術，均係對擊而無單練，其攻擊防禦之法，至為周密巧妙云。」唐豪說：「麥克樂就他所見到的花法套數，下那樣一個極正確的批判，當然要為一般依靠這類玩意來安身立命的拳師們所不服。」

唐豪的這些話完全證明，他是一個崇拜西方拳擊五體投地的人，認為中國武術是「吐棄之物」。把這樣一個人捧為「中國武術史家」和「現代中國武術史學科的奠基人」（見《中國武術大辭典》唐豪條）是錯誤的。他實際是個民族虛無主義者，這可由上面列舉的他的言論中得到明證。

7、《武當》2014 年第 10 至 12 期發表李濱「莫在園中錯抓瓜——評唐豪的少林拳術秘訣考證」一文，說：

1929 年初，唐豪得史良相助，假釋出鎮江監獄，逃

往日本東京，避匿於大黃學社，逗留半年，學習日語、法律，兼習劈刺。

民族虛無焦頭爛尾詭論。

唐豪與徐哲東爭辯《少林拳術秘訣》與《少林宗法》刊版孰後孰先，有一段焦頭爛尾搪塞的鬼話。

斷章取義是唐豪抹殺中華文化的慣用手法。其於此處，首先抹殺戚繼光練兵禦倭思想，繼之，既割裂少林寺禪武心膽俱練學術內涵，其又不知「親炙」當作「親灸」，更不思日本武士道乃中華武術道禪儒文化東漸影響之餘緒變種與倭寇變態演繹，這等民族虛無意識，如此讀書識字程度，卻也日證日考，自欺欺人，笑談罷了。

唐豪假莫須有之捏造，行文化抹殺之偽考，「宣傳劈刺在戰爭中的實用價值」（《神州武藝・代序・顧留馨〔憶唐豪〕》）欲以兜售日本武士道，詆毀中國少林武術；欲以轉販日本武士道書籍，貶損中國武術文獻；欲以賣弄其旅日閱歷，傲視中國武術學人。

唐豪置日本語之當用漢字辭源、語源於不顧，無視日本漢學演繹軌跡，徒說武士道禪觀練膽，已屬左道旁門；而兜售日本武士道精神與宣傳劈刺行為，則墜人四夫膽氣橫逆之邪妄末流。民族虛無，崇洋媚外地趨步日本軍國主義文化抹殺侵略意識的體育史偽考，截流為源，傳為流言

的種子，是對中華武術園地的糟蹋，危害深重，必須揭破。在抗日戰爭的烽火中，二十九路軍大刀隊揮舞中華武術單刀，朝鬼子們的頭上砍去，對侵華戰場上凶惡劈刺的倭寇是一個威懾性教訓，也是對民族虛無主義佞人唐豪「不忘宣傳劈刺」（《神州武藝・代序・顧留馨〔憶唐豪〕》），兜售日本武士道以詆毀中國武術的崇洋媚外惡劣行為，一記響亮的耳光。

文化抹殺截流為源行為：
①、唐豪不知《張三豐先師十三勢法說》

清朝咸豐、同治年間，楊露禪赴京，應聘王府與旗營傳授張三豐先師十三勢拳、劍、槍藝，於京城大內開啟武林拳苑太極拳學派。

楊露禪傳家與楊班侯嫡傳之太極拳秘譜《張三豐先師十三勢法說》（簡稱《太極法說》），其中有《張三豐承留》、《口授張三豐老師之言》和《張三豐以武事得道論》。《張三豐承留》說：「天地即乾坤，伏羲為人祖。畫卦道有名，堯舜十六母。微危允厥中，精一即孔孟。神化性命功，七二乃文武。授之至予來，字著宣平許。延年藥在身，元善從復始。虛靈能德明，理令氣形具。萬載詠長春，心兮誠真跡。三教無兩家，統言皆太極。浩然塞而沖，方正千年立。繼往聖永綿，開來學常續。水火既濟焉，願至戌畢字。」

《口授張三豐老師之言》說：「予知三教歸一之理，皆性命學也。皆以心為身之主也。保全心身，永有精氣神也。有精氣神，才能文思安安，武備動動。安安動動，乃

文乃武。大而化之者，聖神也。先覺者，得其寰中，超乎象外矣。後學者，以效先覺之所知能。其知能，雖人所固有之知能，然非效之不可得也。……三教三乘之原，不出一太極。願後學以易理格至於身中，留於後世也，可。」

楊露禪與楊班侯所傳授的張三豐太極拳術，以及秘譜《張三豐先師十三勢法說》，僅僅限於意誠心正開學典禮、尊師重道登堂入室之武當嫡派統緒傳授，他人不得而知。武禹襄以友誼習太極，問藝於楊露禪，過訪於陳清萍，尚且不知，徐哲東學於郝月如，又何以能知？唐范生習六合學於劉振南，又何從得而能知？唐豪自詡武藝園地刈艾，錯揀苦瓜；既糟蹋少林，又詆毀武當，自誤誤人，咎戒如何？

②、唐豪不知萬斯同《明史稿》記載內家拳法

唐豪《少林武當考・下篇武當考》說：「黃黎洲作《王征南墓誌銘》，始有少林為外家，武當為內家之說。……言三豐為內家技擊之祖者，始於此文，然不足信也。」（唐范生著：《少林武當考》，1930 年 7 月出版，1935 年南京中央國術館發行）

唐豪又在《太極拳與內家拳》中膚淺地炒作說：「近人著作，每言太極拳為張三豐所創。若用顧頡剛治古史之法，追溯其本源，則張三豐之歷史，完全出於層累地編造而成。……三豐能武之說，最早見於康熙八年黃黎洲所作《王征南墓誌銘》。……康熙十五年，黎洲子百家，於其所著《內家拳法》中云：『自外家至少林，其術精矣；張三豐既精於少林，復從而翻之，是名內家。』……《王征南墓誌銘》及《內家拳法》涉及三豐之處，苟屬信而有

徵，則百家被聘修《明史》，胡不以之人《方伎傳・三豐》事蹟中乎？」（范生自署：《太極拳與內家拳》，1930 年 10 月，山西科技出版社 2008 年 1 月出版）

顧頡剛文化疑古，其言論僅僅稱作「古史辨」，爭辯罷了。然而，唐豪文化抹殺，卻大言不慚地日證日考，考從何來？民族虛無，先行抹殺，扶植傀儡，截流做源謂之考；證從何尋？崇洋媚外，捏造轉販，偷換時序，以後說前謂之證。

唐豪學無根底，流於異端，孤陋寡聞，既不識少林宗法戒約重行增訂之時代背景與條律語句，又不通《王征南墓誌銘》「因許敘其源流」和《寧波府誌・張松溪》「其法自言起於宋之張三豐」語義，更不知葉相得《榦城錄》「三豐合勢，尤精於藝，故傳名焉」語評，至於明朝萬曆年間，沈一貫撰《搏者張松溪》，後為黃宗羲收載於《明文海》中；清朝雍正時期，黃宗羲弟子萬斯同撰《明史稿・張松溪》的文獻存在以及梁啟超 1927 年演講《古書真偽及其年代》之中的相關評議，尤為唐豪所不堪想像之歷史事實。

沈一貫撰《搏者張松溪》，其中有語曰：「我鄉弘、正時，有邊誠，以善搏聞。嘉靖末，又有張松溪，名出邊上。張，衣工也。其師曰孫十三老，大梁街人，性羸戇。張則沉毅寡言，恂恂如儒者。

⋯⋯倭亂時，少林僧七十輩，至海上求張，張匿不見，好事少年慫恿之。僧寓迎鳳橋酒樓。張與少年窺其

搏，失哂，僧覺，遮之。張曰：『必欲一試者，須呼里魁，合要死，無所問。』張故羸然中人耳，僧皆魁梧健力。易之，諾為要。張衣履如故，袖手坐。一僧跳躍來蹴，張稍側身，舉手而送之，如飛丸度窗中，墮重樓下，幾死。蓋其法，云搏，舉足者最下，易與也。」

梁啟超說：「《明史稿》為一代大事蹟，萬斯同為兩千年大史家，內容極可寶貴。」（梁啟超：《辨偽的種類及作偽的來歷》，《梁啟超全集》第 5016 頁，北京出版社 1999 年 7 月出版）

茲摘錄《明史稿・方伎上・張松溪》標點如下：

「張松溪，鄞縣人，受內家拳於孫十山，遂以拳法擅天下。內家拳者，起於宋之張三峰。三峰為武當丹士，徽宗召之，道梗不進，夜夢真武授以拳法，厥明以單丁殺賊百餘，始得達。二三峰之術，百年以後流傳於陝西，而王宗為最著。溫州陳州同從王宗受之，以此教其鄉人，由是流傳於溫州。弘、正間，十山客溫州，受其術以歸，由是，四明始有內家拳法。

初，天下言拳勇者，皆推少林；然主於搏人，人亦得以乘之。惟內家拳以靜制動，犯者應手輒仆。由是別稱少林為外家，而內家始單行於世。

……倭亂時，少林僧七十輩至海上求松溪，松溪匿不與接，好事少年慫恿之。僧寓迎鳳橋酒樓。松溪與少年窺其搏而失哂。僧覺，遮之曰：「必欲試者，須呼里魁，合要死，無所問。」松溪羸然中人，僧皆魁梧雄健，熟視易之，許為要。松溪乃衣履袖手而坐，一僧跳躍來蹴，松溪稍側身，舉手送之，如飛瓦度窗中，墮重樓下幾死。」

（清・萬斯同撰：《明史・卷三九七・方伎上-張松溪》，北京圖書館藏清抄本）

　　張三豐武功修為，啟蒙於師門，築基於童子，乃碧落宮住持白雲禪老張雲庵老師親授。至元間以博陵令致仕，居官未久，丁憂退隱，受邱長春先生指導，訪道於終南、太白之間，遇火龍真人，或曰賈得升先生，得希夷正傳，至正二十一年（1361）左右，柄隱武當，教授門徒，傳道授業解惑，開啟武當道派，即太極武道學派。

　　唐豪斷章取義，卻也文化抹殺，正合著小人之心，度君子之腹的俗語。

　　《張三豐全集・大道論》對按摩導引，吐納呵噓，修服藥草，為養生之方，暫袪疾病的體操鍛鍊與康復醫療作用，沒有否定，而是認為僅僅如此，則距離生命科學研究，仍未通達，需要繼續演進。張三豐精研太極，創造柔拳，資助道體，以適應性命之道仙學修練的客觀需求。我國行氣導引術，以太極武道九宮壇場八門五步十三勢乃文乃武七十二行功拳路的優化發展最為完善，而太極拳的太極圈核心技術內涵，既是區別拳技內外家學術流派的根本標誌，更是我國武術理論體系發展最完整、行功施行最簡易、最體現中華民族知覺運動、體育修身和武事武用思想的博大精義。

8、李濱「假武術史的文化抹殺罪行必須清算——剖析陳王廷創拳論病毒的層累發作兼及其他」：

　　1929 年初，得史良幫助，假釋出鎮江監獄，逃往日本東京，避匿大黃學社，逗留半年，學習日語、法律、兼習劈刺，接受日本法西斯軍國主義侵華前全面抹殺中華文化的奴化教育，成為抹殺中華儒釋道文化激進分子，……迎合褚民誼辦理與操縱國術統一月刊社需要，撰寫與組織武術文化疑古書稿，因其民族虛無，先行抹殺，一切論辯，均為抹殺從事的思想激烈，方法簡單，而兜售日本武士道，宣傳劈刺術頗為賣力，受到汪偽閣僚親睞，先後得以鑽營上海國術館常務董事。

　　（見袁君主編：《中國傳統文化創新文集》218～249頁）

9、《互聯網》搜索有一名爲「黎杖老人」發表「揭破鬼話謬誤 還個歷史面目—陳王廷資訊簡述」有這樣一段敘述：

　　唐豪說陳王廷創拳，可是，有一段荒誕的鬼話，請看《陳氏家乘》：「往山西訪友，見兩童子扳跌，旁有二老叟觀，公亦觀之。叟者曰：『客欲扳跌乎？』曰：『然。』老人命一童子之扳跌。童子遂摟公腰，亮起，用膝膝公氣海者三將公放下，忽老幼皆不見。天亦晚，公悵然而歸。」白日見鬼，訪友不成，抱病而歸。分明一個腦病患者，創什麼拳？在陳鑫《圖說》，連陳王廷的名字也不曾提及。可是，唐豪，嚎叫的凶啊！鬧得陳溝無寧日。

學行衰落而流淌著唐豪餘唾，謬說陳王廷創拳，則自誤之深矣！

其實，對比唐豪當年「無聊的拳家」、「捏造」、「怪物」、「毒害」、「妖言惑眾」等的謾罵，特別是「無聊的拳家」：被唐豪在《王宗岳考》中點名的就有：關百益（楊氏太極拳家，楊班侯之弟子）、許禹生（楊健侯弟子）、陳秀峰（楊班侯弟子）、徐哲東（徐震，師從武式太極拳大師郝月如，著有駁斥唐豪《太極拳源流考》、《王宗岳考》的著名專著《太極拳考信錄》）、楊澄甫（楊式太極拳宗師楊健侯之子）、吳圖南（吳式太極拳大師，師從吳式太極拳宗師吳鑑泉）、萬籟聲（原式太極拳大師）、陳微明（楊澄甫弟子）、田鎮峰、姜容樵、姚馥春等人，還點了姜、姚的師祖許占鰲（形意拳宗師郭雲深之弟子）。此外，唐豪還點了楊福魁（楊祿禪）的名。（見《武當》1997 年第 3 期于志鈞「《太極拳根源》註釋」）

當然，唐豪的不當言論也得到了應有的懲罰：

《少林武當考》的出版，實在談不上「考證」，因為他是秉承疑古派「先疑後考」的原則，在沒有任何證據，也未到陳家溝考察的情況下，就斷定張三豐絕不是太極拳始祖，把黃宗羲以來的記載和各流派的說法一律斥之為「妖言惑眾」，這當然要引起人們的憤怒。

顧留馨在《憶唐豪》中說：「當時出版的太極拳圖解之類的書，大多持太極拳係仙傳之說。這樣唐豪就得罪了這些書的作者們，也得罪了自以為是少林正宗、武當嫡派

的某些勇於私鬥的職業拳師。他們就策謀對唐豪不擇手段地飽以老拳。」後經朱國福和王子平從中調解，唐豪才沒有挨打。當然，他在國術館呆不下去了。

顧留馨說：「不久，唐豪離開南京，回上海執事律師業務。後來唐豪向我提到這件風波時，說：『當時幸虧有這兩位老友從中調停，才避免了一場不測之禍。』」在顧留馨看來，唐豪是為堅持真理而險遭不測的英雄，如果換一個角度看，難道這不是傷害民族精神和民族自尊心而自找的苦果嗎？

（見《武當》雜誌 2007 年第 5 期發表路迪民「太極拳源流爭論因果新探」）

10、其他

①、陳王廷創太極拳之說，也不是陳家祖傳，是唐豪在 1931 年給陳家溝製作的皇冠。

在太極拳史的研究中，唐豪和顧留馨是兩座神像，他們在這個領域的影響，可以說，任何真正的太極拳史研究，可以超過唐豪顧留馨，但不能越過唐豪顧留馨。然而，唐豪顧留馨所處的時代，正是中國政治史和文化史上兩個特殊時代——疑古思潮和極左思潮盛行的時代，他們之所以能在這兩個潮尖上叱吒風雲，也因為他們藉助並受到了這兩個思潮的影響，從而分別成為疑古思潮和極左思潮在太極拳史研究上的代表人物。

（見《武當》雜誌 2006 年第 7 至 8 期路迪民「極左思潮與顧留馨的太極拳研究」）

②、唐豪走進陳溝，並不是誠心學拳和考察史料，而

是物色證詞。

　　唐豪讕言武術史，居心叵測而虞愚，嚴重危害了武術科學的研究。唐豪假武術史研究之名所流布的最大的欺世謊言，莫過於「太極拳之祖斷為陳王廷」。

　　綜上所述，唐豪孤陋寡聞，卻居心叵測地捏造證詞，流布謊言，謬說「太極拳之祖，予斷為陳王廷」。其矛盾百出，不攻自破。如果還有人為之辯護，或者緊守這株謊言的枯藤老樹而待兔，那麼，我建議他去看看陳鑫《陳氏太極拳圖說》書中有關太極拳淵源的資料。

　　（鄭古主編：《世界重大學術思想（成果）獲獎寶典》中華卷・世界文獻出版社李濱「以子之矛 陷子之盾——戳穿唐豪『太極拳之祖斷為陳王廷』的欺世謊言」）

　　③、迎合褚民誼辦理與操縱國術統一月刊社需要，撰寫與組織武術文化疑古書稿，因其民族虛無，先行抹殺，一切論辯，均為抹殺從事的思想激烈，方法簡單，而兜售日本武士道。

　　（見袁君主編：《中國傳統文化創新文集》218～249頁李濱「假武術史的文化抹殺罪行必須清算——剖析陳王廷創拳論病毒的層累發作兼及其他」）

　　④、其實，唐豪是一位中國傳統文化的虛無主義者，他的武術思想是崇洋媚外的，他非常崇尚西方拳擊和日本刺槍術。

　　對比之下，唐豪在這時卻著文大肆吹噓「西洋拳鬥」，說如果戚繼光在世「必將引之為理想中的拳法」；

又大肆攻擊中國武術家，「將那些不合時宜花法虛套的武藝，尊為救國之良途。」

更嚴重的是，1932 年 1 月 28 日，我十九路軍在上海奮起抗擊日本侵略軍對上海的進攻；

可以證明唐豪對中國武術的態度，說他崇洋媚外實不過分。

上面的文字充分地表明唐豪的歷史定位：到武術界投機的落魄文人，一位不習中國武術的自命中國武藝園地「刈荑」者和「清算」者。

（參見 于志鈞 著《中國太極拳史》中國人民大學出版社 2012 年 4 月第一版）

⑤、唐豪首先否定張三豐創拳，代之以河南溫縣陳家溝陳王廷創拳說，並給楊式、吳式、武式、孫式太極拳強加了陳王廷這個祖先。

（見《武當》雜誌 2013 年第 12 期至 2014 年第 1 期路迪民「武當武術傳人上世紀 60 年代的三次抗爭」）

⑥、給武術理論界造成了一定混亂……嚴重阻礙了武當武術的整理與推廣工作。

（見江百龍著《武當拳之研究》北京體育學院出版社，1992 年 1 月版）

⑦、正像他否定少林武術中達摩一樣，把內家拳的研究引入歧途。

（見于志鈞著《中國傳統武術史》北京：中國人民大學出版社，2006 年版）

⑧、唐豪言武術史，頗多武斷處。

（見《中華武術》雜誌 1995 年第 5 期李濱「不遇真師莫強猜——評唐豪武斷『太極拳之祖』」）

⑨、唐豪將太極拳創始歸功於陳家溝九世「陳王廷」的觀點顯然違背了客觀歷史。

（見《體育學刊》第 20 卷第 1 期 2013 年 1 月張志勇「從太極拳技術演變的歷史談太極拳的起源與發展」）

四 有關唐豪生平行誼的幾個時間糾錯

《體育學刊》第 19 卷第 6 期發表了郭裔先生「有關唐豪生平行誼的幾個時間考」，對此做了比較細緻的研究，郭先生不但親赴八寶山找到了唐豪墓碑，記錄了碑文，而且還專程赴上海訪求唐豪先生的一些生平資料，這其中還包括唐豪 1946 年的「訂婚證書」。

1、關於唐豪出生年月

唐豪 1946 年的「訂婚證書」內容如下：

「唐豪，係江蘇省吳縣人，五十一歲，丙申年正月十一日午時生。沈蔭陶，係浙江省吳興縣人，三十五歲，壬子年九月初九日申時生。今由吳大同、朱子陰先生介紹，謹詹於中華民國三十五年八月十八日下午申時，在屯溪陽湖沈宅舉行訂婚儀式，恭請潘塋、吳蔚武先生蒞場證明。……中華民國三十五年八月十八日謹訂」。

丙申年正月十一日係清光緒丙申年正月十一日，即公曆 1896 年 2 月 23 日，也就是說，唐豪先生的具體出生年月為 1896 年 2 月 23 日。

北京八寶山革命公墓唐豪先生墓碑碑文也是「唐豪同志，字范生，生於 1896 年……」

唐豪病逝後，1964 年顧留馨以「唐豪 顧留馨」的署名出版了《太極拳研究》一書，書內頁有唐豪先生與顧留馨先生的肖像各一張，其中唐豪先生肖像下的生卒年為「生於 1896 年初，歿於 1959 年 1 月 20 日」。

由此證明，唐豪的出生年月的確為 1896 年 2 月 23 日。

然而，奇怪的是顧留馨卻在同一本書中的內文介紹唐豪生於「1897」年。1982 年的《憶唐豪》，也寫為「唐豪（1897─1959），字范生……」。從此，現今可見的幾乎所有資料，包括官方權威出版物等，在記載唐豪的出生年月時，都寫做「生於 1897 年」。如，國家體委武術研究院編纂的《中國武術史》，「唐豪（1897─1959）：字范生……」；《中國武術百科全書》第 568 頁載，「唐豪（1897─1959），武術史學家……」等等？

2、關於唐豪赴日和回國的時間

1982 年，顧留馨在《憶唐豪》中寫道：「1927 年，唐豪因有共產黨嫌疑而被捕入獄。練形意拳和摔跤的朱國福也拜劉震南為師，與唐豪友善。朱率全家去鎮江，向江蘇省長鈕永建要求，以全家入獄來保釋唐豪。唐獲釋後，得朱資助去日本學習政法，也學了劈刺……」

顧留馨言唐豪是獲釋後赴日的，此處並未言及唐豪獲釋的具體時間，故赴日的時間很不準確。然而現今的一些資料卻仍然依據顧的這段文字，認為唐豪是 1927 年赴日

的，如《中國武術百科全書》之「人物詞條唐豪」所云：
「1927 年因「共產黨嫌疑」被捕，經朱國福等力保獲
釋。同年去日本留學，攻政法，兼習柔道、劈刺等術。」

郭裔先生在文中講，他於無意中發現了一些新的資
料，首先，吳中傑先生的《信徒的天路歷程——記樂嗣炳
先生》一文中有以下一段記載：「1927 年冬，上海法科
大學副校長潘大道開出黑名單，準備讓國民黨當局來鎮
壓，共產黨得知後，派兩名軍委武工隊員，在校門口處決
了潘大道……這樣一來，卻使「黑名單」中西特支黨員變
成了殺人嫌疑犯，在上海更無立足之地了。樂嗣炳和唐豪
等十餘人轉移到了鎮江，而且混進縣政府當了小職員。但
革命者是不能過平靜生活的，他們一旦立住了足，又開始
了革命活動。他們也發動本地區的農民起來暴動，收繳地
主武裝，拘捕土豪劣紳。事情一鬧起來，他們的身分自然
也就暴露了，來歷也被查出來。於是江蘇省警務處就以
『鼓動農民暴動，企圖危害首都』罪，將他們逮捕，送交
南京特別刑事法庭。他們在上海一起參加革命活動的老戰
友史良，已從法科大學畢業，剛好分配到這個特別法庭做
見習書記員，樂師母（樂嗣炳夫人）楊景昭趕快找她幫
忙，在史良的幫助下，樂嗣炳等人就以各種名義假釋出
獄。出獄之後，他們趕快避到日本東京去。」

《一個傳奇式的共產黨員：黃逸峰的一生》與《黃逸
峰傳奇）兩本書都是寫共產黨員黃逸峰革命的一生，其中
有提到唐豪先生的地方，兩書的內容一樣，此處選《一個
傳奇式的共產黨員：黃逸峰的一生》一書記載：「1928
年 3 月，事有湊巧，鎮江縣政府兩個科長是黃的熟人：一

個是唐豪，上海學聯會的朋友；另一個是樂嗣炳，暨南大學教員，還是鎮江縣長的女婿。唐豪並告知黃逸峰，他的同學史良在南京特別法庭當書記官，當去信託她營救。」

同樣，從此則記載可以得知，至遲 1928 年 3 月的時候，唐豪還在鎮江縣政府任職。

日本人小野信爾所著《救國十人團運動研究》云：「關於四一二事件以後的情況，樂音先生（樂嗣炳先生兒子）的信中是這樣說的：『1927 年因政治原因（樂嗣炳）與唐豪等十餘人轉移到鎮江。1928 年底，為鎮江土豪告發，與唐等人被關押在南京監獄。1929 年初，由史良將他們營救出獄。當時未能找到黨組織關係，後來又和唐等人同往日本。1930 年 8 月回國，任復旦大學中文系教授……』我並被告知，他與唐豪從十人團聯合會以來一直保持密切的關係。」

根據以上資料可以推斷，唐豪先生在 1928 年時應還在國內。從樂音先生至小野信爾的信中可以看出，唐豪、樂嗣炳等人應是 1929 年初才被營救出獄，之後去日本的，由於當時唐豪先生是同樂嗣炳等人一起被捕、赴日的，而樂音為樂嗣炳先生的兒子，故其所言有相當的可靠性。

再一個證明就是：唐豪著《清代射藝從一書 土五公太極連環刀法 中國古佚劍法》「跋」：「……1929 年，予習太刀之法於日本一太刀者，日人稱之曰劍，其執持之法，以雙手為主，與茅志無異。……何良臣《陣記》謂：「日本刀不過三兩下，往往人不能禦，則用刀之巧可知」，蓋專精而得要歸，遂能稱絕也。……日本至今演劍

法絕精，此可為有志研究中國古劍道者借徑也。一九三六年七月一日　唐豪跋」

唐豪何時回國的呢？郭裔先生分析：

據樂音先生所言「1930 年 8 月回國」一句，當是樂嗣炳先生回國的時間，唐豪先生應該早於樂嗣炳先生回國。據筆者分析，唐豪應當是在 1929 年年底左右回國的，因為唐豪先生在 1935 年 12 月 1 日出版的《內家拳・自序》中說：「十八年冬，愚至溫之陳溝，訪求太極拳史料……。」

十八年冬即 1929 年冬，唐豪先生於 1929 年初東渡日本，1929 年冬卻在溫縣陳家溝訪求太極拳史料，由此可知唐豪先生當為 1929 年底回到國內。

從唐豪先生赴日回國的時間可以確定，唐豪先生在日本逗留的時間約為半年之久。在日本時，唐豪先生在東京「大黃學社」（一專門教中國留學生日語的補習學校）學習日語，此外還學習法律、劈刺，並把劈刺一術帶回國內，勤習不止，並把此術教於好友顧留馨，在 1937 年「七君子」被拘期間，作為被保釋在外的顧留馨先生的辯護律師，曾在同顧留馨先生赴江蘇高院出庭期間，偕顧先生為「七君子」表演劈刺一術，顧留馨先生後來寫有《劈刺實驗錄》一詩，以記載劈刺技術。

3、關於唐豪中央國術館任、離職時間

唐豪於 1929 年年底從日本回國後不久，即擔任中央國術館編審處處長一職（絕非 1912 年），負責編審教材、整理資料、教授學生文化課程，同時還負責主辦《國

術週刊》等。

1930 年 1 月 30 日出版《中央國術旬刊》刊載了一則新委任消息：「唐君豪，字范生，嫻國術，而優文學，久為國術界所稱道，日前由日本回國，正思閉門休息，中央國術館張館長聞之，即委任唐君擔任本館編審處處長，唐君已於本月廿四日到差，該處自經吳處長志青因事辭職後，位已久懸，今委唐君接任，可謂得人，該處一切工作，必更有可觀也。」

據此可知，唐豪先生於 1930 年 1 月 24 日，正式就任中央國術館任編審處處長。

1930 年，唐豪所撰寫的《少林武當考》一書，由中央國術館出版發行。唐豪在自序中寫道：「現在一班職業武士，囂然短長於少林武當之間，未免所見者太小了！讀了這本小冊子，或者可以把天地放寬些看……不要再坐在枯井裡老壞著天小。這本小冊子，得罪人的地方頗多。著者希望被批評者，能夠體會到這是學術上的探求，並不是故意要開罪於諸位。」除此之外，他還說達摩並非少林之鼻祖，張三豐亦非武當之祖先，行文言辭激烈，其中被唐豪先生點名批評者，不乏某些被圈內稱為大家的人物。

唐豪的《少林武當考》一經發行，立即引起了傳統各門派大佬們的發難，鑒於此，唐豪已無法在中央國術館立足，不久遂離開南京赴上海從事律師職業。

《國術週刊》1936 年第 161 期至 169 期刊載唐豪的《清代壓迫下的武士及其著作》一文，文末有唐豪的附識云：「華北風雲日惡，老友金一明兄，為中央國術館八週年紀念特刊徵文於予，予離館五載，物換星移，時事日

非，因感而為此文，俯仰國家前途，不禁愴懷今古也，唐豪附識。」

1936 年 3 月 24 日為中央國術館成立 8 週年的紀念日，文中提及「予離館五載」，可見唐豪先生是於 1931 年離開了中央國術館。

郭裔先生還講到：1930 年 7 月，唐豪先生的 3 篇文章《柔道擊劍選手和其他競技運動選手的死亡率的比較》、《兩份不完備的體力測定表》、《從杭州國術比試統計上得到的結論》被輯入翁國勳、朱國福聞主編的《國術論叢》一書。唐豪先生在任中央國術館編審處處長期間所有的文章除了出版單行本之外，全部刊載於中央國術館主辦的《國術週刊》，而獨這幾篇沒有。這也可作為唐豪先生於 1931 年 5 月就已離開中央國術館的佐證。

4、唐豪寓居屯溪及解放後回到上海的時間

1941 年……唐豪立即攜帶自己蒐集的部分武術史料，匿居拳友楊孝文家的米店樓上，在此花費兩月的功夫，寫成了此後產生重大影響的《少林拳術秘訣考證》一書。

寫成此書後……以致沒有經濟來源，加之子女較多，又不惜重金搜求武術等方面的史料，使之生活更為貧困。避難回家後，他發現平日收藏、拓印的武術史料被鼠所噬，一時性急的他責怪夫人沒有保管好，不料夫人竟因此服 DDT 自盡，遭此巨變，唐豪的心身受到了極大的打擊……此時孤寂落魄的唐豪先生無法在上海繼續待下去了，不久應安徽友人方夢樵之約，攜子女遷居安徽屯溪。

唐豪先生是 1941 年秋遷居安徽的。

1949 年 4 月 30 日，屯溪和平解放，5 月 27 日，上海解放，據方道行先生講，上海解放後唐豪很快接到了上海市公安局長李士英要他回上海的電報，唐豪立即收拾行李，準備奔赴上海。

可知唐豪先生當於 1949 年 6 月初回到了上海。

5、唐豪墓碑碑文的幾處錯誤

1959 年 1 月 20 日，唐豪因病逝世，1 月 23 日上午 10 時，中華人民共和國體育運動委員會在嘉興寺舉行公祭，之後移靈於八寶山革命公墓安葬。唐豪墓碑後面碑文，共計 263 字，比較簡短，錄示如下：

「唐豪同志，字范生，生於 1896 年，上海市人，於 1959 年 1 月 20 日因病不幸逝世。享年六十三歲。唐豪同志曾多年從事司法及教育工作，1919 年參加上海救國十人團，積極宣傳抗日，1927 年受國民黨迫害逃往日本留學，回國後仍積極參加愛國活動，1932 年在上海法政大學時在中國共產黨的領導下，從事學生運動，五卅慘案大遊行被推選為法律委員會副委員長，曾為七君子進行法律辯護，與國民黨反共法律作了多年的政治鬥爭，解放後歷任上海市公安局顧問，華東檢察署調研室主任，華東行政委員會政法委員會委員，1951 年當選為上海市人民代表，同年調任中華人民共和國體育運動委員會運動技術委員會委員。」

經郭裔先生研究，此碑文存在著 7 處明顯的錯誤：

①、「1919 年參加上海救國十人團」。救國十人團

於 1919 年 5 月 11 日由北京傳到上海，並於當月成立了上海中華救國十人團聯合會。唐豪先生是「1920 年 8 月由時任十人團聯合會評議員兼評議會書記的童理璋介紹加入上海救國十人團，為的是支持重建搖搖欲墜的聯合會」，而非碑文所載 1919 年。

②、「1927 年受國民黨迫害逃往日本留學」。1927 年時間錯誤，唐豪先生赴日的時間為 1929 年初。

③、「1932 年在上海法政大學時在中國共產黨的領導下從事學生運動」。上海從來沒有「上海法政大學」，唐豪先生當時就讀的學校為上海法科大學，後改名為上海法學院，而且唐豪先生是在 1923 年至 1927 年間在上海法科大學學習的，並於 1924 年加入上海學聯，同年加入中國共產黨，同班同學還有著名「七君子」之一的史良女士，唐豪先生是在這一時期在共產黨的領導下從事學生運動，而非碑文所稱的「1932 年在中國共產黨的領導下從事學生運動」。事實上，在 1932 年時，唐豪先生已經加入了上海律師公會從事律師職業。

④、「五卅慘案大遊行被推選為法律委員會副委員長」。此句記述並無錯誤，然而對一個人一生事蹟的描述當是按年代為順序的，「五卅慘案」發生於 1925 年 5 月 30 日，按其順序應列在碑文 1927 年和 1932 年前面，怎能列於後面？

⑤、「曾為『七君子』進行法律辯護」。事實上，唐豪先生並未出現在曾給「七君子」辯護的 21 名律師團名單中，在「七君子」被捕之初，唐豪先生曾給「七君子」之一的史良女士提供過一些法律援助，後來唐豪是作為史

稱「小七君子」之一的顧留馨先生的辯護人出現在整個「七君子」事件之中的。

⑥、「1951 年當選為上海市人民代表」。根據上海市地方誌辦公室網站資料顯示，上海市第 1 屆人民代表大會代表是 1954 年 7 月產生的，唐豪先生作為北站區的代表而入選，即可知唐豪先生是 1954 年當選上海市人民代表的，而非碑文所云 1951 年。

⑦、「同年調任中華人民共和國體育運動委員會運動技術委員會委員」。這句話有兩處錯誤，首先，根據碑文可知，此處所稱的「同年」當是前句的 1951 年，然而，據所有可見的資料顯示，唐豪先生是 1955 年 1 月下旬進入國家體委的，唯獨碑文所撰為 1951 年。其次，運動技術委員會是 1956 年 6 月成立的，唐豪先生為運動技術委員會成立後的首批委員之一，焉能是「同年」的 1951 年？

五 關於強加於唐豪身上的不實之詞

悼詞也好，碑文也好，一般都對逝者一生多於褒獎。單位的同志去世，往往都由本單位的領導查閱其檔案，根據其工作情況，撰寫其生平事蹟，再徵得其家屬同意後，才正式於追悼會時予以介紹，從唐豪的追悼會情況看也大致如此：

1 月 23 日上午 10 時，國家體委在嘉興寺舉行了公祭。會上由國家體委副主任黃中同志代表機關全體同志獻花圈，運動技術委員會副主任王任山同志介紹了唐豪同志的生前事蹟。參加公祭的有唐豪同志的生前親友和國家體

委機關的一百多人。

　　說明對唐豪的介紹是得到其家屬肯定的（不然也不會刻在墓碑上），至於為什麼出現上述 7 出錯誤，可能是檔案記載有誤！另外，有人說「**唐豪先生一生，其絕大部分精力花費在武術及民族體育史的研究整理方面，然而細讀此 263 字的碑文，竟看不出唐豪先生生前與武術有絲毫聯繫**」。其實唐豪當時身處「**運動技術委員會**」，這是他的本職工作。

　　從唐豪碑文情況的對比，可以看出現今對唐豪宣傳上的諸多問題。有些是隨意的誇張和無中生有，有些甚至還是「層累地編造」與渲染。

1、唐豪 1955 年調國家體委任「顧問」有誤

　　唐豪任「顧問」的說法始見於 1990 年版馬賢達主編《中國武術大辭典》。隨後有 1993 年版昌滄、周荔裳主編《中國武術人名辭典》、1998 年版張山主編《中國武術百科全書》、2005 年版楊麗主編《太極拳辭典》，以及 2010 年 4 月喻快「唐豪武術論著與武學思想研究」（武漢體育學院 碩士學位論文）、2011 年 5 月第三十卷第 3 期《湖北體育科技》喻快《唐豪先生生平及主要武術論著的研究》、2013 年 10 月上旬《蘭台世界·文化檔案》中原工學院 馬楠「史學家唐豪生平及其歷史貢獻探微」等。

　　甚至還有人說「唐豪在體育總局裡身兼要職」（見 2010 年 4 月武漢體育學院 碩士學位論文 喻快「唐豪武術論著與武學思想研究」）。

其實，唐豪不是「顧問」，也更沒有「身兼要職」。應是國家體委「運動技術委員會委員」。有「追悼會」上**「運動技術委員會副主任王任山同志介紹了唐豪同志的生前事蹟」**為證。

此外，《武魂》雜誌 2006 年第 11 至 12 期發表顧元莊「涸轍之魚，相濡以沫——記唐豪和顧留馨師友情」一文，其中有幾段文字，也可以證明：

　　我多次建議技委會主任王任山和出版社選印唐兄幾種遺著，並函你母抄好唐兄遺著多種送出版社。

　　你父調去國家體委工作，歸武術科分配任務，多次來信感慨未能發揮作用，對一些直接領導者氣焰逼人，自高自大，打擊報復隱忍甚久，亦曾屢次提及。他 1956 年 12 月 10 日來信中說道：

　　「大會以後，我一直在家寫稿，沒有到體委去，去也沒有工作交給我作，還是在家裡能寫點東西出來。」

　　原技委會主任王任山對出版這類書的建議，答覆是作為利用這些著作對寫武術史是有用的，單獨出版無必要。

2、唐豪任上海尚公小學校長一事查無實據

　　唐豪任上海尚公小學校長一說，首見於 1963 年 9 月 18 日顧留馨為唐豪「廉讓堂本《太極拳譜》考釋」所作的「前言」。再次說到是 1982 年 1 月《中華武術》雜誌創刊號顧留馨「憶唐豪」一文，隨後延續此說的有：1987 年 12 月版方金輝、王培琨、孫崇雄、李道節、陳道雲、

胡金煥編著《中華武術辭典》、1990 年 9 月版馬賢達主編《中國武術大辭典》、1993 年 12 月版昌滄、周荔裳主編《中國武術人名辭典》、1998 年 10 月版張山主編《中國武術百科全書》、1999 年 2 月版余功保編著《精選太極拳辭典》、2005 年 9 月版楊麗主編《太極拳辭典》、2006 年 1 月版余功保編著《中國太極拳辭典》。此外還有 2010 年 4 月喻快「唐豪武術論著與武學思想研究」（武漢體育學院 碩士學位論文）、2011 年 5 月第三十卷第 3 期《湖北體育科技》喻快《唐豪先生生平及主要武術論著的研究》，以及 2013 年 10 月上旬《蘭台世界‧文化檔案》中原工學院 馬楠「史學家唐豪生平及其歷史貢獻探微」等。

當我們查不到「唐豪任上海尚公小學校長」的相關證據的時候，只得上網詢查。首先在百度搜索「尚公學校」關鍵詞，得到的情況如下：

尚公學校是商務印書館辦的一所實驗小學，1905 年創辦，1907 年正式命名為尚公學校。「尚公」意謂崇尚公共教育和公共精神。歷任校長有蔣維喬、徐念慈、莊俞、吳研因等，葉聖陶、郭紹虞曾在該校任教。1910 年商務又辦了養真幼稚園，附屬於尚公學校。「一‧二八」（指 1932 年 1 月 18 日至 3 月 3 日）事變中，尚公學校、養真幼稚園和商務總廠一起被日本侵略軍炸燬。

1905 年，科舉制度廢除，新式學堂相繼成立。商務出版的《最新教科書》被新式學堂廣泛採用，但學校師資非常缺乏。為解燃眉之急，張元濟決定透過辦師範講習班來培養和訓練教師，並親自操辦。在開辦第二屆師範講習

班時，為了使學員有實習的場所，也為了使商務的教科書能得到檢驗，商務創辦了這所實驗小學。講習班辦了兩屆後停辦，學校保留了下來，成為一所商務職工子弟學校。尚公學校創建以後不斷地得到擴充和發展，1915 年在總館附近建了新校舍。

尚公學校以「留意兒童身心之發育，培養國民道德之基礎，並授以實用之技能為宗旨」。學校設初等、高等五個年級，教學全用白話文。初期只招收館內職工子弟，後來面向社會招生，館內職工可以免費送一名子女入學。葉聖陶之子葉至善，經濟學家陶大鏞，都是尚公的畢業生。葉至善回憶：「我模糊地體會到，老師們一直在試驗一種比較新的教育方法，就是要增進學生對社會的認識，培養學生各種處事的能力。」曾在尚公學校讀過書的商務老職工方桂生回憶：「教員都是國內師範學校畢業的高材生，對小學教育有一定的經驗。學校的設備比較齊全，有露天操場、雨雪操場、會場、圖書館、小賣部、攝影室等，並闢有園藝基地，供學生種花、植樹，作自然科實習用。其他如理化儀器、標本模型等也樣樣都有。學生的課外活動也很豐富，有學生會組織，每學期組織一二次運動會，並經常舉辦文藝演出。學費雖然比一般學校高，但報名入校的人還是很多。」

尚公學校存在了 28 年。它以良好的教學設施，雄厚的師資力量，不同於傳統的教育模式和教學方法而受到人們的歡迎，成為當時上海最好的小學之一。

這裡找不到唐豪的任何痕跡。

再次搜索「唐豪」一詞時，可以發現「曾任私立學校的校長」。

難怪顧留馨之子顧元莊在《武魂》雜誌 2006 年第 11 至 12 期發表「涸轍之魚，相濡以沫──記唐豪和顧留馨師友情」一文時，講：「1919 年「五四運動」時，唐豪加入救國十人團，組織群眾舉行示威遊行，並被聘為私立市西公學校長」，可以看做是對其父說法的糾正。

3、唐豪「爲中國武術史和中國體育史研究的拓荒者」提法不妥。

這一提法，首見於 1982 年 1 月《中華武術》雜誌創刊號顧留馨「憶唐豪」一文。隨後完全繼承這種說法的有：1987 年 12 月版方金輝、王培琨、孫崇雄、李道節、陳道雲、胡金煥編著《中華武術辭典》、2006 年第 11 至 12 期《武魂》雜誌顧元莊「涸轍之魚，相濡以沫──記唐豪和顧留馨師友情」、2010 年 4 月喻快「唐豪武術論著與武學思想研究」（武漢體育學院 碩士學位論文）、2011 年 5 月第三十卷第 3 期《湖北體育科技》喻 快《唐豪先生生平及主要武術論著的研究》、2012 年 11 月第 19 卷第 6 期《體育學刊》郭裔「有關唐豪生平行誼的幾個時間考」、2013 年第 10 期《武當》雜誌方道行「唐豪武術資料存留」。

李濱教授在其「以子之矛 陷子之盾──戳穿唐豪『太極拳之祖斷爲陳王廷』的欺世謊言」中說：「其實，拓荒者這個詞，原本是日本侵華前，武裝移民，強占中國東三省農村土地的藉口語。所謂「拓荒者」，在日本本土

上屬「賤民階層」。日本軍國主義侵華前，推行全面抹殺中華文化的奴化教育，毒害著當時中國經受列強瓜分，國弱民貧，民族自信心低谷情勢下而去日本逗留的人兒。今天，需要自覺運用科學發展觀，端正學風，對上個世紀之初，旅日人士與留日學生文化疑古的歷史背景，進行客觀正確評議。」

如說「唐豪是現代中國武術史學科的奠基人，是中國體育史研究的積極推進者。」（1990 年 9 月版 馬賢達主編《中國武術大辭典》）；「唐豪先生是我國武術史學科、太極拳史學科先驅者。」（吳文翰語）；「武術歷史考據家」（1993 年 12 月版 昌滄、周荔裳主編《中國武術人名辭典》）；「為中國武術史學和體育史學的開拓者與積極推進者。」（1998 年 10 月版 張山主編《中國武術百科全書》）；「唐豪作為近代武術研究的傑出代表」（2010 年 4 月武漢體育學院 碩士學位論文喻快「唐豪武術論著與武學思想研究」）；「在中國武術理論界，是一位舉足輕重的人物。」（2012 年 11 月第 19 卷第 6 期《體育學刊》郭裔「有關唐豪生平行誼的幾個時間考」）；「對於研究武術歷史的人而言，唐豪的名字是如雷貫耳的。」（《蘭台世界》2014 年 2 月下旬彭鳴昊「一代宗師唐豪的武術思想研究」）等等，都有一定的道理，有些還是比較符合實際。譬如：顧留馨在《憶唐豪》有下面幾段文字：

由於唐豪蒐購史料，不惜重金，因此在經濟上比較拮据。夫人很賢慧，但子女多，長期來，生活十分艱苦。唐豪印行《少林武當考》時，在書上就記有「定稿於因流離

失養而犧牲的三小兒畢命之夜。一九三○年七月十日」。

　　自避難回家後，唐豪發現平日收藏、拓印的武術史料，被鼠所齧。一時性急，責怪夫人沒有保管好，不料其夫人竟因此懸樑自盡而死。

　　他對史料的蒐集甚勤，有一次給我信說：為買書已家無餘錢，這封是最後 8 分郵票寄出，許多覆信只能等領工資後發出。我立即寄去郵資，希望他即將覆信發出。唐豪為寫稿、徵稿、編輯、答覆讀者來信，操勞過度，當他編完《中國古代球類運動史料初考》（即一九五九年五月出版的《中國體育史參考資料》第七、八輯），交稿後，就病倒了。據沈隱陶說，「唐自知病重，但含笑說，算來我已寫了武術史、體育史有一百幾十萬字，可說『鞠躬盡瘁，死而後已了』」。

　　請問當今能有幾位與他相比？

　　但是，確切的說，與唐豪同時代研究中國體育史和武術史，以及太極拳史，並且很有成就的不止唐豪一位。正如馬明達先生在他所著《說劍叢稿・初版前言》（增訂本）中講：「**比唐豪先生還要早些，文學史家郭紹虞**（希汾）**先生也曾異軍突起，出版了他寫的《中國體育史》。這是我國第一部體育史，其內容的相當一部分是對古代武藝的研究。**」

　　還有著名的如孫祿堂、陳微明、姜容樵、徐震、吳圖南等，都是武術和太極拳研究的先驅。

　　被譽為武學宗師的孫祿堂，13 歲時孫祿堂拜河北省

名拳師李魁元為師，學習形意拳，同時文武兼學。兩年後，孫的武藝出類拔萃，李魁元便把他推薦給自己的師傅郭雲深繼續深造。不久他便把形意拳的真功學到手。然而他並不滿足，還繼續尋師學藝，到北京跟八卦掌名師，程廷華學藝，由於孫祿堂本來功底深厚，又得程師竭力指教，苦練年餘，盡得八卦拳的精髓。1912 年孫祿堂在北京遇太極名家郝為真。郝將自己所習太極拳之心得傳於孫祿堂。此時孫祿堂武功卓絕，德高望重，譽滿京城。1918 年孫祿堂終於將三家合冶一爐，融會貫通，革故鼎新，創立了孫氏太極拳，卓然自成一家。1915 年到 1932 期間，孫祿堂除撰寫了《太極拳學》外、還先後著述《形意拳學》、《八卦掌學》、《拳意述真》、《八卦劍學》、《論拳術內外家之別》等重要論著。

陳微明，又名慎先，武術名家，光緒二十八年（1902）科舉考中文舉人。民國 2 年北洋政府設立清史館，他曾任清史館纂修之職。是《清史稿》中的 20 多位作者之一。在編修史稿的同時，開始學習武藝。民國 14 年在上海創辦致柔拳社，自任社長，傳授內家、太極、八卦、形意等拳術，並在蘇州、廣州等地設立分會。著有《太極拳》、《記太極拳》、《太極拳術、劍術》、《太極拳、劍問答》。

姜容樵先生，尤精通武當、八卦、形意、太極，以及張占魁所創形意八卦拳等內家拳法。曾在上海創辦尚武進德會，三十年代又發起組織「健康試驗社」、「擊技試驗社」。一九四六年辭職後，專門從事武術和文藝寫作。抗美援朝時，先生又親送其子赴朝參戰。並收徒傳授武技。

沿承傳統整理傳統拳械的論著頗多。當時的絕大多數專著，皆屬此類。著述最豐者，當推姜容樵。他在民國中期前後，共編著了二十多種拳械專著。其中包括有形意拳、八卦掌、太極拳、秘宗拳、少林拳等多種拳術套路，以及刀、槍、劍、棍、鞭等兵械的套路練法。他還將這些流派中名手們的故事，演義成《當代武人奇俠傳》（12冊），以文藝形式介紹拳派的傳承和技法。

徐震先生，字哲東。國學研究從師於章太炎。喜武術，曾隨于振聲、周秀峰等名家學習。先後任光華大學、中央大學、武漢大學等校國學教授，並擔任上海常州中學校長。也是文武兼通的武術研究家，「以文研武」，以謹嚴踏實學風致力於武術史研究。主要著作有《太極拳考信錄》《太極拳譜理董辨偽合編》《太極拳發微》《太極拳譜箋》《太極拳新論》《萇乃周武術學》《萇氏武技書》《太極拳的原理與練法》《定式太極拳》《簡式太極拳》《意氣功》等，與唐豪設論相反，力主和證實陳家溝太極為外間傳入，對於太極拳史研考做出重要貢獻，影響也非常大。

吳圖南先生，九歲時曾隨太極拳名家吳鑑泉先生學拳習武，後又拜在楊少侯先生門下，苦練十二載，盡得吳楊兩家太極拳真傳。早在 20 世紀 30 年代，就已在教學實踐及中華武術理論研究上獨樹一幟，著書立說，可謂武術理論研究之先驅中一位猛士。

他也出版了中國較早的太極拳著作《科學化的國術太極拳》、《內家拳·玄玄刀》、《太極劍》、《弓矢概論》、《國術概論》等武術理論專著，產生了較大的影

響。為了正本清源，深入研究太極拳的起源和發展，不辭艱辛，跋山涉水，遊歷了湖北武當山，河南少林寺，拜訪過少林寺僧，武當山道人和陳家溝陳氏後代陳鑫等人，特別是曾於 1917 年去河南陳家溝訪問調查，陳鑫還向他作了介紹說：

「陳家溝這個村，每年在秋收以後農活幹完了，就在場院裡辦少林會，陳家溝的人會練的都到那裡練，多少年來一直是這個規矩。他們陳家是世傳練炮捶的，屬於少林拳。據說他們家傳習炮捶已有幾百年的歷史，村裡的人管他們叫炮捶陳家。」

他也認真考證，親自查閱了大量資料。據說其設法收集張三豐，楊露禪、陳長興等人的各種資料，就有兩大書櫃之多。他反對不作實地考察武斷結論的作法，他以史實為據，撰寫了《太極拳之研究》、《太極拳發展史》、《張三豐先師追蹤考察記》等文書，從大量的實證中得出結論：太極拳乃張三豐所創。

4、其他極具誇張和無中生有的吹捧

①、劉（指劉震南）老師技高名重，從學者甚眾，唐豪追隨左右，武藝功夫出類拔萃。

（見《武魂》雜誌 2006 年第 11 至 12 期顧元莊「涸轍之魚，相濡以沫——記唐豪和顧留馨師友情」）

②、知名技擊高手唐豪

（見《檔案與建設》月刊 2009 年第 2 期王炳毅「張之江與民國南京中央國術館」）

③、他是劉震南的弟子中最為刻苦的一個學生也是武

藝最為精湛的一個。

　　（見《文化檔案》2013 年 10 期中原工學院馬楠「史學家唐豪生平及其歷史貢獻探微」）

　　④、唐豪的刻苦愛學還曾經在上海比武賽中奪得了摔跤第一名。

　　（見《文化檔案》2013 年 10 期中原工學院馬楠「史學家唐豪生平及其歷史貢獻探微」）

　　⑤、唐豪 1912 年開始進入中央國術館工作，並擔任編審處處長。唐豪的這個職務就是審理教材、整理材料同時教授學生文化課，另外還負責《國術週刊》的創辦。

　　（見《文化檔案》2013 年 10 期中原工學院馬楠「史學家唐豪生平及其歷史貢獻探微」）

　　⑥、唐豪是中國太極拳歷史實考的鼻祖。

　　（見網絡《百度》引擎）

　　⑦、一代宗師唐豪。

　　（見《蘭台世界》2014 年 2 月下旬彭鳴昊「一代宗師唐豪的武術思想研究」）

5、關於唐豪的「治學態度嚴謹」，應該打個問號？

　　①、……故材料較翔實，推論較細密，結論較公允。

　　（見 1998 年 10 月 張山主編《中國武術百科全書》中國大百科全書出版社 唐豪條）

　　②、……細心求證，嚴謹推論。

　　（見 1999 年 2 月版 余功保編著《中國太極拳辭典》人民體育出版社 唐豪條）

　　③、……許多著作經過艱苦實地考察和認真科學探

討，材料詳實，推論細密，結論公允，反映出他廣博的知識和嚴謹的治學態度，為後來者樹立了良好的榜樣。

（見 2005 年 9 月 楊麗主編《太極拳辭典》北京體育大學出版社 唐豪條）

④、唐豪的嚴謹求證的研究態度……

（見 2012 年 11 月第 19 卷 16 期《體育學刊》李洋馬金戈「唐豪武術思想研究」）

其實，唐豪的治學態度、求證方法是存在一些問題的，並非上述所言，隨後可見。

五 唐豪「這樣那樣的疏失」，不可原諒！

作為一個有責任感和正義感的學者，特別是像「唐豪自知病重，但含笑說，算來我寫了武術史、體育史一百幾十萬字，可說『鞠躬盡瘁，死而後已』了。」（見《武魂》雜誌 2006 年第 11 至 12 期顧元莊「涸轍之魚，相濡以沫—記唐豪和顧留馨師友情」）的人，有些錯誤是不可用「疏失」來敷衍的。

1、關於去日本，唐豪自己都有兩個說法：

①、唐豪著《清代射藝從一書 王五公太極連環刀法中國古佚劍法》「跋」：「……1929 年，予習太刀之法於日本……。一九三六年七月一日 唐豪跋」

②、《國術統一月刊》1934 年 7 月創刊號有唐豪「考察日本武術的報告」一文，報告前有「自序」，自序的落款為：民國二十三年六月四日（即公元 1934 年 6 月 4 日）范生唐豪

唐豪在「拳鬥」部分又說：「兄弟前年在彼邦留學的時候……」。這說明「留學」又是在 1932 年。

2、唐豪對太極拳與張三豐關係和出現的時間上也有多個不同的說法：

《明史》記載，明太祖和明成祖，都曾派人尋訪張三豐以求仙藥，成祖亦有藉機尋訪張三豐而搜捕建文帝之意圖，這顯然是張三豐存在的鐵證。唐豪則斷定：「**張三豐之所以被稱為仙人者，實成祖隱訪建文帝時所編造。**」（唐豪《太極拳與內家拳》1930 年第 6 頁）

民國二十年（1931 年）武禹襄之孫來緒撰《廉讓堂太極拳譜·先王父廉泉府君行略》，1935 年《廉讓堂本太極拳譜》在山西正式出版，公佈了武派太極拳輯錄的太極拳文獻。其中的兩篇序言，及武禹襄之孫武萊緒、武延緒的附記，應是憑禹襄遺稿而成，均持張三豐創太極拳之說。文中有云：「太極拳自武當山張三豐後，雖善者代不乏人，然除山右王宗岳遺述論說外，其餘率皆口傳，鮮有著作」。

王宗岳所遺拳訣並附註「此係武當山張三豐老師遺著，欲天下豪傑延年益壽，不徒作技藝之末也」。是明示其傳有自，否則誰舉出王學自何人？

唐豪晚年發現《陰符槍譜》中，皆載「此係張三豐老師遺著」一語。他收集的 14 本太極拳經，其中 10 本都有「此係武當山張三豐老師遺論」之語。

①、1964 年版《太極拳研究·廉讓堂本太極拳譜考釋》唐豪曾兩次提到「太極拳始自宋張三豐」之事：

「馬印書鈔本，首題太極小序，未題丁卯端陽日亦畬李氏識。」之「附識」：

亦畬有生之年，只逢一丁卯，則此序初稿當作於1880年（同治六年）。初稿首句，作太極拳始自宋張三豐，武萊緒述其祖禹襄行略，謂太極拳自武當張三豐，善者代不乏人。

武萊緒「先王父廉泉府君行略」「附識」：

1880（92版改為1867）年（同治六年丁卯），亦畬太極拳小序述禹襄學拳經過，與行略微異。序稱「太極拳始自宋張三豐，其精微巧妙，王宗岳論詳且盡矣。後傳至河南陳家溝陳姓，神而明者，代不數人。我郡南關楊某老祿，愛而往學焉。專心致志十有餘年，備極精妙。旋里後，市諸同好。母舅武禹襄見而好之，常與比較，伊亦不肯輕以授人，僅能得其大概。素聞豫省趙堡鎮有陳姓名清萍者精於是技。踰年，母舅因公赴豫省，過而訪焉。研究月餘，而精妙始得。神乎技矣。予自咸豐癸丑，時年二十餘，始從母舅學習此技」云云。

②、唐豪在1930年4月出版的《少林武當考》中無考先斷，說張三豐「亦決不是太極拳的鼻祖」。

③、唐豪在1930年10月出版的《太極拳與內家拳》中又說：

近人著作，每言太極拳為張三豐所創……

三豐能武之說，最早見於康熙八年（1669）黃梨洲所作《王征南墓誌銘》……，「少林以拳勇名天下，然主於搏人，人亦得以乘之；有所謂內家者，以靜制動，犯者應手即仆，故別少林為外家，蓋起於宋之張三豐。」

民國十三年出版之《太極拳學》，及十六年出版之《太極劍》附錄中，各有一段張三豐發明太極拳之歷史。

《太極拳學》所述者如下：

「元順帝時，張三豐先生修道於武當，見修丹之士，兼練拳術者，後天之力·用之過當，不能得其中和之氣，以致傷丹而損元，故遵前二經（《易筋》、《洗髓》二經）之義，用周太極圖之形，取河洛之理，先後易之數·順其理之自然，作太極拳。」

《太極劍》附錄中所述者如下：

「太極拳為武當嫡派，乃張三豐祖師因觀鵲蛇之鬥，忽有會心，發明此拳。蓋恐修道之士，靜坐功深，血脈有凝滯之患，山行野宿，突然有野獸之厄，是以因觀鵲蛇之鬥智，仿禽獸之飛躍，法天地自然之理，參太極陰陽之秘，創此太極拳，以傳修道之士。」

④、在 1937 年《行健齋隨筆》（民國 26 年 2 月 28 日中國武術學會出版發行）：

又亦畬《太極拳小序》云：「太極拳不知始自何人？」譜中亦無「武當山真仙張三豐老師遺論」等注，可證太極拳附會於張三豐，乃光緒七年（1882）以後事。

⑤、在 1958 年發表的「太極拳的發展及其源流」一文裡寫到：

太極拳的附會神仙張三豐，是從內家拳的附會的張三峰移植過來的。

移植內家拳的張三峰為太極拳的張三豐，是《三豐全書》出版以後的附會。這個附會開始出現於北京，有 1912 年關百益油印的《太極拳經》可證。

永年李亦畬手抄他母舅武禹襄傳譜上的《太極拳論》後面就沒有這個附會。附會的憑藉，就是從道光二十四年（1844）以後出版的《三豐全書》移植過來。

太極拳移植附會的張三豐，出現於 1844 年以後。

正是由於唐豪的原因，他的好友顧留馨才在其《太極拳術》中，信口開河的說：「張三豐創太極拳一說，是辛亥革命（1911 年）後的一種附會而已。」（見 350 頁）在「附錄」中又說：「太極拳創始於張三豐的謊言，出現於十九世紀末到二十世紀初太極拳在北京享有盛譽之時。」（見 442 頁）

但是，在《太極拳研究》133 頁和《太極拳術》386 頁中，都引用了李亦畬 1867 年抄給馬印書的《太極拳小序》「太極拳始自宋張三豐……」，1867 年，楊祿禪、武禹襄都健在，這顯然和「辛亥革命後」或「十九世紀末到二十世紀初」才出現張三豐創拳的「附會」、「謊言」之說前後矛盾。

3、關於去陳家溝「調查」，唐豪自己就有多個版本：

①、1929 年說：

唐豪在 1935 年 12 月 1 日出版的《內家拳·自序》中說：「十八年冬，愚至溫之陳溝，訪求太極拳史料，得清初陳王廷所遺長短句，及其族中家譜，然後知太極拳之發明，出自王廷。……民國二十四年九月九日　吳縣范生唐豪」

②、1930 至 1931 年說：

在 1964 年出版的《太極拳研究》中，唐豪又說：

「1930—1931 年冬末春初，余在三處調查所得⋯⋯」。

「1930—1931 年冬末春初，予居陳溝陳承五家月餘，調查太極拳歷史，始備悉其詳。」

③、1931 年說：

民國二十一年十二月三十一日版陳子明著《陳氏世傳太極拳術》載唐范生（唐豪）「太極拳源流考」：

今歲春，余偕陳溝太極拳家子明陳先生赴其鄉調查蒐集，得太極拳史料甚富，南歸整理成《太極拳史的研究》約五萬言，而子明亦本其所學著《陳氏世傳太極拳術》一書，先余付剞劂，遠道以稿見示，囑為一言。

1935 年唐豪《王宗岳太極拳經 王宗岳陰符槍譜 戚繼光拳經》中說：「民國二十年（1931 年）春間，吾在上海認識了一位陳家溝新架太極拳家陳子明先生，那時候的吾，因為看到太極拳風靡南北，而這類拳家的著述內容，幾乎無一不含有賊人思想的毒素。彼時哈巧得到一個短期間的清閒，便約同陳先生到他的家鄉去調查太極拳的衍變和蒐集當地關於此拳的史料，總算不白跑，結果，把太極拳的源源本本找了出來。」

《武術運動論文選》：中華人民共和國體育運動委員會運動司武術科編 人民體育出版社 1958 年 11 月版 唐豪「太極拳的發展及其源流」：

「1931 年我到陳溝去調查時⋯⋯」

「二十七年前，我到陳溝去調查，查閱了陳氏族譜和家譜，拓取了康熙五十年（1711 年）陳氏十世孫追立的陳卜碑文，全沒有陳卜創造太極拳的記載。」

④、1932 年說（見于志鈞著《中國傳統武術史》310頁）：

唐豪在《太極拳根源》（1933 年）中說：「民國二十二年（1933 年）春間、吾在上海認識了一位陳溝新架太極拳家陳子明先生，那時候的吾，因為看到太極拳風靡南北，而這類拳家的著述內容，幾乎無一不含有賊人思想毒素，彼時恰巧得到一個短期時間的清閒，便約同陳先生到他的家鄉去調查太極拳的衍變和蒐集當地關於此拳的史料。總不算白跑，結果，把太極拳的源源本本找了出來。」

⑤、同一篇文章裡，前後兩種說：

2008 年 1 月山西科學技術出版社出版發行唐豪《行健齋隨筆 唐豪太極少林考》一書，其中在唐豪太極少林考部分發表的是唐豪「太極拳的發展及其源流」一文，前文說：

1931 年我到陳溝去調查時，陳長興的玄孫陳照旭表演老架十三勢給我看，許多動作都折腿虛坐到地。（見第8 頁）

後文又說：

1932 年我到陳溝去調查，據陳德瑚的孫子和村中老輩說，楊露禪從小就在陳德瑚家裡。他過著孤苦伶仃的生活，沒有學習文化的機會，他跟農民陳長興學習了太極拳。（見第 18 頁）

由於以上唐豪自己的「疏失」和不「嚴謹」，從而導致下列情況的出現：

①、顧留馨在《太極拳術》中卻說：「唐豪於 1932

年 1 月訪陳家溝時，於陳森（字槐三）處得《陳氏家譜》
一冊。」

②、1932 年上旬 河南陳家溝實地調查太極拳。

（見武漢體育學院 碩士學位論文喻快「唐豪武術論
著與武學思想研究」指導教師：余水清）

③、陳小旺的《世傳陳式太極拳》中，就講：「研究
武術的名家唐豪同志，曾於 1930 至 1932 年間，三下河南
溫縣陳家溝，調查考證太極拳的起源，歷時數月之久。」

④、……後經陳氏太極拳名家陳子明推薦，時任中央
國術館總編的拳界名宿、被譽為武林史拓荒者的唐豪（范
生）對此極為關切，曾三下陳家溝收集史料，考證源流，
並邀集有關方面兩次開會協商，盡力幫助出版。

（見 2005 年版陳鑫著《陳氏太極拳圖說・陳東山
序》山西科學技術出版社）

⑤、1930 年至 1932 年，中央武術館總編、拳界名宿
唐豪先生，為考察太極拳，約溫縣陳家溝人陳子明（當時
陳子明先生在上海教拳）先生作嚮導，先後三次去河南溫
縣陳家溝。

（見河南大學碩士研究生學位論文 王旭浩「陳氏太
極拳起源研究──基於口述歷史範式的研究」指導教師：
喬鳳傑）

⑥、「1930-1932 年唐豪三下陳家溝考察……」

參見：雷季明「洪洞通背拳與陳式太極拳源流關係考
──以相關拳譜為主要考證對象」（上海體育學院碩士學
位論文 院系：武術學院 專業：民族傳統體育與武術 指導
教師：郭玉成教授 時間：2015 年 5 月 28 日學位授予單

位：上海體育學院）

產生混亂和造成「三下河南溫縣陳家溝」的錯誤，其根源就在唐豪！

4、得「得清初陳王廷所遺長短句」，時間上亦有幾種說法：

①、唐豪在《太極拳與內家拳・陳王廷遺詩》中講：「陳溝陳王廷，明末清初人。遺有長短句一首，載《陳氏世傳太極拳術》者云……」

②、民國二十四年九月九日（即 1935 年）吳縣范生唐豪：「十八年冬（1929 年），愚至溫之陳溝，訪求太極拳史料，得清初陳王廷所遺長短句……」

（見唐豪在 1935 年 12 月 1 日出版的《內家拳・自序》）

③、陳溝舊本裡還有一首陳王廷的遺詩……

（見《武術運動論文選》：中華人民共和國體育運動委員會運動司武術科編 人民體育出版社 1958 年 11 月版唐豪「太極拳的發展及其源流」）

唐豪在陳子明著《陳氏世傳太極拳術》裡看到所謂的「陳王廷遺詩」，應該屬實。因為這個東西本來就出自陳子明，陳子明 1944 年著《太極拳精義》不但有「遺詩」，而且還有遺詩「康熙十六年自題於日省廬中」的落款，這在其他任何一個地方都是未曾見到的。

康熙十六年是 1678 年，陳家溝王西安在其所著《陳氏太極拳老架》（河南科學技術出版社 1993 年 3 月第 1 版 1 至 3 頁）講：「陳王庭（約 1509 年）又名陳奏庭，係明末文庠生、清初武庠生」。

難道時年 168 歲的陳奏庭（名王廷），還能「自題」寫出如此的東西嗎？

顯然，「陳王廷遺詩長短句」屬於造假。

5、「唐豪本人也曾『懷疑』《長短句》是陳鑫寫的」，但卻不查！

唐豪在《太極拳根源》中說（見于志鈞著《中國傳統武術史》310 頁）：

民國二十二年（1933 年）春間……把太極拳的源源本本找了出來。

陳家溝太極拳世家陳槐三先生，有家譜一冊，於其九世祖陳王廷名諱旁註云：「王庭，族譜及墓碑均作王廷，又名奏庭。明末武庠生，清初文庠生，在山東，名手掃蕩群匪千餘人，陳氏拳手刀槍創始之人也。天生豪傑，有戰大刀可考。」

右註：見家譜十二頁。又十六頁註：「至此以上，乾隆十九年譜序。以下道光二年接修。」據墓碑，王廷歿於康熙年間，墓碑立於康熙五十二年。那麼，乾隆十九年（1754 年）譜所注，自是最可信的史料了。

又王廷遺有長短句一首，其前半云：「嘆當年，披堅執銳，掃蕩群氛，幾次顛險，蒙恩賜罔徒然。到而今，年老殘喘，只落得黃庭一卷，隨身伴。悶來時造拳，忙來時耕田。趁餘閒教下些弟子兒孫，成龍成虎任方便。……」

這些詩句中所寫的事蹟，與乾隆十九年（1754 年）譜注，互相補充，則王廷的身世、思想、生活，及其造拳的動機，都可以在以上的史料中窺得，不過譜和詩均末說

明其所造者為太極拳。譜中王廷創造的陳氏拳手，遺詩中王廷悶來時所造的拳，如何見得即是太極拳呢？

家譜三十六頁十四世長興旁，注「拳師」二字，同頁十五世耕耘旁，注「拳手」二字。陳長興、陳耕耘父子，凡練太極拳者，誰都知道他們是太極拳專家，就這個互證來看，足以證明家譜所注王廷創造的陳氏拳手，即為太極拳。

從上面的文字看，說陳王廷創造太極拳，純粹是唐豪的「推論」而已，不是史料記載。「推論」是在史料不足的情況下研究歷史的一種輔助方法，一般不可把推論作為定論。推論只有等待新的歷史發現去證實或否定，否則就永遠是推論。

非常遺憾，唐豪把「推論」當作「定論」。根本問題是，所用的資料是否可靠？

先說《陳氏家譜》的「陳王廷」旁註：「在山東，名手掃蕩群匪千餘人，陳氏拳手刀槍創始之人也。」沒有任何史料記載證明，陳王廷到過山東，並在山東掃蕩群匪千餘人，何況又稱「名手」呢！家譜這種東西，並不可靠，常誇張、誇大，甚至無中生有，家譜有一個信條，即「榮宗耀祖」。至於「陳氏拳手刀槍創始之人也」，古體是沒有標點符號的，顯然是「陳氏拳手，刀槍創始之人也」。因為後面還有一句「有戰大刀可考」。這和後面的陳耕耘旁註「拳手」一致。唐豪故意在「陳氏拳手」後不加標點，是有意把「陳氏拳手」與後面的「創始人」連起來，結果含糊其辭地弄出個「（陳）王廷創造的陳氏拳手」這樣不倫不類的東西出來。

這裡還有一個重大的漏洞：

「陳王庭」（家譜如此）條在陳氏家譜第 12 頁、第 16 頁有「至此以上，乾隆十九年譜序。以下道光二年接修」。

家譜 36 頁十四世陳長興旁註「拳師」，同頁其子陳耕耘旁註「拳手」。陳長興歿於咸豐三年（1853 年），陳耕耘當然更晚。然而，他們的旁註都一樣，可見陳王庭（廷）、陳長興、陳耕耘的旁註都是後來加上去的。什麼時候加的？在《陳氏家譜》封面有「同治十二年癸酉新正」，按同治十二年為 1873 年。就在這個時候加的。可見當時在陳家溝並無「太極拳」。

另一個重大問題：1930 年冬，唐豪在陳省三處抄錄陳三省堂《拳械譜》，通篇：無「太極拳」三字。唐豪此行，沒有找到任何文字資料書有「太極拳」字樣。因此，他在《太極拳根源》（1933 年）中，列出三省堂《拳械譜》內「長拳譜」、「頭套」、「二套」、「三套」，「四套」——「此名大四套錘」、「四套——此名紅拳」、「五套」、「炮錘架子一十五錘，十五炮，走拳用心」，獨無「太極拳」。也就是說，唐豪在陳家溝，沒有找到任何真正有關太極拳的資料。沒找到「太極拳」三個字。

《長短句》唐豪引用了上半闋，還有下半闋如下：

欠官糧早完、要私債即還，驕諂勿用，忍讓為先，人人道我憨，人人道我顛，常洗耳不彈冠，笑殺那些萬戶侯，兢兢業業，不如俺心中常舒泰・名利總不貪，參透機關，識彼邯鄲，陶情於漁水，盤桓乎山川。興也無干，廢

也無干！若得個世境安康，恬淡如常，不忮不求，那管他世態炎涼。成也無關，敗也無關！不是神仙誰是神仙。

這個《長短句》，被說成是陳王廷作的。陳王廷準確生卒年不可考，然而，他是順治、康熙年間人，是不會錯的。於是，這個長短句就成問題了，這一闋是地道的反清詩。長短句後闋大談「興廢」和「成敗」，這種反清的調子十分明顯。它與前闋相互呼應，前闋說：「嘆當年，披堅執銳，掃蕩群氛，幾次顛險，蒙恩賜罔徒然。」如果作者是陳王廷，就有「披堅執銳」是為明朝還是為清朝的問題。沒有任何史料記載陳王廷為清廷打過仗，時間也不對。陳王廷處於明末清初，顯然是為明朝「掃蕩群氛」，「蒙恩賜」當然也是指蒙明皇帝之恩賜。「罔」是「不」的意思，即不徒然。這與後闋之「興廢」、「成敗」相呼應，無疑反清味道十分濃厚，這對當時清王朝鼎盛時的康熙是「大不敬」，罪滅九族。

清入關後，統一中國。為鞏固統治，從順治、康熙到乾隆，大興「文字獄」，動輒凌遲、梟首、斬立決、戮屍、滅族、誅連。順治十八年（1661 年），有名的「莊氏史案」，決於康熙二年（1663 年），殺七十多人，內凌遲十八人。雍正朝文字獄有著名的「呂留良案」。乾隆在位六十年，文字獄一百三十餘起。禁書、筆禍，禁書標準有忌虜、忌戎、忌胡、忌蕃、忌酋、忌偽、忌賊、犯闕、忌漢。

《長短句》如果確是陳王廷寫於康熙年間，那就是一篇貨真價實的「復明詞」和「懷舊篇」，對清王朝人不敬，陳王廷要被滅九族！

陳王廷在歷史上不是反清復明的志士，他沒有任何動機冒不但殺身而且要滅族的風險大寫什麼《長短句》。

《長短句》最有可能是清亡後的陳鑫寫的，而冠以陳王廷之名。這時。清王朝已亡，寫反清的東西沒有任何危險，怎樣嘲諷謾罵清王朝都可以。所以，《長短句》是一篇託名之偽作。陳鑫在他寫的《陳氏家乘》中拋出《長短句》，難避其嫌。

唐豪本人也曾「懷疑」《長短句》是陳鑫寫的。然而，若推翻《長短句》是陳王廷之作，陳王廷造太極拳之說將不攻自破。唐豪故意把《長短句》分成兩段，唐豪在《行健齋隨筆·陳王廷遺詩》一文中認為後段是陳鑫所作，理由是「語近贅累，當非原作」。這樣一來，所謂陳王廷遺詩就成了禿尾巴詩，不合詩詞體裁，疑竇更大。

唐豪把《長短句》分成兩闋的地方，也頗令人懷疑。闋是詩歌終止之意，《長短句》前闋很短，到「罔徒然」終止，到此表達「戰功」、「皇恩」之意，已截止，講的是過去的事，前朝的事；後闋話鋒一轉，講晚年現在的事，說「到而今，年老殘喘……」。可是唐豪卻把「到而今，年老殘喘，只落得黃庭一卷，隨身伴，悶來時造拳，忙來時耕田。趁餘閒，教下些弟子兒孫，成龍成虎任方便」劃到前闋去了。顯然，唐豪也發覺《長短句》有點不對頭，他想把陳王廷從「反清詩」中開脫出來，殊不知《長短句》是個整體，前闋照樣是反清調子，典型的「懷舊」，同樣反清。

所以，陳王廷《長短句》是一篇偽作。

（參見于志鈞先生著《中國傳統武術史》中國人民大

學出版社 2006 年 2 月第一版）

6、唐豪對於《陳氏家譜·旁註》「森批」視而不見，卻錯誤的認爲「是最可信的史料」！

唐豪在《太極拳與內家拳·陳氏家譜》寫到：

余遊陳溝時，得《陳氏家譜》一冊，封面題同治十二年癸酉新正潁川氏宗派一函、內自始祖起至十九世止，凡配偶、子嗣、流遷、仕宦，均有記載。第十六頁註：至此以上乾隆十九年譜序，以下道光二年接修。十二頁九世祖王庭旁註：又名奏庭，明末武庠生，清初文庠生，在山東，名手，掃蕩群匪千餘人。陳氏拳手刀槍創始之人也。天生豪傑，有戰大刀可考。二十頁十二世善志旁註：拳頭可師。二十一頁十二世繼夏旁註：拳手可師，二十二頁十一世光印旁註：拳手可師、二十三頁十二世甲第旁註：拳手可師。二十七頁十一世正如旁註：拳師最好。十二世節旁註：拳最好。十三世公兆旁註：拳師最好、二十八頁十二世敬柏旁註：拳手可師。十三世大興旁註：拳可師。三十六頁十三世秉壬、秉旺旁註：拳手可師。十四世長興旁註：拳師。十五世耕耘旁註：拳手。四十五頁十三世公兆旁重註：拳手可師，大家。十四世有恆旁註：拳手大家。有本旁註：拳手最高，教佷出眾。十五世伯牲、仲牲、季牲旁註：此三人拳術最優，仲牲、季牲旁合注神手二字。十四世巽旁註：拳手可師。四十六頁鵬旁註：拳手可師。五十一頁十五世仲牲旁註：武生，文武皆全；季牲旁註：拳手神妙；二人名下又合注拳師神妙。十六世蠹旁註：武生。淼蠹下合註：拳師最優。鑫旁註：文武皆通。未有我

高曾祖父皆文兼拳最優森批字樣。此太極拳源流最可考信之直接史料也。

陳王庭既然是「陳氏拳手刀槍創始之人」，當被陳家視為一件大事，為何不寫入正文，而只作一「註」，且是「旁」註？顯然說明「旁註」不是原文，而是後人所為。很多著作的「批文」「註解」在原文之後許多年甚至幾個朝代，這是常識。要之，「旁註」從九世陳王庭開始，一直注到二十世紀初年的十六世陳鑫兄弟三人。乾隆十九年之人，總不能為二十世紀的人去作旁註吧？因此，唐豪所謂「乾隆十九年」「最可信」論據之說，是根本不能成立的。陳氏家譜「旁註」的作者，肯定是二十世紀的陳家後裔。

家譜最後明明白白寫著「我高曾祖父皆文兼拳最優。森批」字樣，「批註」的作者就是向唐豪提供家譜的陳森！

也許有人會說，「森批」二字，不能證明所有「旁註」都是陳森所為，陳森可能批了「旁註」的後一部分，或者只批了最後一句話。答曰：寫家譜之人，對於陳氏拳術大可不必以「旁註」的形式出現，完全可以寫入正文，此其一；

不但乾隆十九年「譜序」時不會有陳王庭的旁註，道光二年和同治十二年的兩次「接修」也不可能有陳王庭的旁註，因為「接修」之人若寫了陳王庭的旁註，則不會在接修家譜時再將拳術以「旁註」形式寫出，道光二年和同治十二年之後的拳術記載也都是旁註，故而所有旁註必為現代人所為，此其二；

從所有批文來看，文筆和用詞前後一致，實際是一個完整的旁註系統，決非二人所為，此其三；

最後，也是最重要的，從「旁註」的總體內容明顯看出，「旁註」反映了陳森本人極為突出的宗族內部的派系偏見，非陳森莫屬。

退一步講，即使「旁註」內容無可非議，也不能作為陳王庭創太極拳的根據，因為家譜及其旁註均無「太極拳」三個字，陳王庭創的只是「陳氏拳手刀槍」，《陳氏家乘》中陳王庭「悶來時造拳」的詩也無太極拳三字。「陳氏拳手刀槍」究竟是些什麼？從陳氏家傳拳譜《文修堂本》、《兩儀堂本》可以明顯看出，陳氏拳術最初的面貌主要是五套炮捶，其後又將其第一套改為太極拳或十三勢，至今的陳氏太極拳二路仍叫炮捶，三、四、五套炮捶失傳。

陳森的旁註，還是比較謹慎的，他雖有偏見，但未把太極拳寫入旁註，更未寫陳家是太極拳之發明者，而唐豪則拐彎摸角的由陳長興練的是太極拳推論到「旁註」所指皆為太極拳，進而斷言陳王庭所創的必為太極拳，並把陳氏《文修堂本》明白記載的一至五套炮捶說成陳王庭創的「十三勢」或「太極拳」共有五路（《文修堂本》並無太極拳三字，《兩儀堂本》只將頭套拳亦稱十三勢或太極拳）。這種考證態度，恐怕就不能用疏忽草率來解釋了。

（參見《武林》雜誌 1996 年第 4 期路迪民「《陳氏家譜》「旁註」考」）

7、唐豪確認了蔣發的存在，卻忽視其太極拳傳承。

①、唐豪在《行健齋隨筆・蔣發》（民國 26 年 2 月 20 日出版即 1937 年 2 月 20 日）講：

> 楊派太極拳著述，謂蔣發為陳長興之師，實誤……

> 據陳溝村人傳說：明末，官逼民反，登封李際遇，據御寨起事。其九世祖王廷，與際遇善，往止之。不從，迫清師入關，際遇兵敗受戮，部將蔣八。亡命隱王廷處，以僕終其身。八、發音近，當是一人。王廷有遺像，旁執偃月刀侍立者，即蔣也。像原藏陳氏宗祠，王廷裔孫子明，攜以南來，予獲見之。

> 考《說嵩》、《少林寺誌》，言土寇李際遇，據御砦為巢穴，砦與寨同。溫距登甚遙，而傳說中之人名、地名，一一吻合，則蔣之有其人非虛矣。予在陳溝時，嘗往察王廷墓碑，立於康熙己亥，與譜載王廷為明末清初人相符……

②、唐豪在「廉讓堂本《太極拳譜》考釋」中，也講：

> 1930 — 1931 年冬末春初，予居陳溝陳承五家月餘，調查太極拳歷史，始備悉其詳。

> 予於 1930 年，在北平……後一年，赴溫縣訪求太極拳史料，除《打手歌》外，余皆不見於陳溝、趙堡鎮。

> 陳溝（？）堂本，附陳鑫筆記一則，謂蔣發乾隆時人，其九世祖陳奏庭為康熙時人，戒村人不得再言蔣發為奏庭之師。予在陳溝時，見陳氏宗祠有遺像一幅，旁立持

偃月刀者，村人云即蔣發。並云蔣為李際遇部將。果如村人所言，蔣為奏庭之師，合於畫像；陳鑫言蔣發乾隆時人，反不合於畫像。

唐豪　附識

③、唐豪在為陳子明 1932 年出版的《陳氏世傳太極拳術》一書插入「**太極拳源流考**」時，首先說明：「今歲春，余偕陳溝太極拳家子明陳先生赴其鄉調查蒐集，得太極拳史料甚富，南歸整理成《太極拳史的研究》約五萬言，而子明亦本其所學著《陳氏世傳太極拳術》一書，先余付剞劂，遠道以稿見示，囑為一言。」

「**以稿見示**」，稿內即有：

「陳王廷傳」曰：「陳王廷，字奏庭，崇禎康熙間人。明末天災人禍相繼而起，地方官又罔恤民困，苛徵暴斂，無所不至。登封民無力納糧，官逼之，遂揭竿起事，以武舉李際遇為首。公與際遇善，往止之，力勸不聽，但約不犯溫境。滿清定鼎，際遇事敗族誅，有蔣姓者僕於公。一日，公命備馬出獵於黃河灘。有一兔起奔，蔣追未及百步獲之。公憶及際遇有一部將，能健步如飛，馬不能及。詢蔣，果即其人。公所遺畫像執大刀侍立其側者即是，或云即是蔣發。」

「陳清萍傳」曰：「陳清平為有本、張炎門徒，得太極拳理……」

以上三個情況說明：

唐豪確認：第一「**則蔣之有其人非虛矣**」；第二「**果如村人所言，蔣為奏庭之師**」；第三，他不但瞭解趙堡有太極拳，而且更知道「**張炎**」也是陳清萍的師傅。

「張炎」即「張彥」，是趙堡太極拳的第六代傳人。

1935 年 5 月河南省國術館館長陳泮嶺先生在給杜元化《太極拳正宗》的《序》中講：

河南溫縣趙堡鎮之太極也。余觀其拳，係師承懷慶溫縣蔣先生發。蔣生於明萬曆二年，學拳於山西太谷縣王林禎，王之師曰雲遊道人。有歌曰：太極之先，天地根源。老君設教，宓子真傳。宓子而後，代有傳人，因姓氏未傳，不克詳微。至三豐神而明之，發揚光大，號曰武當派，其後由雲遊道人數傳至趙堡鎮。其術由來已久，要其術神理奧妙，通天地人而成一家，可以養生，可以禦侮。

著名武式太極拳家，被稱為「武林一支筆」的吳文翰先生，對趙堡太極拳也相當瞭解，他在其「初識趙堡太極拳」（《武當》1992 年第 2 期）一文中也說：「據趙堡的朋友介紹，趙堡太極的遠祖是武當山的張三豐，近祖是明末清初趙堡人蔣發。」「陳清平（1795—1868 年），原居溫縣王圪壋村（距趙堡三華里），後移居趙堡鎮，得本村『神手』張彥的新傳，有繼承，亦有發展，終成一代名師。」「武式太極拳鼻祖武禹襄（1812—1880 年）也曾於咸豐二年（1852 年）專程去趙堡鎮向陳清平問藝，至今永年武式太極拳傳人還尊陳清平為遠祖。」

杜元化 1935 年著《太極拳正宗・太極拳溯始》講：

太極拳溯始，余先師蔣老夫子，原籍懷慶溫縣人也。生於大明萬曆二年，世居小留村，在縣之東境，距趙堡鎮數里之遙。至二十二歲學拳於山西太原省太谷縣……

歸家之後，其村與趙堡相距甚近。趙堡有邢喜槐者，素慕蔣發拳術絕倫。因素無瓜葛，無緣以學。每逢蔣老夫

子到鎮，必格外設法優待，希圖融洽，意在學拳。如此，蔣老夫子閱二年之久，見其持（待）己忠厚有餘，待人誠敬異常，察知其意，始以此術傳之。

其後，有張楚臣者，邢先生之同盟弟也。想其人不卜必端，所以，邢先生又盡情授給之……

察本鎮陳敬柏先生人品端正，凡事可靠，所以，將此術全盤授之。

其後，陳先生欲擴張此術，廣收門徒至八百餘人，能得其一技之長者十六人，能得其大概者八人，能統其道者，惟張宗禹先生一人。

其後，傳給其孫張先生彥，先生又傳給陳先生清平。清平先生傳給其子景陽及本鎮其少師張應昌、和兆元、牛發虎、李景顏、李作智、任長春、張敬芝，歷代傳人很多，不能備載。以上所錄諸老夫子，皆有事蹟可考，另注有冊。

由是觀之，謂為三豐所傳，謂為文始所傳，謂為蔣發所傳，謂為清平所傳皆是也。總一歸本，於老子所傳方可謂之真源。

中華民國二十四年五月河南沁陽杜元化於汴坦

陳溝的權威陳鑫在自己的拳術「抄本」裡（見和有祿著《和式太極拳譜》），寫有一篇《辨拳論》，也證實了蔣發及其趙堡太極拳的傳人情況：

前明有父女從雲南至山西，住汾州府汾河小王莊，將拳棒傳與王氏。河南溫東劉村蔣姓得其傳，人稱僕夫。……後有趙堡邢西懷、張宗禹，又後陳清平、牛發虎皆稱名手……

直至現在，像邢西懷、張宗禹、牛發虎這些太極拳大師，在陳溝的傳譜裡，都是毫無蹤影的。

　　李亦畬五字訣序，即《太極拳小序》云：「太極拳始自宋張三豐，其精微巧妙，王宗岳論詳且盡矣。後傳至河南陳家溝陳姓，神而明者，代不數人。我郡南關楊某，愛而往學焉，專心致志，十有餘年，備極精巧。旋里後，市諸同好，母舅武禹襄見而好之，常與比較，伊不肯輕以授之，僅能得其大概。素聞豫省懷慶府趙堡鎮，有陳姓清平者，精於是技，踰年，母舅因公赴豫省過而訪焉。研究月餘，而精妙始得，神乎技矣……」。

　　可見，武禹襄學拳於陳清平是真，而陳清平與陳家溝的關係，在《小序》中並未提及，這就是歷史的真實。

　　然而，唐豪卻視而不見！

　　在《廉讓堂本太極拳譜》中說：「據李亦畬五字訣序，武禹襄之十三勢，傳自溫縣趙堡鎮陳清萍。清萍之十三勢新架，傳自陳有本。清萍更以心得，另創一套，並以傳人。其傳以趙堡鎮、王圪墻兩處為盛。」純係借題發揮。

　　趙堡太極拳，不但尊張三豐為祖師，且有十幾代太極拳傳人的記載。唐豪卻說趙堡拳第 7 代傳人陳青萍是由陳家溝招贅至趙堡，傳授了陳式新架，純係捏造。

　　這就是唐豪所謂的「予居陳溝陳承五家月餘，調查太極拳歷史，始備悉其詳」嗎？

8、在同一類型的事件上，唐豪持雙重標準。

　　①、陳卜和陳王庭兩人的墓碑，都沒有顯示與拳術有

關，但前者否定，而後者卻肯定。

唐豪在《太極拳與內家拳・陳卜非太極拳祖》寫到：

予於張三豐為太極拳鼻祖，嘗闢其妄。遊陳溝時，獲見陳品三《引蒙入路》及太極拳圖畫講義稿本——《太極拳圖畫講義》，今易名為《陳氏太極拳圖說》，已出版矣。——自序，謂太極拳係其始祖卜所發明，其說如下：

「洪武七年，始祖卜，耕讀之餘，而以陰陽開合運轉周身者教子孫以消化飲食之法，理根太極，故名曰太極拳。」

太極拳之傳，出自陳溝，今陳卜發明太極拳之說，出自其子孫，宜可取信於世矣。而實則不然。今從陳卜墓碑考之，碑云：

「溫邑東十里許陳家溝，由來久矣。相傳我祖諱卜，洪武初年，來自洪洞，定居於茲，迄今已十三世・凡我同姓，繩繩不絕，或貿易為務，或耕耘為業，實繁有徒・其膾炙人口，炳炳足稱者，獨詩書傳家，誦讀不輟，子若孫入鄉學者有人，入國學者有人，應一命受一職享天家之賜，建功於民社者又有人。借非吾始祖積德於前，植基孔固，我輩安能有此今日乎！木本水源之思，疇得無情，因以為序，勒之於石，用垂不朽。」

上碑立於康熙五十年中卯，係其十世孫庚所撰。其紹述先人者，只我祖諱卜，洪武初年，來自洪洞，定居於茲，寥寥十六字，且亦出諸傳說，則陳氏始祖之事蹟、文獻實無足徵也。品三後於卜者十六世，自序所云，不徒墓碑所未載。族譜亦未錄，自出杜撰。

陳品三雖為陳溝太極拳家。然言其始祖卜發明太極

拳，無徵勿信，不得以其子孫所言，而遂附從之。

唐豪說「陳卜發明太極拳」是陳鑫「杜撰」，打了陳鑫一記耳光。此時，陳鑫已死。

然而，同是一個唐豪，對陳王廷的說法就不同了。陳家溝有陳王廷墓碑一塊，是陳王廷的子、孫、曾孫三代立的，碑文如下：

康熙己亥年十月初三日吉旦

清故顯考庠生陳公諱王廷宇奏庭元配王崔氏三位之墓

奉禮 子汝為 汝弼 汝人

孫宏印元

曾孫××（刻字已不可辨）同立

這也沒有任何「太極拳」字樣。為什麼唐豪就不否定陳王廷發明太極拳呢？顯然是雙重標準。

我們把唐豪文中的陳卜換成陳王廷；康熙五十年辛卯換成康熙五十八年己亥，用同樣的理由即「墓碑所未載，族譜亦未錄」，就把陳王廷是「太極拳祖」否定了，唐豪也是杜撰！

②、康熙八年（1669）黃宗羲作的《王征南墓誌銘》記有：「有所謂內家者，蓋起於宋之張三峰。三峰為武當丹士，徽宗召之，道梗不得進，夜夢玄帝授之拳法，厥明以單丁殺賊百餘。」唐豪斥責其「非常荒唐無稽」，問道：「賊」是甚等樣人呢？就是在封建社會裡失去土地的農民或者是其他被壓迫的人民……，正當太平天國革命運動和捻軍起義這個階段，散播這個毒素的政治作用是灼然可見的。

然而，唐豪對陳家人的「披堅執銳，掃蕩群氛，幾次

顛險，蒙恩賜」、劫殺農民起義軍「大頭王」，卻隻字不提，反而成了「長短句詞」炫耀的資本！

9、唐豪在述說陳家溝「槍譜」源流的問題時，很不誠實。

　　一九五六年，唐豪在《廉讓堂本太極拳譜考釋》中寫道：

　　陳家溝之長拳十三勢譜，同見於文修堂本及兩儀堂本。堂本內，槍譜題有「乾隆乙未梅月前一日重抄錄」十二字。前於長興四年，原抄當在長興出生之前。王宗岳足跡不出黃河之南，可證長拳十三勢在乾隆時代已由溫縣陳家溝外傳。1936 年，山西洪洞年近古稀之樊一魁著長拳圖譜，自敘源流乃河南郭永福所傳。郭於乾隆年間保鏢來洪，在洪羈留多年，傳藝賀家莊賀懷璧。後賀傳流南北，皆是口傳心授，按照前軌。樊一魁童年時習拳於萬安鎮楊如梅及喬柏金，係藝中名手，實為郭師永福之嫡派。其譜與文修堂本無甚出入，足證乾隆時代陳家溝外傳之長拳十三勢及推手有全傳者，有不全傳者，而宗岳則得其全傳。

　　首先，我們指出，唐豪在這段文字中是很不誠實的，他掐頭去尾提出「乾隆乙未梅月前一日重抄錄」，給人以印象，似乎文修堂本的內容包含所謂「長拳譜」都是乾隆年間抄的。這可以說是唐豪的玩了一個手法。現在我們把文修堂本《槍法自序》篇末錄之如下：

　　後學王得炳謹誌
　　乾隆乙未梅月之前一日重抄錄
　　道光癸卯年桂月張文漠是開周重抄
　　以上槍棍譜，係自王堡村

道光二十三年歲在癸卯中秋

張開周重抄錄謹誌

請看！唐豪在玩了個什麼「花樣」！

其一，這僅指抄錄「槍棍譜」，不包含「長拳譜」。

其二，乾隆乙未（乾隆四十年）的抄者王得炳，顯然不是陳家溝人，既非第一位傳抄者，也不是最後一位傳抄者。

其三，道光二十三年（1843 年）張開周從王堡村抄來此槍棍譜，被收入陳家溝文修堂抄本之中。

由此可見，該槍棍譜傳入陳家溝的時間，最早也在道光二十三年，即公元 1843 年。這距乾隆四十年（1775 年）相差 68 年，明白無誤地記載該譜是從王堡村傳入的。

陳家溝文修堂抄本是何時抄的？這個抄本當抄在民國十七年，即 1928 年之後。這個抄本中收入陳鑫的文章一篇可證，該文篇末署有：「民國十七年九月二十二日，行年八十歲，陳鑫字品三是應五別字安愚謹誌」。

唐豪如此打混的目的，足把陳家溝抄寫「長拳譜」提到乾隆四十年以前；他又偽造了個《陰符槍譜》中的《佚名氏序》，說王宗岳在乾隆五十九年在河南開封、洛陽一帶活動。如此，王宗岳到陳家溝學習「長拳」，在時間上就合乎邏輯。陳家溝《文修堂本》已經曝了光，唐豪還以為別人不會知到，這就使自己脫下了「學者」的外衣。

（參見于志鈞著《中國太極拳史》79 至 81 頁）

10、關於陳家溝「不肯學習外來的拳法」，簡直就是睜眼胡說！

唐豪曾說：「陳溝村人至今只學其祖傳之太極十三勢及砲捶，不學外來拳法，二也。」

我們可以看到，除了上述陳家溝「槍譜」來自「王堡村」外，還有：

①、兩儀堂本有「小四套亦名紅拳」一篇，說：「太祖立勢最高強，丟下斜行鬼也忙。」篇末說：「要知此拳出何處，名為太祖下南唐。」實為少林寺所傳紅拳。此譜亦錄「拳勢總歌」，與「文修堂本」字句略有出入，用語與洪洞通背拳相同。

②文修堂本、兩儀堂本皆有的「拳勢總歌」（即唐豪所謂陳氏長拳）中，有「七星拳手足相顧，探馬拳太祖流傳」兩句，顯然是太祖長拳之一。

③陳子明本有「盤羅棒訣語」一篇，內有「古剎登出少林寺，堂上又有五百僧……要知此棒出何處，盤羅流傳在邵陵」。其中，登出當作登封，邵陵為少林之諧音，顯然是少林棒法。

④陳子明本《二十四槍歌訣》末云：「若問此槍名和姓，楊家花槍二十四」。此槍乃楊家梨花槍。

⑤陳子明本《春秋刀訣語》下注「一名偃月刀」，首句為「關聖提刀上壩橋」。當與關雲長的流傳有聯繫。

⑥徐震說：「陳君子明示予舊鈔本數種……或全錄紀效新書中拳經槍法棍法等篇」。

徐震說：「陳君子明示予以舊抄本數種，其中兩冊為

最要。此兩冊，一題《器械叢集‧陳兩儀堂記》；一題《文修堂本》。餘或全錄《紀效新書》中拳經槍法棍法等篇。」文修堂本有若干頁為槍法圖勢，且有附記，謂此槍傳自禹家；又有槍法自序，篇末署後學王得炳謹誌，又多出重抄人物與時間。徐震說：「**要足證明陳氏並無不習外來武藝之說。**」徐震還說：「**吾嘗以此問陳子明君曰：此非陳溝習外來武藝之證乎？子明曰：『王堡之槍，陳溝亦習之，惟拳則不習外來者耳。』陳君此說，殊為可疑。既可習外來之槍，何獨不可習拳。**」（《太極拳考信錄‧太極拳不始於陳溝證第四》）

⑦、陳鑫手錄《三三拳譜》一冊，譜中《六合十大要序》說：「拳之類不一，其端不知創自何人，唯槍法出於山西姬龍峰先生。先生明末人也，精槍法，人呼為神。」此序作者又說：「余從鄭氏學，得姬氏傳，雖未臻佳境，而稍得其詳。分為十則，以誨弟子，不敢云能接姬氏薪傳也。」此譜目錄「九曰總打」。總打之後，有「雍正十三年正月新安王自誠，乾隆十九年七月汝洲王琛林，乾隆四十四年十月汝州馬定振，雍正十一年三月河南李失名」等字樣題記。可見，陳溝曾有人秘傳六合拳，得於山西鄭氏。鄭氏即潼關總兵鄭萬年，乃姬龍峰之門人。姬龍峰明末時人，發明六合拳（即形意拳），於 1640 年清兵入關前定型。滿清開國，姬氏已年邁，凡有至其所居山西蒲州尊村求藝者，均指示往南山鄭氏處窺習之。（參見《武林》雜誌 1983 年第 9 期馬禮堂、孫業民「形意始祖姬龍峰」）

⑧、陳鑫在《陳氏太極拳圖說》書中也說：「**太極理**

循環，相傳不記年。」（《圖說・二十四勢俚句》）、
「及拳之一藝，不知始自何時？俱未見有成書，歷唐、
宋、元、明、大清；即間有書，不過圖畫已耳。」又，
「我陳氏自山西遷溫，帶有此藝，雖傳有譜，亦第圖
畫。」（《圖說・著》）、「拳以太極名，古人必有以深
明太極之理，而後於全體之上下左右前後，以手足旋轉運
動發明太極之蘊，立其名以定成憲，藝至精也，法至嚴
也。」（《圖說・太極拳名義》）

　　⑨、唐豪自己也在《太極拳之祖》中說陳家溝：「長
拳雖已失傳，譜尚存。譜中如：七星拳手足相顧，當頭砲
勢沖人怕，跨虎勢挪移發腳，獸頭勢如牌挨進，朝陽手遍
身防腿，邱留勢左搬右掌，鬼蹴腳補前掃轉上紅拳等訣，
完全來自戚繼光《拳經》」。

　　《拳經總歌》全文 22 句 154 字，卻難覓太極拳的影
子。經過對比，于志鈞教授肯定的說：「經我們考證，
《拳經總歌》徹頭徹尾地抄襲自明戚繼光《紀效新書・拳
經捷要篇》」；《拳經捷要篇》有 32 個拳勢，每個拳勢
有 4 句歌訣，共有 128 句歌訣。《拳經總歌》最早見於陳
家溝舊抄本，並沒有署名作者。《拳經總歌》的 80%
（占 84.5%）抄自《拳經捷要篇》；《拳經總歌》的實質
並非理論著作，乃是陳家溝陳氏世傳炮捶，也叫「長拳一
百零八勢」的技法大全。從其主要技擊方法看，如：劈打
推壓、搬撂橫採、鉤掤逼攬、閃驚巧取、滾拴搭掃、橫直
劈砍、截進遮攔、掃掛靠纏、上籠下提、藏頭蓋面、攢心
剁肋，都是典型的少林打法；《拳經總歌》是一篇徹頭徹
尾的抄襲剽竊之作。

《一〇八勢長拳譜》，它見之於陳績甫《陳氏太極拳匯宗》（1935 年版），原文是以《陳長興太極拳總歌》的名目出現的。「陳長興太極拳」顯然是後來的託詞，因這個《總歌》共有 133 句歌訣和名目，其來源有三部分：第一是《拳經捷要篇》；第二是《紀效新書》卷十、十一、十二中長短兵（槍術、棍術）、狼筅、藤牌部分；第三是大小紅拳、大小洪拳、七星拳、羅漢拳和翻子拳。總之，《一〇八式長拳譜》中有 2／3 抄自戚繼光《紀效新書》，大多是原句照搬。

關於這套拳是誰編的，當時都參考了那些拳種？《紀效新書‧拳經捷要篇》記載得非常清楚，現轉錄如下：

「學拳要身法活便，手法便利，腳法輕固，進退得宜。腿可飛騰，而其妙也，顛番倒插，而其猛也，披劈橫拳，而其快也；活著朝天，而其柔也，知當斜閃。故擇其拳之善者三十二勢，勢勢相承。遇敵制勝，變化無窮。微妙莫側，窈焉冥焉。」

「古今拳家，宋太祖有三十二勢長拳，又有六步拳，猴拳，囮拳，名勢各有所稱，而實大同小異。至今之溫家七十二行拳，三十六合鎖，二十四棄探馬，八閃翻，十二短，此亦善之善者也。呂紅八下雖剛，未及綿張短打。山東李半天之腿，鷹爪王之拿，千跌張之跌，張伯敬之打，少林寺之棍，與青田棍法相兼，楊氏槍法與巴子拳棍，皆今之有名者。雖各有所長，然傳有上而無下，有下而無上，就可取勝於人，此不過偏於一隅。若以各家拳法兼而習之，正如常山蛇陣法，擊首則尾應，擊尾則首應，擊其身而首尾相應，此謂上下周全，無有不勝。」

這裡明明白白地記述了編拳的動機、過程、方法、意義和參考了那些拳種，遺憾的是唐豪卻把編拳的頭銜硬要加在陳王廷頭上。

（參見《武當》雜誌 1994 年第 12 期路迪民 趙幼斌「從陳氏古傳文獻看太極拳的源流」、《中華武術》雜誌 1994 年第 3 期于志鈞「陳家溝傳抄《拳經總歌》非陳王廷所創」、于志鈞著《中國傳統武術史》中國人民大學出版社 2006 年 2 月第 1 版）

綜上所述，陳氏拳法悉自外來，六合拳出於姬龍峰之弟子鄭氏，至雍乾年間尚且由李失名、王自誠、王琛林、馬定振等人傳入；王堡槍棍由王得炳、張文謨等人傳入；關習春秋刀、張飛四槍由汜水禹讓──萇乃周──柴如柱傳入；二十四槍為楊家梨花槍；盤羅棒出於少林，紅拳、長拳、單刀為少林拳械與戚繼光所言之太祖拳法。砲捶由……蔣老夫子……所指授。而太極拳乃蔣氏之子蔣發所傳張三豐太極拳乃文乃武七十二式大架，以其舒緩柔和，然非功力之久不能豁然貫通而臻乎神明之域，僅為陳長興所領悟繼承。蔣發還視陳氏族人性情各異改砲捶頭套為太極拳，即後世所稱陳氏一路太極拳，原來的砲捶形態亦依然平行傳授，遂為後世稱作陳氏二路砲捶。

（參見 2011 年 12 月世界文獻出版社鄭占主編：《世界重大學術思想（成果）獲獎寶典》中華卷·李濱「以子之矛 陷子之盾──戳穿唐豪『太極拳之祖斷為陳王廷』的欺世謊言」）

由此可見，李亦畬先生在 1867 年《太極拳小序》開首所講：「太極拳始自宋張三豐，其精微巧妙，王宗岳論

詳且盡矣。後傳至河南陳家溝陳姓，神而明者，代不數人。」是準確的。（參見馬印書抄本）

11、唐豪簡單的以「標榜神仙」「附會妖妄」「盲從瞎說」來對待「夢境」及內家拳。

考稽古代包括武術在內的技藝學習，聲稱因夢而得神助的記載並不少見。早在《呂氏春秋‧不苟論》中記載有位名叫尹需的人，就是在夢裡從老師那兒學到了駕車的技術。道宣《續高僧傳》卷 27 所記之法通，「小出家，極尪弱，隨風偃仆，似任羅綺，由是同侶頗輕之，通輒流淚」，後夢神靈施食驢肉，自覺身力雄勇，肌膚堅實，能「把豆麥便碎，倒曳車牛卻行」。清人編撰的《說唐演義全傳》中，赫赫有名的程咬金三板斧武藝，也是在夢裡由高人所教。因此，所謂的「夜夢玄帝授之拳法」，當與這種夢文化背景有關。

《搏者張松溪》對於讀解黃宗羲的《王征南墓誌銘》無疑具有十分重要的意義：首先，文中未稱張松溪拳技為「內家拳」，可見內家拳名之起當在其後；其次，記述中並無張三峰夜夢玄武授拳故事；再次，記載了張松溪的業師是家住「大梁街」的孫十三，以及張本人是一裁縫、終身未娶等諸多情況，這些內容可補《王征南墓誌銘》之不足；另外，《搏者張松溪傳》中透過對張與邊誠的形象對比和與「魁梧有力」的少林僧人比武，顯露對少林技藝的不屑，「一僧跳躍來踢，張稍側身，舉手而送之」可謂是對內家拳「以靜制動，犯者應手即仆」的形象註腳。可以在此基礎上結合其他史料作進一步分析，或可為把握內家

拳的緣起時間提供線索。

　　四川《大邑縣誌》中載有宣德二年（1427）蔣夔撰《張神仙祠堂記》稱：「仙（即張三豐）自少膂力過人，善騎射。」其寫作時間離永樂帝駕崩僅三年，早於沈一貫之文大約 200 年。實際上，它比任自垣寫成的公認的第一篇張三豐傳記的時間（宣德五年）還要早三年。《大岳太和山紀略》載有明代湖廣監察御使賈大亨（1538 年進士）《題太和山》一詩云：「山峪凌虛灝，神尊握化權。……希夷丹氣滿，邈邈劍光研。」此詩當是賈大亨任監察御使時所作，當在嘉靖二十八年（1549）前後，在黃宗羲撰《王征南墓誌銘》之前約 80 年。而清初田雯《古歡堂集》中，有一首《三豐道人壁影歌》，其中有「熊經鳥伸訣自秘，寸田尺齋理其粗。……異哉三豐促儉侶，邈邈道士群相呼。……長生思假六禽戲，前村微雨聽鷓鴣」之句。田雯以明人仕清，此詩大概是在他巡撫貴州（1688年）時所作，與黃宗羲撰《王征南墓誌銘》相去僅二十年，實可視為同時之作。這三種資料所述張三豐擅長的武術，一為「騎射」，一為「劍術」，一為「導引術」，若將這些記載都籠統地一律判為附會，實在令人難以信服。

　　由寧波大學張如安發現的晚清所輯《大墩徐氏宗譜》卷 11「傳狀志表」中有這樣一條記載：「征南教授鄉里，至乾隆間而公與瑞伯得其傳。術以靜制動，人以其穴，指揮如風。」文中的「公」，乃為徐遇金（1743—1824）；而「瑞伯」者，即是甬城內藉助評書藝人演出而家喻戶曉的內家拳家王瑞伯。從王征南之死到王瑞伯之生，約有 70 年時間，中間還似有其他的傳承關係。儘管尚不知道

徐遇金、王瑞伯拳術傳自何人，但他們的內家拳技傳自征南法脈有《宗譜》為證，應該是沒有問題的。其次，清乾隆年間袁枚所著《子不語》卷 8 中記述一位董金甌者，其拳法先學於僧耳，後學於王征南。再次，《國朝野史大觀》卷 12 中亦記有一位王征南的張姓弟子，其技藝不在百家之下，「時往來於山東、河南間，凡習少林拳者，無不當之輒靡。蓋張某於內家六路練習純熟，而長於斫，所謂滾斫、柳葉斫、十字斫、雷公斫，皆能精心獨往」。文中所記種種拳法技理，可與《王征南先生傳》相印證。特別是當年王征南曾嘆喟的「今人以內家無可炫耀，於是以外家摻入之，此學行當衰矣」，其曰「今人以外家摻入內家」，顯然非指自己所傳之一脈。綜上所述，足證內家拳自百家之後當不絕如縷，其云「此術已成『廣陵散』」，顯然為武斷之辭。

民國時期浙東地區內家拳的代表人物是夏明士，夏本人是張松溪另傳弟子葉繼美一脈夏枝溪的嫡系世傳孫，曾抄寫了一份《剡源夏氏內家拳譜》流傳至今，其孫夏寶峰至今繼其薪火。《剡源夏氏內家拳譜》原抄在一份夏氏先人清嘉慶年間抄寫的「地契」上，其內容有七十二加一的變化、三十九打法及貫氣訣、文十段、武十段、內家醉八仙、小九天等。

此外，據周偉良的田野調查，今天的浙東內家拳內部還傳有署名明末內家拳傳人吳崑山著的《拳勇論語》，該文亦為夏氏家族舊藏，其內容有精奇妙法 63 篇、損傷妙方 1 卷及小九天、呂祖式等。可見，明清時期內家拳的不少拳理技法內容，近代以來在浙東地區依然有所傳承、習

練。同時，正是這種一脈相承的歷史綿延，使得被稱之為「廣陵散」的不少內家拳的拳理技法，至今尚存於世間。

唐先生當年寧波之行，因時間緊迫，加上中央國術館與地方國術館之間的種種矛盾以及唐豪本人時發痔疾，故未能調查周詳而遽下斷語。當然，作為動態文化的浙東內家拳，其拳理技法和活動樣式肯定會在不同的歷史時期隨不同師承而發生種種演變，這也是中華武術技術發展的一條鐵則。

（參見中華書局 2011 年 11 月第一版《新史學》（第五卷） 史研究的新境楊念群主編（189 至 232 頁）趙丙祥「『內家』與『外家』──中國『身體社會』之變化，以張三豐神話為例」、〔社會科學版〕2010 年 11 月第 6 期杭州師範大學學報周偉良「浙東內家拳歷史源流考」）

清初，王士禎（1634─1711）號漁洋山人，人稱「王漁洋」，順治之進士，官至刑部尚書，與蒲松齡善。康熙年間，閱蒲著《聊齋誌異》之原稿，在《武技》篇後寫一眉批曰：「拳勇之技，少林為外家，武當張三豐為內家。三豐之後，有關中人王宗。宗傳溫州陳州同，州同為明嘉靖間人。故今兩家之傳盛於浙東。順治中，王來咸字征南，其最著者，鄞人也。」又云：「征南之徒，又有僧耳、僧尾，二者皆僧也。」此文約寫於《聊齋誌異》脫稿後不久，約在 1680 年前後，比黃宗羲之著晚十餘年。但綜觀全文可知，王士禎之說，不是抄引黃宗羲之說，其中有幾處相異：

①對僧耳、僧尾之師，有所改動。黃宗羲記的是師從孫繼槎，王漁洋說是師從王征南。也許一人拜二師。在此

補充之；但此細節，不影響源流，不必細究。總之，由此看出，王漁洋之說是向另一內家拳傳人調查而寫，可視為另一份不同源之證據。

②補充了陳州同的活動年代，是明嘉靖年間。

③對張三豐之時代，略去「北宋」的說法，也即暗示另一傳人對「北宋」之說有異議，故省略「北宋」之說。

④略去「夜夢玄帝授之拳法」附會神靈之說。由此兩份不同源的證據相互印證，可得出如下之認識：在人物上說法一致：即內家拳創於武當山張三豐，三豐之術，百年以後，傳至陝西王宗，王宗傳溫州陳州同，州同為嘉靖年間人，後再傳張松溪。張松溪以後的傳人，《王征南墓誌銘》記述甚詳，且與征南之時代相近，當較可信。

（參見李師融著《北派太極拳源流揭秘》2000 年 5 月武當雜誌社出版））

12、唐豪對張三豐「未考先疑」，說「亦決不是太極拳之鼻祖」，顯然是有問題的。

對於太極拳史，不僅楊家，吳式、武式、孫式、趙堡太極拳，也都持張三豐創拳說，是無需考證的事實（唐豪的《王宗岳太極拳經研究》，收集 14 本太極拳經進行對比，其中 10 本都有「此係武當山張三豐老師遺論」之語，也包括唐豪自己發現的「廠本」拳經）。現撇開傳統的各派太極拳都留存有張三豐拳論、拳訣，《張三豐承留》、《口授張三豐老師之言》、《張三豐以武事得道論》、《張三豐太極煉丹秘訣》著述，宋氏太極拳也與張三豐有關，以及史載張三豐「好道善劍」不說，單就《大

理古佚書鈔》一書（尹明舉主編雲南人民出版社 2002 年1 月出版）所展示的「張三豐創武術，自成一家」，就很說明問題。

《大理古佚書鈔》彰明張三豐創武術，自成一家。以陰柔陽剛、剛柔兩儀四象而創太極三功：即內丹太極劍，太極兩儀拳，陰陽太極掌，傳授武當弟子、峨嵋弟子、大理弟子。三豐之術，百年以後流傳於陝西，而王宗為最著。溫州陳州同從王宗受之，以此教其鄉人，由是流傳於溫州。嘉靖間，張松溪為最著。拳家授徒，開學典禮，講授學術源流，乃至黃宗羲《王征南墓誌銘》所肯定。閱讀萬曆大臣沈一貫《搏者張松溪》所述拳技，因為重點是「我鄉弘、正時」（沈一貫：《喙鳴文集·卷 l9》，《四庫禁毀書叢刊·集部四》[M]·北京·北京出版社 2000）之記聞，所以省略歷史源流追述。後之覽者，視其中未上溯陳洲同、王宗、張三豐，當不足為怪！更何況在《聊齋·李超》王漁洋讀評，曹秉仁《寧波府誌·張松溪》，乃至在萬斯同《明史稿·張松溪》，都明確記載其拳法源出武當丹士張三豐。

《大理古佚書鈔·淮城夜語·張玄素入點蒼》：

「張玄素，遼東懿州人，生於元初，乳名全一。元初入學，取名通。才智超群，博學經史，過目不忘。入仕，淡功名，喜清閒林下。先生身材高大，龜形鶴骨，大耳方頤，青髯如戟。初拜碧落宮白雲長老為師，悟修身之道。後遇全真道士邱處機，傳吐納而悟。辭家遠遊，學道於火龍真人，得延年術。後至寶雞金台山，精研道學，號三豐道人。道成遊天下，至武當，結蓬於玉虛台，精研太極，

創武學，自成一家。以陰柔陽剛、剛柔兩儀四象而創太極
三功，即內丹太極劍三百八十四招，太極兩儀拳三百八十
四拳，陰陽太極掌。……」

《大理古佚書鈔‧三逸隨筆‧沈萬三秀戍德勝驛》：

「……三豐精周天太極，萬三亦然。劍技之精，前無
古人。余素好武，得其傳三百八十四劍罡步，久練而輕
身。……」

《大理古佚書鈔‧淮城夜語‧應文高僧潛隱南中軼
事》：

「……蓋玄素道長即三豐真人，因受高帝重託，於洪
武二十五年朱標太子去世後入滇。為保允炆有退路，保生
存，重託玄素、大雲。大雲，即無依禪師，皆武技冠天
下，智謀超群……」

（參見《武當》雜誌 2013 年第 2 至 3 期李濱「張三
豐太極武道文史新證——《大理古佚書鈔》展示張三豐創
太極拳劍行跡」）

13、唐豪對於「沒有署名和抄寫年月」的東西，間接而又間接的形成的推理，真是令人難以置信。

陳家溝舊抄本《長拳譜》是何人、何時抄寫，此書藏
於何人之家，唐先生均未作交代，就直接斷定為陳王廷所
抄、所創，似欠周詳。唐先生是 1932 年赴陳家溝調查訪
問的，當時距陳王廷逝世時（1719 年）已經兩百多年，
在這兩百多年中，經過將近十代人，陳家又是武術世家，
陳王廷以後的各代都有可能是《長拳譜》的抄寫人或編輯
者，不宜將陳家溝的所有「舊抄本」不加查證即歸於陳王

廷名下。據我所見，和戚氏「拳經」中有二十幾勢同名或近似的「拳譜」，在陳家溝陳氏十八世傳人陳績甫（1893～1973）所著之《陳氏太極拳匯宗》中稱之為《陳長興太極拳總歌》；所謂陳王廷採取過舊抄本中的「歌訣」，顧先生說是陳王廷所作《拳經總歌》（參見顧留馨《太極拳術》第 350 頁），陳績甫的著作（同上）中則認為是陳長興所作，名為《陳長興太極拳歌訣》。可見那個「舊抄本」是陳王廷或是陳長興的東西，還有不同的意見，至少證明那個「舊抄本」上沒有署名和抄寫的年月，不然的話，不會發生不同的看法。唐先生也不會含糊其詞的說陳家溝有本「舊抄本長拳譜」，然後不加任何說明就定為陳王廷之作，並進而認為「採取過」戚氏「拳經」的拳勢和歌訣創太極拳了。如此將幾種無必然聯繫之事，間接而又間接的形成的推理，真是令人難以置信。

關於陳王廷創始太極拳的說法缺乏力證，除上述幾方面外，還可提出不少的疑問，例如既然是參考《黃庭經》中呼吸導引造拳，為何不名為黃庭拳或其他名稱，而名為太極拳？既然是參考《黃庭經》造拳，為何眾口一詞認為太極拳源於《太極圖說》哲理，連陳氏太極拳傳人也聲稱「理根太極」，甚至認同陳王廷造拳說的學者專家也不例外？既然陳王廷創太極拳，如此光耀門楣的大事，為何陳王廷有關資料中均不予記載？既然陳王廷創始太極拳確有其事，為何陳氏家族不予承認，卻聲稱為遠祖陳卜或山西帶來？既然陳王廷曾任溫縣「鄉兵守備」，為何在陳氏家譜和其碑文只記為「明末武庠生、清初文庠生」，未按常例記其軍職等等。

這些疑問一再說明陳王廷創太極拳之說難以成立。但是，單憑《遺詞》中「只落得黃庭一卷隨身伴」和「悶來時造拳」毫無內在聯繫的兩句，加上不知何時的「舊抄本」中有與戚氏「拳經」所載拳勢同名，推論出陳王廷是太極拳的創始人，令人難以置信。

（參見《體育文史》1997 年第 6 期李季芳「陳王廷《遺詞》辯—論陳王廷創太極拳說缺乏力證之一」）

14、「陳溝舊本裡還有一首陳王廷的遺詩」說明唐豪在撒謊：

有人說過，唐豪早在他 1931 年春去陳家溝之前，就在其《少林武當考》中否定張三豐是太極拳鼻祖。所以，他去陳家溝的主觀目的就是要在陳家溝為太極拳尋找一位「祖宗」。從這樣的主觀出發，他就不能客觀（不設預案）、全面地把握問題和選取資料。他的一切活動服從於他事先設定的目標。

所謂的陳王廷的遺詩《長短句》，就是唐豪選取的「資料」，是他認為最重要的證據。但他卻撒謊，隱瞞其真正的來源！

唐豪一會說：「十八年冬（1929 年），愚至溫之陳溝，訪求太極拳史料，得清初陳王廷所遺長短句……」（見 1935 年 12 月 1 日出版的《內家拳‧自序》）。事實上他是 1930 年 12 月到 1931 年 1 月到的陳家溝，不可能是 1929 年，因為此時他還正逃亡日本；

一會又說：「陳溝陳王廷，明末清初人。遺有長短句一首，載《陳氏世傳太極拳術》者云……」（見 1937 年

唐豪著《行健齋隨筆》）；

一會又說：「又陳溝相傳奏庭遺有長短句一首……」
（見唐豪民國 29 年著《中國武藝圖籍考》17 頁）；

唐豪病故於 1959 年 1 月 20 日，也就是在他臨終前的
1958 年 11 月，由中華人民共和國體育運動委員會運動司
武術科編、人民體育出版社出版發行的《武術運動論文
選》一書中，發表的唐豪「太極拳的發展及其源流」一
文，在該文的「太極拳考原」部分，唐豪又一次講到：

陳溝舊本裡還有一首陳王廷的遺詩，其中有這樣幾
句：「到而今年老殘喘，只落得黃庭一卷隨身伴，悶來時
造拳，忙來時耕田，教下些弟子兒孫成龍成虎任方便。」

「陳溝舊本裡」果真有嗎？讓我們來看看！

唐豪於民國 29 年（1940 年）著《中國武藝圖籍
考》，期中 16 至 18 頁寫有：

《陳氏拳械譜》二卷：

陳溝拳械譜，今已發見者有四：一為兩儀堂本，一為
文修堂本，一為三省堂本，一為陳子明彙編本。兩儀、文
修、彙編三本，即徐震名為《陳氏拳械譜》者是，附載
《太極拳考信錄》。三省堂本，為予所藏，一部已發表於
拙《戚繼光拳經》。由此四譜，可以考見陳溝拳法，可分
兩系：甲系名色，與戚氏拳經同者凡三十勢，其歌訣一字
不移者，亦有數句；乙系與唐順之《武編》所云之短打相
類，多為逼近用法。器械則有槍、棍、單刀、雙刀、春秋
刀、雙劍、雙鐧、朴鐮等。此外尚有拳經總歌、擠手歌各
一首，擠手歌載兩儀堂本者四句，陳子明據別本鈔出者六
句。

事實上，到目前發現的還不止兩儀、文修、三省、彙編這四個本子，還有和有祿在《和式太極拳譜》（2003年6月人民體育出版社出版）中公佈的《陳季甡抄本》（道光二十三年六月初三日移，即1844年）和《陳鑫抄本》（大中華民國十七年九月初二日，即1928年）兩個本子。《陳季甡抄本》和《陳鑫抄本》都沒有「太極拳」的字樣，唯有《陳鑫抄本》加進了陳鑫自己寫的《辨拳論》一首：

前明有父女從雲南至山西，住汾州府汾河小王莊，將拳棒傳與王氏。河南溫東劉村蔣姓得其傳，人稱僕夫。此事容或有之。至言陳氏拳法，得於蔣氏非也。陳氏之拳不知仿自何人，自陳氏遷溫帶下就有太極拳。後攻此藝者，代不乏人。如明之奏廷，清之敬柏、季口好手不可勝數。後有趙堡邢西懷、張宗禹，又後陳清平、牛發虎皆稱名手。陳必顯不摸原由，謂學於蔣氏大為背謬。

首次出現了「太極拳」三個字，但同時也證明了「王氏」「父女」的「拳棒」，「劉村蔣姓得其傳」；「趙堡邢西懷、張宗禹，又後陳清平、牛發虎皆稱名手」，這幾位太極拳名人在《陳氏家譜》裡都是不存在的（參見唐豪1937年著《行健齋隨筆·陳氏家譜》50至51頁）。

更因為《陳季甡抄本》和《陳鑫抄本》都沒有「太極拳」的痕跡，幾乎通篇是與太極拳沒有關係的東西。所以，陳鑫在他的《陳氏太極拳圖畫講義》（陳鑫去世後，其族人編輯出版時改名為《陳氏太極拳圖說》）不收，原因就是怕「啟人疑惑」。

我們現在可以逐個看看這幾個本子的具體內容：

〔兩儀堂本〕

頭套十三勢拳歌、三套拳、四套、五套拳歌、二套炮捶十五紅十五炮走拳、太極拳（徐震按：上文亦據兩儀堂本，與以上所錄之五節，字出一手，紙色亦一律。然，其名目之多寡，與前所錄頭套十三勢拳歌，小有不同，故仍復錄之，以備參考。）二套錘、太極拳（徐震按：上兩則亦在兩儀堂本中錄出者，但與前所載太極拳及頭套二套名目，又小有出入，考書中有四頁，紙較黃而粗，字體亦與前後各頁不同，此兩則即載在四頁中者，蓋四頁非兩儀堂本所原有，裝訂者誤合之也。）、散手、小四套亦名紅拳（徐震按：上文見兩儀堂本。又按，末後韻語四句，陳氏書中亦不盡同，其見於陳品三氏所著《太極拳圖說》者曰：「掤捋擠捺須認真，引進落空任人侵，周身相隨敵難近，四兩化動八千斤。」其見於陳子明據別本抄出者，題為《擠手歌訣》，其辭云：「掤捋擠捺須認真，周身相隨人難進，任人巨力來攻擊，牽動四兩撥千斤。引進落空合即出，沾連黏隨就屈伸。」以此三處所載，較之武氏拳譜，又有異同，蓋在陳溝，初只十口相傳，久而稍異，及各據所聞，筆之於書，遂不能悉合也。）、拳勢總歌（徐震按：此篇陳子明拳械彙編作長拳歌訣，文修堂兩儀堂二本皆有。茲以文修堂本為主，其兩儀堂本文字異者，附註於下）、拳經總歌、桓侯張翼德四槍、拾三槍、（震按，上槍法兩條，皆據兩儀堂本，尚有記十三槍一條。與上條小異，且有小注，錄之如後。）、單刀歌。

〔文修堂本〕

頭套錘拳架、二套錘三套錘失傳、四套、五套拳歌、

炮捶十五紅十五炮走拳心用、短打、散手、拳勢總歌、五摺手、六擱手、六六三十六勢滾跌、桓侯張翼德四槍、拾三槍。

　　我陳氏，陳州府陳胡公之後。自敬仲奔齊，陳溝之陳，不知由陳溝遷山西，由齊國遷山西，年代久遠，宗譜久傳。今之陳溝陳氏，相傳由山西洪洞縣遷河內，由河內縣遷溫東常陽古郡，即今陳溝是也。言由洪洞，亦未有據。以陳應雲說；以與盱眙姓陳，同到過土城村，余不記屬何縣管，土城陳氏，尚能指我始祖陳卜出所自之墓，有碑記可憑，要之，陳氏之拳，元朝已有大名，我始祖在明初即有大名，非蔣氏所教。至陳奏庭時，前明成手，不可勝憑；陳奏庭以後，成手亦不可勝數。要之，陳奏庭，明時人，蔣把式乾隆年間人，何得妄為指說「陳氏之拳傳於蔣氏」。此言大為背謬。且蔣氏實不稱與陳奏庭當老夫子。人不同時，道統之深又不如陳奏庭，何得胡言亂語，啟人疑惑，嗣後，決不可言陳氏拳法傳於蔣氏。吾所明辨，雖不能與陳氏增光，亦不至敗先人宗幸。

　　民國十七年九月二十二日，歲首生縣行年八十歲，陳鑫字品三是應五別號安愚謹誌。

　　〔三省堂本〕（唐豪藏，載於 1935 年 12 月唐豪著《戚繼光拳經》10 至 15 頁）：

　　長拳譜、十三勢、頭套、二套、四套─此名紅拳、五套、炮錘架子、十五拳，十五炮，走拳用心。

　　〔陳子明彙編本〕

　　擠手練法、擠手成法、金剛十八拿法、單刀名稱、雙刀名稱暨歌、雙劍名稱、雙鐧名稱、四搶對扎法、八槍名

稱、八槍對扎法、十三槍名稱、二十四槍名稱、二十四槍歌訣、二十四槍練法、旋風棍名稱、盤羅棒訣語、盤羅棒練法、大戰朴鐮歌訣、春秋刀訣語（一名偃月刀）。

〔**陳季甡抄本**〕（封面：前任鉅鹿縣正堂陳　當堂開拆陳季甡　＊調直隸順德府正堂黃　公堂買至　封二　捐馬遞道光二十三年六月初三日移　內一件）：

頭套捶、二套捶、三套捶、四套捶、又四套、小四套、五套、三十六勢滾跌法、騰手、裡鸞手、裡摺手、外摺手、短打、又短打、拳經總歌（縱放屈伸人莫知，情靠纏繞我皆依……）、拳經總歌（懶扎衣立勢高強，丟下腿出步口口……）、春秋刀十路、雙刀十路、花刀六路單刀、夾槍棍、黑旋風大上西天棍架子、十五紅十五炮拳架記、長槍總說、二十四勢槍。

〔**陳鑫抄本**〕（封面　拳經　四套五套　棍槍　小使手　大使手　大中華民國十七年九月初二日　行年八十一歲品三陳鑫抄眼花勉強抄寫，讀者宜慎）：

拳經總歌一百零八勢、短打、拿法破法金剛十八弓、用功七練法、六六三十六勢滾跌、黑旋風大上西天棍子架、盤羅棒歌、短打、五套捶、大戰朴鐮歌、槍法自序、腿法、身法、槍棍字解、辨拳論、四套捶、纏捉棍總目、纏捉棍直解、鷂子出林、小使手總目、小使手直解、大使手總目、大使手直解。

大中華民國十七年歲次戊辰九月初二日，是年閏二月溫邑歲貢生行年八十（眼花）十六世字品三陳鑫抄

很明顯，查遍陳溝所有的「**舊本**」，都沒有「**陳王廷的遺詩**」。唯一有的，就是唐豪於民國 21 年（1932 年）

在陳子明著《陳氏世傳太極拳術‧陳氏太極拳家列傳》之「陳王廷傳」中看到的一部分：

陳王廷傳

陳王廷，字奏庭，崇禎康熙間人。明末天災人禍相繼而起，地方官又罔恤民困，苛徵暴斂，無所不至。登封民無力納糧，官逼之，遂揭竿起事，以武舉李際遇為首。公與際遇善，往止之，力勸不聽，但約不犯溫境。滿清定鼎，際遇事敗族誅，有蔣姓者僕於公。一日，公命備馬出獵於黃河灘。有一兔起奔，蔣追未及百步獲之。公憶及際遇有一部將，能健步如飛，馬不能及。詢蔣，果即其人。公所遺畫像執大刀侍立其側者即是，或云即是蔣發。公文事武備皆卓越於時，創太極拳，遺長短句一首，可略窺公之生平。其詞云：「嘆當年，披堅執銳，掃蕩群氛，幾次顛險，蒙恩賜枉徒然；到而今，年老殘喘，只落得黃庭一卷隨身伴。悶來時造拳，忙來時耕田。趁餘閒，教下些弟子兒孫成龍成虎任方便。欠官糧早完，要私債即還，驕諂勿用，忍讓為先。人人道我憨，人人道我顛，常洗耳，不彈冠，笑煞那萬戶諸侯，兢兢業業不如俺。心中常舒泰，名利總不貪。參透機關，識破邯鄲。陶情於漁水，盤桓乎山川。成也無干，敗也無干。誰是神仙？我是神仙。」

除了指名道姓說蔣發有「百步趕兔」「能健步如飛，馬不能及」外，還是給陳王廷「執大刀侍立其側者」。並且「公文事武備皆卓越於時，創太極拳，遺長短句一首……」，仍然還是在求神仙──「誰是神仙？我是神仙。」

第二次看到則是出現在 1933 年版，經陳鑫後世族人

編輯出版的《陳氏太極拳圖說‧陳氏家乘》之「陳王廷傳」。經考證，陳鑫原著陳王廷傳只有「陳奏庭，名王廷，明庠生，清入武庠。精太極拳。」17 個字，並無其他（參見陳鑫原著 肖鵬山點校《陳氏太極拳圖說》三秦出版社 1995 年 5 月第一版），這與陳鑫原著對太極拳源流前後的說法是一致的。只能證明是陳鑫後世族人編輯出版時，趁機將陳子明編造的所謂「陳王遺詩」強加給了陳鑫的《陳氏家乘‧陳王廷傳》。

第三次看到的，又是陳子明時隔 12 年之後的 1944 年所著《太極拳精義》，這次「遺詩」還有了「**康熙十六年自題於日省廬中**」的落款，塞給陳鑫《陳氏家乘‧陳王廷傳》卻未見，由此看來，「**陳王廷的遺詩**」出自陳子明，也只有陳子明擁有。

所謂的「**陳溝相傳**」「**陳溝舊本**」都是唐豪的託詞，是騙人謊話。真正的來源，就是陳、唐二人合作演的「雙簧」，陳子明為唐豪編造「**遺詩**」，可以支持此前唐豪在《武當考》開首即斷定的「**張三豐亦決不是太極拳鼻祖**」，又可以光耀陳家祖先。而唐豪呢，又可以與在陳槐三家得到的、注有「旁註」的《陳氏家譜》相互配合，為各派找個「祖先」而沾沾自喜！其實所為「旁註」都是陳森一人批的，一直到陳鑫、陳垚、陳淼都有「註」。而且，陳森本人也落款「森批」字樣。說明唐豪根本就不查、不管，閉著眼睛不管真假，一律採用。因為這裡面正好有他需要的、確為關鍵的陳王廷「旁註」──「又名奏庭，明末武庠生，清初文庠生。在山東，名手，掃蕩群匪千餘人。陳氏拳手刀槍創始之人也。天生豪傑，有戰大刀

可考。」何樂而不為呢？

15、「打手歌」亦不見「陳溝譜」，唐豪對「拳經總歌」實爲「臆度」「矇混」！

唐豪說陳家溝有什麼「打手歌」四句、六句的，並且根據所謂拳經總歌的「頭兩句」臆度猜測，矇混說王宗岳發展了陳溝的（四句、六句），而形成了太極拳「打手歌」。這實際上是有問題的，不僅僅像徐震先生所說：實爲「臆度之解」。

①、唐豪在民國 29 年（1940 年）著《中國武藝圖籍考》記有：

《陳氏拳械譜》二卷

陳溝拳械譜，今已發見者有四：一爲兩儀堂本，一爲文修堂本，一爲三省堂本，一爲陳子明彙編本。

三省堂本，爲予所藏。

此外尚有拳經總歌、擠手歌各一首，擠手歌載兩儀堂本者四句，陳子明據別本鈔出者六句。

②、唐豪在 1964 年《太極拳研究》「廉讓堂本《太極拳譜》考釋」，關於王宗岳打手歌部分講：

陳溝不見王譜，僅見四句及六句之《打手歌》各一首。

陳溝兩儀堂舊鈔本打手歌僅四句，歌云：「擠掤捋捺須認真，上下相隨人難進，任他巨力人來打，牽動四兩撥千斤。」陳子明《拳械彙編》自陳溝別本錄出之打手歌爲六句。歌云：「掤攦擠捺須認真，周身相隨人難進，任他

巨力來攻擊，牽動四兩撥千斤，引進落空合即出，沾連黏隨就屈伸。」

陳溝無王宗岳《太極拳論》及《太極拳釋名》，亦無《十三勢行功歌》，只有四句及六句之《打手歌》……。徐震所著《太極拳考信錄》認為《打手歌》非陳溝本有，乃宗岳口授陳溝，其理由之一：「陳溝只得王宗岳之口授，故僅記《打手歌》，其他文篇或均未帶往，故未予陳氏。或尚未撰成，亦不可知，事雖無考，理不外是」。今即就徐氏之說辨之……

③、唐豪在 1958 年發表「太極拳的發展及其源流」一文，認為王宗岳「打手歌」來源於「陳溝傳譜上的《拳經總歌》和《打手歌》」，並列出了一個關係表：

下面這個表，可以考出陳溝傳譜上《拳經總歌》和王宗岳以前《打手歌》的關係。

陳溝《拳經總歌》頭兩句	陳溝四句《打手歌》	陳溝六句《打手歌》
		掤捋擠按須認真
	擠掤摟按須認真	周身相隨人難進
縱放屈伸人莫知	上下相隨人難進	任人巨力來攻擊
諸靠纏繞我皆依	任他巨力人來打	牽動四兩撥千斤
	牽動四兩撥千斤	引進落空合即出
		沾連黏隨就屈伸

推手對練的八手，是相靠著進行的，陳溝《拳經總歌》第二句用「諸靠」二字概括了八手。由《拳經總歌》頭兩句發展出四句《打手歌》，由四句發展出六句《打手歌》，它是前四手的具體內容和理論。六句《打手歌》是

王宗岳以前人所作，從而判斷出四句《打手歌》是六句《打手歌》以前人所作，《拳經總歌》是四句《打手歌》以前人所作，這反映出前四手推手理論在陳溝的發展。

王宗岳傳譜裡的六句《打手歌》是「掤捋擠按須認真，上下相隨人難進，任他巨力來打我，牽動四兩撥千斤，引進落空合即出，沾連黏隨不丟頂。」把它和陳溝四句及六句《打手歌》對比，可以看出王宗岳的六句顯然是綜合了陳溝的四句和六句加以修改的。

第一：我們現在可以逐個看看陳溝幾個本子的具體內容：

還應該有兩個本子，即和有祿在《和式太極拳譜》裡公佈的陳季甡譜和陳鑫譜，應是 6 個譜本。我們再來逐個查看其真實的情況：

〔兩儀堂本〕

有「拳勢總歌」，開首是「懶插衣立勢高強，丟下腿拉開單鞭……」、有「拳經總歌」，開首是「縱放屈伸人莫知，諸靠纏繞我皆依……」。但是，無「打手歌」或「擠手歌」。

頭套十三勢拳歌、三套拳、四套、五套拳歌、二套炮捶十五紅十五炮走拳、太極拳、二套錘、太極拳、散手、小四套亦名紅拳（徐震按：上文見兩儀堂本。又按，末後韻語四句，陳氏書中亦不盡同，其見於陳品三氏所著《太極拳圖說》者曰：「掤捋擠捺須認真，引進落空任人侵，周身相隨敵難近，四兩化動八千斤。」其見於陳子明據別

本抄出者，題為《擠手歌訣》，其辭云：「掤捋擠捺須認真，周身相隨人難進，任人巨力來攻擊，牽動四兩撥千斤。引進落空合即出，沾連黏隨就屈伸。」以此三處所載，較之武氏拳譜，又有異同，蓋在陳溝，初只十口相傳，久而稍異，及各據所聞，筆之於書，遂不能悉合也。）、拳勢總歌（徐震按：此篇陳子明拳械彙編作長拳歌訣，文修堂兩儀堂二本皆有。茲以文修堂本為主，其兩儀堂本文字異者，附註於下）、拳經總歌、桓侯張翼德四槍、拾三槍、單刀歌。

〔文修堂本〕

無「拳經總歌」「打手歌」，只有「拳勢總歌」，開首是「懶插衣立勢高強，去下腿出步單鞭……」，也無「打手歌」或「擠手歌」。

頭套錘拳架、二套錘三套錘失傳、四套、五套拳歌、炮捶十五紅十五炮走拳心用、短打、散手、拳勢總歌、五撮手、六攞手、六六三十六勢滾跌、桓侯張翼德四槍、拾三槍。

〔三省堂本〕

無任何「拳經總歌」「打手歌」或「擠手歌」。

長拳譜、十三勢、頭套、二套、四套——此名紅拳、五套、炮錘架子、十五拳，十五炮，走拳用心。

〔陳子明彙編本〕

也是無任何「拳經總歌」「打手歌」或「擠手歌」。

擠手練法（甲、定步擠法：（一）順步；（二）拗步。乙、換步擠法：（三）單步；（四）雙步。丙、活步擠法：（五）顛步；（六）大攞。）、擠手成法（掤、

抨、擠、捋、採、挒、肘、靠。）、金剛十八拿法、單刀名稱、雙刀名稱暨歌、雙劍名稱、雙鐧名稱、四搶對扎法、八槍名稱、八槍對扎法、十三槍名稱、二十四槍名稱、二十四槍歌訣、二十四槍練法、旋風棍名稱、盤羅棒訣語、盤羅棒練法、大戰朴鐮歌訣、春秋刀訣語（一名偃月刀）。

〔陳季甡抄本〕

雖無「打手歌」。但有兩首名稱相同（內容不同）的「拳經總歌」，分別是開首「縱放屈伸人莫知，情靠纏繞我皆依……」、「懶扎衣立勢高強，丟下腿出步口口……」。

頭套捶、二套捶、三套捶、四套捶、又四套、小四套、五套、三十六勢滾跌法、騰手、裡鸞手、裡摺手、外摺手、短打、又短打、拳經總歌、拳經總歌、春秋刀十路、雙刀十路、花刀六路單刀、夾槍棍、黑旋風大上西天棍架子、十五紅十五炮拳架記、長槍總說、二十四勢槍。

〔陳鑫抄本〕

無「拳經總歌」「打手歌」，或「擠手歌」。只有一個拳經總歌一百零八勢，開首是「湯於風春手，抽樑換柱，裡手外壓靠打……」。

拳經總歌一百零八勢、短打、拿法破法金剛十八弓、用功七練法、六六三十六勢滾跌、黑旋風大上西天棍子架、盤羅棒歌、短打、五套捶、大戰朴鐮歌、槍法自序、腿法、身法、槍棍字解、辨拳論、四套捶、纏捉棍總目、纏捉棍直解、鷂子出林、小使手總目、小使手直解、大使手總目、大使手直解。

這 6 個譜本，陳鑫本時間明確，即民國十七年九月初二日「抄寫」，即 1928 年。其他的幾個本子，如文修堂、兩儀堂、三省堂，以及陳子明彙編本，都不會太早，最早的應屬於陳季甡抄本，有封面的石印道光二十三年六月初三日（即 1844 年）時間的確定。

從上述的真實情況可以看出，唐豪也沒有見過陳溝的所謂「拳經總歌」和「打手歌」，或「擠手歌」。因為他所收藏的三省堂和陳氏家譜，沒有此物。他雖矇混說「**此外尚有拳經總歌、擠手歌各一首，擠手歌載兩儀堂本者四句，陳子明據別本鈔出者六句。**」但，這只是從徐震得到陳子明兩儀堂本後，在一「按語」裡講的。而且此「按語」又說的是從陳鑫《太極拳圖說》看到「**掤捋擠捺須認真，引進落空任人侵，周身相隨敵難近，四兩化動八千斤。**」即所謂的「四句」打手歌。以及「**陳子明據別本抄出**」的，且「**題為《擠手歌訣》**」的「**掤捋擠捺須認真，周身相隨人難進，任人巨力來攻擊，牽動四兩撥千斤。引進落空合即出，沾連黏隨就屈伸。**」即所謂的「六句」打手歌。

我們現在首先查查所謂「**陳子明據別本抄出**」的「**題為《擠手歌訣》**」：

陳子明 1932 年著《陳氏世傳太極拳術》（曾對唐豪「以稿見示，囑為一言」），與唐豪情投意合，為唐豪投懷送抱，不再遵從其師「陳卜」「消化飲食之法，名曰太極拳」或「太極理循環，相傳不計年」，及其「陳王廷精太極拳」之說，而直接附和唐豪，讓唐豪把《太極拳源流考》（也未見「拳經總歌」和「打手歌」，或「擠手歌」

的隻言片語）一文附在書後，這算是唐豪學說的首次出現。

陳子明在該書之末，寫有《太極拳之擖手》短文，曰：「擖手一謂擠手，即楊家所稱之推手是也。吾師謂掤摟擠捺四字，是兩人相交手運用周身之妙法也。又曰天地之道，剛柔而已，擖手亦然。彼以剛來，我以柔應，柔中寓剛，人所難防。」隨之，便是掤摟擠捺四字的解釋，並無什麼「擠手歌」之類。

1933 年出版的陳鑫《陳氏太極拳圖說》，在 131 至 132 頁之「太極拳著解」部分的「七言哩語」有「**其一：掤捋擠捺須認真，引進落空任人侵，周身相隨敵難近，四兩化動八千斤。其二：上打咽喉下打陰，中間兩肋並當心，下部兩臁合兩膝，腦後一掌要真魂。**」沒有什麼「打手歌」「擠手歌」的提法。但可以看出，其一、其二文意是相互關聯的，特別是其二，似乎出自《九要論》之「交手論」。

據說陳子明 1925 年 1 月，集編有一個油印的《陳氏世傳拳械彙編》，我們沒有查到。但是 1944 年（民國 33年）4 月陳子明編著的《太極拳精義》，卻於 2008 年 1月被山西科學技術出版社再版發行。在該書的末尾，陳子明把「擖手」的提法，變成了「擠手」的提法，把先前的「太極拳之擖手」寫成「太極拳之擠手」。說：「擠手一謂擖手，即楊與諸派所稱為推手也。蓋掤捋擠捺四字，是兩人相交手運用周身之妙法也。吾師嘗曰：拳術之道，剛柔而已，擖手亦然。彼以剛來我以柔應，柔中寓剛，人所難防。其要是剛柔互用。快慢咸宜，與練拳致用相吻

合。」接著，就出現了《擠手歌訣》：「掤捋擠捺須認真，周身相隨人難進。任人巨力來攻擊，牽動四兩撥千斤。引進落空合即出，沾連黏隨就屈伸。」

在陳鑫、陳子明師徒寫書之前，太極拳的聲望已經很大，特別是在北京、上海、南京、廣州一些大城市，已公開出版發行全國的太極拳專著，就有許禹生 1921 年的《太極拳勢圖解》、陳微明 1925 年的《太極拳術》，以及楊澄甫 1931 年出版的《太極拳使用法》等。陳鑫、陳子明師徒正是看到了這種大好的形式，才決心寫書為先人爭光，這在他們的著作中即可以瞭解到。

太極拳研究家李師融對陳家溝是否得到過王宗岳傳譜的問題，曾做過專門的比較研究，其結果認為：「**可以確認，乾隆年間，王譜已傳入陳溝，陳繼夏是受譜者。**」「**陳繼夏所獲的王譜，必是從趙堡得來，而是違規的『走後門』獲得，故秘而不宣。**」「**故陳溝的王譜確由趙堡陳敬柏傳入無疑。**」（見《武當》雜誌 2006 年第 1 期李師融 李永傑「陳敬柏傳拳陳溝考」）

由此可以認為：陳鑫的「四句」，或許是因為上輩傳授，以及自己長期的習練心得；或許是學習他人；或許是從《九要論》中體悟，都有可能。而陳子明的「**掤捋擠捺**」四個字，或許是來自於師傳，但「六句」以及「**擠手歌訣**」的提法，出自他本人的編造，依據就是「**掤捋擠捺**」四個字和早已廣為流傳的王宗岳《打手歌》，這從僅僅改了幾個字，就能看出，一目了然。徐震所著《太極拳考信錄》認為《打手歌》「**非陳溝本有**」是對的，沒錯。

第二：我們再來看看《拳經總歌》的情況：

唐豪說：「推手對練的八手，是相靠著進行的，陳溝《拳經總歌》第二句用「諸靠」二字概括了八手。」

　　說這樣的話，一看就是外行。推手雖是兩人兩手臂相搭，推轉打輪，但決不是一般武術的對練套路，決不是事先編排好的，而是兩人在推轉打輪的過程中，各自都可以隨機使用技擊招法（太極拳叫著法），類似於摔跤比賽，只是沒有那麼激烈、那麼用力，講究輕巧，四兩撥千斤。推手的技擊方法非常豐富，且講究變化無窮。掤捋擠按，採挒肘靠只是八個方面的技術方法，實際運用，是一門綜合性的藝術。決不能只是「八手」，更不是「**相靠著進行的**」，說「『**諸靠**』二字概括了八手」。更是個笑話！更何況，在陳溝所有的傳譜裡，也包括陳鑫陳子明他們的著作裡，根本就沒有太極十三勢「掤、捋、擠、按、採、挒、肘、靠、進、退、顧、盼、定」的字樣，就所謂的「八手」方面，也見不到「採、挒、肘、靠」另四手，「諸靠」從何談起？

　　真要考察較早的「**《拳經總歌》頭兩句**」，那也不是「**諸靠**」，而是「**情靠**」（見陳季甡抄本「縱放屈伸人莫知，情靠纏繞我皆依……」），是指技擊運動中，要根據實際「情況」隨機而使用「靠」的技法。《拳經總歌》本無任何署名，陳溝名家陳績甫（照丕）1935 年出版《陳氏太極拳匯宗》一書，其中把《拳經總歌》重新命名為《陳長興太極拳拳歌訣》，頭兩句也是「**縱放屈伸人莫知，情靠纏繞我皆依。**」更說明「**情靠**」是對的。

　　與陳溝拳術幾乎似有同源關係「**驚人的類似之處**」的山西洪洞通背拳，把這首「**除個別字不同外（互有錯別**

字），完全相同。」的東西，叫做「拳經總論」（見《中華武術》1993 年第 3 期于志鈞「陳式太極拳源於洪洞通背拳嗎？」）。

其頭兩句是「**縱防屈身人莫知，近靠纏繞我接衣。**」但不同的是「**縱防**」「**近靠**」「**接衣**」三個用詞，「**縱放**」與「**縱防**」技擊意義區別不大；「**近靠**」「**情靠**」甚至「**諸靠**」，區別就很大。洪洞通背拳方面「**近靠**」與後面「**接衣**」，在技術上講，是有關聯的。因為施用「靠」法時，一定是當「靠近」對方時，才可以應用，不會是遠遠的、長距離就向前靠上去，不然一定會撲空，這是常識。那麼，「靠近」要「近」到什麼程度才合適呢？「接衣」二字恰好回答了你，即當剛接上對方「衣服」時，突然「靠撞」，使其來不及防守，這就是技擊的秘訣！因此，山西洪洞通背拳「拳經總論」，更符合技擊實際，或許要早於陳溝的「拳經總歌」。

可能也正因為如此，太極拳名家金仁霖先生發表文章認為：

陳績甫在《陳氏太極拳匯宗》中的《陳長興太極拳歌訣》和《陳長興太極拳總歌》，雖然都抄錄於自族裡的文修堂本、兩儀堂本、三省堂本《拳械譜》或陳子明的《陳氏世傳拳械彙編》，而實際上卻原來都是間抄抄自迄今有傳的「洪洞通背拳」拳譜裡的東西。

（見《上海武術》2002 年 1 月金仁霖「太極拳歌訣總歌出自《洪洞通背拳圖譜》」）

以上的情況，清楚地表明所謂的兩句引出四句，四句有了六句，王宗岳依據六句如何如何，完全是唐豪在矇

混，這也是他最顯長的。譬如：唐豪 1936 年著《王宗岳太極拳經 王宗岳陰符槍譜》，有這麼一段：

民國二十年春間……便約同陳先生到他的家鄉去調查太極拳的衍變和蒐集當地關於此拳的史料……

陳溝太極拳世家陳槐三先生，有家譜一冊……

又王廷遺有長短句一首，其前半云……

其實，「長短句」壓根就不是陳槐三家譜裡的東西，是陳子明（造假，任何譜子都沒有）提供給他的。唐豪在這裡不說明，就是為了矇混！

16、先前說「創」、說「造」，幾十年後又說「編」，唐豪說法不一（或許態度又變了）：

有人講，「拳手」和「造拳」都不是唐豪要的最終結論，只是他選取的一面，其最終結論是把「拳」改變成「太極拳」。

唐豪所作「太極拳源流考」，見 1932 年（民國 21 年 12 月 31 日）初版的陳子明《陳氏世傳太極拳術》。這也是他首次發表陳王廷創拳說，其中有如下幾段：

家譜所云陳氏拳手。長短句所云悶來時造拳之語，可證其即為太極拳者有二：家譜三十六頁十四世長興旁註「拳師」二字，十五世耕云旁註「拳手」二字，陳長興、陳耕耘父子皆世所知名之太極拳家，一也；陳溝村人至今不習外來拳法，二也。唯所謂陳氏拳手也者，不僅指太極之長拳、十三勢，尚有一套勢法出於同一系統之炮捶。故王廷所創實有長拳、十三勢、炮捶三套。

考陳溝長拳、十三勢、炮捶歌譜，其中色名與戚繼光

三十二勢相同者，計有懶扎衣、單鞭、金雞獨立、探馬勢、七星勢、倒騎龍、連珠炮、懸腳、二換、滿天星、邱劉勢、下插勢、埋伏勢、拋架子、拈肘勢、一霎步、擒拿勢、四平勢、伏虎勢、雀地龍、朝陽手、雁翅勢、穿莊腿、跨虎勢、拗鸞肘、硬開弓、當頭炮、順鸞肘等二十七勢餘。又取現存之十三勢、炮捶練法與拳經圖勢對比之，亦同。且長拳歌訣採用戚氏《拳經》中語句者如：七星拳手足相顧，跨虎勢那移發腳，朝陽手遍身防腿，邱劉勢左搬右掌，拿鷹捉兔硬開弓等，皆可證太極拳之前身實係拳經。

明代自嘉靖以後，內憂外患相迫而來，故士大夫講武之風盛極一時。戚氏武功彪炳於世，其練兵實效諸法影響於當時，究心兵政者必甚深巨。王廷生當明清之會，其身世我人今雖不能詳知，然讀其遺詩自述，初為戰將，晚年隱居。消極思想上受道家影響，採取戚氏成法，參以己意創為拳套，作子孫磨礱之具，至為明顯。余嘗謂明代遺民中王介祺之創太極刀法，陳王廷之創太極拳法，一南一北可謂無獨有偶。

王廷所創十三勢，即陳溝所稱老架。傳至十四世陳有本，而創新架。楊露禪得陳長興老架之傳，而創楊派。十五世陳清萍得有本新架之傳，而創趙堡派。武禹襄得楊露禪、陳清萍之傳，而創武派。孫祿堂得武派之傳，而創孫派。此外尚有宋書銘一派太極。拳派演變至今，已歧而為七，若並各家支派計之，則又不止此數矣。

可以看到「王廷所創者實有長拳、十三勢、炮捶三

套。」比戚繼光還厲害，戚繼光只不過是吸收當時的十六家拳法才創編了「長拳三十二勢」。無獨有偶一南一北之陳王廷不但「創太極拳法」，而且明確「所創十三勢」。更甚者，「十五世陳清萍得有本新架之傳，而創趙堡派。」「拳派演變至今，已歧而為七，若並各家支派計之，則又不止此數矣。」都成了陳王廷的功勞！

那麼人們不禁要問：同在該書《陳氏世傳太極拳術‧陳清萍傳》中「陳清萍為陳有本張炎門徒」之「張炎」（即趙堡太極拳第六代掌門，人稱神手張彥），與陳家溝沒有任何關係，這又作何解釋？明明唐豪也在「太極拳源流考」的第一段就說，是陳子明「以稿見示，囑為一言」，難道對陳清萍的趙堡恩師，視而不見嗎？陳清萍之前趙堡太極拳已有六代之傳，有名有姓，源流清晰，為什麼還要第七代的人再來「創趙堡派」呢？只有別有用心，才會這麼做！

唐豪在民國 24 年（即 1935 年）著《王宗岳太極拳經 王宗岳陰符槍譜 戚繼光拳經》裡也有一段話：

更就太極拳產生的時期來說，此拳為溫縣陳溝村陳王廷所發明。王廷，明末清初人，國亡後隱居，取戚繼光三十二勢拳經，和黃庭經吐納之術，來創造出太極拳，這是在其遺詩及陳氏家譜中可以證明出來的（詳見拙著《戚繼光拳經》）。

到了民國 29 年（1940 年），唐豪著《中國武藝圖籍考》，其中又講：

查拳械譜內，太祖下南唐一套，予疑其與戚氏拳經同為陳溝諸拳所本。槍棍據文修堂本注，非全陳溝原有。其

餘皆無外來之跡，似皆出奏庭所造。

可是，時間到了 26 年後的 1958 年 11 月，唐豪發表「太極拳的發展及其源流」，卻在其中的「**太極拳考原**」部分，又講到：

陳溝陳鑫在《太極拳圖說》裡主張太極拳是陳氏始祖陳卜在洪武七年（1374 年）創造出來的說法又何如呢？27 年前，我到陳溝去調查，查閱了陳氏族譜和家譜，拓取了康熙五十年（1711）陳氏十世孫追立的陳卜碑文，全沒有陳卜、創造太極拳的記載。

從太極拳的具體內容考出，它的一部分採自戚繼光《拳經》，證明王廷不是「造」拳而是「編」拳。他編的太極拳，在遺詩中告訴我們教下了一些弟子兒孫。康熙五十年追立的陳卜碑文又告訴我們，自「洪武初年，迄今（康熙五十年）已十三世。」可證王廷活著的時候陳溝陳氏已有九世到十三世五輩生活在同一個村子裡。陳溝兩個傳拳世系，陳正如是十一世，陳善志是十二世，上承下繼傳到現在沒有中斷過。遺詩「到而今年老殘喘」這一句證明王廷的編拳在晚年，他葬於康熙五十八年，可見太極拳的編成，在公元 1719 年之前。王廷的編拳在戚繼光《拳經》之後，後編的採用前編的拳勢和歌訣，是符合於實際的。遺詩所說的「造拳」和家譜在人名旁記載的「拳師」等字樣，雖然沒有告訴我們王廷編的是什麼拳、教的是什麼拳，以及拳的具體內容，這是因為另有拳譜的關係。陳溝拳譜上有王宗岳以前作的《打手歌》，有《打手歌》以前作的《拳經總歌》。如果從陳溝《拳經總歌》和《打手

歌》考察，如果從王宗岳傳譜中提到的「長拳」、「十三勢」和郭永福傳到山西洪洞去《拳經總歌》和《長拳譜》考察，這些資料無一不集中於陳溝拳譜一上，尤其是陳溝拳譜上還抄有戚繼光《拳經》，使我們更瞭解它的來源。把陳溝拳譜上這些資料和《陳氏家譜》以及王廷遺詩綜合起來考察，這是我判斷陳王廷編的有太極拳、教弟子兒孫的有太極拳的主要論據。

這裡卻又突出一個關鍵字「編」，明確說明陳王廷確實是在「編」，而且這個「編」字出現多達 9 次，更要強調「證明王廷不是『造』拳而是『編』拳」。

是不是唐豪的觀點有所變化？不再主張陳王廷所謂「創」、「創造」或「發明」什麼太極拳了，只是「編」而已！是不是他又發現了什麼新的證據，或者感覺自己確實太不靠譜了、是明顯錯了（因為許多原始證據沒有公開，只是自己在說，更沒有讓大家來核實、查證。如「王廷遺詩」「擴手歌」「合抄本」「陰符槍譜」原件等）！只可惜，一個多月後唐豪就因病很快離世了，又成了未知……。

17、唐豪的太極拳考證是僅憑「判斷」所爲！

唐豪在「太極拳的發展及其源流」（見 2008 年 1 月山西科學技術出版社出版唐豪著《行健齋隨筆 唐豪太極少林考》。原載《武術運動論文選》中華人民共和國體育運動委員會運動司武術科編 人民體育出版社 1958 年 11 月版）一文，連續用了好幾個「判斷」：

趙堡新架十三勢有兩套，第一套稱為「略」的和陳溝

新架相同，第二套稱為「圈」的為陳溝所無，我**判斷**第二套是陳有本的傳人陳清萍編的。陳有本改編老架為新架，啟發了陳清萍的另編第二套，也啟發了楊露禪的改編老架。

武禹襄既學於楊露禪，又學於陳清萍，他所傳的十三勢，既不同於楊，也不同於陳，我**判斷**它是武禹襄編的。

孫祿堂學於武禹襄的再傳弟子郝和，他所傳的十三勢不同於郝，我**判斷**它是孫祿堂編的。

（以上見第 7 頁）

楊澄甫《太極拳使用法》裡說，他的祖父楊露禪到北京來教太極拳，是由永年武祿青介紹的。武祿青就是武汝清，因為音近而字誤。據光緒三年修的《永年縣誌》，汝清是道光二十年庚子（1840）進士，官刑部員外郎。又據永年李亦畬《太極小序》考出，露禪在咸豐二年左右還在永年教武汝清的胞弟武禹襄太極拳，由此可見露禪到北京教拳當在咸豐二年（1852）之後。1930 年報刊上登載楊澄甫的口述，說他的祖父從 10 歲左右起一直到 40 歲左右都在陳溝，1932 年我到陳溝去調查，據陳德瑚的孫子和村中老輩說，楊露禪從小就在陳德瑚家裡。他過著孤苦伶仃的生活，沒有學習文化的機會，他跟農民陳長興學習了太極拳。他在陳德瑚家裡幹的是毫無報酬並且是呼之即來、揮之即去的工作。陳德瑚死後，為陳德瑚撫育遺孤的繼妻才放楊露禪回到永年去，他住在陳德瑚開設於永年的太和堂藥店裡教拳。武汝清介紹他到北京去後，有一群王公員勒跟他學太極拳。由於楊露禪限於文化，所以口傳的某些拳勢名稱和陳溝傳譜上的某些拳勢名稱音近而字不同。依

我**判斷**，限於文化的楊露禪不可能附會太極拳為內家拳，也不可能附會張三豐創始太極拳，可能是跟他學拳的某一個王公貝勒含有政治作用而附的。

（以上見 18 頁）

18、「隨便捏造」的情況，唐豪自身也存在：

唐豪 1958 年發表「太極拳的發展及其源流」一文，其中談到山西洪洞通背拳來歷時，講：

樊一魁在《拳圖稿本》卷一中說：「此拳乃河南郭永福所傳」、「郭在少林寺曾受藝。」又說：「郭於乾隆年間來洪，傳於賀家莊賀懷壁。」據我親自到少林寺和陳溝去調查，少林僧既不會練長拳，也不知道有長拳，寺裡更沒有《長拳譜》。郭永福的託名少林，不說出長拳真實的來歷，可能因為少林名聲大的關係。

緊接著就說：「這種隨便捏造的情況，在某些太極拳家之中可以指出許多類似的積習。」

那麼，人們也要問：

①、陳王廷「**明代戰將**」「**披堅執銳，掃蕩群氛，幾次顛險，蒙恩賜**」，有記載嗎？難道是顧留馨在《明史》上找來的假陳王庭，張冠李戴的事蹟嗎？這屬不屬於「**捏造**」？

②、所謂的陳王廷「**遺詩**」，也未見任何文獻記載，僅出於陳子明，算不算「**捏造**」？

③、《陳氏家譜》的「**旁註**」，明明陳森說是自己一人「**森批！**」，也就是說陳王廷的「**陳氏拳手刀槍創始之人**」旁註是陳森所為，那為什麼還要說家譜是「**最可信的**

史料」？難道不是「捏造」嗎？

④、雖然「王廷墓碑，立於康熙五十八年」，但與陳卜一樣，都沒有任何拳術的記載字樣，僅憑「距乾隆十九年甚近」，就斷定「故此項直接史料，最為可信」，不是欺騙和「捏造」嗎？

⑤、從陳溝的拳術資料看，有戚氏風格性質的紅拳、炮捶，又有心意六合拳，又有從外面傳來的槍械內容，怎麼能根據「十四世長興旁註『拳師』二字」「陳長興、陳耕耘父子，世皆知其為太極拳專家」，旁註的人練得都是「太極拳」呢？「陳溝村人，至今只學其祖傳之太極十三勢及炮捶，不學外來拳法」，明明是假話，為什麼要說謊呢？

⑥、唐豪說「太極譜共有兩套，一曰長拳，一曰十三勢，見王宗岳《太極拳譜》，長拳雖已失傳，譜尚存，譜中如：七星舉手足相顧，當頭炮勢衝人怕，跨虎勢那移發腳，獸頭勢如牌挨進，朝陽手遍身防腿，邱劉勢左搬右掌，鬼蹴腳補前掃轉上紅拳等訣」。這是哪一家的太極拳譜啊？這不是「捏造」嗎？

⑥、唐豪說，予於陳溝陳省三處，得長拳譜如下：

「懶扎衣立勢高強。丟下腿出步單鞭。七星拳手足相顧。探馬拳太祖傳留。當頭炮勢衝人怕。中單鞭誰敢當先。跨虎勢那移發腳。拗步勢手腳和便。獸頭勢如牌挨進。拋架子短當休延。孤身炮下帶著翻花舞袖。拗鸞肘上連著左右紅拳。玉女攢梭。倒騎龍。連珠炮打的是猛將雄兵。猿猴看果誰敢偷。鐵樣將軍也難走。高四平乃封腳套子。小神拳使火焰攢心。斬手炮打一個順鸞藏肘。窩裡炮

打一個井攔直入。庇身拳吊打指襠勢臁揭膝。全雞獨立一朝陽起鼓。護心拳專降快腿。拈肘勢逼退英雄。喝一聲小擒休走。拿鷹捉兔硬開弓。下插勢閃驚巧取。倒插勢誰人敢攻。朝陽手遍身防腿。一條鞭打進不忙。懸腳勢誘彼輕進。騎馬勢衝來敢當。一霎步往裡就蹉。抹眉紅蓋世無雙。下海擒龍。上山伏虎。野馬分鬃。張飛擂鼓。雁翅勢穿莊一腿。劈來腳入步連心。雀地龍按下。朝天鐙立起。雞子解胸。白鵝晾翅。黑虎攔路。胡僧托缽。燕子啣泥。二龍戲珠賽過神槍。邱劉勢左搬右掌。鬼蹴腳補前掃轉上紅拳。霸王舉鼎。韓信埋伏。左山右山。前衝後衝。觀青獻掌。童子拜佛。翻身過海。回回指路。敬德跳澗。單鞭救主。青龍獻爪。餓馬提鈴。六封四閉。金剛搗碓。下四平秦王拔劍。存孝打虎。鍾馗服劍。佛頂珠。反堂莊。望門簪。演手紅拳。下壓手上一步封閉捉拿。往後一收，推山二掌。羅漢降龍。右轉身紅拳。右跨馬右搭袖。左搭袖回頭摟膝拗步。扎一步轉身三請客。掩手紅拳。單鳳朝陽。回頭高四平。全雞曬膀。托天叉。左搭肩。右搭肩。天王降妖。上一步鐵幡桿。下一步子胥拖鞭。上一步蒼龍擺尾。雙怕手。仙摘乳。回頭一炮。拗鸞肘。躁子二紅。仙人捧盒。夜叉探海。劉海捕蟾。玉女捧金盒。丟手。收手。刺掌。搬手。推手。直符送書。回頭閃通背。打一窩裡炮。演手紅拳。回頭左右插腳。五子轉還。鬢邊斜插兩枝花。收回去雙龍探馬。窩裡一炮誰敢當。上一步邀手不叉。摟手一舉。推倒收回。交手可誇。招上顧下最無住。偷腳一腿趾殺。急三捶打如風快。急回頭智遠看瓜。往前收獅子抱球。展手一腳踢殺。回頭二換也不差。直攢兩

拳。轉身護膝勢。當場接定。收回看肘井看花。誰敢當我大捉。立下上一步。蛟龍出水後。一打反上情莊。急三捶往前棚打。開弓射虎誰不怕。收回來馬前斬草。上一挑又代紅少。刺回接定滿天星。誰與我比並高下。」

末註：「此是長拳，惟熟習者得之耳」十六字。此拳較十三勢長數倍，誠如王宗岳所云：「長拳者，如長江大海，滔滔不絕。」

難道有比「十三勢長數倍」的勢名，就一定是太極長拳嗎？難道「十三勢」就是十三個勢名的短套路嗎？此明明是戚氏紅拳傳下來的東西，卻硬要胡說成什麼太極長拳，這不是「捏造」，又是什麼？

以此又牽上了洪洞通背拳，因為極其相似，洪洞的錯別字又較多，就又斷定「**陳長興的家傳《長拳譜》早於郭永福的傳譜**」「**如果長拳不是陳溝外傳，不會得有這樣的痕跡。**」難道就一定得是陳家溝傳去的嗎？那麼下面這段文字又作何解釋：

「考證家張唯中在《武壇》發表的《重振國術武藝，發揚中華文化》一文中，引用了河北省高陽縣人傳授長拳的李從吉先生的談話。李說：「我雖原籍河北省，但遠祖與陳氏一族一樣原來都是山西省洪同縣大槐樹村的居民。據先祖們說，那個地方每到舊曆正月在廟前舉行武術大會，頗為盛大。另外，把祖傳長拳的技法和姿勢，與陳家溝十三勢長拳和戚繼光《紀效新書・拳經捷要篇》三十二勢的圖解一一對照起來看，連名稱都大多相同。因此，可以認為所有這些都是宋太祖長拳流傳下來的。」（徐震.太極拳譜理董辨偽合編 [M].太原：山西科學技術出版

社 2006）

由此看來，唐豪斷「**太極拳之祖**」「**其證有五**」，其實沒有一樣是正確的！

除上述情況外，唐豪武斷、欺人胡說的還有：

①、張三豐「亦決不是太極拳之鼻祖」「一望即知其為假托附會」。（見《少林武當考》《太極拳之史的研究》）

②、「今日社會間最盛行的太極拳，一般無聊的拳家，都跟著一位著《太極拳經》的王宗岳，盲目地附會為一夢而精技擊的張三豐所發明。」「試把太極拳著述中所記的王宗岳來一看，只見得一股附會、標榜、盲從交織的烏煙瘴氣，直衝霄漢，而看不見別的。」（見唐豪著《王宗岳太極拳經 王宗岳陰符槍譜 戚繼光拳經》）

③、「樊一魁童年時習拳於萬安鎮楊如梅及喬柏僉，係藝中名手，實為郭師永福之嫡派。其譜與文修（？）堂本無甚出入，足證乾隆時代陳溝外傳之長拳十三勢及推手。有全傳者，有不全傳者，而宗岳則得其全傳。……唐豪附識」（見唐豪 顧留馨著《太極拳研究》）

④、「乾隆年間從河南流傳到山西洪洞改稱為『通背拳』。」（見唐豪「太極拳的發展及其源流」）

⑤、「唐豪的一貫手法，是先把水攪渾，然後渾水摸魚。當水渾了，他就可以在沒有任何史料記載的情況下，信口開河，說出「王宗岳在陳家溝學太極拳、春秋刀」這樣的話。於是又引起太極拳界的反彈，造成更大的混亂，使太極拳界混戰七十年！」

「唐豪於 1936 年出版《王宗岳陰符槍譜》，內含

《王宗岳考》、《王宗岳太極拳經》。唐豪說：1931 年在北京的舊書攤上，買到一本手抄太極拳經、陰符槍譜，內夾陳家溝春秋刀殘譜的合訂本。陰符槍譜有篇無名氏寫的序，序中說的「山右王先生」就是「王宗岳」。據此，唐豪就推論說：王宗岳的太極拳是從陳家溝學來的，說王宗岳還在陳家溝學了「春秋大刀」，回到家後寫了《太極拳論》。」

（見《中國太極拳史》于志鈞 著　中國人民大學出版社 2012 年 4 月第一版）

⑥、自楊祿禪之後近百年間，張三豐創拳說無人懷疑。

張三豐創太極拳之說，目前所見最早的資料，是武式太極拳傳人李亦畬 1867 年所寫的《太極拳小序》。序言曰：「太極拳始自宋張三豐」（唐豪、顧留馨：《太極拳研究》，人民體育出版社，1996 年第 3 版，133 頁。）此時，楊祿禪、武禹襄都健在，李說必源自楊、武口傳，不可能擅自編造，此其一；武禹襄得傳於楊式和趙堡，趙堡亦持張三豐創拳說，故武禹襄之說同時源自楊式和趙堡，此其二；楊氏所得太極拳經，有「此係武當山張三豐老師遺論」之語，當為其口傳源流之文字證據，此其三；李亦畬後來將《小序》原文改為「太極拳不知始自何人」，當為他發現太極拳的起源比張三豐更早，故而武李後人依然不否認張三豐創拳，此其四。以上四點，足可證李亦畬記載的可靠性。

然而唐豪「斷」之曰：「祿禪出身僮僕，無能臆造張三豐，禹襄廩貢生，博覽書史，若太極拳之附會張三豐，

不出於禹裏，祿禪、亦畬、萊績、延續之說豈能盡同。
（唐豪、顧留馨：《太極拳研究》，139 頁。）」他沒有
提出任何「與此傳說相反之確據」，只因武禹襄「廩貢
生，博覽書史」，就給他扣上臆造罪名。與此相反，唐豪
對陳家溝的史料卻肆意誇大。他把陳森 20 世紀初年對
《陳氏家譜》的「旁註」，誇大成「乾隆十九年最可信的
史料」。《陳氏家譜》根本沒有太極拳三個字，唐豪卻斷
定陳王廷旁註的「陳氏拳手刀槍」，必然指太極拳。

　　他還根據陳承五的「親述」竟然把 40 歲以前已有三
個兒子的楊祿禪，說成十歲賣身為僮凡三十年，回到永年
仍孑然一身。

　　（見《武當》2014.5、6、7 期路迪民「老子、孫子和
張三豐」）

　　在唐豪考證之前，有許禹生 1921 年出版的《太極拳
勢圖解》和陳微明 1925 年出版的《太極拳術》。唐豪考
證之後，有楊澄甫 1931 年出版的《太極拳使用法》和
1934 年出版的《太極拳體用全書》，及董英傑 1948 年出
版的《太極拳釋義》，吳志青 1940 年出版的《太極正
宗》，陳炎林 1949 年出版的《太極拳刀劍桿散手合
編》。這些著作，一直堅持張三豐創拳之說，並未受唐豪
考證的影響。吳派太極，在唐豪考證之前，有徐致一先生
1927 年出版的《太極拳淺說》。唐豪考證之後，有 1933
年李先五所著《太極拳》，1935 年馬岳梁、陳振民所著
《吳鑑泉氏的太極拳》，均持張三豐創太極拳之說。秉承
楊、吳兩派之傳的吳圖南先生，更是堅持張三豐為太極拳
的中興者或集大成者。直到 1950 年，在北京市的一次太

極拳研究會上，吳圖南還不承認陳氏太極拳，認為陳發科練的是炮捶，不能作為太極拳會議的正式代表。陳發科也只得自認列席（見吳圖南《太極拳之研究》，1984 年商務印書館香港分館出版）。

（見《武當》雜誌 2006 年第 7 至 8 期 路迪民「極左思潮與顧留馨的太極拳研究」）

⑦、對郭永福及洪洞通背拳，捕風捉影的加以引申⋯⋯

唐豪在《太極拳研究》一「附識」中談到洪洞通背拳（1936 年樊一魁著《忠義拳圖稿本》）時，說：「樊一魁童年時習拳於萬安鎮楊如梅及喬柏僉，係藝中名手，實為郭師永福之嫡派。其譜與文修（？）堂本無甚出入，足證乾隆時代陳溝外傳之長拳十三勢及推手。」

接著，他的好友（追隨者）顧留馨，便於 1963 年在上海出版的《簡化太極拳》（後改名《怎樣練習簡化太極拳》）中，說：「長拳 108 式於乾隆年間由河南鏢師郭永福傳入山西洪洞縣賀家莊⋯⋯雖已改名為通背拳，實為陳王庭所創在陳家溝失傳之長拳一百八勢。」

（見《博擊・武術科學》2013 年 4 月第 10 卷第 4 期楊祥全「洪洞通背拳：失傳的太極長拳—兼論太極拳研究的一個可能路徑」）

然後就有 1983 年第 7 期《武林》雜誌孟乃昌、陳國鎖「郭永福與洪洞通背拳」一文，講：「推斷郭永福身分可能為陳家溝第十四世陳有孚」。「其論證如下：第一，郭永福逃罪至山西，不可能使用本名，『永福』與『有孚』讀音相似，而郭姓可能為其母姓；第二，陳氏家譜中

陳有孚名下注有『拳手可師』字樣；第三，陳有孚生卒時間與郭永福去山西教拳的時間相符合；第四，陳家溝『陳家不學外人拳』，不可能是郭永福武藝傳至陳家溝，而陳家溝拳法亦不傳外姓，擁有『如此體系完整、結構完善』武學的郭永福只可能是陳氏族人。此後，研究洪洞通背拳的學者多引用此推斷，其中不少研究者將此推斷當以定論使用。」

最後，《陳式太極拳誌》（焦作市地方史志辦公室，溫縣人民政府編.陳式太極拳誌〔增訂本〕鄭州中州古籍出版社，2011 年）跟著又編造，說郭永福：「生卒年不詳，陳家溝人，師承陳正如，精於 108 式長拳，無極通背拳（即洪洞通背纏拳）創始人。清乾隆年間（約 1776-1780 年），因命案而逃居山西洪洞縣蘇堡鎮……」；而陳正如亦有「陳氏十一世，生卒年不詳。師承陳所樂而精於 108 式長拳，為太極拳第三代傳人。藝成授徒郭永福。郭技藝精湛，傳山西洪洞縣之張秀德、賀懷壁，名震一方，被譽為『神手郭永福』。也正由此，陳家有了『傳內不傳外』的規矩，也不再傳 108 式長拳」等內容的介紹。

真實的情況是：對於郭永福的身分一直未能形成定論，至於其所傳拳法是自創還是傳承於他人也沒有記載。他來到山西時自稱是鏢師，但無人知曉其在河南的真實背景；他在洪洞縣府中教拳一段時間後，亦離開當地、不知所終。

（參見 2015 年 5 月 28 日上海體育學院碩士學位論文雷季明「洪洞通背拳與陳式太極拳源流關係考—以相關拳譜為主要考證對象」）

⑧、對蔣發不公（恭）：

如前所述，唐豪本來對蔣發是瞭解的「**果如村人所言，蔣為奏庭之師，合於畫像。**」然卻視而不見，為所欲為。

致使蔣發的大名被 1964 年版唐豪顧留馨著《太極拳研究》「陳家溝陳氏世系簡表」和 1982 年顧留馨著《太極拳術》「陳家溝陳氏拳家世系簡表」排在「王庭」名下（前者見第 25 頁，後者見 357 頁）。

導致的結果是：王西安在他的《陳氏太極拳老架》（河南科學技術出版社 1993 年 3 月第一版）中講：

陳王庭老年能夠造拳，還與一個叫蔣發的武林高手是分不開的。王庭公早年闖玉帶山李際遇山寨時，曾結識李際遇部下一名戰將蔣發，此人武藝也相當精湛，傳說腳快如飛，可百步追兔。李際遇被清政府鎮壓後，蔣發落難，投奔了陳王庭，以陳王庭為友為師，自己甘願為僕為徒，關係甚密，使陳王庭造拳有了切磋的對手，新造太極拳可以在實踐中得以檢驗，不斷修正。

蔣發生於 1574 年（即明萬曆二年），而陳溝陳王庭被顧留馨以明代大官河北盧龍縣人取而代之，推算生於 1600 至 1680 年，陳溝陳王庭墓碑立於康熙五十八年，即 1719 年（按照通俗人去世後三年立碑，死時應是 1716 年，都說陳溝陳王庭活了 80 歲，那他應該是生於 1636 年），這種「**為友為師**」，要老人給孩子扛大刀，側立身旁，可能嗎？

⑨、對陳清萍的情況，隨意欺瞞：

唐豪沒有說明原因就直接在「**太極拳源流考**」（見

1932 年（民國 21 年 12 月 31 日）初版的陳子明《陳氏世傳太極拳術》）中說：「**十五世陳清萍得有本新架之傳，而創趙堡派。**」（他也明明知道趙堡太極拳張彥是陳清萍的恩師），「**創趙堡派**」的依據在哪裡？難道只因為「**陳溝無**」嗎？

而到了顧留馨，卻說：「**因為青萍贅婿於趙堡鎮，遂在那裡教拳，所以又稱趙堡架。**」（見顧留馨 1982 年版《太極拳術》第 365 頁）又是毫無道理。「**贅婿**」誰家？怎麼不改姓，還能姓陳呢？歷史上，陳清萍是趙堡鎮著名的大戶，有三房妻室，百畝田產⋯⋯

真是為了圓謊、欺瞞世人，不擇手段！

⑩、對宋書銘太極拳的封堵，毫無道理！

唐豪明知另有宋書銘十七世祖傳太極拳，以及譜載有尊張三豐為始祖的情況，卻隻字不提。而於「**太極拳的發展及其源流**」（見《武術運動論文選》中華人民共和國體育運動委員會運動司武術科編 人民體育出版社 1958 年 11 月版）中說：「**宋書銘的太極功，它的具體內容與勢名和楊家十三勢大架基本相同，證明它是根據大架編出來的。**」

下面讓我們看看幾則資料記載：

第一、許禹生著《太極拳勢圖解》（1921 年版）記載：「有宋書銘者，自云宋遠橋後，久客項城幕，精易理，善太極拳術，頗有所發明。與余素善，日夕過從，獲益非鮮。本社教員紀子修、吳鑑泉、劉恩綬、劉彩臣等，多受業焉。」

第二、許禹生弟子王新午著《太極拳法闡宗》（1927

年版）云：「清末遺老宋氏書銘，精研易理，善太極拳，自言為宋遠橋十七世孫，其拳法名三世七，又名長拳，與十三式太極拳大同小異，唯其拳法注重單式練習，推手則相同。宋參幕項城，時年已七十，名家紀子修、吳鑑泉、許禹生、劉恩綬、姜殿臣諸教師，與宋推手，皆隨其所指而跌，奔騰其腕下莫能自持，其最妙者，宋氏一舉手，輒順其腕與肩擲出皆尋丈以外，於是紀與吳、許、劉諸師皆叩頭稱弟子，從學於宋。時紀師年逾古稀，壽與宋相若而願為弟子，宋與紀師約秘不傳人，紀師曰：『余習技，即以傳人，若秘之，寧勿學耳。於以見宋之技精，與紀師之耄而好學與坦率也。《宋氏家傳太極功源流及其支派論》為宋遠橋所手記，其論太極拳原理備極詳細，並可信證太極十三式確為張三豐所傳。宋氏家傳本於民初亂世，前輩多抄存者，宋氏在清季為詞林鉅子，所著內功、原道、明理諸篇幅，已播於世，允為傑作。惜晚年困瘁家居，抱道自娛，積稿盈屋，許公禹生數敦其出，皆不應，繼以重金求其稿，亦不許，僅承其口傳心授，一鱗半爪耳。旋居保定作古，遺著不知流落何處？徒令嚮往而已。」

第三、吳志青著《太極正宗》第七章向愷然先生練太極拳之經驗記載：「項城當國時，幕中有宋書銘者。自稱謂宋遠橋之後人，頗善太極拳術。其時以拳術著稱於北平之吳鑑泉、劉恩綬、劉彩臣、紀子修等，皆請授業。」

第四、向愷然《我研究推手的經過》一文中記載：「1929，在北京，從許禹生先生學習推手。他的太極拳是從宋書銘學的，是宋遠橋的一派，專注開合，配合呼吸。每一個動作，都要分析十三勢，尤其以中定為十三勢之

母，一切動作都得由中定出發。可惜他那時主辦北平國術館兼辦北平體育學校，工作太忙，不能和我多說手法，介紹了劉恩綬先生專教我推手。劉先生也是從宋書銘學過太極拳的。但他的推法，卻跟以上諸位先生不同，忽輕忽重，或長或短，每每使我連、隨不得，沾、黏不得。有時突然被提起，我連腳跟都被提起，突然一撤，我便向前撲空。」

拳術技擊是實踐的功夫，沒有真實對抗的本領，是不能服眾的，太極拳的武功也不例外。可想而知，能讓當時像紀子修、吳鑑泉、許禹生、劉恩綬、姜殿臣這些太極拳名家大佬們「**與宋推手，皆隨其所指而跌，奔騰其腕下莫能自持，其最妙者，宋氏一舉手，輒順其腕與肩擲出皆尋丈以外**」俯首稱臣的，一定是他們心中敬佩的太極拳高人、宗師。因為他們本身也不是一般的等閒之輩。

宋書銘太極武功不但技冠當代，而且還有傳譜，內容豐富（包括《宋氏太極功源流支派論》、《八字歌》、《心會論》、《周身大用論》、《十六關要論》、《功用歌》，以及李道子所傳蓮舟口訣曰：「無形無象，全身透空。應物自然，西山懸磬。虎吼猿鳴，泉清河靜。翻江播海，盡性立命。」特別是在源流支派論中提到了祖師張三豐，在八字歌中講到了「掤捋擠按採挒肘靠」，這八個字也與王宗岳論相同。「果能沾連黏隨字，得其環中不支離。」這最後一句確為八字點睛之言。）如此，豈能是根據楊氏「大架編出來的」？難道紀子修、吳鑑泉、許禹生、劉恩綬、姜殿臣他們都不識嗎？看來唐豪不但是個外行，而且無知，硬要否定宋氏太極拳，否定得了嗎？

（參見于志鈞著《中國傳統武術史》）

總之，唐豪的「陳王廷造太極拳」說，除練習陳式太極拳者外，所有楊、吳、武、趙堡、孫各太極拳流派都不承認，因為實在是毫無道理。

六 唐豪「發現了」說不清的「合抄本」和奇怪的「陰符槍譜」

眾所周知，山西王宗岳是太極拳界舉世公認的、有卓越貢獻的先驅，被尊之為宗師、武聖都不為過。其《太極拳論》被認為是最有價值的太極拳經典理論著作，被後世太極拳家們奉為經典指南，是各派都非常崇敬的人物。這一點，唐豪也給與肯定。例如，他在 1936 年 5 月出版的《王宗岳太極拳經》裡，明確王宗岳太極拳經內容為：「一、十三勢論；二、太極拳論；三、太極拳解；四、十三勢歌；五、打手歌；六、十三勢行工心解；七、十三勢名目。」

同時說明，王宗岳也是太極拳源流研究絕對繞不開的人物。唐豪也說過王譜「**不見於陳溝**」，陳溝亦「**復無王宗岳傳拳之說**」（見唐豪《太極拳研究》）。那麼，唐豪要創陳溝發源太極拳之說，這就是最大的障礙，不然無法成立。然而，唐豪又是怎麼對待這個問題的呢？

唐豪也頗費了一番腦筋，採取了一個無中生有的辦法，利用無中生有先搭個橋、牽個線，再用所謂的推理玩個魔術（有人稱其為「詭辯」），把它變成真實，結果就出來了，與陳家溝就有關係了，不但有關係，而且幾乎成了「入門弟子」。

這個用來搭橋、牽線的東西是什麼呢？就是唐豪「發現了」說不清的「合抄本」和奇怪的「陰符槍譜」。「說不清」和「奇怪」的原因，是這兩個東西都無頭無腦，既沒有作者署名，也沒有序者署名；既不公開，也不存檔；只有唐豪一人說了算！

另外，出現的時間也奇怪，即不在唐豪去陳溝之前的著作如《少林武當考》《太極拳與內家拳》《內家拳》中出現，因為這些著述同樣是否定張三豐，說張三豐、王宗岳所謂「附會」「怪誕」的。甚至於從陳溝回來之後，在為陳子明《陳氏世傳太極拳術》（開始主張陳王廷創拳說）一書專寫「太極拳源流考」時，都沒有提到過發現的這兩個東西，直至 1936 年 5 月才冒出來個「**陰符槍譜**」。由此又說王宗岳必定學過（陳家溝拳術），並「**獨得其全**」。這只有「掌門人」能有資格享受到的待遇「**獨得其全**」，怎麼一下子就落到了一個外人的頭上，這連陳家溝人都會想不到。

這個「**獨得其全**」的王宗岳究竟是跟陳家溝哪位大師學的，唐豪未說清，也不必說清，目的達到就是了。所以，有理由認為，是有意「發現的」！

下面，就讓我們看看這個過程：

唐豪在 1964 年版《太極拳研究》之「廉讓堂本《太極拳譜》考釋」中，對李亦畬《五字訣》「太極拳小序」作「附識」時，開篇即講：「馬印書鈔本，首題太極小序，末題丁卯端陽日亦畬李氏識。亦畬有生之年，只逢一丁卯，則此序初稿當作於 1867 年（同治六年）。初稿首句，作太極拳始自宋張三豐，武萊緒述其祖禹襄行略，謂

太極拳自武當張三豐，善者代不乏人。」

接著，第二自然段首先就說：「予於 1930 年，在北平廠肆得王宗岳《陰符槍譜》與楊氏《太極拳譜》合鈔本。後一年，赴溫縣訪求太極拳史料……」

我們就以唐豪 1930 年得到王宗岳《陰符槍譜》和《太極拳譜》合鈔本查起：

①、1930 年唐豪出版《少林武當考》（中央國術館國術叢書），其《自序》落款是民國十九年四月二日，即 1930 年 4 月 2 日。首頁記有：定稿於因流離失養而犧牲的三小兒畢命之夜。民國十九年七月十日，即 1930 年 7 月 10 日。

書中顯示，唐豪讀過陳微明著《太極問答》《太極拳術》（民國 14 年出版，即 1926 年）和孫祿堂著《太極拳學》（民國 13 年出版，即 1925 年），說明他對王宗岳是暸解的。

然而，《少林武當考》全書都沒有發現王宗岳的情況，以及《合抄本》《陰符槍譜》等內容。

②、1930 年唐豪出版《太極拳與內家拳》，其《自序》落款是：唐范生民國十九年十月十日，即 1930 年 10 月 10 日。

內容情況是：

太極拳與內家拳目錄

一、太極拳之史的研究（層累地編造之張三豐歷史；張三豐以一夢而精技擊；張三豐忽而兼精少林；張道人變為少林大弟子；兩段不同之發明太極拳史；張三豐忽又擅形意拳）

沒有發現王宗岳的情況，及其《合抄本》《陰符槍譜》等內容。

四、太極拳源流承接之附會

僅提到「王宗岳之附會」，沒有發現王宗岳《合抄本》《陰符槍譜》的情況。

九、王宗岳《太極拳經》考及其歌訣

發現有「太極拳歷史之可考者應自清初王宗岳始」「太極拳歌訣」等字樣。

亦發現唐豪說：

許（指許禹生）說云：

張三豐所傳者，曰武當派，又名內家拳；傳於張松溪、張翠山，曰太極十三式。其後分為二派，張松溪、葉近泉、王征南、甘鳳池等為南派；王宗岳、蔣發、陳長興為北派。

亦發現有下列文字：

姚馥春、姜容樵得乾隆舊鈔本王宗岳《太極拳經》於楊士林；不佞近亦得斯經鈔本於永年馬同文，中有李亦畬小序一篇，可藉以考定姚、姜舊鈔本之時代。

李亦畬小序中，自云於咸豐三年從母舅武廉泉禹襄習斯技；武則初從本邑南關楊老祿（露禪）學，得其梗概，嗣遊於豫省趙堡鎮陳清平之門，技始成。

馬今年六十有五，為亦畬姨甥，謂彼時見武，已逾耳順，以此推之，陳清平當是乾嘉間人，故太極拳歷史之可考者，應斷自清初王宗岳始；清以前則不可得而考焉。

本書參考書目（《太極拳經》王宗岳；《少林武當考》唐范生；《太極拳講義》姚馥春、姜容樵；《太極拳

學》孫祿堂；《太極拳圖》吳鑑泉；《太極拳術》陳微明；《太極答問》陳微明；《太極劍》陳微明；《張三豐太極煉丹秘訣》）

值得注意的是：

第一、唐豪寫於 1932 年版陳子明《陳氏世傳太極拳術・太極拳源流考》中說：「查言韓、許、李、殷之發明太極拳者，始於民國十年出版之《太極拳勢圖解》；言張之發明太極拳者，始於乾嘉間人王宗岳（王之時代余詳考於拙著《太極拳史的研究》一書中）」，此處《太極拳之史的研究》，卻不見於任何王宗岳的記述，更不見《合抄本》《陰符槍譜》，只見張三豐情況。

第二、指明「清初王宗岳」；

第三、指明「陳清平當是乾嘉間人」。其實，陳清平生於 1795 年，卒於 1868 年，1795 是乾隆末年，1796 是嘉慶元年，1821 是道光元年，1851 是咸豐元年，1862 是同治元年。也就是說陳清平幾乎在乾隆年間沒有生活過，應是嘉同年間的人才對。

第四、參考書如《太極拳經》王宗岳；《太極拳講義》姚馥春、姜容樵；《太極拳學》孫祿堂；《太極拳圖》吳鑑泉；《太極拳術》陳微明；《太極答問》陳微明；《太極劍》陳微明；《張三豐太極煉丹秘訣》基本都是早期太極拳的權威著作，對王宗岳及其著述的表述都是清楚的。

《太極拳與內家拳》，全書也沒有發現王宗岳《合抄本》《陰符槍譜》等內容。

③、1932 年陳子明出版《陳氏世傳太極拳術》時，

邀唐豪「囑為一言」，唐豪為此作「**太極拳源流考**」。按理說，既然是作太極拳源流考，又是從陳家溝考察過後，又首次由陳子明發表自己的觀點，說理充分、全面，就應該把幾年前（1930 年）已在北京得到的、又很有說明、有分量的王宗岳《合抄本》《陰符槍譜》等內容拋出，不是更有利嗎？

可是恰恰相反，什麼也沒有！只能查到以下兩段：

今歲春，余偕陳溝太極拳家子明陳先生赴其鄉調查蒐集，得太極拳史料甚富，南歸整理成《太極拳史的研究》約五萬言，而子明亦本其所學著《陳氏世傳太極拳術》一書，先余付剞劂，遠道以稿見示，囑為一言。

查言韓、許、李、殷之發明太極拳者，始於民國十年出版之《太極拳勢圖解》；言張之發明太極拳者，始於乾嘉間人王宗岳（王之時代余詳考於拙著《太極拳史的研究》一書中）

（前文已對《**太極拳史的研究**》查過，沒有。）

④、1935 年 9 月唐豪出版《內家拳》（武藝叢書第一輯之三）中國武術學會 1935 年 12 月 1 日發行。唐豪的《自序》落款是：民國二十四年九月九日　吳縣范生唐豪，即 1935 年 9 月 9 日。

僅在《自序》中查到：「十八年冬，愚至溫之陳溝，訪求太極拳史料……」字樣。

沒有發現王宗岳情況及《合抄本》《陰符槍譜》等。

⑤、1935 年 12 月唐豪出版《戚繼光拳經》（武藝叢書第一輯之二）中國武術學會 1935 年 12 月 1 日發行。

也沒有發現王宗岳情況及《合抄本》《陰符槍譜》
等。

⑥、1936 年 2 月唐豪出版《王五公太極連環刀法》
（武藝叢書第一輯之一）中國武術學會 1936 年 3 月 1 日
發行。書中，唐豪 1936 年 1 月 28 日介紹王五公情況：

> 王五公即王余佑，字介祺。生於 1615，卒於 1684。

也沒有發現王宗岳情況及《合抄本》《陰符槍譜》
等。

⑦、1936 年 5 月唐豪出版《王宗岳太極拳經 王宗岳
陰符槍譜》（武藝叢書第一輯之四）中國武術學會 1936
年 5 月 1 日發行。這才出現王宗岳情況及《合抄本》《陰
符槍譜》等內容，但已是 6 年之後的事了！

內容有：王宗岳《太極拳經》目錄（見前）；王宗岳
考目錄（王宗岳的姓氏；王宗岳的傳受源流；王宗岳的籍
貫；王宗岳的時代；王宗岳發明太極長拳的附會；陰符槍
是山右王先生發明的；山右王先生就是王宗岳；陳溝的春
秋刀王宗岳也兼得其傳；王宗岳是怎樣一個人物；《太極
拳經》是否王宗岳的著作；王宗岳《太極拳經》的一部附
會於張三豐的來由。）內容可謂不少。

唐豪公佈的陰符槍譜部分，有一篇未署名的《陰符槍
譜紋》，全文如下：

> 蓋自易有太極，始生兩儀，而陰陽之義以名。然道所
> 宜一，理百體而安萬化者，則不存乎陽，而存乎陰。孔子
> 曰：「尺蠖之屈，以求伸也。龍蛇之蟄，以存身也。」古
> 今來言道之家本乎此，即古今來談兵之家，亦有未能出乎
> 此者也。每慨世之所謂善槃者，類言勢而不言理。夫言勢

而不言理，是徒知有力、而不知有巧也，非精於技者矣。

　　山右王先生，自少時經史而外，黃帝、老子之書及兵家言，無書不讀，而兼通擊刺之術，槍法尤精者也。蓋先生深觀於盈虛消息之機，熟悉於止齊步伐之節，簡練揣摩，自成一家，名曰陰符槍。噫！非先生之於陰符，而能如是乎？

　　辛亥歲，先生在洛，即以示予，予但觀其大略，而未得深悉其蘊，每以為憾！予應鄉試居汴，而先生適館於汴，退食之餘，復出其稿示予，乃悉心觀之。先生之槍，其潛也若於九泉之下，其發也若動於九天之上，變化無窮，剛柔相易，而其總歸於陰之一字，此誠所謂陰符槍者也。夫理無大小，道有淺深，隨人所用，皆可會於一源，陰符經言道之書，廣大悉備，而先生取其一端，用之一槍，然則觀之於槍，亦可知先生知於道矣。昔楊氏之槍，自云二十年梨花槍，天下無敵手！夫以婦人而明槍法，不過知其勢，未必能達其理意也，而猶能著一時而傳後世若此，況先生深通三教之書，準今析古，精練而成，而謂不足傳於天下後世乎！

　　先生常謂予曰：「予本不欲譜，但悉心於此中數十年，而始少有所得，不以公之天下，亦烏（恐有誤）之於功，若知其是哉！於是將槍法集成為訣，而明其進退變化之法，囑序於予，因志其大略而為之序云。

乾隆歲次乙卯

　　《陰符槍總訣六則》（1）身則高下，手則陰陽，步則左右，眼則八方。（2）陽進陰退，陰出陽回，黏隨不脫，疾若風雲。（3）以靜觀動，以退敵前，審機識勢，

不為物先。（4）下則高之，高則下之，左則右之，右則左之。（5）剛則柔之，柔則剛之，實則虛之，虛則實之。（6）槍不離手，步不離拳，守中禦外，必對三尖。

對此，唐豪「巧辯」除了「花樣」——「山右王先生」成了王宗岳：

唐豪說：

數年前，不佞在北平廠肆得《陰符槍譜》與《太極拳經》合鈔本一冊。槍譜之前，有乾隆乙卯六十（1795）年佚名氏敘一篇，敘中說陰符槍是山右王先生發明的。其說如下：

「山右王先生，自少時經史而外，黃帝、老子之書及兵家言，無書不讀，而兼通擊刺之術，槍法其尤精者也。蓋先生深觀於盈虛消息之機，熟悉於止齊步伐之節，簡練揣摩，自成一家，名曰陰符槍。噫！非先生之深於陰符，而能如是乎？

辛亥歲。先生在洛，即以示予。予但觀其大略，而未得深悉其蘊，每以為憾！予應鄉試居汴，而先生適館於汴，退食之餘，復出其稿示予，乃悉心觀之。先生之槍，其潛也若藏於九泉之下，其發也若動於九天之上，變化無窮，剛柔相易，而其總歸於陰之一字，此誠所謂陰符槍者也。

先生常謂予曰：『予本不欲譜，但悉心於此中數十年，而始少有所得，不以公諸天下，□□□□□，□□□□□！』於是將槍法集成為訣，而明其進退變化之法，囑序於予，因志其大略而為之序云。」

這山右王先生是誰呢？吾以為即是王宗岳。茲將山右

王先生就是王宗岳的證據，述之於後。

陰符槍總訣云：

「身則高下，手則陰陽，步則左右，眼則八方。陽進陰退，陰出陽回，黏隨不脫，疾若風雲。以靜觀動，以退敵前，審機識勢，不為物先。下則高之，高則下之，左則右之，右則左之。剛則柔之，柔則剛之，實則虛之，虛則實之。槍不離手，步不離拳，守中禦外，必對三尖。」

訣中高下、左右、剛柔、虛實、進退、動靜、陰陽、粘隨，一一與《太極拳經》理論吻合，這是山右王先生即王宗岳的一證。

《太極拳經》上的王宗岳籍山右，《陰符槍譜》敘中的王先生也籍山右，這是山右王先生即王宗岳的又一證。

《太極拳經》與《陰符槍譜》合鈔在一起，其理論與文采，兩者又相合致，苟非同一人的著作，沒有這般巧合的事，這是山右王先生即王宗岳的又一證。

有以上這些證據，證明了山右王先生，即是著《太極拳經》的王宗岳，在另外沒有找到別的新證據可以修正此說之前，大概不算十分武斷吧！

這《陰符槍譜》與《太極拳經》之間，尚有《春秋刀殘譜》一種，其刀法現尚為陳溝傳習，刀譜亦可在陳溝拳家之間鈔得，據此以觀，王宗岳得陳溝之傳者，不單是太極拳一種，陳溝的春秋刀，王宗岳也兼得其傳。茲將民國二十年不佞在陳溝所得的《春秋刀譜》與這殘譜，並錄於後，以資考證。

春秋刀殘譜：

「關聖提刀上霸橋，白雲蓋頂逞英豪（原文「豪」作

「像」），上三刀嚇殺許褚，下三刀驚退曹操。白猿托刀往上砍，一棚虎就地飛來（原文「飛」作「非」），分鬃刀難遮難擋，十字刀劈壞（原文「壞」作「鑲」）胸膛。□□□□□□□，磨腰刀古樹盤根，左插花往上急砍，舉刀磨旗懷抱月。舞花撒手往上騰，落在懷中又抱月。起刀反身往上衝，衝回一舉嚇人魂，插花往左定（下缺）。」

陳溝《春秋刀譜》：

「關公提刀上霸橋，白雲蓋頂逞英豪。上三刀嚇殺許褚，下三刀驚退曹操。白猿拖刀往上砍，一擁虎就地飛來。分鬃刀難遮難當，十字刀劈砍胸懷。翻身一刀往上砍，磨腰刀回又盤根。左插花往上急砍，舉刀磨旗懷抱月。五花撒手往上磨，落在懷中又抱月。率刀翻身往上砍，刺回一舉嚇人魂。翻花往左定下勢，白雲蓋頂又轉回。右插花翻身往上砍，再舉青銅砍死人。翻花往左定下勢，白雲蓋頂又轉回。挑袍翻身猛回頭，十字分鬃直扎去。花刀轉下銅翻桿，左右插花誰敢拒。花刀轉下鐵門閂，捲簾倒退誰遮閉，花一（花下當脫一字）左右往上砍，十字一刀忙舉起。春秋刀遇五關內。」

十字刀與磨腰刀之間，陳溝刀譜，較殘譜多「翻身一刀往上砍」之句，其餘雖文字微有差異之處，然與吾的論證是不相背馳的。接著，再來研究王宗岳是怎樣一個人物。

《陰符槍譜》佚名氏的敘告訴我們：王宗岳是山西人。他的治學，自少時經史而外，黃帝、老子之書及兵家言，無書不讀。辛亥歲——乾隆五十六年，他在洛，其後館於汴。他兼通擊刺之術，尤精於槍法，他悉心於此中者

數十年，深觀於盈虛消息之機，熟悉於止齊步伐之節，簡練揣摩，自成一家，名曰陰符槍。又將槍法集成為訣，以公天下。敘末署乾隆乙卯，證明了他於乾隆六十年尚還健在。他怎樣學得太極拳的呢？《陰符槍譜》敘中不是說過他在汴、洛之間處過館的嗎！太極拳的發源地，在河南懷慶府溫縣陳溝村，——一稱陳家溝，或稱陳家溝子，簡稱陳溝。如果我們要從開封或洛陽前去，只要乘隴海車由開封之西、洛陽之東的汜水，渡黃河十餘里地便到。因為汜水介於汴、洛之間，而溫縣則在汜水的對岸。明白了上述的地理，王宗岳之學得太極拳，當即在其居留洛、汴的時期中。以鈔本中的《春秋刀譜》來看，他不但學得陳溝的太極拳，並且學得陳溝的春秋刀等武藝。他的武藝著作理論，受黃、老思想的影響，這也是佚名氏在敘中明白告訴我們的。

接下來就是唐豪正式定名的王宗岳陰符槍譜（略）

1、唐豪「巧辯」就是「詭辯論」

有人分析，並且把這種方法稱為「詭辯論」，說詭辯論的常用方法是：先預設假定，說如果假定怎樣，就會得出什麼結論，然後就用假設的結論作為定論，此後就再也不提假設了，唐豪的確如此。

陰符槍譜全文，從頭到尾都沒有出現「王宗岳」三字，也沒有涉及王宗岳任何事蹟。唐豪竟然把「王宗岳」聯繫出來！

唐豪首先說：「陰符槍是山右王先生發明的。」後面又說：「這山右王先生是誰呢？吾以為即是王宗岳。」把

「王宗岳」無中生有地聯繫出來了！這是個假議題，關鍵是唐豪怎樣把個假議題變成真的。

他又說：「陰符槍總訣中高下、左右、剛柔、虛實、進退、動靜、陰陽、黏隨，一一與太極拳經理論吻合，這是山右王先生即王宗岳一證。」

又說：「太極拳經上的王宗岳籍山右，陰符槍譜敘中的王先生也籍山右，這是山右王先生即王宗岳的又一證。」「太極拳經與陰符槍譜合抄在一起，其理論與文采，兩者又相合致，苟非同一人的著作，沒有這般巧合的事，這是山右王先生即王宗岳的又一證。」

唐豪要「證明」山右王先生就是王宗岳，並不是他的目的。他說：「這陰符槍譜與太極拳經之間，尚有春秋刀殘譜一種，其刀法現尚為陳家溝傳習，刀譜亦可在陳家溝拳家之間抄得，據此以觀，王宗岳得陳家溝之傳者，不單是太極拳一種。」

這樣唐豪又無中生有地把王宗岳與陳家溝掛上勾，說王宗岳到陳家溝學習太極拳和春秋刀，這才是唐豪的真正目的。

由上述的鋪墊，唐豪再也不提「山右王先生」了。接下來就直談「王宗岳」了，只談「王宗岳是怎樣一個人物」，為王宗岳編傳了！

唐豪說：「陰符槍譜佚名氏的敘告訴我們：王宗岳是山西人。他的治學，自少時經史而外，黃帝、老子之書籍兵家言，無書不讀。辛亥歲，乾隆五十五年，他在洛，其後館於汴。他兼通擊刺之後，尤精槍法，他悉心於此中者數十年，深觀於盈虛消息之機，熟悉於止齊步伐之節，簡

練揣摩，自成一家，名曰陰符槍。又將槍法集成為訣，以公天下。敘末署乾隆乙卯，證明了他於乾隆五十五年尚還健在。他怎樣學得太極拳的呢？陰符槍譜敘中不是說過他在汴、洛之間處過館的嗎？太極拳的發源地，在河南懷慶溫縣陳家溝村，一稱陳家溝，或陳家溝子，簡稱陳家溝。如果我們要從開封或洛陽前去，只要乘隴海車由開封之西，洛陽之東的汜水，渡黃河十餘里地便到。因為汜水介於汴、洛之間，而溫縣則在汜水的對岸。明白了上述地理，王宗岳之學得太極拳，當即在其居留洛、汴時期中。以抄本中的春秋刀譜來看，他不但學得陳家溝的太極拳，並且學得陳家溝的春秋刀等武藝。」

快看！唐豪從一篇無人署名的既無王宗岳又無陳家溝的所謂「陰符槍譜敘」和「陰符槍總訣」中，詭辯出「王宗岳在陳家溝學得太極拳和春秋刀」來！這種偷天換日的魔術，不是誰都能做到的。

正確的歷史考證方法，首先應該判定唐豪在廠肆購得的「合抄本」的真偽。

2、太極拳家于志鈞教授的質疑

于志鈞先生在其《中國太極拳史》中，對《陰符槍譜》合抄本，提出了八個質疑：

說這個抄本，包含三個部分：太極拳經、春秋刀殘譜和陰符槍譜，都沒有署名。唐豪發表時，對太極拳經和陰符槍都加了「王宗岳」的署名。1936 年，唐豪寫了《王宗岳考》與陰符槍譜及王宗岳太極拳經合併出版，書名《王宗岳太極拳經‧王宗岳陰符槍譜》。

質疑之一：1930 年北平廠肆是個什麼地方？

所謂「廠」，在當時的北平（今北京）指琉璃廠（今仍如此名）：「肆」指書肆，即賣舊書的書店或書攤。舊時，北京有兩處較大的賣舊書的集中地，一個在琉璃廠，另一個在王府井東安市場內。但是，不論哪一處書肆，賣的全是書，從來不賣什麼「抄本」。所謂「抄本」，不過是在白紙上手抄若干文字。這種東西從來是作廢紙處理。為什麼這樣一個雜抄拳械譜竟上了書肆當書賣？唐豪的所謂「陰符槍譜」並非洋洋大作，根本沒有什麼槍法的套路，連槍勢的名稱都沒有幾個，不過是幾片紙。這就更不會被書店老闆當「書」賣。唐豪不說他「買」而說「得」，於廠肆，這也是費解的。給人以印象，似乎書肆老闆專門給他尋找到的。

　　質疑之二：為什麼「陰符槍譜」和楊氏《太極拳譜》抄到一起了？

　　這又是一大奇聞。如果真有此「合抄本」，合理的解釋，抄寫人應該是楊氏太極拳的傳人。唐豪說：「此譜必非得於汴洛」，「陳家溝、趙堡、王圪壋三處復無王宗岳傳拳之說，遂測想此譜在北平發現，或流傳其地後為楊氏所得」（唐豪，顧留馨：《太極拳研究》，146頁，人民體育出版社，1996年）。他說「陰符槍譜」流傳到北京，為楊祿禪祖孫所得。眾所周知，從楊祿禪攜子到北京傳授太極拳至今，從未見有所謂「陰符槍譜」傳出，也沒有什麼「陰符槍」傳世。那麼是誰編造了一個「陰符槍譜」，又把它和楊氏《太極拳譜》抄到一塊的呢？最合理的解釋是「發現」它的唐豪本人。

　　質疑之三：在這個「合抄本」中還夾有「陳家溝春秋

刀殘譜」。

這離奇得就沒邊了。離奇得過分就露出馬腳。看唐豪是怎樣說的。唐豪在他編撰的《王宗岳考》中寫道：「這陰符槍譜與太極拳經之間，尚有春秋刀殘譜一種，其刀法現尚為陳家溝傳習，刀譜亦可在陳家溝拳家之間抄得，據此以觀，王宗岳得陳家溝之傳者，不單是太極拳一種，陳家溝的春秋刀，王宗岳也兼得其傳。」

唐豪又說：「《陰符槍譜》序言：乾隆五十六年辛亥宗岳在洛，其後館於汴。溫縣、陳家溝位於汴洛間汜水之對岸，予推定宗岳得長拳十三勢打手之傳，當居汴洛時。並推定，宗岳不僅得長拳十三勢打手之傳，兼得《拳經總歌》及六句《打手歌》，其後即自撰《太極拳論》一篇、《太極拳釋名》一篇，連同潤改之《打手歌》一首，寫定成譜，《拳經總歌》則存而不錄。」（唐豪，顧留馨《太極拳研究》，137 頁，人民體育出版社，1996 年）又說：「陳家溝之長拳十三勢譜，同見於文修堂本及兩儀堂本。……乾隆時代陳家溝外傳之長拳十三勢及推手，有全傳者，有不全傳者，而宗岳則得其全傳。」

這就清楚了，「合抄本」的最終目的是用「春秋刀殘譜」與陳家溝聯繫起來；用楊氏太極拳譜與王宗岳聯繫起來；用「陰符槍譜序」，把「山右王先生」定為王宗岳，並把王宗岳定為乾隆時人即在陳王廷之後，此點是非常關鍵的。因為如果王宗岳像當時太極拳界認為是明嘉靖時人，則早於陳王廷一百餘年，王宗岳創造太極拳即為天經地義不可動搖，而「陳王廷創造太極拳」則為無稽之談。

唐豪所使用的方法是詭辯論，他的詭辯策略是：

第一步拋出個楊氏太極拳譜、陰符槍譜和春秋刀殘譜的合抄本。三者「獨立」給人以「客觀」的印象。

　　第二步把陰符槍譜「佚名氏序」中作者「山右王先生」與楊氏《太極拳譜》中王宗岳《太極拳論》聯繫起來，證明「山右王先生」就是王宗岳。完成第二步後唐豪就再也不提「王先生」，而直稱「王宗岳」。

　　第三步把合抄本之「春秋刀殘譜」與陳家溝聯繫起來，推論「王宗岳」曾到陳家溝學習太極拳、春秋刀、長拳十三勢及推手等。說王宗岳在陳家溝學得最完全。比陳家溝的陳長興、陳有本等學得都全。這表面看是奉承王宗岳，骨子裡卻是把王宗岳降為陳家溝陳氏的一個「小徒弟」。

　　第四步延伸推定，王宗岳《太極拳論》是王宗岳從陳家溝學了太極拳之後寫的。似乎順理成章，這是唐豪詭辯的最終目的。

　　以上的詭辯論，唐豪說，他先後用了二十多年的心血，跋涉幾千里，他的願望終於得償（唐豪，顧留馨：《太極拳研究》，147 頁，人民體育出版社，1996 年）。如此推算，唐豪於 1930 年萌志，到此文撰成，共歷二十多年，已是 1956 年了（唐豪：《王宗岳太極拳經‧王宗岳陰符槍譜》，1936 年）。在這二十多年，唐豪處心積慮地把王宗岳從明嘉靖時人拉到清乾隆時人；把王宗岳的活動地域從山西拉到河南，其最終目的是說王宗岳從陳家溝陳氏學了太極拳之後寫了《太極拳論》，推翻李亦畬《太極拳小序》中王宗岳太極拳論傳入陳家溝之說。這就成問題了，《王宗岳考》是 1936 年寫的，還是 1956 年寫

的？《王宗岳太極拳經・王宗岳陰符槍譜》到底是哪年出版的？

　　質疑之四：合抄本的「抄者」是誰？

　　這是「智者」唐豪所慮不及的敗筆之處。接唐豪的上述邏輯，合抄本的楊氏《太極拳譜》是王宗岳自己寫的；《陰符槍譜》是王宗岳著的；《春秋刀殘譜》也必須是王宗岳從陳家溝抄來的。所以說，合抄本的「抄者」必須是王宗岳本人，唐豪的「推斷」才能成立。其他人抄，這三者就沒有必然的聯繫。這可是太極拳界的重大事件。如果唐豪果真發現了王宗岳的親手「合抄本」，其影響將是劃時代的，不會是現在這樣偷偷地塞進一些辭書中的小動作。但是，唐豪、顧留馨或其今日之繼承者，必須出示「合抄本」之原件，鑑定其真偽不可。然而，「合抄本」之原件，今在何處？如果拿不出來，就表明這是一個十足的偽作。

　　質疑之五：為什麼時隔六年（1936年）唐豪才發表《陰符槍譜》？

　　唐豪「得」陰符槍譜於 1930 年，六年之後（1936年）才在上海出版了《陰符槍譜》。他 1931 年隨陳子明到陳家溝「調查」太極拳是在他得「陰符槍譜」之後。1932 年，他在陳子明著《陳氏世傳太極拳術》一書中附《太極拳源流考》一文。首次推出「陳王廷創造太極拳說」。文中，唐豪的根據僅有兩句話：《陳氏家譜》中陳王廷旁註「刀槍創始之人也」；《陳氏家乘》中的《長短句》「悶來時造拳」。僅憑這兩句話，就做出「陳王廷創造太極拳」的結論，唐豪也明白，是難以服眾的。但是，

唐豪還是急不可待地拋出了《太極拳源流考》。這足以證明，當時（1932 年）唐豪手中根本沒有所謂「陰符槍譜」。如果當時唐豪手握「陰符槍譜」，《太極拳源流考》中為何隻字未提？這對唐豪來講是反常的。唐豪是最聾人聽聞的大家，他不可能從「發現」《陰符槍譜》到發表，沉默六年之久，甚至是「二十年」！

唐豪的最大敗筆，就是他把陳家溝春秋刀殘譜「抄」進合抄本。

如果合抄本是真的，則陳家溝武技譜就應在唐豪去陳家溝之前已傳出陳家溝。而事實是，在此之前，沒有任何陳家溝武技資料公開披露於世，沒有陳家溝「春秋刀譜」流傳之事，甚至不知有「陳家溝」之名。

其中明顯的破綻是「佚名氏」說：王先生悉心於陰符槍「數十年」。數十年，當為三四十年之謂也。按「佚名氏序」的說法王先生在乾隆五十五年到五十九年（1790～l794）往返於洛陽、開封，設館教書。唐豪說，他認定的「王宗岳」在這段時間裡到陳家溝學得太極拳。這與王先生悉心研究「陰符槍」數十年是矛盾的。王先生早在三四十年之前就研習了陰符槍，就用「陰陽學說」研究槍術，而不是等到老年又去陳家溝「留學」才寫出《陰符槍總訣》。這是其一。

其二，「陰符槍」，顧名思義是用《陰符經》的學說指導槍法。這是更大的破綻。

《陰符經》大約成書於南北朝的北魏到北周時期（公元 531 年至 580 年），作者不詳。書名《陰符》，義在「陰者，暗也；符者，合也」。所以《陰符經》的結論是

「天人合發，萬變定基」。意思是，天和人都要符合自然，主客觀相符，一切變化都遵從這個規律。《陰符經》說五行為「五賊」，三才為「三盜」，說「天生天殺，道之理也。天地，萬物之盜；萬物，人之盜；人，萬物之盜。」道理有點近似於「生態平衡」原理。所以《陰符經》根本不是講「太極陰陽」的學說，唐豪編造了一個太極陰陽的《陰符槍總訣》，太離譜了。《佚名氏序》說：「噫！非先生之深於陰符，而能如是乎？」我們說，既然山右王先生深於《陰符》，怎麼竟會出了《陰符槍總訣》這樣的大笑話！可證，《陰符槍譜》是一個不懂《陰符經》的人寫的一部地道的偽書。

其三，所謂《陰符槍總訣》貌似王宗岳之作，實際上其編造者根本沒有理解王宗岳的武學思想的本質，這也與陳鑫在《陳氏太極拳圖說》中抄襲了大量的王宗岳太極拳論的內容一樣，他們都沒有掌握王宗岳的根本技擊思想。

（參見于志鈞著《中國太極拳史》101 至 108 頁）

3、《陰符槍總訣》不是槍譜

于教授說，事實上，唐豪發表的《陰符槍總訣》也根本不是什麼槍譜！

我們用唐豪在二十六年後（1956 年）說的話，看看唐豪的「考證」的邏輯混亂和「學風」之偽劣。他說：「曩予在廠肆得一抄本，篇名為《先師張三豐王宗岳傳留太極十三勢論》。1931 年出版之《太極拳使用法》，篇名為《祿禪師原文》，皆楊門弟子所附會。」

此處令人不解，看了唐豪的一系列文章，使人感到他與楊門似乎有某種私人恩怨。這裡他用了一個「曩」字，

指時間上是在 1931 年之前，他在「廠肆」「得」一「抄本」。應該說，這就是他在同一時間（1930 年）同一地點（廠肆）「得」到的王宗岳《太極拳經》、《陰符槍譜》和陳家溝《春秋刀殘譜》的合抄本。但他含糊其辭，不說明白。但此外，他也沒有什麼其他的抄本得之於廠肆。事過二十多年，唐豪從未說過，他還有什麼其他太極拳經在 1931 年之前得之於廠肆。

唐豪的下面一段話，講得更有意思了。他說：「予於1930 年，在北平廠肆得王宗岳《陰符槍譜》與楊氏《太極拳譜》合抄本。後一年，赴溫縣訪求太極拳史料，除《打手歌》外，余皆不見於陳家溝、趙堡鎮。遂轉而研究楊氏此譜來歷。最初覓得同治河南省舊圖之有陸路官道者，以尋祿禪往來永年溫縣之跡。考得祿禪往來，毋須繞道黃河之南，故斷此譜必非得於汴洛。陳家溝、趙堡、王圪　三處復無王宗岳傳拳之說，遂則想此譜在北平發現，或流傳其地後，為楊氏所得；又以楊氏太極拳諸書附會為內家拳，從練法、打法、名色拳稱之異，斷譜中張三豐遺論，係標取內家拳文獻而來。以其中一篇標題為王宗岳《太極拳論》，故斷張三豐遺論之文出於王宗岳手。」

問題就出來了。唐豪一口咬定「合抄本」中三部分的聯繫，否則他的結論就作不成了。如果唐豪的推理邏輯是正確的，那麼邏輯的前提條件必須是「合抄本」出自王宗岳之手，不能是其他人轉抄的。唐豪既無證據證明「合抄本」是王宗岳抄寫的，也不敢「證明」此點。如果他這樣肯定，他就要承認「張三豐遺論」的標題是王宗岳寫的。而這是唐豪最不願意承認的。於是，唐豪採取了「張三豐

遺論」的標題是「楊門弟子所附會」；「張三豐遺論」的文章是「王宗岳寫的」把戲。然而，這樣一來就否定了「合抄本」是王宗岳抄寫的前提，合抄本成了「楊門子弟」抄寫的。這就不能把合抄本與王宗岳聯繫起來，也就不能把王宗岳與陳家溝聯繫起來，作不出「王宗岳到陳家溝學習太極拳和春秋刀」的荒唐結論來。

如果唐豪要說「合抄本」出自王宗岳之手，王宗岳又抄了張三豐遺論，就更麻煩了，難道張三豐也到陳家溝學習過太極拳和春秋刀！

可見，唐豪的思路已經混亂，偽造「合抄本」之跡太明顯！

其後繼者顧留馨，就不再走唐豪的「考證」之路，乾脆「指鹿為馬」，毋須「考證」。

質疑之六：「陰符槍」的發明者到底是誰？

顧留馨在《太極拳研究》一書中說：陳王廷「創造了黏隨不脫、蓄發相變的刺槍術」。他又說：陳王廷「根據推手時練習皮膚觸覺和內體感覺靈敏性的『聽勁』方法，繼而創造了雙人黏槍法。這也是陳王廷獨創性的成就之一。……練習太極黏槍時，纏繞進退，疾若風雲，封逼擲放，往復循環，為刺槍術開闢了一條簡便易行、提高技術的途徑。」（唐豪，顧留馨：《太極拳研究》，7 頁，人民體育出版社，1996 年）

幸虧我們在前節對唐豪《陰符槍譜》剛剛作了辨偽，否則還真不易發現顧留馨與唐豪互相取用以愚弄人們。就在顧留馨這短短的幾句話中，剛剛還是唐豪說的「王宗岳陰符槍」，這麼一會兒顧留馨就把它說成是「陳王廷創造

的太極黏槍」。

請看！

佚名氏說：「先生之槍，其潛也若藏於九泉之下，其發也若動於九天之上，變化無窮，剛柔相易。」

顧留馨取其四字：「潛、發、相、變」，不過用個「蓄」字代替了「潛」，其意不變，成了「蓄發相變」。

《陰符槍總訣》云：「黏隨不脫，疾若風雲。」

顧留馨索性一字不差，取來就扣到陳王廷頭上，說陳王廷創造了「黏隨不脫、蓄發相變」的刺槍術。陳王廷練習黏槍時，又「疾若風雲」。顧留馨所以敢這樣做，是欺武林無人！「陰符槍」是誰發明的？到底是王宗岳？還是陳王廷？

質疑之七：《陰符槍譜》原件緣何使用新式標點符號和簡體漢字？

台灣的中華太極館《太極學報》1997 年第十一期刊登了北京化工大學教授陳耀庭題為「《陰符槍譜》抄本沒有史料價值，不能作為太極拳史引證的依據」的文章。全文如下：

讀了第八期學報于志鈞教授的《陰符槍辨偽》一文後，覺得文章寫得很好，分析得很透徹，但他未能見到唐豪先生得自廠肆的抄本。據我所知該抄本現存北京有關方面（指原國家體委、現國家體育總局資料室。——作者釋）。我有幸在二十多年前（「文化大革命」時期。——作者釋）見到該抄本，見後發現，該抄本沒有史料價值，不能作為太極拳史引證的依據，理由如下：

第一，抄本有標點，如逗號（，）、句號（。）、分

號（；）、引號（『』），等等，並在山右王先生處加上了人名號、地名號。這足以說明，此譜不是什麼古本。稍有文史知識的人都知道，標點符號是在「五四」新文化運動以後的事，即在 1919 年之後。唐豪於 1930 年在北平廠肆購得此抄本，可能就是當時二三十年代一位業餘武術愛好者的抄本，真想不通，為什麼唐先生把它作為珍貴的史料？

第二，抄本十分粗劣。且不說字寫得很差，而且錯別字很多，塗改抄錯處不少，很不認真。我稍稍計算，短短三頁的序中，塗改即達十餘處，愈往後，抄得愈差。

第三，抄本中多處出現簡體字。僅在《陰符槍譜》的序中，就出現了會、變、數、備、觀、歸、於等。我雖然不太精通文字考證，但有一點是可以肯定的，上述簡化字，除少數有可能在清末出現的外，絕大多數都是「五四」新文化運動之後才用。這可以再次說明，《陰符槍譜》不是古本。

根據以上所述，可以看出，抄本是 20 世紀二三十年代的東西，不是清乾隆時的原版本。

此外，在唐豪先生的《王宗岳考》中說：「這陰符槍譜與太極拳經之間，尚有春秋刀殘譜一種……」他指出的所謂「殘譜」二字，在未見原件以前，我與一般人一樣，殘譜理解為年代久遠，失去某頁或因破損造成殘缺。見到原譜後，不禁大吃一驚，《抄本》並沒有什麼殘缺，紙張也不舊（並未嚴重泛黃）。唐先生所謂「殘譜」，原來是僅僅沒有抄完，抄者抄了一部分，沒有抄下去，沒有抄全，不知是累了擱筆，還是後來沒有興趣不抄了。總之，

不是殘的而是沒有抄完，此處用了一個「殘」字，實在是有點騙人！

我不瞭解春秋刀是何人所創，但若顧名思義應為三國時的關羽所創。建安二十四年（219 年）關羽走麥城至今已有一千七百多年了，又與陳家溝太極拳如何聯繫在一起？其中有點牛頭不對馬嘴。真要聯繫的話，為何先生說太極拳創於明末清初僅有三百餘年的歷史，另一方面又說「刀現尚為陳家溝傳習」？

二十多年前，我見到唐豪的《陰符槍譜》後，當時就覺得不值一看。但今天看來，這本在太極拳史上起這麼大混亂，為了對太極拳史研究負責起見，抄本的實況有必要告訴大家。

質疑之八：《春秋刀殘譜》

《春秋刀殘譜》到底是什麼？為什麼唐豪如獲至寶？它與陳家溝有什麼聯繫？

1933 年陳子明從陳家溝攜《陳氏拳械譜》舊抄本數種，給徐震（哲東）看，徐認為其中兩冊最重要，一題《器械叢集》陳兩儀堂記；一題文修堂本。徐震在 1936 年出版的《太極拳考信錄》中全文發表了這兩冊《陳氏拳械譜》舊抄本。在文修堂本最後，列有《春秋刀（一名偃月刀）訣語》，全文錄之如下：

關聖提刀上灞橋，白雲蓋頂逞英豪，上三刀嚇殺許褚，下三刀驚退曹操，白猿拖刀往上砍，一擁虎就地飛來，分鬃刀難遮難擋，十字刀劈砍胸懷，翻身一刀往上砍，磨腰刀回又盤根，左插花往上急砍，舉刀摩旗懷抱月，舞花撒手往上磨，落在懷中又抱月，率刀翻身往上

砍，刺回一舉（似乎未完。——作者釋）嚇人魂，翻花往左定下勢，白雲蓋頂又轉回，右插花翻身往上砍，再舉青龍砍殺人，翻身往左定下勢，白雲蓋頂又轉回，接酒挑袍翻身猛回頭，十字分鬃直扎去，花刀轉下鐵門栓，捲簾倒退難遮避，花刀左右往上砍，十字一刀忙舉起。

合抄本抄到第十七句「翻（合抄本為插。——作者釋）花往左定」處，往下沒有了。

本書作者（于志鈞）有幸看到 2002 年中央電視台對陳家溝陳氏武技傳人的專訪紀錄片，恰好有陳氏傳人演練「春秋刀」的鏡頭，見陳雙手握一把青龍偃月刀，劈來砍去，跳來跳去，刀桿纏繞身體盤來盤去，最後聽得「喀吧」一聲，碗口粗的刀桿斷成兩截！似乎怕人看不清楚，鏡頭重演慢動作，看到刀桿在陳的脖子上，陳一用力，「喀吧」一聲，刀桿慢慢劈開，擴大裂口，最終斷成兩截。這明顯是騙人的把戲！江湖上，這類把戲太多了。陳氏傳人耍的大刀，內行看，完全屬於花架子之類。

唐豪把陳家溝「太極化」了，不管什麼東西沾上「陳家溝」就是「太極」；陳家溝陳氏也把陳氏家族「太極化」，在陳家溝只要陳姓的人隨便一舉一動都是「太極」，哪有這種道理！這才是迷信。

讀者可以看到，所謂的《春秋殘刀譜》，根本不是什麼刀譜，實際是「打油詩」，誰弄把春秋刀來瞎胡嚕一陣子，都可以說什麼「祖傳」的刀法，陳家溝陳氏來胡嚕，當然就是「太極春秋刀」了！

陳家溝的春秋刀，可不可以考證呢？當然可考。君不見陳王廷的畫像，陳王廷旁邊站立的蔣發替他拿著「春秋

刀」嗎！陳氏家譜中陳王廷旁註，不也寫有「戰大刀可考」嗎！沾「陳」即太極，這是唐豪的邏輯。所以，唐豪才作出「王宗岳到陳家溝學習了春秋刀」的驚人結論。

這些年，人們似乎把陳家溝給「崇」壞了，早已不滿足「發明」太極拳了，十八般武藝，什麼刀、槍、劍、戟、斧、鉞、鉤、叉、棍、鞭、鐧、槌、耙；長的、短的；單的、雙的；帶鉤的、帶刺的；帶繩的、帶鏈的；明的、暗的，進了溝全是「太極」！試問有點頭腦的人，練習武術，哪家是這樣練的？這是開兵器鋪嗎！事做過頭，不留後路。太極拳講求「無過不及」，怎麼忘了？吹過頭啦！引起疑惑。

（參見于志鈞著《中國太極拳史》109 至 117 頁）

七 「重實用」「斥花假」是唐豪的「痴心」願望

要說唐豪的武術思想，那就要屬顧留馨給予的六個字「重實用，斥花假」來概括，實不為過。

1、民國時期的武術和中央國術館，及其武術競賽表演活動。

民國時期，出現了大量的武術論著，其中有不少具有一定學術價值的研究成果和創見。沿承傳統、整理傳統拳械的論著較多。著述最豐者，當推姜容樵。他在民國中期前後，共編著了二十多種拳械專著。其中包括有形意拳、八卦掌、太極拳、秘宗拳、少林拳等多種拳術套路，以及刀、槍、劍、棍、鞭等兵械的套路練法。他還將這些流派中名手們的故事，演義成《當代武人奇俠傳》（12

冊），以文藝形式介紹拳派的傳承和技法。

這類整理傳統武術的書，大多包括有該拳種（或拳械套路）的傳承關係、基本動作、功法以及套路動作圖解。保留下了前代傳流的拳械技術和技法。有的書中，還增益作者體會，編入技法歌訣，發展完善了所著武技。

中央國術館成立後，由編審處負責編輯武術論著。至1934 年，已編輯出版了《查拳圖說》、《青萍劍圖說》、《少林武當考》等 22 種，已完成編輯的有《練步拳》、《八極拳》、《形意拳摘要》等 12 種。當時正在編輯的有《太極拳》、《八卦學圖說》、《內功正軌》等幾種。

1929 年秋，該館創辦《國術旬刊》，每十日出版一期。翌年，改名為《國術週刊》，每週出版一期。《國術旬（周）刊》的基本內容包括論文、著述、轉載、記錄、文苑、雜俎，以及該館消息、國際要聞等欄。主編相繼由吳志青、唐豪、姜容樵等國術館編審處處長擔任。這一時期，南京、上海、北京、天津、浙江、陝西、湖南等省、市國術館，以及濟南健康實驗學社等民間組織也都先後創辦廠武術專門刊物。促進了傳統武術的整理，也加強了各地武術組織和傳習者間的交流。

國術館出版專著中，有一些就是該館的技術課教材。由於開課多是教員能什麼就教什麼，並沒有形成過統一的固定教材。1933 年底，教育部發函中央國術館編輯初中、高中、大學三級武術教材。該館成立了由姜容樵負責的教材編審委員會，並在 1934 年 1 月 3 日舉行的第一次會議上，議定先編初中、高中兩級教材。初中教材包括五行

拳、彈腿、劈掛刀、三才劍四種；高中教材包括八極拳、八卦掌、梅花刀、崑吾劍四種。1941 年，該館派員參與國民政府教育部和軍訓部聯合設置的國術教材編審委員會，進行國術教材之研究編輯工作。至 1944 年，編輯完成了健身操 4 種，普通教材 24 種、軍事教材 4 種、特種教材 17 種，共計 49 種。時為抗日戰爭末期，由於種種條件所限，這 49 種教材未能印刷問世。

1936 年，德國承辦第十一屆奧運會。中國體育協進會負責籌組中國體育代表團。該會決定派國術表演隊隨團前往德國表演，推定褚民誼、張之江、沈嗣良、葉良四人為選拔委員，褚民誼為召集者。

同年 5 月 11 日，在上海申園健身房舉行選拔表演。南京中央國術館、河南省國術館、上海市國技館和中國駐日留學生監督處等 4 單位的共 15 名選手，參加了表演。

從中選拔出男選手張文廣、溫敬銘、鄭懷賢、金石生、張爾鼎、寇運興；女選手翟漣源、傅淑雲、劉玉華。另派南開大學國術教員郝銘為教練兼隊長，顧舜華為管理員，共 11 人組成國術表演隊，於 5 月 21 日到中央國術館進行訓練。

6 月 26 日，國術表演隊隨同中國體育代表團一道從上海啟程，7 月 23 日到達柏林。休息兩日後赴漢堡。在漢堡進行了三次表演，隨後返回柏林，於 8 月 11 日晚在一個露天劇場舉行正式表演。共表演了 20 個項目。首先是集體太極操，然後是拳術、器械的單練和對練項目。歷時一小時，博得了萬餘觀眾的熱烈讚譽。國術表演隊還為國際運動學員營作了表演，並應邀到法蘭克福和慕尼黑進

行表演。每場表演，反應都十分熱烈，不少項目都要返場表演兩三次；尤其是空手奪槍，常常要重複五六次。每場表演結束後，都有不少人要求簽名留念。國術隊的表演，既向世界體壇展示了中國武術的風采，也為中國體育代表團增添了光彩。

（參見國家體委武術研究院編纂《中國武術史》人民體育出版社 1997 年 9 月第一版 355 至 360 頁主編：張耀庭 此部分執筆：康戈武）

2、唐豪對民國時期武術的態度

古之拳家，以花法套數惑世，戚南塘三百年前，已慨乎言之。今之拳家，花法套數之外，且附會妖妄以欺人。花假雖足貽誤，然猶得磨礱體魄之益：妖誣蔓延，將見國亡而有餘。

（見唐豪《內家拳・自序》民國 24 年 9 月 9 日 吳縣范生唐豪 即 1935 年）

開大陣，對大敵，是一種武藝。上游場——今之競技場，古稱游場——試高下，又是一種武藝。戚氏在《紀效新書・或問篇》裡說過：

「平時官府面前，所用花槍、花刀、花棍、花叉之法，可以用於敵否？子所教亦有是歟？光曰：『開大陣，對大敵，比場中較藝、擒捕小賊不同。堂堂之陣，千百人列隊而前，勇者不得先，怯者不得後，叢槍戳來，叢槍戳去；亂刀砍來，亂殺還他，只是一齊擁進，轉手皆難，焉能容得左右動跳，一人回頭，大眾同疑；一人轉移寸步，大眾亦要奪心，焉能容得或進或退。』」

左右動跳，或進或退，不是開大陣、對大敵之技。遊場試藝，兩兩相對之間，方得施展此等身手的所在。然其間亦自有別，花假之法，雖亦左右動跳，或進或退，余謂擒捕小賊，或堪一用，場中較藝，須如戚唐二家，知訣勢之竅要，平日實驗有得，方向側身其間。至若戰場對敵，不惟不能容得左右動跳，或進或退，並立勢亦不能容得。

作戰不離乎器械，必至器械紛失，始赤手肉搏，以爭生命於呼吸，此種情形，萬千中難遇一二，然舉拳即揮，豈暇立勢周旋。勢之多，勢之用，為中國拳法所特有，所以戚氏說：「此藝無甚預於兵」，又說拳法是一種「似無預於大戰之技」。

西洋拳鬥，不甚講勢，學藝者日必試藝，亦不以勝負為愧為奇，使戚氏生乎今世而及見此藝，必將引之為理想中的拳法，此戚氏的實驗主義，足證吾言之非虛。

歐美的士卒訓練，拳鬥也是其中的一種。西洋拳鬥的學重對試，搏重要害，在中國拳法中，惟戚氏的實驗主義，與三百年前搏人必以其穴的內家拳，具有同樣的價值。

西洋拳鬥的缺失，其病在有上而無下。四年前，余創立護具數種，蔽腿、腹、陰囊等處，使人登場試藝，然勝負之數，仍在上而不在下，蓋下部一經障蔽，雖用腿而不能創敵，若不用護具，則肚腹、陰囊，皆為致命之處，將因比賽而日見傷殘，以是恍然悟西人非不知有腿。今思得一法，競技則限於上而不必有下，平時學技，或蔽護具，或制人體型之椿，擇拳中有用腿法，習踢要害，或雙人對

演·或單人獨習，如是則至實際應用的時候，上下皆有，既可彌比賽之缺，亦可存南塘不偏一隅之法。

使戚氏而生乎今日，絕不將那些不合時宜花法虛套的武藝，尊為救國的良圖。使戚氏而生為今日中國之大將，絕不將十九路軍抗日的大刀，滿足地以為曾經殺勝過敵人而自豪。以上所云，凡看過戚氏《紀效新書》、《練兵實記》兩書的，當知吾言之不謬。

識古今因變之宜，明崇實斥虛之道，這是戚繼光之所以為戚繼光。生於三百年後的今人，識不足以知因變，明不足以察實虛，靡人民的脂膏，設廣大的館舍，集江湖遊食之徒，演古所吐棄之物，曰：是救亡之良圖也！是救亡之良圖也！不知此真將亡的現象，吾復何言！

（見唐豪著《戚繼光拳經》戚氏拳經的現代評價和總結 1935 年 9 月 9 日）

花假之套，乃遍於國中。欲救其弊，惟有服膺南塘遺教，宏獎公開比賽，使此輩無所遁形於競技場中，其不敢臨場者，即是藝淺膽怯之證，如此，則花假漸可絕跡，真藝方得發揚。

（見唐豪著《王宗岳太極拳經 王宗岳陰符槍譜 戚繼光拳經》民國 25 年 5 月即 1936 年）

世界各國的提倡古舊武藝，實含有其時代的使命。但中國呢！幾十年來，只走一條單純的體育路線，他們一味遷就把勢匠所造成的環境，他們不去揀選一下，他們提倡的大多數是些花假虛套近乎開玩笑的東西，甚至如九節

鞭、虎頭鉤、三節棍、流星錘、峨眉刺那些玩藝兒，都視為國寶。這些玩藝兒，除了在體育方面發生一些影響之外，不要說在現代的戰場上毫無用處，就是在古代的戰場上也不能發生一些作用。然而十餘年來國家消耗了幾百萬巨款，廣設國術館，其所提倡的，十之八九，是這些江湖玩藝兒，對於軍國民教育，可謂風馬牛不相及。推厥原因，最大的病根，由於領袖人物知的不夠，所以對於武藝，應當提倡的卻不提倡，不應當提倡的卻大提倡，於是形成了一種無計劃而瞎幹的局面。他們雖則大聲疾呼地叫喊著救國的口號，然而，事實上他們卻讓開玩笑的花假虛套和九節鞭、虎頭鉤、三節棍、流星錘、峨眉刺去救國！

（見唐豪著《中國武藝圖籍考·自序》民國 29 年 7 月 7 日即 1940 年）

3、解放後武術及其競賽表演活動

1954 年成立了第一支國家武術隊（當年底解散）。1957 年起，一些體育學院和師範學院體育系把武術列入了教學課程。由於黨和政府的重視，武術工作者的社會地位得到了相應的提高：有的被選為人民代表，參與討論國家大事，有的被授予教授、副教授等職稱和職務。

但是，因為當時社會上的政治情況還比較複雜，在武術的恢復和發展過程中出現了魚龍混雜的情況。一些社會武術團體，在沒有報批登記的情況下就隨意建立；有的搞封建迷信，破壞社會秩序；有的騙取錢財；有的甚至成為隱藏反革命分子的巢穴。考慮到這些情況，1955 年全國體育工作會議上對武術工作採取了暫時收縮，加以整頓的

方針。國家體委副主任蔡樹藩在當年 5 月 31 日國務院全體會議第十次會議上所作的工作報告中說：「武術工作根據主觀力量和客觀情況，目前只能進行一些整理和研究工作：提出一些與體育有關的、對健康有益的、又能推行的項目。」還指出「廠礦、企業．學校、機關原有武術小組，要加以整頓；沒有的，暫不建立。農村中堅決停止發展，原有的武術活動，可由區鄉政府、青年團加以領導，不要被壞分子利用做壞事」。

經過一個時期的整頓，正常的武術活動同少數人利用武術進行的政治破壞活動得到了區分，劃清了界線，廣大武術工作者的政治思想覺悟也有了進一步提高，為以後的武術開展創造了條件，取得了顯著的效果。但是，有些地方在整頓過程中執行政策過「左」，停止了一些不該停止的武術活動，挫傷了一部分武術工作者及愛好者的積極性，使武術工作受到損失。這是一個教訓。

1956 年 3 月 9 日，國家副主席劉少奇在同國家體委負責人的談話時指出：「要加強研究，改革武術、氣功等我國的傳統體育項目。研究其科學價值，採用各種辦法，傳授推廣。」之後，武術運動在研究、改革中不斷地得到新的發展。

1956 年通過《中華人民共和國運動競賽制度暫行規定（草案）》，把武術列為表演項目，定期舉行，使武術作為體育競賽項目。邁開了新的一步。同年 11 月 1～7 日在北京舉行了十二單位武術表演大會。會上試用了給運動員打分的辦法，第一次比較具體地區分出運動員獲得成績的多少。儘管這種辦法還存在種種不足之處，但它畢竟是

武術運動項目走向正式比賽的開端，向前邁出了關鍵的一步。

　　從 1957 年開始，國家體委有關部門連續三年舉辦了由老、中、青武術工作者參加的全國性武術學習會。學習黨的體育方針政策，交流武術技藝，討論武術的學習問題。這些學習會有力地調動了廣大武術工作者的積極性，提高了他們的政治思想覺悟和業務水準，推動了武術運動的發展。

　　1958 年 9 月 19～22 日成立了中國武術協會。之後，在上海、天津、遼寧、浙江、湖北、甘肅、四川等 18 個省、直轄市也相應成立了武術協會或研究會。中國武術協會成立後，即邀請一些經驗豐富的武術工作者，著手制訂武術競賽規則。經過反覆討論、研究，起草了中國第一部《武術競賽規則》，由國家體委批准後公佈施行。按照這個規則，在 1959 年全國青少年運動會和第一屆全國運動會上進行廠武術比賽。這樣，在武術這個運動項目上實行競賽的輪廓和具體辦法就大體型成了。使武術比賽步入了正規化的軌道，促進廠武術技術的發展。

　　自 1959 年開始實行武術競賽制度以來，對促進各省、自治區、直轄市抓好武術運動、建立武術隊、普及和提高武術運動水準方面，起到極為重要的作用。但是，也存在一定的不足：一是規定較嚴，比賽單一，對貫徹「雙百」方針受到一定的影響；二是吸收了一些體操和舞蹈動作，在一定程度上削弱了武術的特點。

　　從五十年代初期到六十年代中期的 15 年中，武術雖然經過了恢復、發展、收縮、整頓和三年經濟困難時期，

總的來看，武術運動還是向前發展的，大部分省、自治區、直轄市建立於武術隊，業餘體校武術班也不斷增加。許多中、小學在體育課中增加了武術的教學內容。各體育學院和師範院校體育系先後培養出了一批武術人才。

這一時期，武術的研究整理工作也取得較大的進展。整理、創編出版了《簡化太極拳》以及長拳、刀術、槍術、劍術、棍術等套路，編寫了體育系武術通用教材。同時，也先後出版廠不同流派的武術著作，如各式《太極拳》、《青年拳》、《綿拳》、《華拳》、《查拳》、《拳術十二法》、《武術運動基本訓練》、《八卦掌》、《太極劍》、《太極刀》等，促進了武術理論建設。

（參見國家體委武術研究院編纂《中國武術史》人民體育出版社 1997 年 9 月第一版 365 至 367 頁主編：張耀庭）

4、唐豪的處境與態度

從上述情況看，正如于志鈞教授所講：

解放後，政府發展武術的政策改變了中國武術的性質，使武術成了一種藝術體操，舞蹈化、去技擊化。為此，提出了「現代武術」或「武術現代化」的新概念，不但大力改編傳統武術·使之「套路化」、「規格化」、「量化」，還為之創造武術的「新理論」、「新概念」，進而在「新概念」、「新理論」指導下編寫中國武術史，其代表就是國家體委武術研究院編纂的《中國武術史》。所有這些，其核心是中國武術「去技擊化」……

（見于志鈞著《中國傳統武術史》中國人民大學出版

社 2006 年 2 月第一版 3-4 頁）

唐豪雖處國家體委運動技術委員會，但情況不同了，他也是另一番景象。譬如：顧留馨之子顧元莊在「涸轍之魚，相濡以沫──記唐豪和顧留馨師友情」（見《武魂》雜誌 2006 年 11 至 12 期）一文就講：

1955 年 1 月，唐豪從華東政法委員會調往國家體委，研究武術史，旋擴大為研究中國體育史，主編並編寫《中國體育史參考資料》，共八輯，成為中國武術史和中國體育史研究的拓荒者。他在京時經常與顧留馨通信並索稿，顧留馨寫了《論三種潭腿套路的比較研究》、《武舞與武藝的歷來爭論之我見》、《中國主要拳種的腿法比較》等三篇文章。與唐豪的武術觀點一脈相承，主張武術應提倡實用性武藝。上述三篇文章，唐豪都作了退稿處理，並講了實情，說當時有關領導的意見是反對實用性武藝，批判唯技術論，因此還是不發表為好，也說到他處境的困難。

由此看來，當時刊登在《體育報》上唐豪逝世的消息，包括悼詞，以及此後的墓碑碑文，都沒有顯示與武術有「一絲一毫的聯繫」，沒有什麼「令人費解」的。一點也不奇怪，實屬正常。

八 結束語

研究一個人，不能脫離其時代背景和他的性情。唐豪是一個富有正義感和責任感的人，面對當時「世界各國的提倡古舊武藝，實含有其時代的使命。」「中國呢！幾十年來，只走一條單純的體育路線。」「花假之套，乃遍於

國中。」「他們提倡的大多數是些花假虛套近乎開玩笑的東西。」「這些江湖玩藝兒，對於軍國民教育，可謂風馬牛不相及。」而且「武藝界中，鬧得頂烏煙瘴氣的。」「廣播其荒誕的、邪魔的、神祕的謬論。」「附會、標榜、盲從交織的烏煙瘴氣，直衝霄漢。」「幾乎全面積百分之九十，蔓延著亂苗的惡莠，而少有人去一顧。」怎能不叫唐豪痛心疾首！

所以，唐豪大聲疾呼「使戚氏而生乎今日，絕不將那些不合時宜花法虛套的武藝，尊為救國的良圖。」「學拳，要身法活便，手法便利，腳法輕固，進退得宜，腿可飛騰。而其妙也，顛起到插。而其猛也，披劈橫拳。而其快也，活捉朝天。而其柔也，知當斜閃。」「俗云：拳打不知，是迅雷不及掩耳，所謂不招不架，只是一下；犯了招架，就是十下。博記廣學，多算而勝。」「既得藝，必試敵，切勿以勝負為愧為奇，當思何以勝之，何以敗之，勉而久試，怯敵還是藝淺，善戰必定藝精，古云：藝高人膽大，信不誣矣。」

於是，唐豪發憤著書。對許多武術古籍資料進行認真研究的同時，身體力行。不惜家破人亡，如《少林武當考》扉頁，即可看到「定稿於因流離失養而犧牲的三小兒畢命之夜」字樣，其第一夫人就是因為被他埋怨書稿被「鼠啃」，而自盡。

有人講，唐豪在主編並編寫《中國體育史參考資料》時，為寫稿、徵稿、編輯、回覆讀者來信披星戴月操勞過度，引發舊疾哮喘病，據其夫人沈蔭陶說：唐豪自知病重，但含笑說，算來我寫了武術史、體育史一百幾十萬

字，可說「鞠躬盡瘁，死而後已」了。

為此，馬明達教授對唐豪給予高度的評價：

我們一直為當代武術界出現過唐豪（字范生，號棣華）先生這樣的武術家而感到慶幸，感到榮耀。他是傑出的律師，是學養宏深的文史專家，是一位富有正義感的社會活動家。

唐豪先生是迄今唯一一位對武術文獻和民族體育文獻做過系統整理的學者。早在半個世紀以前，唐豪先生發表的《中國武藝圖籍考》及其《補篇》，還有解放後發表的《中國民族體育圖籍考》和許多論文專著，是本世紀武術史和民族體育史的劃時代的著作，也是武術目錄學和文獻學的創軔奠基之作。

這就是唐豪濃彩重抹、華彩人生光輝一面的真實寫照！

但人無完人，我們不能要求他把什麼都做得很好。他對太極拳源流的錯誤定調，恰好是各方面的原因所造成的。譬如：受當時疑古思潮「**若用顧頡剛治古史之法……**」的影響；受《陳氏家譜》「森批」「旁註」的影響；受陳子明提供所謂「王廷遺詞」的影響；受先前主觀「張三豐亦決不是太極拳鼻祖」的影響；受後來「去陳溝調查」不能白跑一趟的影響；受蔣發是所謂陳王廷「僕人」、陳清平所謂去趙堡教「陳溝新架」蒙蔽的影響；宋書銘太極拳動作像楊氏，以及自己所發現的《合抄本》《陰符槍譜》，再加之本身又不懂太極拳，把戚繼光《拳

經》、陳溝《炮捶》、譜記少林《紅拳》、外來《王堡槍術》等當太極拳械來對待，又急於求成，急於證明⋯⋯等等，其結果是多種因素融合彙集，產生的綜合效應，促使了許多錯誤結論的形成。

透過本文的梳理，我們可以清楚地看到，唐豪是在一個特殊的疑古思潮環境下，許多都成了「附會」（徐震也不例外），加之主觀願望的促使（過激和偏見），以及方法上的不顧一切（胡言亂語，顛三倒四；視而不見，睜眼胡說；無中生有、捕風捉影；張冠李戴，胡攪蠻纏。）導致的結論是幾乎是一錯再錯，影響極大。

新的時代，我們一定要實事求是，尊重歷史，糾正錯誤，還原真實。也絕不能像唐豪的摯友顧留馨那樣，不但不及時指出唐豪的錯誤，加以糾正，而且還給陳王廷頭上毫無根據的加了一連串的「功勞」（「陳王庭的生卒年月，今已不可考查。」見唐豪 顧留馨著《太極拳研究》1964 年版），如什麼發展了「太極拳法理論」、創造了「七套太極拳」、創造了「雙人推手」、創造了「雙人黏槍法」等等，沒有任何史料根據；還費盡力氣在《明史》裡翻來找去，尋找到一個河北盧龍縣的大官「陳王庭」，來給陳溝的陳奏庭（王廷）裝門面，被人揭穿後，又不得不登報糾正錯誤，鬧出了大笑話，給唐豪幫了倒忙！

繼顧留馨之後的康戈武幫倒忙更甚，身為國家武術主管部門（業務主管）的官員，集武術專家、教授、中國武術協會秘書長於一身，不但不主持公道，而且還在《中華武術》雜誌 2002 年第 9 期發表的「**全面梳理太極拳發展脈絡**」一文中下結論到：

20 世紀 30 年代後，唐豪、徐哲東、顧留馨等圍繞這個問題進行長期的考證。唐豪相繼發表了《武當考》《王宗岳太極拳經研究》《內家拳的研究》等。徐哲東相繼發表了《太極拳譜理董辨偽合編》《太極拳考信錄》等。唐豪逝後，顧留馨整理其生前研究太極拳史的遺稿，增補史料寫成《太極拳的起源和發展簡史》編入 1963 年出版的《太極拳研究》一書。綜觀他們掌握的史料、比較他們的考察結論，唐、顧二位關於陳王廷首創太極拳的結論，得到了武壇較為廣泛的認同。筆者曾據個人考察所得，在 1991 年邯鄲舉行的首屆國際太極拳聯誼會上報告過《從太極拳體系的形成和發展看永年太極拳先賢的貢獻》，在 1994 年舉行的溫縣第三屆國際太極拳年會上報告過《目前太極拳史研究中的幾個問題》，涉及了太極拳的起源和發展。筆者認為，唐豪、顧留馨的考證雖在是否確有「王宗岳」其人等個別問題上有待進一步研究，但在總體上來說，其結論是可信的。

　　此後又在《中華武術》雜誌 2007 年第 12 期發表「解讀溫縣被命名為『中國太極拳發源地』」中，提出「**王宗岳是位查無其人的託名符號**」的奇談怪論，真是豈有此理！

　　我們應該努力糾正唐豪的錯誤和造成的影響才對，還原太極拳源流的史實，正本清源。做到太極拳史研究不冤枉古人，不欺騙今人，更不貽誤後世。同時，我們也要學習唐豪先生忘我的奉獻精神，為武術，特別是太極拳事業多做貢獻，這才是我們的最終目的。

揭示真相 彰顯傳承｜太極拳研究之匡正源流〈下〉

卷十六——

主要流派太極拳的傳承

趙堡太極拳傳遞表

王宗岳〔諱林禎約 1525～1606，明萬曆 24 年（1596）收蔣發為徒〕
↓

蔣　發（1574～1670，趙堡鎮小留村人）
↓

邢喜懷（約 1594～1674）
↓

張楚臣（約 1635～1720）
↓↓→王柏青（約 1665～1741）
↓

陳敬柏（約 1663～1745）→陳繼夏（陳家溝）
↓

張宗禹（約 1724～1807）→原復孔
↓→霍文毅→霍秉昌→霍金龍→岳紹羲→喻承鏞（彬縣一支）
張　彥（1763～1843）傳陳清平
↓↓→（子）張應昌（1800～1890）
↓　　　↓
↓　　（子）張　汶（1779～1860）、崔東
↓　　　　↓
↓　　張金梅（1807～1895）
↓　　　↓
↓　　張敬之（1829～1923）
↓　　　↓→王林清、張鐸、張樹德
↓　　　↓　　↓→王澤善→李靖武、茹天才
↓　　　↓→侯春秀（1904～1985）→林泉寶（1939—　）
↓　　　↓　↓→劉會峙（1930—）→楊智春、蔣衛東
↓　　　↓　↓　↓→李萬斌→戴時雲、張景濤、張峰、靳引利、
↓　　　↓　↓　　↓→沈　偉、鄧　明、余長勇
↓　　　↓　↓→侯戰國、侯轉運、徐孝昌、劉曉凱、趙　策
↓　　　↓　↓→張玉亮、張文舉、羅及午、王德信、尚保新
↓　　　↓　↓→張長林、張順林、張長生、朱君堂、靳玉堂
↓　　　↓　↓→王喜元、黃江天、張伯友、李宗有、裴國強
↓　　　↓　↓→莫介成、肖敬文、郭止波、何偉照

↓　　　　↓→陳應銘→王慶升

陳清平（1795〜1868）

　　↓↓→任長春（1839〜1910）、劉振乾、劉振坤

　　↓↓　↓→杜元化（1869〜1938）、杜元德

　　↓↓　↓→任應吉、原立道、武禹襄（武式）

　　↓↓→陳景陽→陳鈞→陳乃文→陳學忠

　　↓↓→陳漢陽→陳堃

　　↓↓→李作智→周文祥、郭炳元、王明懷

　　↓↓　↓→李鎬→李景春、李景華

　　↓↓　↓→周瑞祥→李在榮

　　↓↓　↓→王玉中→王連堂、王家樂、焦克儉、秦作夫

　　↓↓　　　　　　　↓→許國文、劉西重

　　↓↓→李景顏 創「忽雷架」

　　↓　↓→張國棟、李火焱

　　↓　↓　↓→張寶成、張文成、劉修道

　　↓　↓　　↓→張錫玉

　　↓　↓→楊虎→謝公謹、楊紹順→楊興中、楊柱

　↓　　　↓→陳銘標→杜毓澤→徐 紀

　↓　　　↓→陳應德→王晉讓→郭東寶、陳家箴、蕭治傳

　↓　　　　　　　↓→陳逸民、洪湘彬

和兆元（1810〜1890）、

　　↓→和潤芝（1836〜1936）

　　↓　↓→和慶文（1872〜1948）

　　↓　↓→和慶台（1876〜1960）

　↓　　　　↓→和學儉→和保國、和保龍

　↓→和勉芝（1849〜1919）、苗延升→王思功

　↓→和慎芝（1862〜1906）

　↓

和敬芝（1853〜1928）（三子）

　↓

和慶喜（1857〜1936）

　　↓→和學敏、和學寬、郝玉朝、

　　↓→陳桂林、郭雲、柴玉柱→侯爾良→胡克禹（1944— ）

　　↓→鄭伯英（1906〜1961）

　　↓　　↓→郭十奎、柴學文、王德華、范詩書、鄭邦本、

↓　　　↓→田鈞晉、李應聘、張存義、潘金祥、陳守禮、
↓　　　↓→和良福、王天水、王官長、張有任、蘇國中、
↓　　　↓→任紹先、楊邦太、任長安、馬殿章、王培華、
↓　　　↓→趙鴻喜、侯自成、段國社、周靜波、畢運齋、
↓　　　↓→李應中、直存喜→鄭留根
↓　　　↓→（子）鄭宏烈（1932—　）、趙增幅（1939—）
↓　　　↓→任自義→夏春龍（1952—）→張幫華（1945—）
↓　　　↓→張鴻道→王海州（1944—）、王慶升
↓→鄭悟清（1895～1984）→（子）鄭　瑞
↓　　　↓→（子）鄭　鈞→侯天才
↓　　　↓→孫蘭亭→張世德、楊斌
↓　　　↓→顧太隆、李海龍、王秉瑞、郭興梁、尤國才
↓　　　↓→李道楊、呂興國、郭德政、李文斌、魏習典
↓　　　↓→羅喜運、楊豪華、張志和、劉得印、高　峰
↓　　　↓→吳培仁、楊榮籍、高國慶、高全林、雷伯榮
↓　　　↓→唐裕源、郭大鈞、鄭喜桃、陸華良、高　潮
↓　　　↓→李鳳興、、高懷旺、孫明倫、譚志遠、孟凡夫
↓　　　↓→張占迎、王予孝、吳本忠、秦勝家、王志成
↓　　　↓→紀昌秀、李清林、常海嵐、鄭　鈞、郭命三
↓　　　↓→佘輝庭、高智怡、陳修祥、閆俊文、魏興華
↓　　　↓→史壽之、李清貴、唐允吉、袁清閣
↓　　　↓→張長富、鄭子毅、吳妙珍、鄭喜梅
↓　　　↓→原寶山（1929～2003）、翟本源、徐景州
↓　　　↓→吳忍堂（1949—　）、吳生安→郭志偉
↓　　　↓→劉瑞（1939—）→張子英（1951—）
↓　　　↓→宋蘊華（1949～2006）
↓　　　↓→李隨成→金根聲→朱曉冬、林劍峰、張森生、劉建、陳喜、
林海榮、
↓　　　　　　　　　　　　　↓→葛來皓、朱曉剛、孫俊、杜文亮、杜文
蔚、於亮
↓　　　　　　　　　　　　　↓→蒲永楷、趙海洋、潘明理
↓→和學信（1890～1957）
↓　　　↓→和士英（1918～1987）→和少平
↓→和學惠→和士誠→和天祿、和天亮
↓→劉世英→劉耀森、吳金增

陳氏太極拳傳遞表

蔣　發（1574～1670，趙堡太極拳第一代傳人）

↓

陳王廷（是蔣發的非拜門弟子，下傳時中斷了兩代人）

　　　　　　　　　　　　　　　　　　↓

　　　　　　　　　　　　　　　　×××

　　　　　　　　　　　　　　　　　　↓

陳敬伯（趙堡太極拳第四代傳人）　　　×××

↓

陳繼夏

↓　↓→陳公兆→陳有恆→陳仲甡

↓　　　　　　　　↓→陳鑫→陳春元→陳鴻烈→陳立清

陳善志　　　　　　↓　　↓→→陳子明、陳垚、陳淼

↓　　　　　　　　↓→陳季甡→陳森

陳秉旺

↓

陳長興→楊祿禪（楊式）

↓

陳耕耘

↓

陳延熙

↓

陳發科（1887～1957）→唐　豪（1897—1959）

↓→陳照旭（1912～1959）（次子）

↓　　　　　　　↓→陳小旺（次子）、陳小星（三子）

↓→陳明奎（1928～1981）（子）→馮大虎（1938—　）

↓　　↓→張其林（1919—）、張茂珍（1943—　）

↓　　↓→吳　澮（永霖1934—　）、馬　虹（1927—2013）

↓　　↓→凌志安（1920～2003）

↓　　↓→張志俊（1946—）

↓　　　　↓→張鵬、吳方式、劉越、張春、李方欽

↓→田秀臣（1917～1984）→田秋茂（1945—　）

↓　　↓→武世俊（1945—　）、徐世熙（1942—　）

↓→沈家楨（1891～1972）、李鶴年（1909～1992）

↓→李經悟（1912～1997）、雷慕尼（1911～1986）

↓→顧留馨（1908～1990）、肖慶林（1929—）

↓→侯志宜、孫楓秋、許禹生、陳豫俠

↓→馮志強（1928—）→（女）馮秀茜、馮秀芬

↓→洪鈞生（1907～1996）→蔣家俊（1942—）

↓　　↓→何淑淦（1933—）、韓保禮（1936—）

↓　　↓→李宗慶（1922～1993）、李恩久（1950—）

↓　　↓→王忠憲（1930—）、孟憲彬（1922—）

↓　　↓→張聯恩（1952—）

↓→陳照丕（1893～1973）→朱天才（1944—）→馬國相

　　↓→陳正雷（1950—）、王西安（1944—）

　　↓→陳小旺（1946—）、陳慶洲（1934—）

　　↓→陳世通（1947—）

楊氏太極拳傳遞表

陳長興（陳家溝）
↓

楊祿禪（1799～1872，楊氏始祖）

↓→楊班侯（次子 1837～1892）

↓　↓　↓→許禹生（1879～1945）→陳泮嶺（1891～1967）

↓　↓　↓　　　　　　　　　　↓→（子）陳雲慶

↓　↓→王矯宇→周遵佛（1905—）

↓　↓→李萬成（1872～1947）、賈志祥（1918—）

↓　↓　↓→白忠信（1914～1993）→王長興（1935—）

↓　↓　　↓→李仲良、陳彥榮、冀永久、田維民

↓　↓→林金生、郭振清、郝從文、賈治祥、韓會明

↓　↓→楊兆熊（少侯 1862～1929）、張　策（1866～1934）

↓　↓　　　↓→田兆麟（1891～1960）→黃明山（1929—）

↓　↓　　　↓　　　↓→田穎嘉、陳志進、楊開儒、沈榮培

↓　↓　　　↓　　　↓→王成傑→殷　勤→張森生

↓　↓　　　↓　　　↓→葉大密（1888～1973）→曹樹偉（1933—　）

↓　↓　　　↓　　　　↓→金仁霖（1927—）→李品銀（1936—　）

↓　↓　　　↓　　　　↓→蔣錫榮（1925—）

↓　↓　　　↓　　　　↓→濮冰如（1907～1998）

↓　↓　　　↓→徐震（哲東 1898～1967）

↓　↓→牛連元→吳孟俠（1906～1977）、吳兆峰（1904～1966）

↓　↓　　　　　↓→劉志誠、王子仁、牛明霞、李壯飛、吳光譜

↓　↓　　　　　↓→喻承鏞（1939—　）

↓　↓→全　佑（1834～1902）→（子）吳鑑泉（吳式）

↓　↓→龔潤田→蔣玉堃（1913—1986）

↓　　　　　　　↓→朱廉方（1933—）、王琰

↓→王蘭亭→李瑞東（1851～1917 李式）

↓→楊健侯（三子 1839～1917）→楊兆熊（少侯 1862～1929）

　　↓→楊澄甫（子 1883～1936）

　　　　↓→楊振銘（子 1910～1985）→馬偉煥（1937—）

　　　　↓　↓→黎學荀、葉大德、宋耀文、徐滔、羅瓊、朱景雄

　　　　↓　↓→張世賢（1896～1980）、馬容根、朱振舜、

↓　　　↓→謝秉中（1928—）
↓→楊振基（子 1921—2007）→嚴翰秀→李師融（1930—　）
↓→楊振鐸（子 1926—　）、楊振國（子 1928—　）
↓　↓→常關成（1955—　）
↓→褚桂亭（1890～1977）→貢仲祥、金堯森、嚴承德
↓　↓→（子）褚永洲→（子）褚玉誠、褚正成
↓　↓→吳永霖、王敬萱、張英武
↓　↓→耿繼義（1906～1996）、劉君實（1896～1969）
↓→鄭曼青（1902～1975）→劉錫亨、鞠鴻賓
↓　↓→李文海、干嘯洲、陳國明、廖禎祥、鄭可達
↓　↓→徐逢元、陳至誠、余振祥、梁棟材、費必祿
↓　↓→柯啟華、梁 志、唐鴻聲、蘇紹卿、陳綢藝、
↓　↓→鞠鴻賓（1917—2013）、徐憶中（1921—）
↓　↓→宋志堅（1910～2000）、張肇平（1920—）
↓→陳尚毅（1901～1971）→陳湘陵、楊叔會、魏權
↓→付宗元（1914～1984）→（女）付秋花（1953—）
↓→蔣玉堃（1913～1986）→張金普
↓→汪永泉（1904～1987）→魏樹人（1924—）
↓　↓→朱懷元→石 明（創如意太極拳 1939—　）→肖維佳
↓→盧子嶺→張卓星（1920—）
↓→趙斌（1906～1999）→趙小斌、趙幼斌、路迪民
↓→陳微明（1881～1958）、張慶麟（1913～1947）
↓→張虎臣（1894～1979）、沈家楨（1891～1972）
↓→吳志清（1887～1949）、牛春明（1881～1961）
↓→顧留馨（1908～1990）
↓→董英傑（1897～1961）、楊紹西（1907—1996）
↓　↓→董虎嶺（子 1917～1992）、董茉莉（女 1940—）
↓→黃景華→翟世鏡
↓→褚桂亭（1890～1977）→吳 滄（永霖 1934—）
↓　↓→王壯弘（1931—）、
↓→武匯川→張 玉（1909～1988）
↓→崔毅士（1890～1970）→曹彥章（1939—）
↓　↓→吉良晨（1928—）、張勇濤（1943—）
↓　↓→方寧、崔秀臣→李 濱（1945—）
↓　↓→崔仲三（孫 1948—）、黃永德（1936—）

↓→傅鍾文→（1903～1994）
↓　↓→陳國楨（1928—）、洪日鏡（1948—）
↓　↓→顧樹枏（1924—）賈保安（1948—）
↓　↓→羅基宏（1920～1984）→羅紅元（子）
↓　↓→傅聲遠（1931—）→（子）傅清泉（1971—）
↓　↓→沈　壽（1930—）、王志遠
↓→李雅軒（1894～1976）→陳龍驤（1948—）
↓　↓→賀洪明（1943—）、黃星橋（1913—）
↓　↓→張義敬（1926—）、趙子倫（1939—　）
↓　↓→林墨根（1920—）
↓→徐禹生（1879～1945）
↓　↓→王新午（？～1964）→郝學如（1887～1967）

武氏太極拳傳遞表

陳清平（趙堡太極拳第七代）
↓
武禹襄（1812～1880，武氏太極拳始祖）→李啟軒（1835～1900）
↓   ↓→（子）寶琛、寶箴、
　　　　　　　　　　　　　　　　　　　　　　　寶恆，馬靜波
↓   ↓→葛順成
↓→李亦畬（1832～1892）
　↓↓→李遜之（1882～1944）
　↓　　↓→姚繼祖（1916～1998）→鍾振山（1949―　）
　↓　　↓　　↓→李劍方（1957―　）、翟維傳（1942―　）
　↓　　↓　　↓→張振宗（1882～1956）、冀長宏（1967―　）
　↓　　↓　　↓　　↓→賈　樸（1923―　）馬　榮（1912～1965）
　↓　　↓　　↓　　↓→馬建秋、黃建新、溫玉寬、趙曉康
　↓　　↓　　↓→金競成、胡鳳鳴、崔彥林（1947―　）
　↓　　↓→李錦藩（1920～1991）→喬松茂（1955―）
　↓　　↓　　　　　　　　　　　↓→薛乃印（1954―　）
　↓　　↓→魏佩霖（1912～1961）、劉夢筆、趙蘊
　↓　　↓→賈保安（1948―）
　↓　　↓→翟維傳（1942--）
　↓→郝為真（1849～1920）→李槐蔭（1903～1956）
　　↓→（子）郝文勤、（子）郝文興
　　↓→（子）郝文田（1904～1947）
　　↓→（子）郝文桂（月如 1877～1935）→張士一
　　↓　　↓→徐哲東（1898～1967）→林子清
　　↓　　↓→（子）郝少如（1908～1983）
　　↓　　↓　　　　↓→浦公達、劉積順（1931―　）
　　↓　　↓→翟文章（1910～1987）
　　↓　　↓　　↓→楊振河、胡利平、趙憲平、朱憲紅
　　↓　　↓　　↓→何春林、路軍強、劉新華、董成新
　　↓　　↓→郝長春（1911～1980）→（子）郝順興
　　↓　　　　↓→（子）郝順呂、（子）郝順友
　　↓　　　　↓→劉榮、王長海、李玉中、

揭示真相 彰顯傳承｜太極拳研究之匡正源流〈下〉

↓　　　　　　　↓→郝平順（1958—）

↓　　　　　　　　　　↓→（子）郝勇傑

↓→郝中天（1891～1962）

↓→閻志高（1882～1961）→陳明潔（1909～1992）

↓→孫祿堂（福全 1861～1932）

↓→韓飲賢（1885～1958）→賈樸

↓→李福蔭（1892～1943）→（子）李正藩

↓　　↓→霍夢魁（1890～1962）

↓　　　　　↓→吳海青、李紹先

↓→李聖瑞→吳文翰（1928—　　）→丁新民（1954—　　）

↓　　　↓→陳固安（1913～1993）→陳樹義、李雲東

↓　　　↓→常軍、高連成、楊寶安

↓→李景清（又名寶玉，字香遠 1889—1961）

↓　　↓→董英傑、光步孔、史逢春、吳兆基

↓→閻志文→劉長春（1925—）

↓→王彭年（1880～1955）→王宗貴、劉玉祥、趙玉林

↓→蕭功卓（1886～1979）

↓　　　↓→肖鐵僧、李金城、王順和、騰蹬斌

↓　　　↓→王貴琛、王雙聚、馬原年（1935—　　）

↓　　　↓→翟英波（1930—）

↓　　　　　↓→王喜祿、李正

↓→王其和（1889～1930）→（子）王景芳（1913～1982）

↓　　　　　　　　↓→（孫）王志恩（1941—）

↓→張金榜、武振奎、石瑞雲、孫群考

↓→張洪太、吳禮增、劉舜曾、王明軍、李劍方

↓→李俊英、檀鳳琳、盧寶海、尹九湖、杜春堂

↓→劉仁海（1904～1982）→檀鳳林（1923—）

　　　　　↓→康占鎖、湯晉銘、馬寶賀、李劍方

　　　　　↓→焦廣平、陳志強、田秀梅

吳氏太極拳傳遞表

楊班侯（楊氏第二代）
↓

全佑（1834～1902）→王茂齋（1862～1940）

　　↓　　　　　　　↓→彭仁軒、趙鐵庵、王厲生
　　↓　　　　　　　↓→劉光斗→劉晚蒼（1904～1990）
　　↓　　　　　　　↓　　　　↓→劉明甫（1914—）
　　↓　　　　　　　↓　　　　↓→張長勳（1933—）
　　↓　　　　　　　↓　　　　↓→王舉興（1930—）
　　↓　　　　　　　↓　　　　↓→陳惠良（1931—）
　　↓　　　　　　　↓→楊禹廷
　　↓　　　　　　　↓　　↓→（子）楊家梁、楊家棟
　　↓　　　　　　　↓　　　　↓→（子）楊鑫榮（1954—）
　　↓　　　　　　　↓→馬有清（1927—）
　　↓　　　　　　　↓→王輝璞（1912—）
　　↓　　　　　　　↓　　　　↓→丁立傑（1939—）
　　↓　　　　　　　↓→鄭時敏（1914～1997）
　　↓　　　　　　　↓→張福有（1914～1981）
　　↓　　　　　　　↓→馬漢青（1920）
　　↓　　　　　　　↓→趙任情（1900～1969）
　　↓　　　　　　　↓→李秉慈（1929—）
　　↓　　　　　　　↓　　↓→劉德起（1944—）
　　↓　　　　　　　↓→高壯飛（1932—）
　　↓　　　　　　　↓→李經悟（1912～1997）
　　↓　　　　　　　↓　　↓→（子）李樹俊（1942—　）
　　↓　　　　　　　↓　　↓→梅墨生（1960—2019）
　　↓　　　　　　　↓→翁福麒（1931—）
　　↓　　　　　　　↓　　↓→曹慶華、劉坤、吳凌雲
　　↓　　　　　　　↓　　↓→王幫博、余建文、丁德光
　　↓　　　　　　　↓→王培生（1919～2004）
　　↓　　　　　　　↓　　↓→（子）王乃昭（1949—）
　　↓　　　　　　　↓　　↓→周世勤（1941—）
　　↓　　　　　　　↓　　↓→馬傑（1925—）

↓　　　　　　　↓　　　　　↓→張全亮（1941—）
↓　　　　　　　↓　　　　　↓→劉峻驤（1937—）
↓　　　　　　　↓→曹幼甫（1906～1988）
↓　　　　　　　↓→鄭和春（1909～1985）
↓　　　　　　　↓→修丕勳（1892～1976）
↓　　　　　　　↓　　　　　↓→溫銘正、孫鏡清
↓　　　　　　　↓→李自固（1893～1964）
↓　　　　　　　↓→胡萬祥（1887～1973）
↓　　　　　　　↓→曹幼甫（1906～1988）
↓　　　　　　　↓　　　　　↓→戈潤江、劉恩久、果毅、劉俊仁、
↓　　　　　　　↓　　　　　↓→李益春、徐裕才、李振海、高瑞周
↓　　　　　　　↓→（次子）王子英（1902～1967）
↓　　　　　　　　　　　　　↓→王有為、姚俊千、毛有豐
↓　　　　　　　　　　　　　↓→李經武、李廣俤
↓→吳鑑泉（1870～1942）→（長子）吳公儀（1897～1968）
↓　　　↓→（次子）吳公藻（1901～1983）
↓　　　↓→（女）吳英華（1905～1996）→羅基宏（1920～1984）
↓　　　↓→（婿）馬岳梁（1901～1998）
↓　　　　　　　　　　↓→馬海龍（子）、馬江豹
↓→徐致一（1892～1986）、徐禹生（1879～1945）、葛馨吾
↓　　　↓→武淑清（1938—）
↓→趙壽村（1901～1964）、顧留馨（1908～1990）
↓　　　↓→胡金華、金志禮、俞善行、周千雲、莊雲龍
↓→吳圖南（1884～1989）
↓　　　↓→于志鈞（1931—　）、朱大彤（1932—　）
↓→王新午（1890～1964）→申子榮（1905～1983）
　　　　↓→劉玉明、米書年

孫氏太極拳傳遞表

郝為真（武氏太極拳傳人）
　↓
孫祿堂（1861～1932）
　↓→（子）孫存周（務滋 1899～1921）→（子）孫寶亨（1933～）
　↓　　　　↓→（女）孫叔容（1918～2005）
　↓　　　　↓→（女）孫婉容（1928～）
　↓　　　　↓→祖雅宜（1922～1998）
　↓→（女）孫劍雲（1914～2003）→孫永田（1948～）
　↓　　　　↓→張茂清（1949～）、周世勤（1941～）
　↓→楊奎山（1903～1974）→錢惕明（1929～）
　↓→顧留馨（1908～1990）、王禧奎（1909～1986）
　↓→郝家俊（1908～1988）、雷師墨（1889～1964）
　↓→李玉琳（1885～1965）→李天驥（1915～1996）
　↓　　↓→張繼修（1922～2003）↓→李德印（1938～）
　↓→徐禹生（1879～1945）

中國傳統太極拳源流參考表

中國傳統太極拳源流參考表
邱文清→張三豐（武當祖）
流古泉（雲遊道人）
王宗岳（林楨 1525～1606・北派太極）

王臣直（任 1570～1635）王薇（女・叱樁王氏 約1555～1630）華陽劉某（道家龍門四代）
王五閱（1601～1676）韓云（女 1587～1661）韓祿（子 1596～1649）郭靜中（龍門五代）
傅山（1606～1684 道家龍門六代）
王豐慶（約1676～?）
傅昌（子）何世基及其子侄多人（康熙年間）
王登奎（約1716～1790）傅運寶（子）何氏女（共和時期）蔡承烈祖母
王學奉（1761～1841）→道家龐門代孟太真 蔡啓列（民國時期・傳出《拳圖》）
王進才（1809～1892）劉更子（約1800～1875）
南福勝（1844～1921）孟繼元（孟氏六代）
王子平（天福 1858～1946）李連成 孟連福（孟氏七代）
王乃煥・王乃謙（1896～1975）李連彪（1888～1933）王鵬明（1892～1982）潘德宣 程懷玉（北京傳拳）
王正順（1893～1968）葛福元（1897～1972）
王武文（1920～1943）郝仲軍 孫蘭亭
王武辰（1939～ ）李思元 趙竹林・王才德（1902～1973）
「魏國佬」王氏現存後人 劉陣珽

三宗（南派太極）
陳州同（子 1472～1528 年）
張松溪
葉繼美→松溪第九世張午亭→陳晞東→王維貞
蔣發（1574～?）
邢喜懷→周云泉 單思南・吳昆山・陳貞石・孫繼槎
張初臣→陳所樂
陳敬柏→王征南李夾溪天目董扶輿柴玄明・姚石門・僧耳・僧尾
黃百家 余波仲吳七即陳茂宏
陳正如→方家祥・黃氏・朱晝童
張宗禹→陳繼夏 陳善志
張彥→陳秉旺
張公兆→陳有恆 陳長興（子）孫祿堂第十三傳人
張德昌→陳青平（子）孫祿堂第十三傳人
張汝→和兆元 武禹襄 楊祿禪
張金梅→和敬之 李亦畬 陳仲甡陳村杜玕
張敬之→和慶璽 陳鑫 陳延熙楊班侯建侯澄甫楊少侯楊震基陳瑞東
侯善秀→和學信郝伯英鄭伯英志忠堂陳照堂王穆容基振昌吳鑑泉吳全佑李瑞東
劉俊時→和士英任志義原霸山郝少如陳少劍雲
李禹斌→和少平 戚建海

後記

太極拳源流研究專家誌

中國傳統太極拳源流史得以匡正，要感謝那些曾為之抗爭、奮鬥，乃至拚搏了一生的各學派太極拳的代表人物和專家學者。是經由他們的不懈努力、據理力爭、求實鑽研，才得以有力的揭露和批駁了唐豪在太極拳源流認識上急躁、偏執、武斷的態度；方法上的造假、詭辯的魔術手法；以及有關方面強制、霸道行徑。

本書就是集他們的智慧和成果，並站在他們的肩膀上才完成的。故此，要追思、感恩、誠謝，要為他們立傳：

【杜元化】

（1869～1938）男，趙堡太極拳傳人，太極拳研究專家。字育萬，河南沁陽西向鎮義莊人。少年時隨本村拳師牛玉璠學習炮捶、六合等功夫，後從任長春學習趙堡太極拳，並得到張敬芝指導。1931 年考取河南省國術館武士，後任該館太極拳教練。執教於國術人員訓練班。注重總結和研究，多方蒐集趙堡太極拳資料，加以研探。1933年著《太極拳正宗》一書。因其所著中關於太極拳的起源與陳鑫、唐豪、關百益觀點相悖，被禁止出版。對此，他憤而離館「將冊作廢」。

1935 年河南省國術館館長陳泮嶺在為該書出版作序

中，對其所言予以充分的肯定：「河南溫縣趙堡鎮太極拳也，余觀其拳，係師承懷慶溫縣蔣先生發。」副館長劉丕顯也為該書題詞：「神而明之，存乎其人。」他熱愛和執著於中國武術事業的精神，以及他不畏權勢、寧折不彎的高貴品質卻一直激勵著後人！

【吳圖南】

（1884～1989）男，著名太極拳研究專家，勤奮治學、博學多藝、涉獵百家，是學者式太極拳家。早在 20 世紀 30 年代，吳先生就已在教學實踐及中華武術理論研究上獨樹一幟，並著書立說，可謂武術理論研究之先驅中一位猛士。

一生致力於太極拳研究，編輯出版了中國較早的太極拳著作《科學化的國術太極拳》、《內家拳.玄玄刀》、《太極劍》、《弓矢概論》、《國術概論》等武術理論專著，產生了較大的影響。為了正本清源，他親自查閱了大量資料，並進行民間走訪，著成《太極拳之研究》一書，證實了傳統太極拳的源流觀。

1984 年獲中國武術協會「武術教育貢獻獎」。1988 年獲中國國際武術節組委會頒發的「武術貢獻獎」。

【陳泮嶺】

（1891～1967）男，武術活動家，太極拳研究專家。字峻峰。河南西平縣人。幼喜武術，曾隨李存義、許禹生、紀德等人學習形意拳、太極拳、八卦掌等功夫。1925 年發起創辦「河南省武術社」，1928 年改為「河南

省國術館」，任館長。1939 年被聘為中央國術館副館長。1949 年底至台灣，先後任台灣省「中華國術進修會」理事長、「中華技擊委員會」國術部主任。

主持編寫了各種武術教材五十多種，掛圖四十多幅。主要有《國術操》《國術之性質與功效》《太極拳教材》等。在台灣曾組織「太極拳俱樂部」，著有《太極拳教材》問世。

【徐震】

（1898-1967）男，文武兼通的太極拳研究專家。對於太極拳史研考做出重要貢獻。字哲東，江蘇常州人。徐震「以文研武」，以謹嚴踏實學風致力於武術史研究。主要著作有《太極拳考信錄》《太極拳譜理董辨偽合編》《太極拳發微》等，與唐豪設論相反，力主和證實陳家溝太極為外間傳入，影響較大。

其太極拳就學於楊少侯、郝月如、李雅軒等名家，這為他對太極拳史研究打下良好基礎。

【趙任情】

（1900～1969）男，吳式太極拳傳人。1946 年參加太廟太極拳研究會向楊禹廷學拳，50 年代拜師。由於長期從事文字工作，喜於鑽研文學與歷史，對老莊哲理、太極拳學更感興趣。曾幫助老師整理過教學資料，同學們尊稱其為「老夫子」。

退休後翻閱古籍尋找查證太極拳學術理法與歷史源流。1964 年 9 月在《體育報》體育研究專欄發表文章，

考證結論：「『陳王廷與』『陳王庭』確非一人」。為太極拳的正本清源、還歷史原貌做出了貢獻。

【宋志堅】

（1910～2000）男，太極拳研究專家。台灣財團法人中華太極館原董事長，楊式太極拳第五代傳人。終其一生全心盡力推展太極拳運動。1982年創辦「財團法人中華太極館」，長期傳授拳藝。對太極拳原理源流均有深入研究，堅持張三豐創太極拳之說，館內供奉張三豐祖師及歷代宗師聖像，所著《太極拳源流考訂》，以大量資料論證太極拳源流的傳統觀點。

【蔡龍雲】

（1928～2015）男，1928年11月生於山東濟寧，出身於武術世家，他是我國著名的技擊家、全國武術協會副主席、上海體育學院教授，中國武術九段，上海精武體育總會常務委員；原國家體委武術研究院副院長。

代表作：「好道善劍的張三豐」（見《少林與太極》雜誌1989年第1期）。

【戚建海】

（1940～2016）男，太極拳研究專家。趙堡太極拳著名傳人。為了弘揚古老的趙堡太極拳，理論探究頗深，將趙堡太極拳源流及拳理介紹給海內外讀者，先後有二十餘篇文章在《中華武術》、《武當》和台灣《太極拳》等雜誌上發表。並撰寫出版有《太極拳技擊和煉丹術之奧

秘》、《太極拳與道家內丹術揭秘》等著作。

【趙增福】

（1939～2013）男，太極拳研究專家。趙堡太極拳傳人。1955年隨鄭錫爵習練趙堡大架太極拳，醉心太極功夫，數十年練拳不斷。多年教拳授藝，學生遍及國內各省市及美國、西班牙、英國、香港等國家和地區。發表多篇太極論文，編撰出版《武當趙堡大架太極拳》《中國趙堡太極拳》《中國八卦太極拳》。

為西安趙堡太極拳學會會長，河南溫縣趙堡太極拳總會副會長、理事。中國武當拳法研究會特邀研究員。

【張肇平】

（1920～　）男，太極拳研究專家。江西武寧人。少年開始習武，20世紀50年代開始在台灣從師鄭曼青習太極拳。任台灣中華太極拳總會理事長。著有《論太極拳》《太極拳與老子道德經》等著作。

【金仁霖】

（1927～　）男，太極拳研究專家。楊式太極拳第五代傳人。關閉糾錯窗體頂端在報刊發表太極拳原理源流的文章數十篇。受聘為蘇州、河北、合肥等地太極拳組織的顧問，《太極》雜誌特邀編委等職。

代表作：陳家溝何時才有「太極拳」？——河南溫縣陳家溝關於「太極拳名稱」文字記載的考證（《武魂》1997年4期）；太極拳歌訣總歌出自《洪洞通背拳圖

譜》（2002 年 1 月《上海武術》）。

【原寶山】

（1929～2003）男，太極拳研究專家。河南溫縣趙堡鎮人，出身於太極拳世家。勤於筆耕，著書立說，對太極拳源流、太極拳古譜、太極學說等，均有深入的研究和獨到的見解，曾在多家雜誌發表論文三十餘篇。著有《武當趙堡太極拳》、《武當趙堡太極拳推手、散打》錄影帶及《武當趙堡太極拳大全》等書。在我國太極拳源流的正本清源上，晚年投入了主要精力，做出了應有的貢獻。

【李師融】

（1930～　）男，太極拳研究專家。注重太極拳源流研究，曾在《武當》、《太極》、《武林》、《太極拳》（台灣）等刊物發表研究論文數十篇，2003 年 1 月被《武當》雜誌根據讀者問卷調查，評為「最受讀者喜愛的作者」。先後任《太極》雜誌特約編委、武當拳法研究會特聘研究員、海南省老年人體協科研工作委員會顧問。

著作有《北派太極拳源流揭謎》、《古今太極拳譜及源流闡秘》、《太極拳源流與發展研究》。2013 年 8 月 29 日被中國（武漢）刊博會評聘為「中華武當內家拳史論專家」。

【劉會峙】

（1930～　）男，著名武術家，太極拳研究專家。1974 年拜侯春秀為師練習武當趙堡太極拳，成為該拳傳

人。著有《武當趙堡傳統三合一太極拳》、《武當張三豐三合一太極拳》、《武當張三豐三十六式簡化太極拳》等著作。《武當趙堡太極拳的源流及特點》就是其中的代表作。

【于志鈞】

（1931～　）男，太極拳著名專家。1950 年就學於吳圖南先生。他注重太極拳源流、太極推手技擊，以及中國傳統武術史的研究。最為值得稱道的是，他為追索太極拳之源流，四上武當山，兩赴陳家溝，三赴永年廣府鎮考察，取得大量文字資料和物證，在報刊發表太極拳研究文章上百萬字。

先後出版多部專著，完成了《中國傳統武術史》、《中國太極拳史》的編著和出版。2013 年 8 月 29 日被中國（武漢）刊博會評聘為「中華武當內家拳史論專家」。

【周荔裳】

（1935～　）女，太極拳研究專家。曾任《中華武術》雜誌副主編。曾參與主編《中國武術精華》、《武術科學探秘》、《中國武術人名辭典》、《武術學概論》等圖書；曾任中國武術學會副秘書長、中國武協新聞委員會委員、華夏文化促進會理事等。

代表作：趙堡太極拳考源……太極拳源流考之一（台灣《太極學報》1995 年第 4 期）。

【習雲泰】

（1935～　）男，太極拳研究專家。師承著名武術家張文廣、鄭懷賢教授，成都體育學院教授。1992 年評為享受國務院專家津貼待遇，1995 年當選為當代「十大武術名教授」。2006 年被授予中國武術九段。他是新中國第一部《中國武術史》的作者，研究太極拳史的代表作有：「宋代張三豐創拳說」（《武當》雜誌 2013 年第 3期）、「張三豐創太極拳之謎考……天下太極出武當」（《武當》雜誌 2014 年第 5、6、7 期）。

【路迪民】

（1940～　）男，太極拳研究專家。先後從師於太極拳家趙斌、賈治祥，系統鑽研太極拳技術和理論。與趙增福合作，整理出版《武當趙堡大架太極拳》和《中國趙堡太極推手》。發表太極拳論文數十篇，對太極拳源流及原理有深入研究，並有突出貢獻。其有關太極拳的研究成果受到海內外太極拳界的廣泛關注。

著有《楊氏太極拳正宗》、《楊氏太極拳真傳》、《楊式太極拳三譜匯真》等。2013 年 8 月 29 日被中國（武漢）刊博會評聘為「中華武當內家拳史論專家」。

【李濱】

（1945～　）男，太極拳研究專家。1964 年開始從學於滕茂桐、方寧、于家嵐、張滌等。1992 年成立安徽中醫學院太極拳研究所，任所長。主講的學術講座課題有「張三豐太極拳的理論、實踐與研究」，並發表大量太極

拳源流學術研究成果。2012 年受聘《武當》雜誌特邀編委。2013 年 8 月 29 日被中國（武漢）刊博會評聘為「中華武當內家拳史論專家」。

【王海洲】

（1945～　）男，太極拳研究專家，趙堡太極拳著名拳師。1982 年被溫縣體委武協評為拳師；1984 年，被推薦擔任溫縣武術協會常務理事、趙堡太極拳總會副會長兼總教練，曾多次帶隊參加全國各地太極拳盛會和推手擂台賽，其弟子在比賽中均取得好名次。

1990 年，1996 年，1998 年，三次赴廣西南寧和嚴翰秀先生合作整理了《秘傳趙堡太極拳》、《趙堡太極拳械合編》、《杜元化太極正宗考析》、《趙堡太極拳十三式》等專著。作為趙堡太極拳的重要人物，應邀參加各種國內外太極拳活動，具有廣泛影響。

【魏坤梁】

（1945～　）男，太極拳研究專家。1965 年始隨洪頌麟、汪聞標先生習楊氏太極拳。對於太極拳古代經典拳譜、太極拳及其歷史有獨到的見解，在雜誌上與自己的博客上發表百餘篇文章，對現代太極拳界各種歪曲太極拳的說教進行了抨擊，力求恢復太極拳珍貴的本來面目，著有《太極拳合步平圓單推手》一書。

【譚大江】

（1947～　）男，太極拳研究專家。湖北丹江口人，

《武當》雜誌副主編。長期致力於武當武術、太極拳等的研究、挖掘、推廣工作。為武當山武當拳法研究會副會長、中國武術協會新聞委員會委員。出版有《武當趙堡太極拳小架》、《武當拳之研究》等。

【嚴翰秀】

太極拳研究專家，長期致力於太極拳的研究與推廣。為中國武術協會委員、廣西武術協會副主席。中國武當山武當拳法研究會顧問，中國河北邯鄲武式太極拳協會顧問，中國河南溫縣趙堡太極拳總會顧問，中國長安國際太極拳研究會顧問，武漢趙堡太極拳協會顧問。《太極》雜誌特約編委。著作有《破譯中國太極拳》、《秘傳趙堡太極拳》、《楊澄甫式太極拳》、《杜元化「太極拳正宗」考釋》等書。

【張傑】

（1955～　）男，太極拳研究專家。從事太極拳源流調研二十多年，曾先後多次赴趙堡鎮、陳家溝和杜元化先生家鄉、任長春先生故里，以及開封、鄭州、北京、邯鄲、等地圖書館和湖北武當山調研，同時也走訪過周荔裳、于志鈞、李天驥等專家，並向他們請益。

先後在多家雜誌發表太極拳源流方面的文論十多篇。其中《<和式太極拳譜>引起的風波》一文，很有影響。其《陳王廷與太極拳無關》一文，被收入《太極拳源流辨析》一書。

【李秒豐】

（1956～　）男，太極拳研究專家。17 歲先後師從戴麟和陳保援二位先生，習太極長拳和太極十三式。其太極長拳特點是伸筋拔骨和縮筋轉骨，是為一絕。入師門研習不斷，且勤於筆耕，在全國武術期刊上發表文論 30 餘篇。痴迷太極「自娛自樂」，謂為「皆彫蟲小技，不為人師」。

【張志勇】

（1958～　）男，太極拳研究專家，華南師範大學體育科學學院教授，碩士研究生導師。2002 年作為河南師範大學教授，曾出任國家體育總局《太極拳源流與發展研究》課題主持人。最終研究部分結論認為：「20 世紀 30 年代初唐豪和陳子明等人錯誤提出『陳王廷創太極拳說』。」並進一步指出「唐豪由於缺乏資料和文獻依據在 1958 年《太極拳考原》一文中，曾推斷明末清初陳家溝人陳王廷『採取戚繼光拳經二十九個勢編入長拳，採取十三勢編入十三勢』，這種提法顯然是錯誤的。」

【李萬斌】

（1959～　）男，太極拳研究專家。1981 畢業於西安體院武術專業班。師從著名武術家王繼武、馬賢達、劉會峙先生，長期從事體育教學和武術科研工作，曾被評為長安大學雙十佳體育工作者。1989 年以來，先後在多家雜誌發表文章或論文數 50 多篇，著作有《武當張三豐承架太極拳》、《武當趙堡太極拳技擊秘訣》《太極拳技擊

研究》、及與他人合著《太極拳技擊實踐》、《太極拳源流與發展研究》、《武當趙堡承架太極拳闡秘》、《中國傳統太極拳研究之匡正源流》多部。

2013 年 8 月 29 日被中國（武漢）刊博會評聘為「中華武當內家拳史論專家」。

【羅名花】

（1960～　）女，太極拳研究專家。師從著名武術家張桐和馬賢達先生。現任長安大學體育部副教授。曾多次榮獲長安大學教學優秀獎和優秀教師，曾任西安神州武術院常務副院長，2006 年 5 月被世界武林聯盟授予教授團教授稱號。

30 多年來一直從事高校武術專項教學和科研工作，曾先後發表論文 30 多篇，「探究特徵　定義武術」一文，在 2005 年 5 月榮獲北京大學首屆「中華武術國際論壇優秀論文獎」，並有多部著作出版。

【劉洪耀】

（1960～　）男，湖北丹江口人，是享受武當特區政府津貼的武當武術傳承人。任《武當》雜誌社社長、主編，丹江口市武當山武當拳法研究會會長。著作有《武當武術精粹》、《武當內家拳法匯宗》、《張三豐尋蹤》、《當代武林菁英大典》《太極拳源流辨析》。

【和有祿】

（1963～　）男，趙堡太極拳傳人。河南省溫縣趙堡

鎮人，受教於父親和士英。曾尊父輩教誨，與兄弟和少平一起述趙堡太極拳為蔣發所傳，張三豐為祖師。

在各類武術雜誌上發表文章多篇，在台灣發表的《趙堡和式太極拳源流特點及傳人》一文，就是其代表作。出版《和式太極拳譜》，其中公開陳家溝拳譜（炮捶）和陳鑫《辯拳論》，證實趙堡太極拳的部分傳承及傳承人的史實，可謂貢獻不小。

【劉曄挺】

（1965～ ）男，太極拳研究專家。十六歲開始，先後拜趙林虎、王才德為師習練宗岳太極拳。與李師融、李萬斌合著《太極拳源流與發展研究》一書。近年來為了進行太極拳的源流考證，深入調研、取證，上門拜訪過很多專家學者，2012 年出版《太極拳聖王宗岳考》一書，影響較大。現任中國武當山武當拳法研究會特邀研究員。

主要參考資料

序號	論文或著作名稱	刊物或出版社	著者
1	太極拳源流研究參考文獻目錄索引（406 條目）	《太極拳源流與發展研究》臺灣逸文武術文化有限公司 2012 年 3 月版	李師融、李萬斌、劉曄挺編著
2	《陳氏世傳太極拳術》	中國武術學會（上海），中央國術館審定 1932 年 12 月版（民國 21 年）	陳子明著
3	《武術運動論文選》	人民體育出版社 1958 年 11 月第一版	國家體委運動司武術科編
4	雀地龍勢法釋義	《武術專輯》（創刊號）1981 年 武漢體院學報編輯部、武術教研室編	楊寶生
5	何福生「回憶唐豪先生」	《體育文史》雜誌 1983.3 期	何福生
6	形意始祖姬龍峰	《武林》雜誌 1983.9 期	馬禮堂、孫業民
7	《簡明武術辭典》	黑龍江人民出版社 1986 年 8 月第一版	楊武 魯生 曉劍 李茂 編著
8	趙堡太極拳考源—太極拳源流考之一	臺灣《太極學報》1995.4 期	周荔裳
9	趙堡和式太極拳源流特點及傳人	臺灣《太極拳》雜誌第 116 期	和有祿 和定乾
10	《陳氏太極拳圖說》	三秦出版社 1995 年 5 月第一版	陳鑫 原著 肖鵬山點校
11	隱逸道士張三豐析	《西南民族學院學報》哲學社會科學版 總 20 卷 第 6 期 1999 年 11 月	周勇
12	太極拳歌訣總歌出自《洪洞通背拳圖譜》	《上海武術》2002 年 1 月	金仁霖
13	《大理古佚書鈔》	大理州文聯編 雲南人民出版社 2002 年 1 月第 1 版	尹明舉主編

14	雲貴高原上的奇人奇書《大理古佚書鈔》及其收藏世家	參見於互聯網	杞子
15	宋太祖三十二勢長拳	《中華武術》雜誌 2005.1 期	范克平整理
16	文化紅拳——淺談我對陝西紅拳的一點理解	《中華武術》雜誌 2006.6 期	馬文國
17	**《中國紅拳》**（第一部）	陝西科學技術出版社 2006.12 月	楊寶生主編
18	**《說劍叢稿》**(增訂本)	中華書局 2007 年 12 月北京第一版	馬明達著
19	陳鑫與杜元化太極拳技術及拳論的比較研究	《華南師範大學碩士學位論文》2007 年 5 月 導師 張志勇教授	安戲周
20	忽雷架考	《華南師範大學碩士學位論文》2007 年 5 月 導師 張志勇教授	張立新
21	《大理古佚書鈔》中的武術史料介紹與評述	《北京體育大學學報》2007.9 期	周偉良
22	淺談紅拳拳系及其風格與特點	《武術科學》雜誌 2008.1 期	王培仁 向瑋
23	張三豐寶雞行跡考	《東方論壇》2008.2 期	姜守誠
24	紅拳的特點及其代表人物	《武當》雜誌 2008.3 期	王新
25	陝西紅拳與三十六打法	《精武》雜誌 2008.9 期	王忠毅
26	論陝西紅拳的歷史淵源、技擊特點及構成體系	《學術論叢》2008.44 期(總第 503 期)	邱晨
27	張之江與民國南京中央國術館	《檔案與建設》月刊 2009.2 期	王炳毅
28	寶雞是太極拳的發源地（岐山有佐證 太極拳故鄉或許在寶雞）	《寶雞日報》2010 年 7 月 29 日	劉斌
29	2010 中華太極拳傑出傳承人評選活動暨首屆中華太極拳傳承人大會通知	溫縣太極拳傳承人聯合會	見互聯網

30	唐豪武術論著與武學思想研究	武漢體育學院 碩士學位論文 2010 年 4 月	喻快
31	陳氏太極拳起源研究——基於口述歷史範式的研究	河南大學 碩士研究生學位論文 2010 年 5 月	王旭浩
32	內家拳產生和存在的必然性	《武當》2011.1、2 期	嚴翰秀
33	陳鑫和《三三拳譜》	《武魂》2011.2 期	李昌　張榮
34	王宗岳及其「太極拳論」是武禹襄臆造的嗎？——兼論李亦畬抄本之演變及淵源」	《太極》雜誌 2011.2 期	路迪民
35	陳泮嶺先生與武術	《武魂》2011.4 期	王紀明
36	太極拳「發源地」「創始人」豈能隨意捏造——評楊志英先生《王宗岳其人》	《太極》雜誌 2011.4 期	李師融
37	還原太極拳之本貌	《武當》2011.4、5 期	史美雄
38	《太極拳論》與《授密歌》	《武魂》2011.5 期	講述 蛄桇 執筆 暢凱
39	有關楊露禪身世的困惑——從「太極拳圈中多文人」談起	《武魂》2011.5 期	劉習文
40	唐豪先生生平及主要武術論著的研究	《湖北體育科技》2011 年 5 月第三十捲第 3 期	喻 快
41	武禹襄太極拳古拳譜來源之謎	《武當》2011.6 期	魏坤梁
42	楊祿禪其人	《武魂》2011.6 期	曲梁
43	國術幹才 樵薪光耀——紀念武林前輩姜容樵先生誕辰一百二十週年	《武當》2011.7 期	曹宏勳
44	宋譜考略	《武當》2011.7 期	林俊岸
45	張三豐生卒之謎	《武當》2011.7 期	史美雄
46	紅拳之盤勢法理	《少林與太極》2011.7 期	肖亞康

47	《張三豐十三勢法說》詞義二則	《武當》2011.8 期	李濱
48	重要的歷史文獻——《太極功同門錄》	《武魂》2011.10 期	關振軍
49	《太極拳與道家內丹術揭秘》	臺灣逸文武術文化有限公司 2011 年 10 月第 1 版	戚建海 著
50	浙東內家拳歷史源流考	《杭州師範大學學報》[社會科學版]2010 年 11 月第 6 期	周偉良
51	「內家」與「外家」——中國「身體社會」之變化，以張三豐神話為例	《新史學》（第五卷）史研究的新境楊念群主編 中華書局 2011.11 第一版（189 至 232 頁）	趙丙祥
52	「內家拳」「內家拳」概念演變及其特徵分析	《南京體育學院學報》2011.12 第 25 卷第 6 期	張勇
53	祖業與隱修——關於河南兩個太極拳流派之譜系的研究	《民俗研究》2012 年第 2 期總第 102 期	趙丙祥
54	《王征南墓誌銘》解讀—— 兼論兩個張三峰（豐）之別	《武當》2012.2、3 期	路迪民
55	《太極拳聖王宗岳考》	臺灣逸文武術文化有限公司出版 2012 年 03 月版	劉曄挺 著
56	《邵陵棍法歌》：一份珍貴的明末武學文獻	中華武術•研究 第 1 卷 第 2 期 2012 年 2 月	陳寶強朱朝陽
57	《中國太極拳史》	中國人民大學出版社 2012 年 4 月	于志鈞 著
58	《中國傳統武術史》	中國人民大學出版社 2012 年 4 月	于志鈞著
59	《太極拳源流與發展研究》	臺灣逸文武術文化有限公司出版 2012 年 05 月	李師融、李萬斌、劉曄挺 著
60	《武當張三豐金不換三合一太極拳》	北京中體音像出版中心 2012.5 月	裴國強 著

61	《太極拳源流辨析》	中國致公出版社 2012 年 5 月	劉洪耀主編
62	明代山西王宗岳家族譜系被發現	《搏擊》2012.8 期	李萬斌
63	武當太極觀揭秘	《武當》2012.9 期	朱江 劉甲林
64	明·山西王宗岳及其武當張三豐太極拳源流研究	2012 年 9 月 12 日《武當網》	李萬斌
65	歷史不可竄改——評康戈武先生的「王宗岳考」	《武當》2012.10、11 期	李濱
66	太極拳理論奠基者究竟是何人？	《中華武術》2012.11 期	路迪民
67	有關唐豪生平行誼的幾個時間考	《體育學刊》2012 年 11 月 第 19 卷第 6 期	郭裔
68	唐豪武術思想研究	《體育學刊》2012 年 11 月 第 19 卷 16 期	李洋 馬金戈
69	漫談太極拳之源流	《武當》2012.10、11、12 期	林俊岸
70	以子之矛 陷子之盾——戳穿唐豪「太極拳之祖斷為陳王廷」的欺世謊言	鄭古主編《世界重大學術思想（成果）獲獎寶典》世界文獻出版社中華卷 2011 年 12 月	李濱
71	武當道教文化影響下的一個文化案例：基於武當武術的歷史梳理	中華武術·研究第 2 卷 第 1 期 2013 年 1 月	周偉良
72	從太極拳技術演變的歷史談太極拳的起源與發展	體育學刊 第 20 卷 第 1 期 2013 年 1 月	張志勇
73	《王征南墓誌銘》考論	《學術交流》2013.2 月第二期 總第 227 期	梁宇沖 洪浩
74	關於民國時期太極拳著作中「序」的研究	體育學刊 第 20 卷 第 2 期 2013 年 3 月	張立新
75	唐村「未成功器，勿名師門」考證——兼論《太極拳論》的作者	體育學刊 第 20 卷 第 2 期 2013 年 3 月	樊藝傑 樊藝勇 王旭浩

76	張三豐太極武道文史新證——《大理古佚書鈔》展示張三豐創太極拳劍行跡	《武當》雜誌 2013 年第 2 至 3 期	李濱
77	宋代張三豐創拳說	《武當》2013.3 期	習雲泰
78	假武術史的文化抹殺罪行必須清算——剖析陳王廷創拳論病毒的層累發作兼及其他	本文刊載於袁君主編：《中國傳統文化創新文集》218～249 頁.香港中國科學文化出版社 2013.5 月第 1 版	李濱
79	洪洞通背拳：失傳的太極長拳——兼論太極拳研究的一個可能路徑	《搏擊·武術科學》2013 年 4 月第 10 卷第 4 期	楊祥全
80	內家拳法與張三豐	《武當》2013.5 期	史美雄
81	太極拳傳統理論淵源再探	《中華武術》2013.4、5 期	路迪民
82	張三豐生平新探	《武當》2013.5、6 期	肇明
83	傅山秘傳古拳　重現昔日風采	《中華武術》2013.7 期	鄭建平
84	唐豪武術資料存留	《武當》雜誌 2013.10 期	方道行
85	史學家唐豪生平及其歷史貢獻探微 中原工學院	《檔案文化》2013.10 月	馬楠
86	**《太極拳沿革考》**	河南人民出版社 2013 年 10 月版	清玄散人著
87	增強太極拳文化承載力探析——基於太極拳發祥地趙堡鎮的研究	《搏擊·武術科學》2013 年 11 月第 I0 卷第 11 期	和慧超
88	武當武術傳人上世紀 60 年代的三次抗爭	《武當》2013.12 至 2014.1 期	路迪民
89	趙堡太極拳列入陝西省非物質文化遺產	陝西日報 2014 年 01 月 03 日	陝西傳媒網
90	本清源現端倪——談《中國武術史》太極拳源流觀	《武當》2014.1 期	于志鈞
91	正本清源現端倪——談《中國武術史》太極拳源流觀	《武當》2014.1 期	于志鈞

92	一代宗師唐豪的武術思想研究	《蘭台世界》2014 年 2 月下旬	彭鳴昊
93	《太極拳譜》考辨	《搏擊》2014.2 期	高樹山
94	道教·張三豐·太極拳	體育科技文獻通報第 22 卷第 4 期 2014 年 4 月	董逢威 程馨 任麗莎
95	戚繼光《拳經 32 勢》與陳式太極拳	《武當》雜誌 2014.7 期	于志鈞
96	《張三豐創太極拳之謎考——天下太極出武當》	《武當》2014.5、6、7 期	習雲泰 李傳國
97	老子、孫子和張三豐	《武當》2014.5、6、7 期	路迪民
98	張三豐史蹟考	學術交流 2014 年 5 月 總第 242 期 第 5 期	呂旭濤 梁宇坤
99	戚繼光《拳經 32 勢》與陳式太極拳	《武當》2014.7 期	于志鈞
100	楊式太極拳淵源之我見	《武當》2014.8 期	劉健
101	《武當趙堡太極拳技擊秘訣》	臺灣逸文武術文化有限公司出版 2014 年 8 月	李萬斌 著
102	楊露禪卒年、軼事與家教	《武當》2014.9 期	李濱
103	《陳氏世傳太極拳術》	2014 年 9 月山西科學技術出版社第一版	陳子明著
104	楊祿禪學拳又一說	《武當》2014.10 期	路迪民
105	傳統楊式太極拳源流新解——從「拳術基因」上看.楊式太極拳與陳式太極拳的不同	《武當》2014.10 期	梁曉波
106	重陽宮訪碑記	《中華武術》2014.10 期	周偉良
107	莫在園中錯抓瓜——評唐豪的少林拳術秘訣考證	《武當》2014.10、11、12 期	李濱
108	早期太極拳之先天拳	《武當》2014.11 期	林俊岸
109	《紅拳》	陝西人民美術出版社 2014 年 11 月第 1 版	陝西省文化廳編
110	張三豐丹訣考略	《武當》2014.11、12 期、2015.1 期	汪登偉

111	河南唐村武術史料考略	中華武術・研究　第 3 卷 第 12 期 2014 年 12 月	周偉良
112	張三豐生卒年代考及生平考	《儒道研究》第二輯 盧國龍主編 2014 年 12 月社會科學文獻出版社	徐平
113	洪洞通背拳與陳氏太極拳源流關係考	《上海體育學院碩士學位論文》2015 年 2 月 28 日	雷季明
114	對「老三本」的探討	《武當》2015.2 期	史美雄
115	太極拳源流綜述及簡論	《武當》2015.2、3 期	桂村夫 紀灝瓊
116	張三豐創太極拳說考論	武漢體育學院學報 第 49 卷 第 3 期 2015 年 3 月	洪浩 梁宇坤
117	**《武當張三豐承架太極拳》**	香港心一堂出版 2015 年 3 月	李萬斌 著
118	趙匡胤與武術	《少林與太極》雜誌 2015.5 期	馬明達
119	洪洞通背拳與陳式太極拳源流關係考——以相關拳譜為主要考證對象	上海體育學院碩士學位論文 2015 年 5 月	雷季明
120	唐豪是「漢奸」嗎？	《搏擊》2015.6 期	唐才良
121	通背拳源流考	《武當》2015.6 期	韓寶軒
122	略談早期太極拳流派之小九天	《武當》2015.6 期	林俊岸
123	張三豐太極武道不容抹殺——與周偉良先生商榷安徽	《武當》2015.7、8 期	李濱
124	**《中華原》**	陝西人民出版社 2015 年 9 月第一版	劉宏濤 著
125	張三豐與「荊山悟道」	劉宏濤著《中華原》一書 176 到 178 頁陝西人民出版社 2015.9 第一版	劉宏濤
126	明代浙江武術研究	《浙江體育科學》 2015 年 9 月 第 3 7 卷第 5 期	李吉遠 林小美

127	國家體委科研課題《武當拳派源流、拳系及內容研究》太極拳的源與流	網路 2015-09-05 武當趙堡太極拳推廣中心	歐陽學忠
128	河南唐村武術史料再考略——兼與周偉良教授商榷	《少林與太極》2015.9、10、11、12 期	程峰 魏美智 李立炳
129	濟源神拳與太祖神拳	《搏擊》2015.10 期	郭東華
130	太極拳經考	《武當》2015.11、12 期、2016.1、2、3、4 期	林俊岸
131	考無徵信 淆亂視聽——評徐震的《太極拳考信錄》	《武當》2015.11、12 期、2016.1 期	李濱
132	精修承絕學 德技惠四方——紀念一代宗師侯春秀誕辰 111 週年	《武當》2016.1 期	吳江 林漢垚 朱秀珠
133	《張三豐承留》的金丹太極修真哲理釋義	《武當》2016.2 期	高帥
134	《宋遠橋家傳太極功源流支派論》新考	《少林與太極》2016.2 期	魏美智 璩文柱
135	「張三豐」是內家拳的法則	《武當》2016.2、3 期	吳新華
136	紅拳初學條目	《少林與太極》雜誌 2016.3 期	肖亞康
137	對《河南唐村武術史料再考略》之回應	《少林與太極》2016.3、4 期	周偉良
138	徽州太極緣	《武當》2016.4 期	方利山
139	陳鑫太極拳學思想研究	《安陽師範學院學報》2016.5 期	張志勇
140	陳鑫《太極拳圖畫講義》的文獻價值及學術地位	《體育學刊》第 24 卷第 1 期 2017 年 1 月	張志勇
141	清玄虛無 散人言奇——清玄散人關於太極拳的言論錄	《武當》2017.09、10 期	李萬斌
142	楊祿禪「賣身謊言追溯」	《武當》2017.11 期	路迪民

143	《騰挪太極拳典藏》	人民體育出版社 2017 年 12 月	申國卿 裴彩莉 陳高芳著
144	《洪洞通背拳概覽》	人民體育出版社 2017 年 12 月	王隰斌著
145	請看唐豪尋求的太極拳源	《武當》2018.1 期	李萬斌
146	陳清平世居趙堡鎮不是贅婿——陳清平同治年墓誌新證	《武當》2018.5 期	王選
147	《焦作猿仙通背拳》	人民體育出版社 2018 年 6 月	申國卿著
148	大氣弘「小架」同聲唱發展——紀念陳鑫誕辰 170 週年和《陳氏太極拳圖說》在汴首發 85 週年既陳氏太極拳小架展演交流賽綜述	《少林與太極》 雜誌 2018.12 期	原福全
149	《武當趙堡承架太極拳闡秘》	人民體育出版社 2019 年 1 月	李萬斌 羅名花著
150	河南省太極拳協會會員大表大會第三屆理事會換屆大會勝利召開	《少林與太極》雜誌 2019.1 期	馬朝旭
151	陳鑫與《陳氏太極拳圖說》	《中華武術》雜誌 2019.2 期	張紹義

李萬斌聯繫方式：

地址：陝西 西安 長安路 237 號 長安大學校本部南院 3 區 8 號樓 2 單元 4 層 1 號

郵編：710064

手機：13259406814

QQ：781273869

羅名花聯繫方式：長安大學體育部

手機：18710804623

歡迎至本公司購買書籍

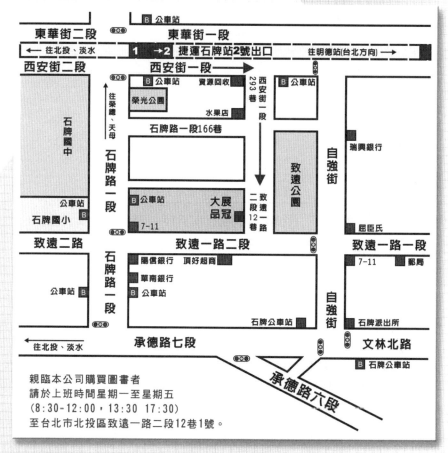

親臨本公司購買圖書者
請於上班時間星期一至星期五
(8:30-12:00，13:30 17:30)
至台北市北投區致遠一路二段12巷1號。

建議路線

1.搭乘捷運

　　淡水信義線石牌站下車，由月台上二號出口出站，二號出口出站後靠右邊，沿著捷運高架往台北方向走(往明德站方向)，其街名為西安街，約80公尺後至西安街一段293巷進入(巷口有一公車站牌，站名為自強街口，勿超過紅綠燈)，再步行約200公尺可達本公司，本公司面對致遠公園。

2.自行開車或騎車

　　由承德路接石牌路，看到陽信銀行右轉，此條即為致遠一路二段，在遇到自強街(紅綠燈)前的巷子左轉，即可看到本公司招牌。

國家圖書館出版品預行編目資料

揭示真相　彰顯傳承：中國傳統太極拳研究之匡正源流〈下〉
／李萬斌、羅名花著.
－初版－臺北市，大展，2020 [民 109.04]
面；21 公分－（武學釋典；42）
ISBN　978-986-346-291-0（平裝）
1.太極拳
528.972　　　　　　　　　　　　　　　　　109001324

揭示真相　彰顯傳承
太極拳研究之匡正源流〈下〉

著　　者/李 萬 斌、羅 名 花
責任編輯/艾 力 克
發 行 人/蔡 森 明
出 版 者/大展出版社有限公司
社　　址/臺北市北投區（石牌）致遠一路 2 段 12 巷 1 號
電　　話/（02）28236031，28236033，28233123
傳　　真/（02）28272069
郵政劃撥/01669551
網　　址/www.dah-jaan.com.tw
E-mail/service@dah-jaan.com.tw
登 記 證/局版臺業字第 2171 號
承 印 者/傳興印刷有限公司
裝　　訂/佳昇興業有限公司
排 版 者/菩薩蠻數位文化有限公司
初版 1 刷/2020 年（民 109）4 月

定價/（上）380 元
　　　（中）250 元
　　　（下）500 元

大展好書　好書大展
品嘗好書　冠群可期

大展好書　好書大展

品嘗好書　冠群可期